Märkte der langfristigen Fremdfinanzierung

Markus Knüfermann

Märkte der langfristigen Fremdfinanzierung

Möglichkeiten für die Wohnungs- und Immobilienwirtschaft

4. Auflage

 Springer Gabler

Markus Knüfermann
EBZ Business School University of Applied Sciences
Bochum, Deutschland

ISBN 978-3-658-37714-4   ISBN 978-3-658-37715-1 (eBook)
https://doi.org/10.1007/978-3-658-37715-1

Die Deutsche Nationalbibliothek verzeichnet diese Publikation in der Deutschen Nationalbibliografie; detaillierte bibliografische Daten sind im Internet über https://portal.dnb.de abrufbar.

Planung/Lektorat: Guido Notthoff
Springer Gabler ist ein Imprint der eingetragenen Gesellschaft Springer Fachmedien Wiesbaden GmbH und ist ein Teil von Springer Nature.
Die Anschrift der Gesellschaft ist: Abraham-Lincoln-Str. 46, 65189 Wiesbaden, Germany

Das Papier dieses Produkts ist recyclebar.

In Liebe für Nicole und Emma Sophie!
Zu Ehren meiner gesamten Familie!

„*Ein Liberaler fürchtet grundsätzlich jede Macht-*
konzentration. Er möchte jedem einzelnen Men-
schen ein Höchstmaß an Freiheit sichern, solange
es nicht die Freiheit anderer Menschen beeinträch-
tigt. Seiner Ansicht nach muss zu diesem Zweck die
Macht aufgeteilt werden. Er wird argwöhnisch,
wenn der Regierung Funktionen zugeteilt werden,
die der Markt ausführen könnte. Denn das setzt
Zwang an die Stelle von Kooperation und bedroht
dadurch, dass die Regierung eine größere Rolle
erhält, die Freiheit auch auf anderen Gebieten."

Milton Friedman (1962/2002, S. 62)

Geleitworte zu früheren Auflagen

Geleitwort zur dritten Auflage

Der Bau bezahlbarer Wohnungen ist in aller Munde. Bis zum Jahr 2020 wird der bundesweite Bedarf an neugebauten Wohnungen auf bis zu 400.000 geschätzt. Die neue Bundesregierung stellt rund 2 Mrd. Euro zur Verfügung, um die Lage auf dem Wohnungsmarkt zu entspannen. Auch Bundesländer lassen sich nicht lumpen und steuern weiteres Geld bei. In vielen Gemeinden stehen Wohnungsgenossenschaften und kommunale Wohnungsgesellschaften bereit, mehrgeschossige Wohnhäuser zu bauen. Die staatlichen Genehmigungsbehörden kommen dem Andrang kaum noch nach.

Auch wenn zuletzt die Zinsen am Kapitalmarkt wieder leicht stiegen, so garantierte ihr seit einigen Jahren anhaltender niedriger Stand, dass die Errichtung von Wohnraum ein lukratives Geschäft darstellte. Zwar war die Rendite nicht überdurchschnittlich hoch. Aber Wohnimmobilien garantieren über viele Jahre verlässlich und vor allem sicher Einnahmen. Da es zugleich an anderen Ertrag bringenden Anlegemöglichkeiten fehlte, drängten viele Investoren in diesen Bereich. Gestiegene Immobilienpreise und höhere Mieten waren und sind die Folge.

Auch wenn die im Verband norddeutscher Wohnungsunternehmen (VNW) organisierten Wohnungsgenossenschaften und Wohnungsgesellschaften als sogenannte Bestandshalter nicht an einer Maximalrendite ihres eingesetzten Kapitals interessiert sind, so ist auch für sie gesundes Wirtschaften Gebot ihres Tuns. Gerade Unternehmen, die ihre Wohnungen über Jahrzehnte vermieten, müssen Rücklagen für Instandhaltung und Modernisierung bilden. Wer daher nicht wenigstens eine „schwarze Null" schreibt, wird auch an einem durch Langfristigkeit geprägten Markt wie dem Wohnungsmarkt nicht dauerhaft agieren können.

Zu solidem Wirtschaften gehört, dass bestandserhaltende Maßnahmen oder Neubauprojekte solide finanziert werden – zumal derartige Investitionen oftmals einen großen Umfang haben. Bei der Aufnahme von Krediten sind daher eine genaue Prüfung der jeweiligen Bedingungen und die Ausschöpfung aller öffentlichen Fördermittel unverzichtbar. Zuletzt entschieden sich Wohnungsunternehmen, die bezahlbaren Wohnraum errichten wollten, vermehrt für Kredite von Banken oder Sparkassen. Angesichts der niedrigen

Zinsen waren staatliche Förderangebote mit ihren weitreichenden Verpflichtungen – wie beispielsweise eine Belegungsbindung über mehrere Jahrzehnte – weniger interessant.

Es reicht daher nicht, dass der Staat ausreichend Fördermittel zur Verfügung stellt. Notwendig ist zudem, die Förderbedingungen stets dem regionalen Bedarf anzupassen. Ländliche Gebiete benötigen eine andere Förderung als die Wohnungshotspots in den größeren Städten. Angesichts der Alterung der Gesellschaft wiederum ist die Schaffung von Barrierefreiheit im Wohnungsbestand wichtiger denn je und muss entsprechend gefördert werden.

Eine Folge des Niedrigzinses in den vergangenen Jahren sind dramatisch gestiegene Baukosten. Während die allgemeinen Kosten seit dem Jahr 2000 um 22 % stiegen, liegt der Wert bei den Baukosten bei 50 %. Sollten die Zinsen in den kommenden Jahren um 1 oder 2 Prozentpunkte steigen, hätte das gravierende negative Auswirkungen auf die Neubautätigkeit.

Der Staat hat in einer Marktwirtschaft nur bedingt Einflussmöglichkeiten auf die Marktpreise. Was die Förderung des Baus bezahlbarer Wohnungen angeht, so haben Städte und Gemeinden allerdings mit der Vergabe öffentlicher Grundstücke einen mächtigen Hebel in der Hand. So sollten bei der Flächenvergabe jene Wohnungsunternehmen bevorzugt werden, die eine Niedrigmietgarantie abgeben. Ein öffentliches Grundstück würde dann an jene Investoren gehen, die beispielsweise über 20 Jahre einen Mietzins garantieren, der deutlich unter dem aktuell geltenden Mietniveau liegt.

Hamburg, im April 2018   *Andreas Breitner*
Verbandsdirektor VNW – Verband norddeutsche Wohnungsunternehmen e.V.

Geleitwort zur zweiten Auflage

Die Finanzierung hat in der Wohnungs- und Immobilienwirtschaft von jeher eine besondere Bedeutung: Wohnungswirtschaftliche Investitionen zeichnen sich – unabhängig davon, ob es sich um bestandserhaltende Maßnahmen oder Neubauinvestitionen handelt – dadurch aus, dass sehr große Investitionsvolumen bewältigt werden müssen. Diese können nur mit einem geringen Anteil an Eigenkapital finanziert werden und bedürfen daher der komplementären Finanzierung mit Fremdmitteln. Traditionell erfolgt die Finanzierung in Deutschland über Banken und Sparkassen.

Die Finanzierungsstruktur von Wohnungsbauinvestitionen ist geprägt durch langfristige grundpfandrechtlich gesicherte Kredite. Damit wurden in der Vergangenheit sehr gute Erfahrungen gemacht. Diese Langfristkultur gewährt einerseits den Investoren ein hohes Maß an Planungssicherheit und bietet andererseits auch für die Mieter eine sichere Basis, da Zinserhöhungen ansonsten Mieterhöhungen zur Wirkung haben können. Dieses System hat sich auch in der Finanz- und Wirtschaftskrise bewährt. So war der deutsche Wohnimmobilienmarkt nicht von einer Immobilienkrise betroffen.

Obwohl sich diese Finanzierungsstruktur bewährt hat, steht sie immer wieder zur Disposition. Dies liegt unter anderem auch an der deutschen Besonderheit des Produkts. Bei den weltweiten Reglementierungsbemühungen droht dem langfristigen Kredit regelmäßig Ungemach.

Aber auch das Geschäftsmodell der Anbieterseite steht infolge der Bankenregulierung und der Niedrigzinsphase erheblich unter Druck. Aus Sicht der Wohnungswirtschaft ist es allerdings elementar, verlässliche Partner zu haben, die entsprechend dem eigenen Geschäftsmodell auch langfristig am Markt zur Verfügung stehen. Fraglich ist, ob andere Anbieter derzeit neben den Banken überhaupt in Frage kommen? Versicherungen gewinnen zwar als zweite wichtige Säule der Immobilienfinanzierung zunehmend an Bedeutung, allerdings werden Direktfinanzierungen an Immobilienunternehmen auch im Versicherungsbereich zukünftig stärker reglementiert.

Die Wohnungswirtschaft sollte daher die aktuelle Situation, in der sie als Kreditnehmer von Banken und Versicherungen umworben wird, auch nutzen, um sich mit dem Thema der alternativen Finanzierungsmöglichkeiten zu beschäftigen. Sie tut dies aus einer Position der Stärke heraus, denn mit Blick auf das wohnungswirtschaftliche Geschäftsmodell und die vorhandenen Sicherheiten besteht aus Sicht der Kreditgeber kein Risiko eines möglichen Kreditausfalls.

Berlin, im Juni 2015   *Axel Gedaschko*
Präsident GdW Bundesverband deutscher Wohnungs- und Immobilienunternehmen e.V.

Geleitwort zur ersten Auflage
Vor 25 Jahren – zurzeit meines Studiums der Betriebswirtschaftslehre – war die Welt noch in Ordnung. Banken verstanden als eine ihrer wchtigsten Funktionen die Versorgung der Wirtschaft mit Kapital und spekulierten nicht aus de reinen Selbstzweck eines überzogenen Profitstrebens. Lehrbücher zur Finanzierung an Universitäten hatten selten Praxisbezug und dienten zumeist dem Selbstzweck einer von der Finanzierung eines einzelnen Unternehmens abgehobenen Forschung. Bemerkenswert ist aus jener Zeit die Definition des Bankbetriebs nach Deppe als „einzelwirtschaftliches, zielgerichtetes, soziotechnisches Subsystem der Tauschwirtschaft in Form der Geldwirtschaft, das Produktionsfaktoren bzw. deren Nutzung Marktleistungen in Form monetärer Problemlösungen für den Zahlungs-, Kredit- und Kapitalverkehr zur Erstellung anbietet, um durch den Absatz dieser Leistungen die übergeordnete Zielsetzung des Bankbetriebs zu realisieren."[1]

Dass Banken sich längst nicht mehr als Subsystem der Tauschwirtschaft verstehen, ist in den letzten Jahren mehr als deutlich geworden. Die ohne Nutzen für die reale Wirtschaft durchgeführten Spekulationsgeschäfte haben nicht nur Banken, sondern auch einzelne Volkswirtschaften (nahezu) kollabieren lassen. Auch im sehr stabilen deutschen Bankenmarkt – im europäischen Vergleich – sind tiefgreifende Änderungen spürbar. So sind klassische Finanzierer von langfristigen Krediten wie die Eurohypo oder WestImmo vom Markt verschwunden. Andere Banken richten ihre Geschäftspolitik neu aus und verabschieden sich von Wohnungsbaufinanzierungen, da aus deren Sicht die Margen nicht mehr

---

[1] Deppe, H.-D. (1978): Bankbetriebliches Lesebuch: Ludwig Mühlhaupt zum 65. Geburtstag. Stuttgart: Poeschel; S. 9.

attraktiv sind. Banken stellen in Deutschland aber immer noch den weitaus größten Teil langfristiger Fremdfinanzierungen. Alternative Fremdkapitalquellen wie Versicherungen, Versorgungskassen, Bausparkassen oder auch die Kapitalmärkte gewinnen zwar an Bedeutung, es fehlt aber zum Teil an Erfahrung mit dem Umgang dieser Finanzierungsquellen.

So sind die Herausforderungen einer langfristigen Fremdfinanzierung größer denn je zuvor. Die Finanzierungsmärkte unterliegen einer Veränderungsgeschwindigkeit und -tiefe wie sie vorher nicht bekannt war. Banken werden – unter anderem getrieben durch neue Regularien wie z. B. Basel III – kontinuierlich anspruchsvoller in ihren Informationsbedürfnissen und komplexer in ihren Kreditentscheidungsprozessen. Alternative Finanzierungsquellen gilt es kennen und damit umgehen zu lernen. Dabei sollte man sich nicht vom gegenwärtig niedrigen Zinsniveau und der einfachen und günstigen Beschaffung für klassische Wohnungsbaubestandsfinanzierungen blenden lassen. Denn diese Situation ist nur ein Spiegelbild der gegenwärtigen Wirtschaftslage. Verändert sich diese, werden auch die Bedingungen für die langfristige Fremdfinanzierung angepasst. Aus diesen Gründen ist ein Verständnis für die Funktionsweise von Finanzierungsmärkten, das Management von Bank- und Kapitalmarktfinanzierungen und ein Bewusstsein über finanzielle Risiken unabdingbar, um nachhaltig die langfristige Fremdfinanzierung zu sichern.

Eine wertvolle Unterstützung, um diese Aufgaben zu bewältigen, liefert dieses Buch. Und anders als zuvor beschrieben, handelt es sich nicht um ein abgehobenes wissenschaftliches Werk ohne Bezug zur Praxis, sondern vermittelt sowohl den Praktikern als auch den Studierenden die wichtigen Fakten zur langfristigen Fremdfinanzierung. Das Buch verbindet dabei volkswirtschaftliche Betrachtungsweisen sowohl der Finanzierungsmärkte als auch der Immobilienwirtschaft mit betriebswirtschaftlich relevanten Finanzierungsgrundlagen. Inhaltlich schließt das Buch mit einer Vision: eine Bank für die Wohnungswirtschaft. Wenn die Bonität einer Kreditnehmergruppe (die der deutschen Wohnungswirtschaft) besser ist als die der meisten anderen Kreditnehmergruppen und auch besser als die der meisten Kreditgeber, was liegt denn näher auf der Hand, als für diese Kreditnehmergruppe eine eigene Bank zu gründen? Dieses Buch liefert die Basis für eine zu führende Diskussion, die Umsetzbarkeit muss durch die Praxis bewiesen werden.

Berlin, im Juli 2013   *Hans Peter Trampe*
Mitglied des Vorstands Dr. Klein & Co. Aktiengesellschaft

Vorwort

Vorwort zur vierten Auflage

Deutschlands Finanzierungsmärkte sind im Wandel. Eine jahrelange expansive Geldpolitik im Eurosystem hat erst zum Niedrigzinsniveau, dann zu Preisblaseneffekten auf den Immobilienmärkten geführt und zuletzt auch zu steigenden Inflationsraten der Verbraucherpreise, sodass sich die Zinswende bzw. steigende Marktzinssätze einstellten. Die Niedrigzinsphase fand Ende 2021 ein abruptes Ende, obwohl das Eurosystem die Geldpolitik erst im Juli 2022, also nach eineinhalb untätigen Inflationsjahren (zunächst auch nur marginal) anpasste. Für die Wohnungs- und Immobilienwirtschaft kam es zu einem Stopp fast aller Neubauprojektplanungen.

Ein Lehrbuch über die Finanzierungsmärkte, das im Jahr 2018 in der dritten Auflage erschien, ist deshalb in der gesamten herangezogenen Datenbasis zu überarbeiten, aktualisieren und bei Marktinterpretationen neu zu durchdenken gewesen. Es ist mir eine große Freude, dass der Verlag *Springer Gabler | Springer DE* mir diese Möglichkeit eröffnet hat und ich nun diese vierte Auflage vorlegen darf. An dieser Stelle gilt mein großer Dank direkt dem Lektor des Verlags Herrn *Guido Notthoff*.

Die Neuauflage ist um ein kleines Kapitel zur Investitionsrechnung (Abschn. 2.6) ergänzt. Vor dem Hintergrund der nachhaltigen Zinsveränderungen auf den Märkten ist ebenfalls Kap. 5 erweitert. Dort findet sich eine kleine Realzinssatzanalyse wieder (Abschn. 5.3).

Wie immer danke ich allen Leserinnen und Lesern, meiner *EBZ Business School* sowie vor allem meiner Familie *Nicole* und *Emma Sophie*. Ihnen beiden ist das Buch in allen Auflagen gewidmet. Diese vierte Auflage ist zusätzlich meinem in diesem Jahr leider verstorbenen akademischen Lehrer Herrn Univ.-Prof. Dr. *Torsten J. Gerpott* von der *Universität Duisburg-Essen* gewidmet.

Allen Leserinnen und Lesern möge das Buch bitte hilfreich sein im Verständnis der Finanzierungsmärkte für die Wohnungs- und Immobilienwirtschaft. Kommentare, Anmerkungen, Kritiken zum Buch sind mir wie immer herzlich willkommen!

Duisburg-Baerl, im Juli 2023   Prof. Dr. *Markus Knüfermann*

Vorwort zur dritten Auflage

Auch wenn im Jahr 2018 die Volatilitäten von Renditen und Wertpapierkursen ansteigen, die Finanzierungsbedingungen für die Wohnungs- und Immobilienwirtschaft sind immer noch sehr gut. Zwar werden die Volatilitäten als mögliche Krisenvorboten wahrgenommen. Dennoch lassen sich keine klaren Prognosen ableiten. Selbst der Wirtschaftsnobelpreisträger Robert J. Shiller orakelt:

„Klar ist jedoch, dass sowohl der Markt für nominale Anleihen als auch der Markt für inflationsindexierte Anleihen sehr hohe Niveaus erreicht haben und dass diese Tatsache in unser Denken über den Aktienmarkt einfließen sollte. Während ich dies schreibe, […] sprechen manche Beobachter von einer ‚Blase am Anleihemarkt‘, die platzen könnte; es hat allerdings den Anschein, als handele es sich nicht um eine klassische Blase, […] denn die Erwartungen an die langfristige Rendite sind offenbar sehr niedrig – und nicht, wie man es während einer Blase erwarten würde hoch. In gewissem Sinne könnten diese Tendenzen des Anleihemarkts aber blasenartig sein. […] Es gibt durchaus Gründe, sich Sorgen um die möglichen allgemeinwirtschaftlichen Auswirkungen zu machen, die ein Ende des jahrzehntelangen Abwärtstrends der langfristigen Realzinsen und der entsprechende Rückgang der Preise langfristiger Anleihen haben würden."[1]

Mit anderen Worten werden die Preisanalysen an den Wertpapiermärkten zunehmend komplexer. Abgesehen davon, dass Effizienzmarkttheoretiker Preisblasen ohnehin verneinen, kommen mit der Aussage Shillers jetzt auch Verhaltenswissenschaftler an ihre Grenzen der Antizipation. Zu erkennen ist stattdessen Folgendes:

• Im letzten Jahrzehnt fand der Immobilienboom in den USA und auch in Europa ein jähes Ende, das die Weltwirtschaft signifikant negativ belastete. Mit dem Boom einher gingen aber keine gewöhnlichen Preissteigerungen der Verbraucherpreise, wie es für entwickelte Volkswirtschaften viele Jahrzehnte üblich war. Im letzten Jahrzehnt wuchs die Geldmenge zwar nachhaltig stärker als der Preisindex für den typischen Verbraucherwarenkorb. Das überschüssige Geldmengenwachstum verlagerte sich jedoch auf Preissteigerungen von Vermögenswerten, wie vor allem Immobilien.
• In der aktuellen Konjunkturphase, die für Deutschland schon seit dem Jahr 2010 anhält, findet sich die billionenstarke Liquidität, mit denen die Zentralbanken der großen Industriestaaten die Finanzmärkte versorgten, nur noch marginal im Geldmengenwachstum wieder. Die Geldmenge im Eurosystem wuchs z. B. erst seit dem Start des letzten Anleihekaufprogramms des Eurosystems wieder verstärkt an. Dabei wurden keinesfalls die Wachstumsraten aus dem vorherigen Jahrzehnt erreicht. Zwischen März 2000 (Kurshöchststand im New-Economy-Boom) und Oktober 2008 (Wendepunkt im Immobilienboom) wuchs die Geldmenge innerhalb der Euro-Staaten gegenüber dem Vorjahr um durchschnittlich jährlich 7,8 %. In der aktuellen Konjunkturphase seit Januar

---

[1] Shiller 2015, S. 54.

2010 bis Februar 2018 (letzter aktueller Bundesbank-Wert) betrug das Geldmengenwachstum gegenüber dem Vorjahr lediglich durchschnittlich jährlich 2,9 %. Die
konsolidierte Bilanzsumme des Eurosystems wuchs allerdings zwischen 2008 und
2017 um 117 %, während sie seit Einführung des Euros bis 2008 nahezu gleichhoch
geblieben war. Es stellt sich im aktuellen Konjunkturzyklus also nicht mehr die im letzten Jahrzehnt *neue* Frage: Wohin fließt die Geldmenge, wenn die Verbraucherpreise
nicht steigen? – Antwort in die Preise für Vermögenswerte. Jetzt aber stellt sich *wiederum* eine *neue* Frage: Wohin fließt die billionenstarke Zentralbankliquidität, wenn
nichtmals die Geldmenge steigt?

Die Beantwortung der formulierten letzten Frage ist aber zentral für das konjunkturelle
Verständnis eines jeden Wirtschaftssubjekts. Um es mit den Worten Shillers zu sagen: Wir
sollten uns sorgen um diese gesamtwirtschaftlichen Entwicklungen! Denn eine irgend-
wann vielleicht doch überraschend schnell auftauchende Zinswende könnte zu Verwerfungen in der Breite des Markts führen, in Retail-Segmenten bzw. bei Wohnungsbaukreditge-
schäften. Diese Gedanken flossen ein in die hier vorliegende Neuauflage der „Märkte für
langfristige Fremdfinanzierung".

Für diese 3. Auflage wurden nicht nur Datenmaterialien aktualisiert und einzelne Themen inhaltlich ergänzt (z. B. zu Schuldscheindarlehen und zu Swap basierten syntheti-
schen Festzinsdarlehen). Vielmehr kam in den Abschn. 4.4, 4.5, 4.6 zur Neuaufnahme
einer internationalen Perspektive auf die Finanzierungsmärkte. Zwar ist die deutsche
Wohnungs- und Immobilienwirtschaft an sich sehr national und eigentlich dezentral aufgestellt. Doch gerade die in Kap. 4 jetzt neu beschriebenen (strukturierten) Finanzierungen waren produktseitige Gründe der letzten Weltwirtschaftskrise ab dem Jahr 2008, sodass auf diese Inhalte für ein Markt- und Krisenverständnis abgestellt wird.

Bedanken möchte ich mich bei allen Beteiligten, die mir die 3. Auflage des Lehrbuchs
über Finanzierungsmärkte ermöglicht haben. Zu Beginn gilt mein Dank meinem Lektor
von *Springer Gabler* | *Springer DE*, Herrn *Guido Notthoff*. Wiederum mit viel Ruhe und
Umsicht hat er mich zum Abschluss der Neuauflage geführt. Ebenfalls bedanke ich mich
herzlich bei allen Studierenden an der EBZ Business School – *University of Applied Sciences* für die wertvollen Hinweise zur Verbesserung des Buchs.

Selbstverständlich schenke ich tausend liebe Dankesworte an meine Ehefrau *Nicole
Kurau-Knüfermann*. Ob es Textkorrekturen, inhaltliche Diskussionen oder der Freiraum
im haushaltlichen Betrieb waren, es sind wesentliche Unterstützungen, damit ich stets
meine Arbeit zum Abschluss bringen kann. Ich danke dir!

Und neu aufgenommen in die Liste *aktiver* Unterstützerinnen ist meine Tochter *Emma
Sophie Knüfermann*. Was bin ich dir dankbar, liebe *Emma*, für deine ersten und sehr hilf-
reichen Korrekturarbeiten. Du bist wundervoll!

Zur 3. Auflage danke ich abschließend selbstverständlich allen Leserinnen und Lesern
der vorherigen Auflagen. Möge die Neuauflage wiederum Ihr Interesse finden – es wäre
mir eine Freude!

Duisburg-Baerl, im Juni 2018   Prof. Dr. *Markus Knüfermann*

Vorwort zur zweiten Auflage

Die Niederschrift eines Fachbuchs, angesiedelt zwischen Lehrbuch und ansatzweise wissenschaftlicher Arbeit, ist eine besondere Herausforderung, weil sie sich durch eine intensive Marktorientierung auszeichnen soll. So ist es zumindest mein Verständnis. Denn dieses vorliegende Buch über Finanzierungsmärkte soll den Unternehmen der Wohnungs- und Immobilienwirtschaft nicht nur einen aktuellen Überblick liefern, wie sie effizient Fremdkapital beschaffen können. Es soll auch aktuelle Marktentwicklungen beschreiben, die den Kontext zur Ableitung geeigneter Finanzierungsstrategien bilden.

In die vorliegende zweite Auflage meiner „Finanzierungsmärkte", wie ich das Buch gern abkürze, flossen wichtige Erkenntnisse aus meinen letzten zwei Jahren Beratungs-, Forschungs- und Lehrtätigkeit an der Schnittstelle von Banken- und Kapitalmärkten einerseits und der Wohnungs- und Immobilienwirtschaft andererseits ein. Zentrale Erweiterungen erfährt diese Neuauflage deshalb in Kap. 4 über fremdkapitalbezogene Kapitalmarktfinanzierungen per Anleihe. Der Wandel an den Finanzierungsmärkten bzw. im Finanzierungsverhalten insbesondere von Wohnungsunternehmen hat sich in dieser Zeit schließlich intensiviert:

- *Finanzierungsmärkte*: Zwar hatten sich die Zentralbanken der Industrienationen im Jahr 2008 auf eine staatlich determinierte Niedrigzinsphase verständigt. Gepaart mit verschiedenen Krisenabfolgen führte diese Politik zuletzt jedoch zu einem zunehmenden Interesse auch institutioneller Investoren an der Kapitalbereitstellung für Wohnungsunternehmen. Denn die unter normalen Marktbedingungen niedrigen Ertragspotenziale entsprechender Investments erscheinen unter aktuellen Ertrag-/Risiko-Abwägungen besonders attraktiv. Daher stehen Wohnungsunternehmen nicht mehr nur Bankdarlehen zur Verfügung, sondern zunehmend auch Finanzierungen über die internationalen Kapitalmärkte mittels der Begebung von Anleihen und der Platzierung von Schuldscheinen.
- *Finanzierungsverhalten:* Den Weg an die Börsen ebneten der deutschen Wohnungswirtschaft die kapitalmarktaffinen Wohnungsunternehmen mit Wachstumsstrategie. Sowohl ihr Größenstreben hinsichtlich der Wohnungsbestände, die in der Regel ausschüttungsorientierte Finanzierungsstruktur als auch die Erzielung erfolgskritischer Emissionsvolumina der Finanzierungstranchen machen sie aus Investorensicht zu attraktiven Emittenten. Dagegen zeichnen sich die Finanzierungen der dezentral organisierten Wohnungswirtschaft (= kommunale Wohnungsunternehmen, Genossenschaften sowie regionale, private Unternehmen) durch einen Darlehensschwerpunkt mit expliziten Hausbankfunktionen aus und entsprechen damit einem kontinentaleuropäischen Trend zum Nachteil kleinerer und mittlerer Unternehmen auf den Finanzierungsmärkten. Auf diese Weise können dezentrale Wohnungsunternehmen zunehmend an Wettbewerbsfähigkeit gegenüber den börsennotierten Unternehmen verlieren, die sich tendenziell kapitalkostengünstiger finanzieren – dieser Sachverhalt wird mit zunehmender Rückführung der Finanzmärkte aus der politisch bedingten Niedrigzinsphase sowie der

weiter steigenden regulatorischen Belastung des klassischen Darlehensgeschäfts noch an Bedeutung gewinnen. Die langfristige Tragfähigkeit von Ein-Instrument-Finanzierungsstrategien über Bankendarlehen ist damit fraglich.

Anleihefinanzierungen nehmen daher einen marktberechtigt größeren Schwerpunkt im vorliegenden Buch ein. Daneben charakterisiert sich diese Neuauflage selbstverständlich durch Aktualisierungen von Daten und Literaturquellen.

Auch für die Neuauflage der „Finanzierungsmärkte" bin ich lieben Menschen zum Dank verpflichtet: Zuerst möchte ich Frau *Kristina Wolter* und Herrn *Sascha Niemann* von *workformedia* anführen. Ohne sie wäre die technische Druckvorlage nicht entstanden. Mit wunderbarer Geduld und Umsicht reagierten sie auf mein dateitechnisches Chaos, sodass ich meinen Dank an dieser Stelle festhalte. Weil es gar nicht selbstverständlich ist, überhaupt die Möglichkeit zur Neuauflage vom Verlag zu erhalten, gilt mein herzlicher Dank wiederum dem Lektor von *Springer Gabler | Springer DE*, Herrn *Guido Notthoff.*

Und gern möchte ich mich in jeder Publikation und jetzt erstmalig in einer zweiten Auflage wiederholen: Ohne meine gesamte Familie, ohne meine wundervolle Ehefrau *Nicole* sowie meine Wunschtraumtochter und jetzt Schulanfängerin *Emma Sophie* geht bei mir gar nix! Ihre vielfältigen Unterstützungen schaffen mir stets haushaltsorganisatorischen Freiraum für meine Arbeit, liefern mir kritischen Widerspruch zu meinem streng monetaristisch freiheitsliebenden Weltbild, verdeutlichen mir Lebensziele, die es nicht trotz, sondern *wegen* aller Erfahrungen, die das Leben schrieb, schreibt und schreiben wird, mit jedem Herzschlag zu erreichen gilt. Für dieses Glück bin ich meinen beiden Damen zutiefst dankbar!

Doch letztlich besitzt kein Buch eine Marktberechtigung, wenn es nicht auch gelesen wird. Allen diesen mir wichtigen lesenden Menschen, vor allem jenen, von denen ich viele Rückmeldungen, Kritiken und Verbesserungsvorschläge erhalten durfte, danke ich sehr herzlich – und freue mich schon auf Diskussionen zur zweiten Auflage!

Duisburg-Baerl, im August 2015   Prof. Dr. *Markus Knüfermann*

Vorwort zur ersten Auflage

Die Wohnungs- und Immobilienwirtschaft ist strukturbedingt eine investitionsintensive Branche. Entsprechende Finanzierungsüberlegungen nehmen daher großen Raum im Management dieser Branchenunternehmen ein. Bislang sind diesbezügliche Finanzierungsstrukturen durch Fremdkapitalfinanzierungen und Hausbankbeziehungen geprägt. Denn eine Konstanz der Kreditpartner bei grundbuchbesicherten Bankenkrediten kann zu Transaktionskostensenkungen führen. Schließlich können Grundbucheinträge über den Auslauf von Wohnungsbaudarlehen hinaus bestehen bleiben und für Anschlussfinanzierungen etc. erneut herangezogen werden.

Allerdings existiert an den Finanzmärkten immer weniger Stabilität in institutioneller und struktureller Hinsicht. Vor allem Bankenmärkte durchlaufen einen immensen Veränderungsprozess (z. B. Fusionen, Verstaatlichungen, Abwicklungen, Regulierungen), der wiederum durch Verwerfungen an den Kapitalmärkten forciert wird (z. B. durch höhere Zinsänderungsrisiken in Niedrigzinsphasen und Abschreibungen auf Eigenanlagen). Die Debatte um die Euro-Stabilisierung sowie ihrer Auswirkungen auf das Marktzinsniveau in Deutschland und den weiteren Euro-Ländern wirkt damit letztlich in jede noch so kleine Sparkasse oder Kreditgenossenschaft hinein.

Wachsende Unsicherheiten bzw. Politikabhängigkeiten der weiteren Entwicklungen auf den Finanzmärkten determinieren das Geschehen auf den Finanzierungsmärkten und manifestieren sich in folgenden zwei Überschriften zu Zeitungsartikeln: Die F.A.Z. vom 28. Juni 2013 (Nr. 147, S. 23) formulierte nach einem mehrwöchigen signifikanten Anstieg der Anleiherenditen am langen Ende in Deutschland: „Das ist die Zinswende". Doch schon am 05. Juli 2013 verlautete es im Handelsblatt (Nr. 127, S. 24 f.): „Draghis nächstes Versprechen: In einem historischen Schritt kündigt der EZB-Chef an, die Zinsen dauerhaft niedrig zu halten oder sogar zu senken."

Diese Unsicherheiten auf Grund der (Geld-)Politikabhängigkeit können die Finanzierungspartner und Hausbanken wohnungs- und immobilienwirtschaftlicher Unternehmen in die Ertragslosigkeit und damit letztlich gar Insolvenzgefährdung drängen. Kreditinstitute sind nämlich teilweise über Swapgeschäfte gegen einen Zinsanstieg abgesichert, weil ökonomisch eine Zinswende zu begründen gewesen war. Diese aus Risikogesichtspunkten wohlüberlegte Handlung stellt sich nach der oben angegebenen neuerlichen Zentralbankintervention jedoch als Missmanagement heraus und kann für die künstlich verlängerte Niedrigzinsphase zu Verlustgeschäften aus den Absicherungsgeschäften führen. Das Bankmanagement, das ohnehin schon ein Risikogeschäft darstellt, hat somit eine zusätzliche Dimension der Unsicherheit erlangt: Die intensivierte intervenistisch-aktivistische Politik!

Aus Sicht der Wohnungs- und Immobilienwirtschaft bzw. ihrer die Investitionen finanzierenden Unternehmen stellt sich im Hinblick auf die Finanzmärkte insbesondere die Frage nach dem weiterhin erwarteten Marktzinsniveau. Finanzierungszinssätze sind schließlich die zentralen Einflussfaktoren der Finanzierungskosten. Aber – ist das Zinsniveau niedrig, bleibt es niedrig, wird es noch weiter absinken oder ansteigen?

Zinssatzprognosen sind seit jeher ebenso komplex wie im Abgleich zur eintreffenden Realität auch ungenau. Das macht die Situation für die ihre Investitionen finanzierenden Unternehmen nicht leichter. Zudem gibt es Phasen, wie aktuell im Frühsommer 2013, als sich die Zinswende wirklich zeigte. Drei Fragen schließen sich dazu logisch an:

1. Wie kamen die F.A.Z.-Autoren zur Bestimmung, dass die Zinswende gestartet sei? Was waren ihre Begründungen?
2. Wie realistisch waren solche Meinungen – insbesondere vor dem Hintergrund, dass das Zinsniveau in Deutschland und im gesamten Euro-Raum durch die Politik – genauer gesagt durch die Geldpolitik der Europäischen Zentralbank (EBZ) beeinflusst und sogar maßgeblich bestimmt wird?
3. Welchen Einfluss hat die Aussage des EZB-Präsidenten, das Zinsniveau dauerhaft niedrig halten zu wollen, auf die Stabilität von Kreditinstituten und damit auf die Verlässlichkeit der Partnerschaften mit Kreditinstituten bzw. Hausbanken zur Wohnungsbaufinanzierung im Firmenkundengeschäft?

Erst Antworten auf diese Fragen ermöglichen eigene Einschätzungen zum zukünftigen Zinsniveau. Wer sich mit Finanzierungen beschäftigt, muss insofern über die betriebswirtschaftlichen Instrumentarien und Rechenmöglichkeiten der Tilgungsformen hinausblicken und volkswirtschaftliche Einflüsse erkennen, verstehen und interpretieren können. Insbesondere die Zusammenhänge von Kreditangeboten und politischen bzw. staatlichen Einflüssen in Form von Regulierungen sowie der zentralbankseitigen Geldpolitik sind relevant, um eben das Geschehen auf den Finanzierungsmärkten sowie die Entwicklungen des Zinsniveaus zu verstehen und ggf. kurzfristig auch in ihrer weiteren Entwicklung antizipieren zu können.

Vor diesem Hintergrund leitet das vorliegende Buch in die Märkte für langfristige Fremdkapitalfinanzierungen ein. Dazu werden keinesfalls nur betriebliche Tilgungsformen erläutert. Vielmehr gilt es auch, gesamtwirtschaftliche Finanzierungsstrukturen in ihrer zeitlichen Entwicklung aufzuzeigen, entsprechende Veränderungen zu begründen und Hinweise zu geben, erwartete Veränderungen zu formulieren (Kap. 2). Als wichtige Treiber der Veränderungen wird auch auf die Regulierungen des Bankgeschäfts zu sprechen kommen (Kap. 3). Wenn der Bankenmarkt unter kreditrestriktiven Veränderungsdruck gerät, verwundert es nicht, dass zeitgleich die bankenunabhängigen Finanzierungen über Kapitalmärkte zunehmen. Deshalb werden auch Anleihefinanzierungen (Kap. 4) fokussiert. Wegen der schon angesprochenen und zyklisch immer wieder von besonderer Bedeutung seienden Zinsänderungsrisiken eines Unternehmens der Wohnungs-, Immobilien- oder Kreditwirtschaft werden anschließend zinssichernde Swap-Geschäfte skizziert (Kap. 5). Das Buch schließt mit einer Idee, als dass alle Markt-(umfeld-)entwicklungen zur Gründung einer eigenen Wohnungswirtschaftsbank motivieren sollten (Kap. 6). Die Kap. 2, 3, 4, 5 werden durch Übungsaufgaben ergänzt. Zwar findet sich zum Ende des Buchs das Literaturverzeichnis mit allen herangezogenen Quellen. Doch jedes Inhaltskapitel selbst schließt ebenfalls mit kurz notierten Literaturhinweisen zum jeweiligen Thema ab.

Das Buch baut somit zwar Lehrbuchcharakter auf. Doch wird es sich von den im Markt befindlichen Finanzierungsbüchern differenzieren ...

- durch einen volkswirtschaftlichen Fokus auf die Märkte für Fremdkapitalfinanzierung und
- die Perspektive der Wohnungs- und Immobilienwirtschaft;
- nichtsdestotrotz lehrt es betriebswirtschaftliche Finanzierungsgrundlagen und liefert Übungsaufgaben samt Lösungen,
- ordnet diese aber in eine Marktperspektive ein (Wie ist der Bankenmarkt strukturiert, reguliert etc. und lässt sich bankenunabhängig finanzieren?);
- das Buch schließt ab mit einem in der Branche diskutierten Ansatz für eine eigene Wohnungswirtschaftsbank und liefert somit *Diskussionspotenzial.*

Für das Zustandekommen dieses Buchs bedanke ich mich bei sehr lieben Menschen: Zum einen beim Rektor der *EBZ Business School – University of Applied Sciences (EBZ BS)*,

Herrn Prof. Dr. habil. *Volker Eichener*, dem Kanzler, Herrn *Klaus Leuchtmann*, sowie dem Prorektor, Herrn Prof. Dr. Dr. h.c. habil. *Rudolf Miller*. Denn im Rahmen meiner Professur an der *EBZ BS* war meine Mitarbeit im Fernstudium ausschlaggebend für die Niederschrift des Buchs. Zum anderen gilt mein Dank dem Lektor von *Springer Gabler | Springer DE*, Herrn *Guido Notthoff*. Die ungeheuer positiv wirkende Begleitung des Publikationsprojekts war mir eine große Freude.

Ebenfalls möchte ich meinem akademischen Lehrer, Herrn Univ.-Prof. Dr. *Torsten J. Gerpott*, von der Universität Duisburg-Essen herzlich danken. Seine unermüdliche Art, mich zur für ihn angemessenen analytischen Arbeitsweise zu drängen, war und ist mir stets die notwendige Richtschnur gewesen und wird es bleiben. Seine unerschütterliche Strenge in unserer Zusammenarbeit hat mich auch bei der Niederschrift dieses Buchs angetrieben – seine noch gesteigerte Unerschütterlichkeit in der Geduld mit mir als Menschen hat uns über die wissenschaftliche und bankpraktische Arbeit hinaus zu liebevollen Freunden heranreifen lassen. Auch wenn Prof. *Gerpott* mit diesem Buch wieder nicht zufrieden sein wird, freue ich mich darauf, ihm ein Belegexemplar überbringen zu können. Seine Lehre ist mir das wichtigste Asset in meiner akademischen Laufbahn und dafür bin ich zutiefst dankbar.

Die Niederschrift des Buchs mit Blick auf die Studierenden und die Praktiker zugleich als Gesamtzielgruppe war mir ein großes Anliegen. Insofern hat mir die Arbeit viel Freude bereitet. Die Rechercheintensität zum Buch implizierte aber auch eine Belastung meiner Familie durch den Entzug des zuhörenden Ehemanns und herumtobenden Papas, der die Abende nur am Schreibtisch verbrachte. Daher widme ich das Buch wie meine beiden Bücher zuvor in Liebe meiner wunderschönen Ehefrau *Nicole* und meiner Wunschtraumtochter *Emma Sophie*. Wenn das Buch mit einer herrlichen Vision von dem brancheneigenen Kreditinstitut schließt, so möge es im übertragenen Sinn ein Investment in eine wundersame Zukunftsgestaltung sein. Ja, ich gehe gern jeglichen Lebensweg mit euch und alles in Liebe! Nur die Sterne wissen, was kommen mag – das ist Leben und wundersam schön.

Herrlich an der Niederschrift eines eigenen Buchs ist die Möglichkeit, diese Dankeschöns an alle mich unterstützenden Menschen in die Welt zu rufen. Damit bietet es zugleich Raum, mich letztlich bei meinen lieben *Eltern* für alles zu bedanken, was sie mir Gutes zukommen ließen in meinem Leben.

Entscheidend für den Erfolg des Buchs sind natürlich Sie, liebe *Leserinnen und Lesern*! Somit danke ich *Ihnen* abschließend für das Vertrauen, das es impliziert, das Buch lesen zu wollen. Denn in dynamischen Zeiten des Internets ist es wahrlich keine Selbstverständlichkeit mehr, dass Fachbücher gekauft *und* gelesen werden. Über jegliche Kritik an meinen Inhalten werde ich mich sehr freuen!

Hamburg, August 2013   Prof. Dr. *Markus Knüfermann*

Inhaltsverzeichnis

i. V. m.	in Verbindung mit
inkl.	inklusive
IRB	Internal Rating Based
k	Zusatzperioden
K	Wertpapierkurs
Kap.	Kapitel
KW	Kapitalwert
KWG	Kreditwesengesetz
LCR	Liquidity Coverage Ratio
m. a. W.	mit anderen Worten
MaRisk	Mindestanforderungen für das Risikomanagement
Mio.	Millionen
Mrd.	Milliarden
n	Kreditlaufzeit (bzw. Periodenanzahl)
NPV	Net Present Value
Nr.	Nummer
NSFR	Net Stable Funding Ratio
o. Jg.	ohne Jahrgang
o. V.	ohne Verfasser
p. a.	per anno
PV	Present Value
Q	Quartal
SE	Societas Europaea
s. o.	siehe oben (im selben Kapitel)
s. u.	siehe unten (im selben Kapitel)
S.	Seite
SolV	Solvabilitätsverordnung
t	Periode
t^*	Zinsbindungsdauer
T^*	Tilgungssatz als Prozentwert absolut
Tab.	Tabelle
Tsd.	Tausend
URL	Uniform Resource Locator
vgl./Vgl.	vergleiche/Vergleiche
v. H.	von Hundert
WKN	Wertpapierkennnummer
WpHG	Wertpapierhandelsgesetz
WOWIBA	Wohnungswirtschaftsbank
WWW	World Wide Web
Z	Kupon- und Rückzahlungen
z. B.	zum Beispiel

Abbildungsverzeichnis

Tabellenverzeichnis

Einführung in die Finanzierungswirtschaft

1

Zusammenfassung

Zunächst wird in Abschn. 1.1 die Thematik des Buchs eingeführt und das mediale Interesse an Finanzierungsthemen der Wohnungs- und Immobilienwirtschaft praxisseitig begründet. Abschn. 1.2 erläutert die volkswirtschaftlichen Funktionen der Finanzierungswirtschaft, die ihre Existenz begründen. Eine Literaturübersicht zu themennaher Bestandsliteratur folgt in Abschn. 1.3. Sie erläutert, warum das vorliegende Buch eine Lücke schließt.

1.1 Finanzierung im Fokus der Wirtschaft

„Immobilienkredite: Die Finanzierung ist das Nadelöhr auf dem Investmentmarkt", überschrieb die bundesweit berichtende Wirtschaftszeitung Handelsblatt einen Beitrag am 06./07. Oktober 2012 (Nr. 193, S. 39). Die Bezeichnung „Nadelöhr" spricht der Finanzierung wohl die *entscheidende* Rolle zur Realisierungsfähigkeit von Immobilienprojekten zu – unabhängig von immobilienwirtschaftlichen Projektaspekten. Kann eine Finanzierung nicht die nötigen Finanzmittel bereitstellen, können auch keine Investitionstätigkeiten durchgeführt werden, die schließlich Finanzmittel verbrauchen. Hierbei ist es zunächst unerheblich, über welche Art von Finanzmittelbeschaffung (Eigen- versus Fremdfinanzierung oder Innen- versus Außenfinanzierung; siehe Abschn. 2.3) gesprochen wird.

▶ **Definition** „Unter Finanzierung (Finanzwirtschaftliche Aktivität) ist im Wesentlichen die Bereitstellung von Finanzmitteln zum Zweck der Verwendung in einer finanzwirtschaftlichen (Zwischenfinanzierung) oder realwirtschaftlichen Aktivität (Konsum oder Investition) zu verstehen. Bei der Außenfinanzierung werden dazu Fremdmittel aufgenommen, während bei der Innenfinanzierung Eigenmittel (beispielsweise Gewinne) verwendet werden."[1]

Zwar besitzt dieser Sachverhalt auch für die meisten weiteren Branchen eine zentrale Bedeutung. Doch zeichnet sich die Wohnungs- und Immobilienwirtschaft aus durch Finanzierungen mit …

- betriebswirtschaftlich signifikanten Losgrößen,
- häufig nur geringen Eigenkapitalanteilen an der Gesamtfinanzierung,
- einer Langlebigkeit der Güter und einer daran ausgerichteten langfristigen Finanzierung (bzw. Tilgungsplanung) sowie
- einer nicht immer exakt zu bestimmenden definitorischen Abgrenzung von Objekt- und Unternehmensfinanzierung (siehe Abb. 1.1).

Die Wohnungs- und Immobilienwirtschaft reagiert insofern (im positiven wie im negativen Sinn) sensibel auf Veränderungen an den Finanzierungsmärkten, als dass die Kostenstrukturen entsprechender Unternehmen durch die oben angegebenen Aspekte erheblich von den zu leistenden Kapitalkosten bestimmt sind. Des Weiteren belasten entsprechende langfristige Verbindlichkeiten für Einzelobjekte durchaus mehrere Generationen von Geschäftsleitungen eines Unternehmens, m. a. W. beeinflussen wohnungs- und immobilienwirtschaftliche Finanzierungen (bzw. Investitionen) nachhaltig die strategische Ausrichtung eines Branchenunternehmens.

Das Nadelöhr der Wohnungs- und Immobilienwirtschaft ist jedoch differenziert zu betrachten: *Einerseits* ist der Immobilieninvestmentmarkt im Jahr 2013 also durch zögernde Finanzmittelbereitstellungen seitens der Investoren (= Kreditinstitute und sonstige Kapitalmarktbeteiligte) gekennzeichnet, worauf der eingangs zitierte Artikel hindeutet. *Ande-*

Abb. 1.1 Abgrenzung von Objekt- und Unternehmensfinanzierung

---

[1] Deutsche Bundesbank 2012b, S. 5.

rerseits erscheint das Kreditangebot für besicherte Wohnungsbaufinanzierungen auf Grund der aktuellen Marktsituation, Zentralbankpolitik und Konjunkturphase in Europa/ Deutschland alles andere als knapp bzw. restriktiv: „Der Bauzins erreicht ein Rekordtief", hieß es daher am 10. Januar 2013 (Nr. 7, S. 34 f.) ebenfalls im Handelsblatt. Zusammenfassend gesellten sich zu den strukturellen Veränderungen der letzten Jahrzehnte innerhalb der Finanzierungsmärkte zuletzt auch politische Einflüsse, die es für die Wohnungs- und Immobilienwirtschaft zu berücksichtigen gilt.

▶ **Empirie** „Die Finanzierung der deutschen Unternehmen war im Zeitraum von 1991 bis 2010 durch eine hohe Dynamik geprägt. Fortschritte im Bereich der Informations- und Kommunikationstechnologie sowie die zunehmende Liberalisierung der internationalen Güter- und Finanzmärkte haben zum einen deren Integration vorangetrieben und den Wettbewerbsdruck erhöht. Zum anderen haben Unternehmen im Zuge der zunehmenden Internationalisierung ihrer Produktionsprozesse die Finanzierungsmöglichkeiten an das sich wandelnde Wirtschaftsumfeld angepasst."[2]

Um diese Diskrepanz in den Marktentwicklungen zu verstehen und darauf aufbauend in der Berufspraxis die situativ richtigen Entscheidungen über die Auswahl und Gestaltung der optimalen Finanzierungsinstrumente treffen zu können, führt das vorliegende Buch in die Finanzierungsmärkte ein und folgt dabei der Perspektive der Wohnungs- und Immobilienwirtschaft. Abb. 1.2 visualisiert die Struktur bzw. Vorgehensweise dieser Einführung.

Schwerpunkt der Einführung sind die *Märkte für langfristiges Fremdkapital* primär mit Bezug auf Bankenmärkte (Kap. 3) und ergänzend auf börsenorganisierte Kapitalmärkte

Abb. 1.2 Struktur des Buchs

---

[2] Deutsche Bundesbank 2012a, S. 17.

(Kap. 4). Börsennotierte Aktiengesellschaften in der Wohnungs- und Immobilienwirtschaft sind nämlich noch eine Seltenheit. Beispiele sind die Vonovia SE, TAG AG oder die alstria office REIT-AG. Doch nicht die fehlenden Börsennotierungen sind ausschlaggebend für den Fremdkapitalfokus dieses Buchs, sondern vielmehr, dass die meisten Wohnungs- und Immobilienunternehmen in Deutschland durch ihre kommunale Trägerschaft oder genossenschaftliche Rechtsform gar nicht erst eigenkapitalbörsenfähig sein können. Insofern tritt bei den Kapitalmarktfinanzierungen der Bezug von Fremdkapital in den Vordergrund gegenüber der Eigenkapitalfinanzierung (z. B. mit Verkauf von Eigenkapitalanteilen über Nennwert im Rahmen von Kapitalerhöhungen). Schließlich ist die Fremdkapitalfinanzierung über die Kapitalmärkte unabhängig von Rechtsform und Trägerschaft.

Grundsätzlich stellen die Bankenmärkte die volumenmäßig tragende Finanzierungssäule der Wohnungs- und Immobilienwirtschaft dar. Mit 328,3 Mrd. Euro war das Volumen der Wohnungsbaukredite im Firmenkundengeschäft von Kreditinstituten Ende 2014 sogar größer, als das Umlaufvolumen festverzinslicher Wertpapiere inländischer Unternehmen insgesamt mit 232,3 Mrd. Euro. Ende 2022 betrug dieses Kreditvolumen bereits 509,1 Mrd. Euro; das Umlaufvermögen stieg auf 441,2 Mrd. Euro an, sodass der relative Abstand sich verkleinern konnte.[3] Aus diesem Grund nehmen die Bankenmärkte den größten Raum in der weiteren Darstellung ein.

Beginnend in *Kap. 1* wird in die Finanzierungswirtschaft eingeführt, unter anderem mit kommentierten Literaturhinweisen. *Kap. 2* beschreibt Grundzüge der Thematik dahingehend, als dass die Beziehungen zwischen den Finanzierungsmärkten (vor allem Banken- und Kapitalmärkte) erläutert und an Hand von Marktentwicklungen untermauert werden. Vor dem Hintergrund, dass der Bankenkreditfinanzierung im Rahmen der Objekt- und Unternehmensfinanzierung in Deutschland volumenmäßig nach wie vor die größte Bedeutung zukommt, wird Kap. 3 ausführlich diesbezügliche Finanzierungsinstrumente erörtern. Neben der Kreditnehmerperspektive wird mit besonderem Fokus auf die Perspektive der Kreditinstitute eingegangen. Neben Fragen der Bankenmarktentwicklungen basiert das Interesse der Lehre dabei auf den Einflussfaktoren, die eine positive oder negative Kreditentscheidung durch Kreditinstitute bestimmen. Doch generell ist (auch) in Deutschland ein Markttrend zu konstatieren, als dass Finanzierungen mehr und mehr über Kapitalmärkte abgewickelt werden. Diesbezügliche Möglichkeiten aus Sicht der Wohnungs- und Immobilienwirtschaft werden für Fremdkapitalfinanzierungen in Kap. 4 vorgestellt. Zum Management von Finanzierungen mit Fremdkapital zählen jedoch nicht nur die Auswahl geeigneter Instrumente und ihre Gestaltungen, sondern auch eine Integration des finanziellen Risikomanagements. Kap. 5 führt in entsprechende Basisthemen ein und kommt dabei insbesondere auf das Zinsänderungsrisiko und dessen Steuerung aus Unternehmenssicht zu sprechen. Als inhaltlich abschließenden Ausblick wird in Kap. 6 der Frage nachgegangen, inwiefern eine **Bank für die Wohnungswirtschaft** auf Basis aller vorherigen Überlegungen Sinn machen könnte und wie diese zu konzipieren wäre. Jedes

---

[3] Vgl. die Datenquelle Deutsche Bundesbank 2023.

Kapitel verfügt über eine Zusammenfassung zu Beginn und über ein Literaturverzeichnis zum Abschluss, sodass die Kap. 2, 3, 4, 5 und 6 auch autark gelesen werden können. Weil in den Kap. 2, 3, 4 und 5 Übungsaufgaben jeweils am Kapitelende formuliert sind, finden sich in Kap. 7 zur Überprüfung des eigenen Wissens Hinweise zu entsprechenden Lösungen.

1.2 Einführung in das deutsche Finanzsystem

1.2.1 Funktionen der Finanzierungswirtschaft

Im Fokus des vorliegenden Buchs stehen *einerseits* Finanzintermediäre wie vor allem Banken und Sparkassen (auch Versicherungen nehmen diese Rolle mit marginalen Anteilen an ihren Geschäftsaktivitäten wahr; siehe Abschn. 3.8). Hierzu werden in Kap. 3 insbesondere die folgenden drei *Intermediation*sleistungen (bzw. Intermediärfunktionen) betrachtet:[4]

- *Losgrößentransformation:* Gemeint ist der Prozess, kleine Einlagenvolumina bei Finanzinstitutionen (zumeist Banken und Sparkassen) in größere Kreditabschnitte zu transformieren. Auf dieser Weise kommt es zu (Teil-)Finanzierung des volkswirtschaftlichen Wachstums.
- *Fristentransformation:* Die gerade angeführten kleinen Einlagenvolumina bei Finanzinstitutionen sind i. d. R. nur kurzfristige Einlagen, ihre Anlage seitens der Finanzmittelgeber (= Kunden von Banken und Sparkassen etc.) sind also gewöhnlich kurzfristig kündbar. Es gilt insbesondere für beim Tagesgeldkonto oder bei Spareinlagen mit Dreimonatsfrist (z. B. dem klassischen Sparbuch).
- *Risikodiversifikation:* Trotz der Losgrößentransformation können Finanzintermediäre ihre Einlagen an verschiedene Kunden (Privat und/oder Firmen etc.) verleihen. Bei einer großen Vielzahl an Kreditengagements lassen sich Portfolioeffekte generieren, als dass es zur Risikoreduktion des Gesamtportfolios kommen soll (siehe Abschn. 2.1).

Andererseits werden Märkte zur Substitution der Intermediäre fokussiert. Denn die genannten Intermediationsleistungen lassen sich auch über den direkten Kontakt zu den Kapitalmärkten erreichen. Finanzintermediäre und Kapitalmärkte (mit Direktkontakt von Finanzmittelgebern und -nehmern) sind daher von gleichberechtigter Bedeutung für die Objekt- und Unternehmensfinanzierung. Zusammen mit internen Finanzierungsmärkten und Finanzierungssubstituten bilden sie das Spektrum der Finanzierungsplattformen. Die Finanzintermediäre und die Kapitalmärkte (plus die Geldmärkte mit Angebot und Nachfrage nach kurzfristigem Geld bis zu einem Jahr) werden als *Brückenschlag* zwischen Finanz-

---

[4]Vgl. hier und unten zum „Brückenschlag" Gischer et al. 2020, S. 5 f., sowie zu den Intermediationsleistungen allgemein Gerke/Bank 2003, S. 310–312.

mittelgebern (z. B. privaten Sparern) und Finanzmittelnehmern (z. B. realwirtschaftlichen Investoren) beschrieben. Gemeinsam bilden sie den sogenannten *Finanzsektor* einer Volkswirtschaft in Gegenüberstellung zur Realwirtschaft ab.

1.2.2 Grundzüge des Finanzierungssektors

Der *Finanzsektor* umfasst alle auf den national und international ausgerichteten Finanzmärkten agierenden (Finanz-)Institutionen; im Zusammenspiel mit der aggregierten *Finanzierungsstruktur* einer Volkswirtschaft stellt er das *Finanzsystem* dar (siehe Abschn. 2.3).[5] Shiller (2012) weist darauf hin, dass umgangssprachlich das Finanzsystem eher (und fälschlich) von der Investment-Seite her erfasst werde, wenn es heißt: „Das Finanzsystem wird landläufig mit der Wissenschaft und Praxis der Vermögensverwaltung gleichgesetzt. Wir stellen uns vor, dass Portfolios aufgestockt, Risiken und steuerliche Belastungen gesteuert und die Reichen noch reicher gemacht werden. Diese Definition werden wir im vorliegenden Kapitel aufgreifen und infrage stellen."[6]

Stattdessen lässt sich nämlich sagen, dass originäre Finanzkontrakte immer ein Finanzierungsziel verfolgen. Ihre Auflage geschieht zur Generierung von Finanzmitteln zum Zweck der Investitionstätigkeit. Finanzmittelgeber (= Finanzinstitutionen, Unternehmen und Privatpersonen) wiederum investieren ebenfalls, sodass zwar beide Parteien investieren, aber nur eine Partei sich finanziert. Ohne den originären Finanzierungsaspekt gäbe es also keine Finanzmärkte auf denen originäre und derivative Finanzkontrakte platziert, emittiert und ggf. gehandelt werden. Ähnlich formulieren Gischer et al. (2020): „Insofern wird das Verständnis der Finanzinstitutionen erleichtert, wenn man den Horizont bis auf die Finanzierung erweitert."[7]

Als Finanzmittelgeber der Finanzmärkte stehen in Deutschland (1) primäre Kreditinstitute zur Verfügung. Sie zählen zur Gruppe der institutionellen Investoren, die sich ergänzen um (2) Versicherungen, Pensionskassen bzw. Versorgungswerke und Kapitalanlagegesellschaften. Auch (3) Unternehmen und letztlich ergänzend (4) private Investoren sind von Bedeutung – so besitzen z. B. die beiden Quandt-Erben Stefan Quandt und Susanne Klatten 46,7 % des Aktienkapitals an der BMW AG.[8] Abb. 1.3 visualisiert für diese vier Gruppen die jeweiligen Geschäftsmodelle bzw. Absichten, die hinter der Finanzmittelbereitstellung auf den Finanzmärkten stehen. Es wird dabei ausschließlich auf Kapitalmarktgeschäfte abgestellt. Themenbereiche der konzerninternen Finanzierung oder der privaten Geldanlage im Einlagengeschäft von Kreditinstituten etc. stehen schließlich nur indirekt im Zusammenhang mit den Finanzmärkten.

---

[5] Vgl. Gischer et al. 2020, S. 18.

[6] Shiller 2012, S. 17.

[7] Gischer et al. 2020, S. 18.

[8] Siehe Investor Relations-Informationen der BMW AG oder Börsen-Informationsportale wie z. B. onvista.de oder finanzen.net.

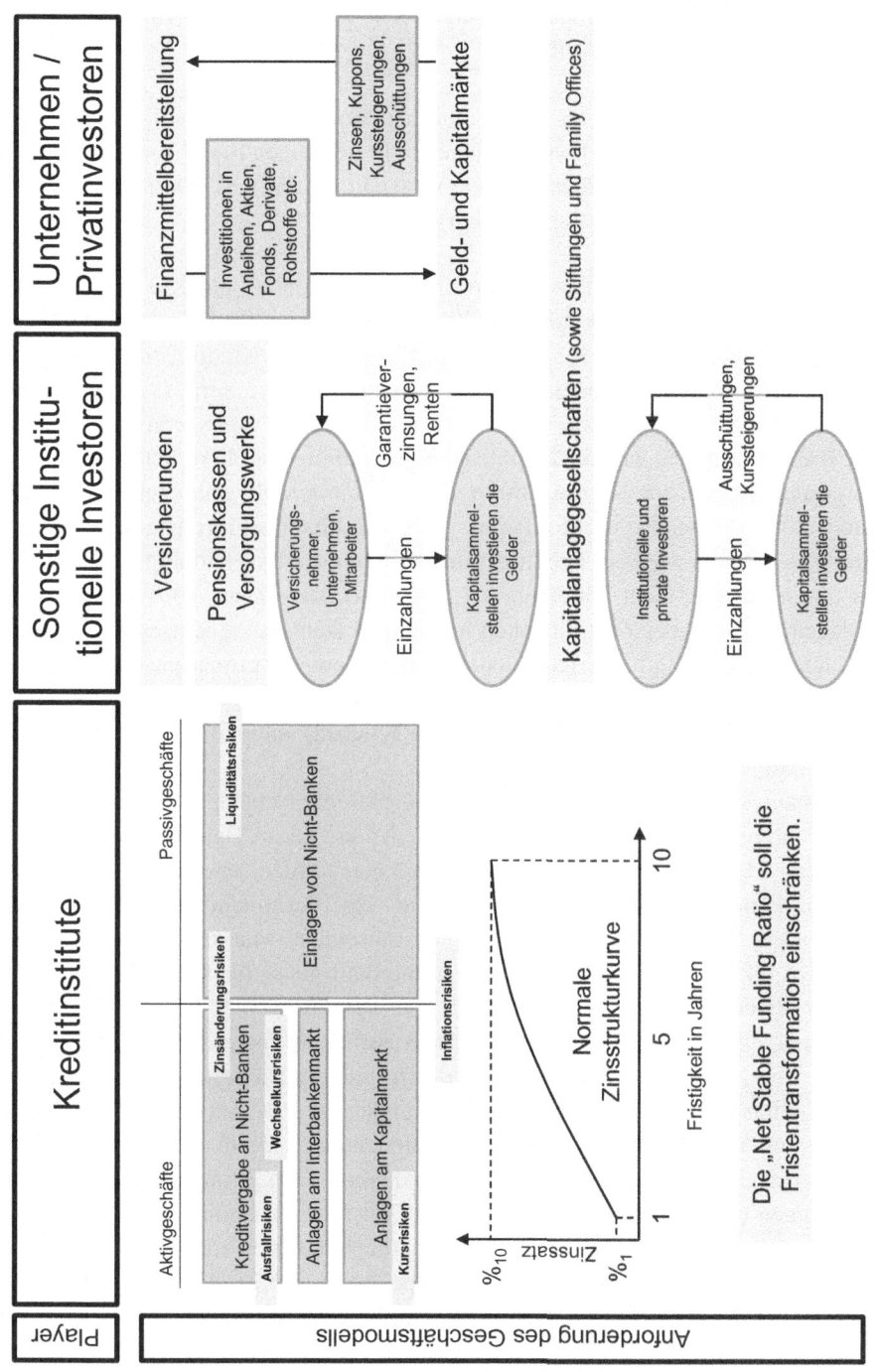

Abb. 1.3 Finanzmittelgeber der Finanzmärkte

Nachfolgend werden die jeweiligen Geschäftsmodelle bzw. Absichten der zur Finanzmittelbereitstellung auf international ausgerichteten Finanzmärkten für alle vier in Abb. 1.3 genannten Gruppen beschrieben:

- *Kreditinstitute:*[9] Ihre Funktion als Finanzintermediäre vollziehen Kreditinstitute durch ihr Einlagen/Kredit-Geschäft, das Grundlage der notwendigen Banklizensierung durch die Bundesanstalt für Finanzdienstleistungsaufsicht (BaFin) ist. Derartige Bankgeschäfte sind gewöhnlich durch drei Risikoarten geprägt:

  1. Wenn Kreditinstitute Kundeneinlagen an weitere Kunden als Kredite verleihen, dann besteht als erstes ein *Ausfallrisiko* im Hinblick darauf, dass Kreditnehmer ihren Kredit nicht zurückbezahlen können. Dann könnten Kreditinstitute wiederum die Einlagen nicht an Kunden auszahlen, wenn diese sie zurückverlangten, und wären zahlungsunfähig. Daher erfordern Entscheidungen zur Kreditvergabe intensive Kreditwürdigkeitsprüfungen potenzieller Kreditnehmer bzw. deren Ratings.
  2. Umgekehrt besteht für Kreditinstitute das *Liquiditätsrisiko* dahingehend, als dass Kunden ihre Einlagen zurückforderten, bevor Kreditnehmer ihre Kredite zurückgezahlt hätten. Dann wäre ein Kreditinstitut wiederum zahlungsunfähig. Daher verleihen Kreditinstitute nicht 100 % ihrer Einlagen, sondern legen 10 % bis 20 % des Einlagenvolumens bei Zentralbanken auf Interbankenkonten oder an den Kapitalmärkten in hoch fungible (= handelbare) Wertpapiere mit primär niedrigem Ertrag/ Risiko-Profil an. An dieser Stelle treten Kreditinstitute als Finanzmittelgeber an den börsenorganisierten (und vereinzelt außerbörslichen) international ausgerichteten Finanzmärkten auf.
  3. Zinsbindungen von Einlagen- und Kreditgeschäft unterscheiden sich zumeist deutlich. Während Kredite, vor allem Wohnungsbaukredite in Deutschland langfristig mit zehn- oder 15-jähriger Zinsbindung vergeben werden, sind i. d. R. Tagesgeld- und Girokontoeinlagen variabel sowie Spar- und Termineinlagen bis höchstens zweijähriger Zinsbindung verzinst. Unter normalen Marktbedingungen liegen Zinssätze für kurzfristige Zinsbindungen unterhalb jener für langfristige Zinsbindungen (siehe Abb. 1.3: „Normale Zinsstrukturkurve" sowie dazu auch Abschn. 4.2.2). Die Geschäftstätigkeit des Ausspielens unterschiedlicher Zinssätze auf der Zinsstrukturkurve heißt *Fristentransformation*. Käme es im Markt zu einer signifikanten Zinserhöhung, müssten die Einlagen im Preiswettbewerb höher verzinst werden, obwohl die Kredite noch zinsbindend weiterlaufen. Für ein Kreditinstitut verringern sich im Fall dieses schlagend werdenden *Zinsänderungsrisikos* die Zinsmargen (= Differenz aus Zinsertrag und Zinskosten). In diesem Fall schwände die Ertragskraft des Kreditinstituts. Zinsänderungsrisiken werden durch die Vereinbarung von Swapgeschäften reduziert (siehe Abschn. 5.2). Allerdings schwindet auch dadurch die Ertragskraft, sollten Zinsänderungsrisiken gar nicht schlagend werden.

---

[9] Siehe zur Struktur des deutschen Bankenwesens Abschn. 3.1.

4. Ja nach Ausgestaltung besonderer Kreditgeschäfte kommen weitere Risiken hinzu, die es zu berücksichtigen gilt. Werden beispielsweise Darlehen in Fremdwährungen aufgenommen, entstehen für Gläubiger *und* Schuldner jeweils *Wechselskurs-(änderungs-)risiken*. Kreditinstitute, die Wertpapieranlagen als Kreditersatzgeschäfte realisieren, müssen das (Wertpapier-)Kursänderungsrisiko berücksichtigen. Letztlich müssen alle Marktteilnehmer auch ein *Inflationsrisiko* einplanen. Für Kreditinstitute führt es schnell auch zum Zinsänderungsrisiko.

Vor diesem Hintergrund lässt sich Bankmanagement auch als explizites Risikomanagement bezeichnen. Diese klassischen Bankgeschäfte tangieren nicht direkt die international ausgerichteten Finanzmärkte. Doch obwohl deutsche Retail-Banken (= privatrechtliche Regionalbanken, Kreditinstitute und Sparkassen) Ende 2022 (bzw. 2013) zusammen 70,0 % (bzw. 58,3 %) aller Wohnungsbaukreditgeschäfte in Deutschland vergaben und damit marktführend waren, reduzierten sie in den Jahren von 1995 bis 2008 durchschnittlich ihre jeweiligen allgemeinen Kreditanteile an der gruppendurchschnittlichen Bilanzsumme von 68,7 % auf 59,1 %; vor allem privatrechtliche Regionalbanken zogen sich bis heute nachwirkend aus dem Kreditgeschäft zurück (siehe auch Abschn. 3.2, Abb. 3.4).[10] Umgekehrt steigerten sie im Betrachtungszeitfenster ihre Kreditersatzgeschäfte um rund 10 Prozentpunkte. Kreditersatzgeschäfte im Retail-Segment sind vor allem klassische, die auch schon zur Liquiditätsanlage herangezogen werden. Als Anlageprodukte kommen darüber hinaus auch Anleihen und teilweise Aktien deutscher und ausgewählter europäischer Unternehmen in Betracht, deren Investment-Controlling ohne Wechselkursrisiko (siehe Abschn. 4.2.2 und 5.2) umzusetzen ist. Durch die insgesamt intensivierten Kapitalmarktanlagegeschäfte von Kreditinstituten ergibt sich ein viertes Risiko im Bankgeschäft, nämlich das bereits angesprochene (Wertpapier-)Kursänderungsrisiko. Sollten Kurse über den Bilanzierungszeitraum hinweg fallen, kann dies zu Abschreibungen und zur eigenkapitaltechnischen Insolvenzbedrohung führen. Deshalb sollten Wohnungsunternehmen bei der Auswahl ihrer Kreditgeber Banken und Sparkassen mit überdurchschnittlich hohen Kreditersatzgeschäftsanteilen anderer Bilanzsummen meiden.

- *Sonstige institutionelle Investoren,* also Versicherungen, Pensionskassen und Versorgungswerke sowie Kapitalanlagegesellschaften, aber auch Family Offices und Stiftungen sind quantitativ gesehen wichtige Kapitalmarktbeteiligte. Ihre Finanzmittelvolumina sind allerdings nicht höher als jene der Kreditinstitute, auch wenn Kreditinstitute nur einen Teil ihrer Bilanzsumme (i. d. R. etwa 10 % bis 20 %) an den Kapitalmärkten investieren. Versicherungen, Pensionskassen und Versorgungswerke dagegen investieren tendenziell das vollständige Prämienaufkommen an den Kapitalmärkten, um die Versicherungsleistungen aus den Anlagenerträgen zu generieren.[11]

---

[10] Vgl. Knüfermann 2014, S. 38.
[11] Vgl. Zweifel/Eisen 2003, S. 17.

Die Volumina von Versicherungen und Kreditinstituten lagen zum Datenstand Ende 2017 auf gleicher Höhe: Das Engagement deutscher Erstversicherer an Fremd- und Eigenkapitalmärkten z. B. besaß Ende 2017 ein Volumen in Höhe von 1351,0 Mrd. Euro, lag also etwa in der Höhe der Wertpapierinvestitionen von deutschen Kreditinstituten. Davon entfielen 84,9 % auf Investitionen in Anleihen, 5,1 % auf Aktieninvestitionen und 3,9 % auf Immobilieninvestitionen.[12] Erstversicherer fokussieren ihre Eigenanlagen demnach primär auf börsenorganisiert handelbare Kreditverbriefungen, also auf Anleihen. Der hohe Anteil an Investitionen in diese Fremdkapitalinstrumente belastete das Geschäftsmodell der Versicherungen in der langanhaltenden Niedrigzinsphase sehr. Schließlich fällt das Erwirtschaften der verpflichtenden Garantiezinsen umso schwerer.

Bei Kapitalverwaltungsgesellschaften ist das Geschäftsmodell simpler. Investoren überlassen ihnen Finanzmittel, die Kapitalverwaltungsgesellschaften kumuliert an den Kapitalmärkten investieren. Hierzu wird zumeist auf Fondslösungen abgestellt. Ein (offener Publikums-)Investmentfonds (oder Spezialfonds) stellt ein Sondervermögen aus entgegengenommenen Anlagegeldern von privaten und institutionellen Investoren dar, das von Portfoliomanagern professionell am Kapitalmarkt investiert wird.

Offene Fonds sind dabei in ihrem maximalen Fondsvermögen nicht gedeckt wie geschlossene Fonds. Publikumsfonds werden öffentlich zum Erwerb angeboten, in Spezialfonds können nur ausgewählte institutionelle Investoren ihre Finanzmittel anlegen. Fonds mit aktivem Portfoliomanagement investieren in eine vordefinierte Anlagestrategie und beabsichtigen, ebenfalls vordefinierte Performance-Benchmarks zu übertreffen. Für dieses Management ziehen Kapitalverwaltungsgesellschaften eine zumeist jährliche Verwaltungsgebühr (etwa zwischen 0,75 % und 1,5 % p. a.) vom Fondsvermögen ab. Diese Verwaltungsgebühr von passiv gemanagten Fonds liegt deutlich niedriger (etwa zwischen 0,01 % und 0,1 % p. a.). Diese Fonds nämlich wollen die Performance einer vordefinierten Benchmark lediglich abbilden und verzichten damit auf eine individuelle Anlagestrategie.

Das wichtigste Ziel von Fondslösungen ist die Möglichkeit für Investoren, bereits mit geringeren Investitionsmitteln Diversifikationseffekte zu generieren, die eigentlich nur mit größeren Investitionsvolumina zu generieren wären. Das Fondsvermögen über alle offenen Publikums- und Spezialfonds hinweg betrug Ende November 2018 in Deutschland 2,1 Bill. Euro. Es lag damit deutlich über den jeweiligen Anlagevolumina von Erstversicherern und Kreditinstituten. Allerdings gliedert sich das Fondsvermögen aller Publikums- und Spezialfonds noch auf, insbesondere in Bankguthaben, Geld- und Kapitalmarktforderungen, Aktien, Immobilieninvestitionen und Schuldscheindarlehen. Die Fonds-Investments in Anleihen betrugen dabei lediglich 482,3 Mrd. Euro, d. h. 23,1 % des kumulierten deutschen Fondsvermögens; in Aktien investiert waren sogar nur 286,7 Mrd. Euro (bzw. 13,7 %). Dabei ist zu beachten, dass

---

[12] Datenquelle der Investitionsvolumina: GDV 2018, S. 15.

die Anlageinvestitionen in Aktien und Anleihen jeweils kleiner waren als die Aktienfondsvermögen und Anleihefondsvermögen. Kapitalverwaltungsgesellschaften investieren schließlich nicht zwingend das gesamte Fondsvermögen in ihre jeweiligen Fondsstrategien. Diese Unterscheidung ist wichtig, weil der Umfang der Immobilieninvestitionen seitens der Publikums- und Spezialfonds durch die Deutsche Bundesbank nicht berichtet wird. Lediglich das Fondsvermögen aller Publikums- und Spezialimmobilienfonds belief sich für Ende November 2018 auf 196,5 Mrd. Euro (bzw. 9,4 % des kumulierten deutschen Fondsvermögens).[13] Vor diesem Hintergrund gewinnen Kreditinstitute und Erstversicherer wieder an Bedeutung als Investoren auf den internationalen Finanzmärkten.

- *Private Investoren und Unternehmen:* Das staatliche Rentenversicherungssystem führt zunehmend zu Altersversorgungslücken in Deutschland. Die private Altersvorsorge wird daher immer zwingender. Dazu müssen private Investoren nicht ausschließlich auf Versicherungsprodukte oder Fonds abstellen, sondern können selbst als Finanzmittelgeber mit Direktinvestments in Wertpapiere auftreten.

  Die Fungibilität börslicher Wertpapieren ermöglicht eine Zwischenanlage temporärer liquider Mittel von privaten Investoren und Unternehmen. Wenn Wertpapiere zeitnah verkäuflich sind, senkt das das Liquiditätsrisiko von Investoren. Dadurch wiederum sinken c. p. ihre Renditeanforderungen, sodass sich Schuldner über die Kapitalmärkte tendenziell günstiger finanzieren können als über bilaterale Bankenkredite.

Als Zwischenfazit zum Finanzsektor wird den Worten aus Shiller (2012) gefolgt:

„Der Finanzsektor ist trotz seiner Makel und Exzesse eine Kraft, die uns helfen kann, eine bessere, wohlhabendere und gleichere Gesellschaft zu schaffen. Die Finanzwirtschaft war sogar ein zentraler Faktor für den Aufstieg reicher Marktwirtschaften in der Moderne. Ohne sie wäre diese Entwicklung gar nicht denkbar gewesen."[14]

1.2.3 Finanzierungsstrukturen bzw. -verhalten deutscher Wohnungs- und Immobilienunternehmen

Die primär klein- und mittelständisch geprägte Wohnungswirtschaft finanziert sich vorwiegend über klassisch grundbuchrechtlich besicherte Darlehen. Geschäftsbanken (= privatrechtliche Kreditbanken, Kreditgenossenschaften und Sparkassen) sind nach wie vor zentrale Ansprechpartner für Wohnungsunternehmen in Finanzierungsfragen. In vereinzelten Marktphasen treten auch Versicherungen als Wohnungsbaufinanzierer auf, sie besitzen aber nur einen geringen Marktanteil und ihr Engagement wird sich zukünftig auf Basis verstärkter Regulierungen wohl eher noch verringern (siehe Abschn. 3.8). Dagegen

---

[13] Datenquelle der Investitionsvolumina: Deutsche Bundesbank 2023.
[14] Shiller 2012, S. 12.

finanzieren sich große, prinzipiell bundesweit investierende Wohnungsunternehmen wie die Vonovia SE ergänzend über börsenorganisierte Kapitalmärkte durch Fremd- und Eigenkapitalinstrumente.[15]

Die Bedeutung des deutschen Bankenmarkts aus Sicht der Wohnungs- und Immobilienwirtschaft steht allerdings im Widerspruch zu dessen zunehmender Instabilität. Treiber der Bankenmarktinstabilität sind paradoxerweise politische Einflüsse wie die Niedrigzinsphase von Oktober 2008 bis Ende 2021 sowie die zunehmende Regulierung der Bankenmärkte (Stichwort „Basel I bis III"). Das Interesse der Kreditinstitute an Wohnungsbaufinanzierungen ist aktuell zwar hoch und spiegelt sich in zunehmenden Anteilen an deren Bilanzsummen wider. Allerdings obliegt es rückwirkend betrachtet zyklischen Veränderungen. Kreditinstitute, vor allem private Kreditbanken, aber zuletzt auch Realkreditinstitute, zogen sich häufig und mit durchaus signifikantem Ausmaß situativ aus dem Wohnungsbaukreditgeschäft, aber auch dem gesamten Kreditgeschäft zurück.[16]

Diesen Entwicklungen stehen jene an den Kapitalmärkten konträr gegenüber: Anleihen und Aktienmärkte entwickelten sich nämlich von 2010 bis 2021 aus Unternehmenssicht durchschnittlich sehr positiv mit steigenden Aktien- und Anleihekursen bzw. sinkenden Anleiherenditen, was zur Absenkung von Kuponanforderungen führt (siehe Abschn. 4.1). Durch die Zinswende im Jahr 2022 kam es allerding bei Anleihen inzwischen zu einer Trendumkehr. Des Weiteren öffnen sich Kapitalmärkte zunehmend für mittelständische Unternehmen. So sinken notwendige Mindestvolumina bei der Emission von Fremd- und Eigenkapitalinstrumenten; explizite Mittelstandsegmente an deutschen Börsen reduzieren dazu die Börsenzulassungsanforderungen. Kapitalmarktfinanzierungen werden dadurch zunehmend auch für Wohnungsunternehmen relevant. Dabei sind keinesfalls nur große Unternehmen gemeint. Vorstellbar sind auch Gemeinschaftsanleihen homogener Wohnungsunternehmen, wie z. B. mehrere regionalangrenzende genossenschaftliche oder kommunale Wohnungsunternehmen. Auf diese Weise bekommen regional tätige Wohnungsunternehmen einen Zugang zu international ausgerichteten Börsen bzw. internationalen Investoren.

▶ **Hinweis** Ziele der internationalen Streuung von Fremdkapitalgläubigern und Eigenkapitalinvestoren sind die langfristige Sicherung von Finanzierungsstrukturen unabhängiger von Geschäftsbanken sowie die Absenkung der Kapitalkosten.

Wichtig ist es, an dieser Stelle mit bankenunabhängigen Finanzierungen zwar kapitalmarktbasierte Finanzierungsmethoden zu implizieren. Aber bankenunabhängiges Finanzieren bedeutet nicht zwingend, auf Fremdkapitalfinanzierungen zu verzichten, wie es ein nachfolgender Handelsblatt-Beitrag im Juni 2014 fälschlich unterstellt:

---

[15] Siehe die Übersichten in Reichel 2014a und 2014b.
[16] Vgl. hier ausführlich Knüfermann 2014, S. 39–41.

Handelsblatt, 12. Juni 2014, Nr. 111, S. 4
von Mathias Peer Investitionen

Der Preis der Unabhängigkeit
Die Abneigung vieler Mittelständler gegenüber Bankdarlehen birgt Gefahren.

Die Zinsen sind so niedrig wie noch nie seit der Einführung des Euros, Banken werben mit attraktiven Konditionen um die begehrten Firmenkunden aus dem deutschen Mittelstand. Trotz der aktuell günstigen Rahmenbedingungen verzichtet hierzulande jedoch ein großer Teil der Unternehmen darauf, Investitionen mit Hilfe von Krediten zu finanzieren. Zu diesem Ergebnis kommt eine Studie der Marktforschungsfirma TNS-Infratest im Auftrag der Commerzbank. Demnach geben zwei Drittel der rund 4000 befragten Unternehmer an, grundsätzlich Investitionen möglichst ohne Fremdkapital von Banken und Sparkassen zu tätigen. Stattdessen versuchen die Firmen, die nötigen Ausgaben aus eigener Kraft zu stemmen.

Finanzierungsexperten sehen die weit verbreitete Zurückhaltung bei der Aufnahme von Schulden allerdings kritisch: „Viele Mittelständler versuchen, bankunabhängig zu werden", sagt Patrick Ulrich, der am Lehrstuhl für Unternehmensführung und Controlling der Universität Bamberg forscht. In wirtschaftlich guten Zeiten ist das aus seiner Sicht kein Problem.

„Die Unternehmen sollten aber bedenken, dass in schlechten Zeiten die Banken nicht unbedingt bereit sind, Kredite an Firmen zu vergeben, die sich vorher einer Geschäftsbeziehung verschlossen haben."

Ähnlich skeptisch reagiert die Mehrheit von 70 Volkswirten, die TNS-Infratest für die Commerzbank-Studie befragt hat, auf die vorherrschende Finanzierungsstrategie im Mittelstand. Nur 7 % stimmen der Aussage zu, dass Firmen bei Investitionen möglichst auf Fremdkapital verzichten sollten. 78 % lehnen die Aussage ab, der Rest ist neutral.

Ulrich hat zusammen mit dem Betriebswirtschaftsprofessor Wolfgang Becker in diesem Jahr eine empirische Analyse des Finanzmanagements im Mittelstand veröffentlicht. Es gibt deutliche Unterschiede zu Großunternehmen. „Mittelständler geben ungern Macht nach außen ab", sagt Becker. Externe Kapitalgeber verlangen aber oftmals Einfluss und Transparenz. Das sollten Unternehmen jedoch nicht grundsätzlich ablehnen, rät Becker. Er empfiehlt eine Finanzplanung, die der Unternehmensstrategie den entsprechenden Investitions- und Finanzierungsbedarf gegenüberstellt. Unterschiedliche Finanzierungsformen sollten darin anhand von objektiven Kriterien verglichen werden. Die Ergebnisse seien regelmäßig überraschend: „In vielen Fällen sind Investitionen aus Eigenmitteln teurer als Investitionen aus Fremdmitteln", sagt Becker. Denn neues Eigenkapital ist in der Regel deutlich schwerer zu beschaffen als ein zusätzlicher Kredit.

Kapitalmarktzugänge sind nicht nur über Börsenorganisationen möglich, sondern auch über Direktplatzierungen. Hierzu müssen Wohnungsunternehmen einen Direktzugang zu Investoren besitzen. Allerdings ist dieser Sachverhalt eher großen Wohnungsunternehmen zuzusprechen. Die Vonovia SE z. B. kombinierte beide Aspekte, indem ihr Aktienbörsengang von einem klassischen Initial Public Offering (IPO) Abstand nahm und die Aktien direkt bei institutionellen Investoren platzierte. Dieses schlichte Listing von Aktien galt bisher eher als Notlösung im Markt. Für die Vonovia SE erwies es sich jedoch als eine effektive wie effiziente Vorgehensweise.

Die Fremdkapitalfinanzierung über den Kapitalmarkt lässt sich ebenfalls außerbörslich gestalten, indem Anleihen wie Aktien direkt bei Investoren platziert werden. Darüber hinaus bieten sich auch weitere Instrumente der Fremdkapitalfinanzierungen an, wie z. B. Schuldscheindarlehen (siehe Abschn. 4.3). Unabhängig von Instrumenten und Methoden, ob Fremd- oder Eigenkapitalfinanzierungen, ob börsenorganisiert oder außerbörslich, Wohnungsunternehmen sollten aktuell entsprechende Prozesse zur Umsetzung von Kapitalmarktfinanzierungen implementieren, um die objektbezogenen Bankenfinanzierungen um eher unternehmensbezogene Kapitalmarktfinanzierungen zu ergänzen. Denn aktuell zum Beginn des Jahres 2015 können sie sich noch tendenziell unproblematisch über Bankendarlehen finanzieren. In einer finanzierungsstabilen Phase neue Prozesse einzuführen ist stets effektiver als in Phasen, wenn es Finanzierungsengpässe gäbe, z. B. auf Grund weiterer Finanzierungsrückzüge von Geschäftsbanken. Nach einer erfolgreich realisierten Kapitalmarktfinanzierung verbessert sich gewöhnlich auch die Position dieser Wohnungsunternehmen bei neuen Verhandlungen über Bankenkredite. Eine Einführung von Kapitalmarktfinanzierungen als integraler Bestandteil des Finanzmanagements von Wohnungsunternehmen sollte letztlich die Gesamtkapitalkosten über alle Finanzierungsinstrumente hinweg deutlich senken können. Vor diesem Grund ist es unausweichlich, zunächst den gesamten Finanzsektor zu betrachten.

1.3   Allgemeine Lehrbuchhinweise

Der Lehrbuchmarkt wirtschaftswissenschaftlicher Literatur zur Finanzierungswirtschaft ist selbst bei einer Einschränkung auf deutschsprachige Titel großzahlig. Jeder große deutsche Lehrbuchverlag liefert mehrere entsprechende Beiträge mit einem Finanzierungsbeitrag, z. B. …

- *nbw Studium* mit Jahrmann (2009) und Sander (2012),
- *Oldenbourg* mit Rehkugler (2007); Schierenbeck/Wöhle (2012), siehe dort den Abschn. 6.3,
- *Springer* mit Franke/Hax (2009) und Gischer et al. (2020),

- *Vahlen* mit Bösch (2013); Perridon et al. (2017) und Schüler (2011) sowie
- sonstige Verlage wie UTB/UVK/Lucius mit Spremann/Gantenbein (2013) oder Kohlhammer ...

Eingeschränkter ist dagegen das Lehrbuchangebot mit Finanzierungsliteratur speziell für die Wohnungs- und Immobilienwirtschaft (siehe Tab. 1.1). Gondring (2013) und Schäfers (2008) bieten zwar umfassendsten Einblicke in die Finanzierungsmärkte. Allerdings sind beide Beiträge ursprünglich vor dem letzten weltwirtschaftlichen Krisenzyklus ab dem Jahr 2008 verfasst worden. Selbige Kritik gilt für Meier (2007). Somit tragen sie insbesondere den nachhaltigen Veränderungen in dieser Zeit hinsichtlich Produktinnovationen und Konditionierungen *nicht* Rechnung. Sie können als aktuelle Lehrliteratur nur eingeschränkt empfohlen werden.

Hellerforth (2008) und Trübestein/Pruegel (2012) zeichnen sich durch ein Höchstmaß an Informationsreduktionen aus. In diesen skriptartigen Publikationen zu wesentlichen Stichworten der Finanzierungswirtschaft finden sich *keine* Marktdarstellungen und deren Entwicklungen, sodass auch diese Beiträge nicht zur Lehrunterstützung empfohlen werden.

Tab. 1.1   Überblick zu ausgewählter deutschsprachiger Lehrbuchliteratur der Finanzierungswirtschaft für die Wohnungs- und Immobilienwirtschaft

Werk	Medium	Fokus	Anmerkung
Brauer (2013)	Hrsg.-Sammelwerk mit einem Finanzierungsbeitrag	Bankenmärkte	Guter Branchenfokus; kein Status quo zu Finanzierungsmärkten
GdW (2012) **und** (2019)	Hrsg.-Arbeitshilfe des Verbands	Bankenmärkte	Gute Praxistipps von Praktikern; kein akademischer Anspruch; keine entsprechende Inhaltsvollständigkeit
Jahrmann (2009)	Monografie	Banken- und Kapitalmärkte	Lehrbuch ohne Branchenfokus; eigenes Kapitel zum Realkredit
Lauer (2021)	Hrsg.-Sammelwerk	Gewerbliche Immobilien-finanzierung	Handbuch mit über 1,3 Tsd. Seiten, trotzdem fehlen wichtige Finanzierungsinstrumente und Hinweise zu Finanzmarktentwicklungen
Sator/Keller (2017)	Monografie	Finanzierungen von Wohn-immobilien	Praxisleitfaden zur Finanzierung von Wohnimmobilien durch bilaterale Darlehen
Schäfers (2008)	Hrsg.-Sammelwerk mit einem Finanzierungsbeitrag	Banken- und Kapitalmärkte	Guter Überblick zu Finanzierungsmärkten; leider nicht mehr ausreichend aktuell
Trübestein/ Pruegel (2012)	Monografie	Bankenmärkte	Ausformulierung von Stichworten zu Immobilienbankenkrediten

Sehr hilfreich dagegen sollten die Ausführungen von Brauer (2013) und Jahrmann 2009 sein:

- Zwar fokussiert *Brauer (2013)* in besonderem Maße den Bankenmarkt. Doch hierzu finden sich in diesem Einzelbeitrag des Sammelwerks didaktisch gut aufbereitete Inhalte wieder. Daher empfiehlt es sich, zur Lektüre von Brauer (2013) ergänzend eine Kapitalmarkteinführung heranzuziehen, wie z. B. relevante Kapitel aus Perridon et al. (2017).
- Die Monografie von *Jahrmann (2009)* ist zwar weder auf die Wohnungs- und Immobilienwirtschaft fokussiert, noch ist sie aktuellen Jahrgangs. Aber die Ausführungen zu Wohnungsbaukreditfinanzierungen sowie zu Förderbankenkrediten sind vor allem durch ihre Beispielrechnungen sehr ausführlich. Lehrreich sind auch die fallstudienartigen Beispielaufgaben hier mit Lösungen – ein effektiver Sachverhalt, der bei Lehrbüchern gar nicht zwingend ist.
- Als GdW (2012 und 2019) hat der *GdW Bundesverband deutscher Wohnungs- und Immobilienunternehmen e.V.* zwei praxisorientierte Arbeitshilfen veröffentlicht. Autoren sind allesamt Praktiker, die über Finanzierungserfahrungen verfügen. Allerdings wird die Publikation akademischen Ansprüchen an Lehrmaterialien insbesondere im Hinblick auf die Zitation nicht gerecht. Die Arbeitshilfe fokussiert jedoch die Beschreibung von Instrumenten, die einen besonderen Nutzen speziell für Unternehmen der Wohnungs- und Immobilienwirtschaft haben könnten. Hier wird auch auf bankenunabhängige Finanzierungen eingegangen, z. B. mittels Inhaberschuldverschreibungen für Wohnungsgenossenschaften. Zu diesem Finanzierungsinstrument hat der GdW wiederum die separate *GdW Information 125*, GdW (2010), verfasst. Daher eignet sich die Arbeitshilfe als Lehrunterlage sehr gut als Ergänzung der Lektüre von Brauer (2013) und Perridon et al. (2017), um den Branchenfokus klar zu gewährleisten.

Alles in allem fehlt es der deutschsprachigen Literatur an einer umfassenden Darstellung der Finanzierungsmärkte für die Wohnungs- und Immobilienwirtschaft, insbesondere die Kreditfinanzierung über börsenorganisierte Kapitalmärkte wird bislang lediglich ohne Bezug zur Wohnungs- und Immobilienwirtschaft dargestellt, z. B. in Spremann/Gantenbein (2013). In diesem Kapitalmarktkontext wird allein auf die Investitionsseite abgestellt.[17] Die vorliegende Einführung in die Finanzierungsmärkte soll entsprechend diese Lücke der Lehrbuchliteratur schließen. Nach der Lektüre sollen LeserInnen Fragen wie diese beantworten können:

- Welche Märkte zur (Außen-)Finanzierung aus Sicht der Wohnungs- und Immobilienwirtschaft gibt es in Deutschland? Bankenmärkte versus Kapitalmärkte? (siehe Kap. 2!)

---

[17] Vgl. exemplarisch die Herausgeberwerke Brunner 2009 und Rehkugler 2009.

- Welche Anbieter existieren auf diesen Finanzierungsmärkten? Geschäftsbanken versus Förderbanken versus institutionelle Investoren wie Kapitalanlagegesellschaften, Versicherungen etc. und private Investoren an den Kapitalmärkten? (siehe Kap. 3!)
- Welche Kapitalmärkte sind von Relevanz für die Wohnungs- und Immobilienwirtschaft? Wer kann wie über sie finanzieren? (siehe Kap. 4!)
- Wenn Zinsmärkte durch die Geldpolitik beeinflusst sind – wie lassen sich Zinsänderungsrisiken begrenzen? (siehe Kap. 5!)
- Wenn die Wohnungswirtschaft insbesondere für die Kreditwirtschaft ein nachhaltiges Kundensegment darstellt, macht es dann nicht Sinn, eine eigene Bank für die Wohnungswirtschaft zu gründen und die Risiken des Finanzierungsgeschäfts innerhalb der Branche zum Nutzen der Branche selbst zu streuen? (siehe Kap. 6!)

Allerdings fokussiert auch diese Einführung Schwerpunkte, um den Arbeitsumfang nicht zu sprengen. Primärer Analysegegenstand ist daher das Lehrgebiet bzw. sind die Finanzierungsteilmärkte für *Außenfinanzierungen* (siehe Abschn. 2.1). Zum Themenkomplex der Innenfinanzierungen wird auf entsprechend einschlägige allgemeine Lehrbuchliteratur verwiesen.[18]

Literaturhinweise zu Kap. 1

Zur Erarbeitung von Grundlagen der betrieblichen Finanzierung dient der Buchbeitrag von Brauer (2013). Um die Märkte für langfristige Finanzierung besser zu verstehen, bietet sich der Beitrag von Schäfer (2008) an, obwohl die Quelle inzwischen veraltet ist. Jahrmann (2009) besticht durch die Breite an Darstellungen unter anderem zum Realkredit. Allerdings ist auch diese Quelle nicht mehr aktuell, wird schließlich bedacht, dass die Finanzierungsmärkte weltweit seit 2008 kontinuierlichen Verwerfungen unterliegen.

- **Brauer, K.-U. (2013):** Immobilienfinanzierung. In: Brauer, K.-U. (Hrsg.): Grundlagen der Immobilienwirtschaft, 8. Auflage. Wiesbaden: Gabler; S. 465–537.
- **Jahrmann, F.-U. (2009):** Finanzierung, 6. Auflage. Herne: Neue WirtschaftsBriefe.
- **Schäfers, K.-W. (2008):** Märkte für Immobilienfinanzierungen. In: Schulte, K.-W. (Hrsg.): Immobilienökonomie, Band IV. München: Oldenbourg; S. 89–109. ◄

---

[18] Siehe z. B. Perridon et al. 2017 (Kap. D./III.); Bösch 2013 (Kap. C); Jahrmann 2009 (Kap. D).

Grundzüge und Entwicklungen von Finanzierungsmärkten

2

Zusammenfassung

Einführend (Abschn. 2.1) wird das Fremdkapital vom Eigenkapital abgegrenzt, um Strukturen der Fremdkapitalfinanzierungen als Außenfinanzierung zu verdeutlichen. Ebenfalls werden Banken- und Kapitalmarktfinanzierungen einander in den Vergleich gesetzt bzw. entsprechende Marktcharakteristika beschrieben. Dadurch wird erklärt, warum einerseits Bankenkredite im Fokus der Wohnungs- und Immobilienwirtschaft stehen, andererseits aber die bankenunabhängigere Finanzierung über Kapitalmärkte deutlich zunimmt, wie es in Abschn. 2.3 aufgezeigt wird. Zuvor skizziert Abschn. 2.2 noch Methoden der Finanzierungsplanung, fokussiert die Kapitalbedarfsberechnung sowie typische Finanzierungsprobleme der Praxis eben auf Grund fehlender Planung. Abschn. 2.4 ergänzt die Planung um Hinweise zum Liquiditätsmanagement. Abschließend berichtet Abschn. 2.5 über das tatsächliche Finanzierungsverhalten von Wohnungsbaugenossenschaften auf Basis einer empirischen Studie. Eine kurze Darstellung der Investitionsrechnung findet sich in Abschn. 2.6. Das Kapitel schließt mit Übungsaufgaben (Abschn. 2.7).

2.1 Grundlagen der Finanzierungsplattformen

Seit der Abfolge verschiedener weltweiter Wirtschaftskrisen ab dem Jahr 2008 unterliegen die Märkte für Objekt- und Unternehmensfinanzierungen einem besonderen Wandel. Dieser Wandel wird im Folgenden dieses Einführungsbuchs sukzessive erläutert. Denn er zieht sich durch das gesamte Finanzierungsinstrumentarium. Schon Schäfers (2008) verweist auf eine Quelle desselben Autors aus dem Jahr 2002, in der es bereits hieß: „Seit geraumer Zeit ist [...] eine sich ändernde Rolle der Banken in der Immobilienfinanzierung erkennbar, die mit einem Paradigmenwechsel von der klassischen Kreditfinanzierung zur Kapitalmarktfinanzierung einhergeht"; Kreditinstitute seien „... nicht mehr lediglich klassischer Intermediär zwischen Kapitalmarkt und Kreditnehmer, sondern zunehmend auch provisionsorientierte Arrangeure von Kapitalmarkttransaktionen".[1]

Die hier angesprochene veränderte Rolle von Kreditinstituten ist bis zum Jahr 2023 für regionalausgerichtete Kreditinstitute wie Sparkassen und Kreditgenossenschaften, die zum größten Anteil die Wohnungswirtschaft finanzieren (vgl. Abschn. 3.1), jedoch nicht vollständig eingetroffen. Als „provisionsorientierte Arrangeure von Kapitalmarkttransaktionen" lassen sich lediglich die Großbanken und die Zentralinstitute von Sparkassen und Kreditgenossenschaften zählen. Dennoch ist zu erwarten, dass sich auch die Geschäftsmodelle von Sparkassen und Kreditgenossenschaften massiv verändern werden. Hierfür sprechen insbesondere die dynamischen Rahmenbedingungen an den Geld- und Kapitalmärkten, die durch die Zentralbankpolitiken weltweit beeinflusst werden. Daher gilt es, diese Umfeldbedingungen der Finanzierungsmärkte zu verstehen bzw. in diesem Buch zu analysieren (siehe Abschn. 2.2). Erst im Nachhinein lässt sich das betriebswirtschaftliche Finanzierungsinstrumentarium optimiert in der wohnungs- und immobilienwirtschaftlichen Praxis verwenden.

Die zentrale Unterscheidungsnotwendigkeit bezieht sich auf Fremdkapital- und Eigenkapitalfinanzierungen. Tab. 2.1 verdeutlicht beide Kapitalaspekte aus der praxisorientierten Perspektive der Kapitalgeber an Hand der Kriterien (1) Haftung, (2) Dauer der Kapitalüberlassung, (3) Einfluss auf die Geschäftstätigkeit, (4) Vergütungsart und (5) tendenzieller Renditeanspruch:

1. *Haftung:* In der ökonomischen Theorie wird einem jeden Wirtschaftssubjekt eine Risikosensibilität, wenn nicht gar -aversität unterstellt.[2] Der Haftung für Investitionsaktivitäten von Kapitalnehmern durch Kapitalgeber kommt insofern eine besondere Beachtung zu. Denn je ausgeprägter der Haftungsanspruch für Kapitalgeber ausfällt, desto höher sind deren Risikokosten in Form eben möglicher Ausfallkosten. Diese Kosten lassen sich Kapitalgeber gewöhnlich in Form von *Risikoprämien* vergüten. Mit höherem Haftungsanspruch steigt also die Renditeanforderung durch Kapitalgeber. Vor dem Hintergrund einer für Verluste haftenden Eigentümerstellung gegenüber einer durch den Gläubigerschutz vor Unternehmensverluste abgesicherten Position von Fremdkapitalgebern fordern Eigenkapitalgeber tendenziell höhere Rendite für die Überlassung von Finanzkapitalmitteln als Fremdkapitalgeber (siehe Nr. 5).

2. *Dauer der Kapitalüberlassung:* In Anlehnung an die Haftungserläuterung kommt der Dauer der Kapitalüberlassung ebenfalls eine Risikoperspektive zu. Je länger das Zeitfenster der Kapitalüberlassung ist, desto größer ist das Ausfallrisiko für die Kapital-

---

[1] Schäfers 2008, S. 90.

[2] Vgl. Gischer et al. 2020, S. 9 f.; siehe im Weiteren auch Perridon et al. 2017, S. 128–134; Franke/Hax 2009, S. 305–307.

Tab. 2.1 Konzeptionelle Differenzierung von Eigenkapital und Fremdkapital gemäß fünf Vergleichskriterien aus Sicht von Finanzmittelinvestoren. (Quelle: Siehe für viele Wöhe et al. 2020, S. 531, Abb. 53; Perridon et al. 2017, S. 421, Abb. D 2; Schierenbeck/Wöhle 2012, S. 370, Abb. 7.1/3)

Kapitalaspekte	Eigenkapital	Fremdkapital
Haftung	*Ja,* Eigentümerhaftung.	*Nein,* Gläubigerhaftung.
Dauer der Kapitalüberlassung	*Unbegrenzt.*	*Begrenzt* auf die Dauer der vertraglichen Vereinbarung.
Einfluss auf die Geschäftstätigkeit	Über die Eigentümerstellung ist eine Einflussnahme *möglich.*	*Keine* Einflussnahme.
Vergütungsart	*Variable* Teilhabe am Gewinn (und Verlust) durch Ausschüttungen und eventuelle Zuwächse im Unternehmenswert; ggf. quotierter Liquidationserlös.	In der Regel *fester* Zinsanspruch über die Laufzeit der Finanzmittelüberlassung.
Tendenzieller Renditeanspruch	Höher als Fremdkapitalgeber.	Niedriger als Eigenkapitalgeber.

geber. Eigenkapital wird i. d. R. zeitlich unbegrenzt überlassen. Fremdkapital erfährt gewöhnlich eine temporäre Überlassungsbegrenzung durch vertragliche Vereinbarungen, z. B. über die vordefinierte Darlehenslaufzeit hinweg.

Exkurs

Im Hinblick auf Kreditgenossenschaften widerfuhr der zeitlichen Überlassung von Eigenkapital im Zuge von „Basel-III"-Anpassungen (siehe Abschn. 3.3) eine besondere Bedeutung. Denn die Umsetzung von Basel III in europäische Richtlinien bzw. nationale Gesetzgebung fordert unter anderem qualitativ höhere Anforderungen an das Eigenkapital von Kreditinstituten. In diesem Zusammenhang fiel auf, dass Eigentümer von Kreditgenossenschaften bzw. die Genossen selbst ihr Eigenkapital zum Nominalwert unter Einhaltung satzungsmäßiger Anforderungen i. d. R. zum Jahresende des Folgejahres zurückgeben können. Auf diese Weise stand das Eigenkapital den Genossenschaften nicht unbegrenzt zur Verfügung und wäre unter Basel III nicht mehr als Eigenkapital anerkannt worden. Nachverhandlungen erst führten zum Ergebnis, dass „Kreditinstitute, die nicht in der Rechtsform der Aktiengesellschaft firmieren, also insbesondere Sparkassen und Genossenschaftsbanken, [...] hartes Kernkapital mit ihren spezifischen Finanzierungsinstrumenten (auch der stillen Beteiligung) bilden [können], soweit diese volle Verlustabsorption gewährleisten".[3] Um diese Problematik zu lösen, mussten Kreditgenossenschaften in Deutschland bundesweit bis Ende des Jahres 2011 Satzungsänderungen durchführen, die die Vorstände der Genossenschaften berechtigen, die Auszahlung der Genossenschaftsanteile bei betriebswirtschaftlich nachhaltigen und existenzgefährdeten Situationen befristet *zu untersagen.*[4] ◄

---

[3] Deutsche Bundesbank 2011, S. 58.
[4] Vgl. Zeitler 2011, S. 8.

3. *Einfluss auf die Geschäftstätigkeit:* Eigenkapitalgeber verfügen mittels ihrer Eigentümerrechte über die Möglichkeit, die Geschäftsleitung (in)direkt (mit) zu besetzen. Dieser Sachverhalt ist aus der Fremdkapitalgeberposition nicht abzuleiten. Eigenkapitalgeber können über ihre Einflussnahme ihre oben aufgeführten Haftungspositionen eingrenzen. Daher gilt eine gute Corporate Governance im Sinn von nachhaltiger und transparenter Unternehmensführung aus Sicht der Eigenkapitalgeber als risikominimierend. Hieraus folgt letztlich eine tendenziell reduzierte Renditeanforderung auf das bereitgestellte Eigenkapital. Doch auch auf Fremdkapitalgeber wirkt Transparenz in der Unternehmensführung kapitalkostenmindernd. Schließlich sind Fremdkapitalgeber gleichfalls daran interessiert, ihre Ausfallrisiken zu optimieren, was im Fall einer Risikoaversität (z. B. institutioneller Natur bei Kreditinstituten) einem Bestreben nach Ausfallrisikominimierung gleichkommt.

4. *Vergütungsart:* Die Vergütungsart für das investierte Kapital ist Konsequenz der rechtlichen Stellung der Kapitalgeber – Eigenkapitalgeber werden *variabel* in Abhängigkeit von Gewinn, Ausschüttung und Unternehmenswertsteigerung (in)direkt vergütet. Fremdkapitalgeber vereinbaren mit den Kapitalnehmern in der Standardversion einen *festen* Zinsanspruch über die Laufzeit der Kapitalüberlassung.

5. *Tendenzieller Renditeanspruch:* Vor dem Hintergrund der einander in Abhängigkeit befindlichen Determinanten auf Investitionsattraktivitäten (= finanzwirtschaftliche Entscheidungskriterien)[5] von *Unabhängigkeit, Rendite, Liquidität, Risiko und Unternehmenswert* lässt sich im Abgleich zu den oben genannten vier Kriterien der differenzierenden Kapitalcharakterisierung ein deutlich erhöhter Renditeanspruch auf Eigenkapital gegenüber Fremdkapital konstatieren. Hiermit einher geht jedoch keinesfalls die Aussage, dass Eigenkapitalfinanzierungen per se die kapitalkostenteurere Finanzierungsvariante darstellen et vice versa. So stellen z. B. Eigenkapitalfinanzierungen mittels des Verkaufs von Eigenkapitalanteilen über Nennwert im Rahmen von Kapitalerhöhungen effektive Finanzierungsmöglichkeiten dar. Sie können bei spezifischen finanzmarkt- und unternehmensbezogenen Gegebenheiten kostengünstiger als Fremdkapitalfinanzierungen sein.

Damit herrscht in der **Betriebswirtschaftslehre** gemäß Abb. 2.1 neben der oben angegebenen (1) *Innen- versus Außenfinanzierung* eine zweite Finanzierungsgliederung vor und zwar in (2) *Eigen- versus Fremdfinanzierung*. Wenn *Finanzierung* das Management der Bereitstellung und Rückzahlung von Finanzmittel darstellt, lassen sich die Finanzierungsarten neben der (1) *Mittelherkunft* (von innen aus dem Unternehmen heraus oder von außen zugeführt in das Unternehmen hinein) auch nach der (2) *Rechtsstellung des Kapitals* (Eigen- versus Fremdkapital) differenziert betrachten:[6]

---

[5] Siehe z. B. Perridon et al. 2017, S. 13–19.

[6] Siehe für viele Perridon et al. 2017, S. 419–423; die Autoren gliedern des Weiteren auch nach der Fristigkeit, dem Verhältnis von finanzieller Ausstattung und Finanzbedarf sowie dem Finanzierungsanlass; die hier angeführte Parallelsystematik ist jedoch gängiger Natur, siehe z. B. Wöhe et al. 2020, S. 467; Schierenbeck/Wöhle 2012, S. 500 f.;.

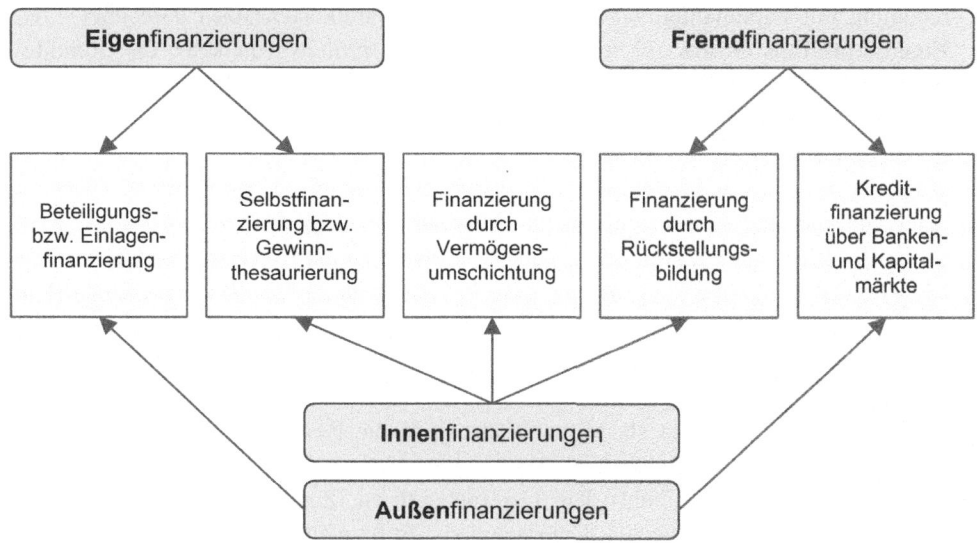

Abb. 2.1 Systematik der Finanzierungsformen. (Quelle: Nach Wöhe et al. 2020, S. 467, Abb. 5)

1. *Mittelherkunft:* Das vorliegende Buch befasst sich primär mit der Außenfinanzierung, speziell mit der langfristigen Kreditfinanzierung. Temporär politisch abhängige Finanzierungsinstrumente wie die Subventionsfinanzierung (z. B. Zuschüsse, Spenden etc.) sind zwar auch Außenfinanzierung, sollen aber in diesem Einführungsbuch wie die Innenfinanzierungen[7] ebenfalls nicht behandelt werden, um den Lehrfokus weiterhin auf die Grundzüge branchenbezogener und nachhaltig heranziehbarer Finanzierungsinstrumente zu legen.

2. *Rechtsstellung des Kapitals:* Die Differenzierung in Eigen- und Fremdkapital ist ein Spezifikum des Managements der Finanzmittelbereitstellung und ihrer Rückzahlungen. Auf der Verwendungsseite von Finanzmitteln wird im Rahmen der Investitionsrechnung i. d. R. zu Gunsten eines kalkulierten Mischkapitalkostensatzes *nicht* zwischen beiden Kapitalwelten unterschieden. In der Finanzmarkttheorie wird unter Rückgriff auf das Modell vollkommener Märkte im sogenannten „Modigliani/Miller-Theorem" (auch: *MM*-These) auf die Differenzierung in Eigen- und Fremdkapital sogar begründbar verzichtet: „Die Konsequenz daraus wäre, dass die ‚optimale' Verschuldung nach der *MM*-These bei der Berücksichtigung der Absetzbarkeit von Steuern bei einer 100-prozentigen (bzw. 99,9-prozentigen) Fremdfinanzierung liegen würde. Da derartige Verschuldungsgrade in der Praxis kaum vorkommen, wären fast alle Unternehmen derzeit nicht ‚optimal' finanziert."[8] Daher wird in der Investitions-

---

[7] Hierzu zählen zumeist die Selbstfinanzierung, Finanzierungen aus Abschreibungen und Rückstellungen sowie aus Vermögensumschichtungen.

[8] Perridon et al. 2017, S. 583.

rechnung mit kapitalanteilig gewichteten Mischkapitalkostensätzen gerechnet. „Als **Eigenkapitalkostensatz** ist im Sinne des Opportunitätsgedankens die Rendite-forderung für alternative Anlagen in Beteiligungstitel mit gleichem Risiko anzusetzen. Für den **Fremdkapitalkostensatz** ist von den effektiven Kosten des Fremdkapitals auszugehen."[9]

In einer Unternehmensbilanz umfasst die **Aktivseite** prinzipiell den Investitions- bzw. Vermögensbereich und Zahlungsbereich *(Mittelverwendung: Vermögen/Kasse)*, die **Passivseite** den Kapitalbereich *(Mittelherkunft: Eigenkapital/Fremdkapital)*. Unter dem Begriff *Kapital* „… wird allgemein der wertmäßige Ausdruck für die Gesamtheit der Sach- und Finanzmittel, die in der Unternehmung (zu einem bestimmten Zeitpunkt) zur Verfügung stehen, verstanden".[10]

Die Außenfinanzierung ist als Mittelzuführung in die Passivseite von außen zu ver-stehen. Ein Darlehen (bzw. eine Eigenkapitaleinlage eines Gesellschafters) z. B. führt Fremdkapital (bzw. Eigenkapital) dem Unternehmen zu. Zunächst erhöht sich auf der Aktivseite die Kassenposition des Unternehmens. Sollten die Kassenbestände investiv verwendet werden (z. B. Kauf eines Grundstücks/Gebäudes), käme es zu einem Aktiv-tausch von Kasse (oder Sichtguthaben) zu neuen Vermögenswerten. Auf diese Weise wäre eine Fremdkapitalfinanzierung (bzw. Eigenkapitalfinanzierung) vollzogen. Der Kredit-kauf eines Vermögenswerts vergrößert also zunächst den Zahlungsbereich und dann den Investitionsbereich durch Fremdfinanzierung (Bilanzverlängerung) bzw. auf Kosten des Zahlungsbereichs (Aktivtausch). Eigenkapitaleinlagen können denselben Prozess forcie-ren. Von *Einlagen* wird i. d. R. gesprochen, wenn es sich bei den Gesellschaftern um eine überschaubare, einstellige Anzahl handelt. Bei der Beteiligung von einer nicht überschau-baren großzahligen Gesellschaftermenge wird von *Beteiligungen* gesprochen.

Die Finanzierung beschäftigt sich mit *drei Teilproblemen der Kapitalaufbringung,*[11] nämlich mit dem/den/der …

- *Kapitalvolumen:* Zunächst gilt es im Abgleich zur Kapitalverwendung, den zu finanzie-renden, notwendigen Kapitalbedarf zu ermitteln. Brutto- und Nettokapitalbedarf sind dabei Vorgaben, die nicht originärer Natur der Finanzierungsrechnung sind, sondern durch die investive Verwendungsabsicht der Finanzmittel vorgegeben werden.
- *Kapitalkosten:* Zentrale Bestimmungs- bzw. Zielgröße des Finanzierungsmanagements sind die Kapitalkosten. Das Finanzierungsmanagement muss durch Abwägung aller verfügbaren Finanzierungsalternativen und Gestaltungsoptionen die kostenoptimale Finanzierung kreieren.

---

[9] Schierenbeck/Wöhle 2012, S. 500.
[10] Schierenbeck/Wöhle 2012, S. 367.
[11] Vgl. Perridon et al. 2017, S. 10.

- *Kapitalstruktur:* Einen hohen Komplexitätsgrad erhält das Finanzierungsmanagement durch das Streben nach der optimalen Kapitalstruktur. Sie ist retrograd erkennbar durch die Realisierung der niedrigst möglichen Kapitalkosten zur Deckung des Brutto- bzw. Nettokapitalbedarfs. Demnach müssen Finanzierungsinstrumente innerhalb aller Finanzierungsformen miteinander in Abgleich gebracht werden, um die zweckmäßigen Kombinationen zu identifizieren, die sich primär durch die Minimierung von Kapitalkosten ergeben.

Während die Betriebswirtschaftslehre also Finanzierungsformen von einander unterscheidet, lässt sich aus der **Volkswirtschaftslehre** heraus das Finanzierungsmanagement nach den herangezogenen bzw. zur Optimierung relevanten Märkten betrachten.[12] Die *wesentlichsten Finanzierungsmärkte* sind gemäß Abb. 2.2 (1) Bankenkreditmärkte (für Fremdkapital) und (2) Kapitalmärkte (für Fremd- und Eigenkapital) sowie (3) unternehmensinterne Märkte (der Innenfinanzierung) und (4) Märkte für Substitute der Finanzierung (z. B. Factoring und Leasing).

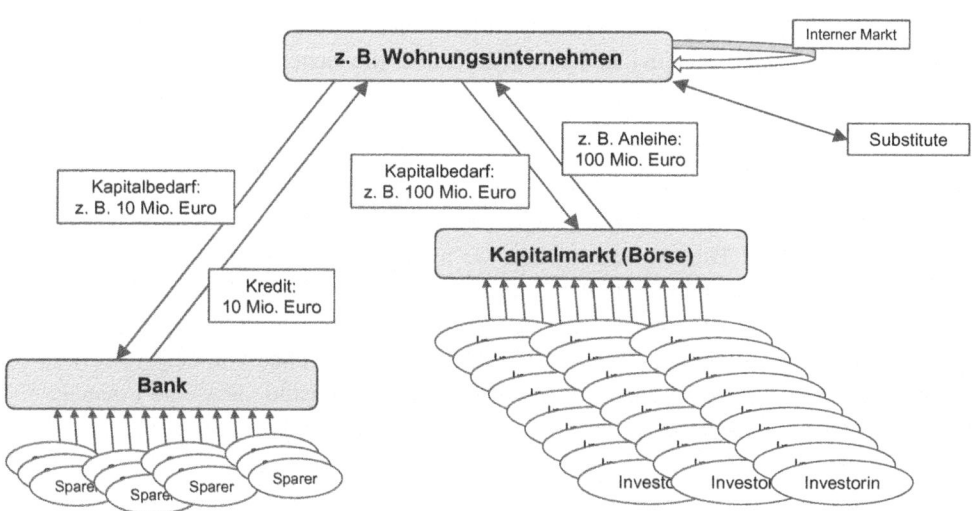

Abb. 2.2 Schematische Differenzierung von Bankenkreditmärkten und Finanzmärkten

---

[12] Einen *volkswirtschaftlichen* Abriss zum Vergleich von Finanzierungsmärkten (Banken- versus Kapitalmärkte) bietet Francke (2006). In Hellerforth (2008) wird dagegen „Fremdfinanzierung in der Immobilienwirtschaft" (Kap. 4) in unvollständiger Weise ohne Erläuterungen zu Kapitalmarktfinanzierungen dargestellt.

Mit Blick auf die Objekt- und Unternehmensfinanzierung in der Wohnungs- und Immobilienwirtschaft lassen sich diese Märkte wie folgt beschreiben:

1. *Bankenkreditmärkte:*[13] Die Deutsche Bundesbank definiert Kredite als „unverbriefte Forderungen, die im Gegensatz zu Wertpapieren nicht direkt marktfähig sind. Unterteilt werden sie entlang ihrer ursprünglichen Fristigkeit nach kurzfristigen (Laufzeit bis zu einem Jahr) und langfristigen Krediten."[14] In Deutschland nehmen Bankenkreditmärkte nach wie vor – sowie trotz aller Veränderungen und Finanzmarkttrends – eine herausragende Stellung in der Objekt- und Unternehmensfinanzierung ein (siehe Abschn. 2.2). Grundpfandrechtlich gesicherte Bankdarlehen gelten als traditionell-etablierte „Finanzierungsquelle für Immobilien".[15]

Dabei verschwimmen die klaren Abgrenzungen von Objekt- und Unternehmensfinanzierungen (vgl. Abb. 1.1). Zu differenzieren sind an dieser Stelle Wohnungsbaufinanzierungen von gewerblichen Projektfinanzierungen: (1) Im Wohnungsbaukreditgeschäft sind je nach Größe und Kundensegment (Privat- und/oder Firmenkunden) fast alle Kreditinstitute (mehr oder weniger intensiv) engagiert. (2) Dagegen gelten Gewerbefinanzierungen wegen der fehlenden oder eingeschränkten grundpfandrechtlichen Besicherungen und damit signifikant höheren Ausfallrisiken nicht als Kerngeschäft klassisch-etablierter Kreditinstitute wie Sparkassen und Kreditgenossenschaften. Hier sind stattdessen Großbanken und Hypothekenbanken primär engagiert. Deren Geschäftsaktivitäten sind jedoch über die letzten Jahre hinweg signifikant rückläufig.[16]

> **Handelsblatt, 26. Februar 2013, Nr. 40, S. 28**
> Europaweit klafft eine Finanzlücke von 86 Mrd. Dollar, warnt Aareal-Bank-Chef Wolf Schumacher. Die Banken werden sie nicht allein schließen können, zumal gewerbliche Immobilienkredite heute für sie unattraktiver als früher sind. […] Die Immobilienbanken, die die Finanzkrise übrig ließ, wollen ihre Existenz nun nicht durch zu hohe Risiken aufs Spiel setzen. „Ich werde so genau von den Aufsehern und den Investoren beobachtet, ich kann mir gar nicht leisten, dass eine Finanzierung schiefgeht", sagte Schumacher.

Die Intermediärfunktionen von Kreditinstituten deutet Abb. 2.2 an: Demnach sammeln Kreditinstitute gemäß § 1, Abs. 1, Nr. 1 KWG (Kreditwesengesetz)[17] Spareinlagen in je-

---

[13] Siehe ausführlich Kap. 3.

[14] Deutsche Bundesbank 2012b, S. 10.

[15] Schäfers 2008, S. 90.

[16] Vgl. die Datenanalyse in Knüfermann 2014, S. 38.

[17] Alle in dieser Arbeit herangezogenen Gesetze und Verordnungen sind in das Literaturverzeichnis alphabetisch einsortiert und ihre jeweilige Quelle ist dort mit dem aktuellen Stand gekennzeichnet.

weiligen Kleinbeträgen und verdichten Sie i. V. m. § 1, Abs. 1, Nr. 2 KWG zu größeren Kreditvolumina (= Losgrößentransformationen von Bankgeschäften). Unternehmen, die (unter anderem) derartige Bankgeschäfte betreiben, gelten nach § 1, Abs. 1b KWG als *Kreditinstitute*. Hierzu zählen nach §§ 39 f. KWG privatrechtlich organisierte und genossenschaftliche *Banken* sowie öffentliche *Sparkassen*, die über eine schriftliche Erlaubnis der Bundesanstalt für Finanzdienstleistungsaufsicht (BaFin) zur Führung des Bankbetriebs gemäß § 32, Abs. 1 KWG verfügen. Somit rekrutieren sich in Deutschland Kreditinstitute aus allen Banken und Sparkassen, wobei Sparkassen wie auch Volksbanken bzw. Kreditgenossenschaften spezielle Formen von Bankgeschäfte betreibenden Kreditinstituten darstellen (siehe Abschn. 3.1). Allerdings sind nicht alle Kreditgenossenschaften *Volksbanken*. Aber alle Kreditgenossenschaften, die nicht unter Volksbanken firmieren (z. B. Sparda-Banken oder PSD-Banken), werden nach dem KWG unter Banken subsumiert.

Ein wohnungs- oder immobilienwirtschaftliches Unternehmen z. B. mit einem Kapitalbedarf in Höhe von 10 Mio. Euro kann diesen über ein Darlehen von einem Kreditinstitut decken. Das Kreditinstitut wiederum refinanziert das Darlehen i. d. R. durch die zu 10 Mio. Euro summierten (Teil-)Einlagen ihrer Kunden. Weisen die Einlagen nur eine kurzfristige Zinsbindung auf (z. B. 100 % Einlagen von Tagesgeldkonten) und das Darlehen eine langfristige (z. B. mit zehnjähriger Zinsbindungsdauer), betreibt das Kreditinstitut *Fristentransformation*. Kurzfristig zinsgebundene Kundeneinlagen werden in langfristig zinsgebundene Kundendarlehen transformiert. Die Fristentransformation ergänzt in diesem Fall die Losgrößentransformation. Das darlehengebende Kreditinstitut übernimmt in diesem Kreditfall somit das Kreditausfallrisiko zu 100 %. Die maximale Höhe eines Einzeldarlehens sowie die Summe alle Kredite je Kreditinstitut sind durch die Mindestanforderungen an die Eigenkapitalunterlegung risikogewichteter Aktiva von Kreditinstituten begrenzt.[18] Zum Beispiel müssen Kreditinstitute die Großkreditgrenze von 10 % des haftenden Eigenkapitals zwingend einhalten.[19]

Zwei Beispiele: Für eine durchschnittliche Kreditgenossenschaft lag die Großkreditgrenze Projekterfahrungen nach bei rund 6 Mio. Euro, für eine durchschnittliche öffentliche Sparkasse betrug sie dagegen etwa 15 Mio. Euro. Der Größe eines Kreditinstituts kommt aus Kreditnehmersicht also eine elementare Bedeutung zu. In Abb. 2.2 wird exemplarisch von einem Darlehen über 10 Mio. Euro gesprochen, von einem Volumen, das eine durchschnittliche Kreditgenossenschaft (ohne Aufsichtsbehördenmeldung) gar nicht allein abbilden könnte. Kreditnehmer müssen also ihr Kreditgeberportfolio an ihren Bedürfnissen ausrichten.

---

[18] Vgl. die Vorschriften der §§ 10–21 KWG.
[19] Vgl. § 13, Abs. 1 KWG.

2. *Kapitalmärkte:*[20] Finanzierungen über die (nicht zwingend, aber im Optimalfall börsenorganisierten) Kapitalmärkte stellen eine Alternative zu Bankmarktfinanzierungen dar, vor allem wenn es sich um Volumina handelt, die eine Einzelbank nicht als Kredit vergeben darf und/oder kann (s. o.). Dabei soll es zunächst unerheblich sein, ob Eigenkapital oder Fremdkapital über die Kapitalmärkte bezogen werden soll (denn beides ist möglich; Kreditinstitute, die Eigenkapitalfinanzierungen betreiben wollen, beschreiten in diesem Sinn aber keine Bankgeschäfte, sondern Beteiligungsgeschäfte, sodass die Bankenmärkte immer Fremdkapitalfinanzierungen implizieren).

Im Unterschied zum Bankenmarkt mit Kreditinstituten als Institutionen stellen die Kapitalmärkte als Orte des Austauschs von Angebot und Nachfrage nach Kapital mit einer Fristigkeit von länger als einem Jahr (kleiner einem Jahr = Geldmarkt) lediglich die Austauschplattform dar. Sie kann dabei hochgradig standardisiert und durch institutionelle Börsen (z. B. die Frankfurter Wertpapierbörse der Deutsche Börse AG) gesteuert, reguliert und überwacht sein oder sich auf außerbörsliche Märkte (Over the Counter/OTC) beziehen (z. B. Mitglieder einer Wohnungsgenossenschaft). Insofern bedeutet ein „sich über die Kapitalmärkte finanzieren" die Finanzmittelbeschaffung bei Eigen- und/oder Fremdkapitalgebern unter Auslassung von Kreditinstituten als Intermediäre (wobei Kreditinstitute jedoch sehr wohl weiterhin als Investoren auftreten können). Nachfrager von Finanzmitteln (z. B. realwirtschaftliche Investoren wie Unternehmen der Wohnungs- und Immobilienwirtschaft) treten demnach prinzipiell in Direktkontakt zu den Finanzinvestoren, die über die Kapitalmärkte ihre Finanzmittel bereitstellen.

An den Kapitalmärkten werden Eigenkapitalanteile und Fremdkapitalanteile in Form von handelbar gemachten Urkunden (= Wertpapieren) von Unternehmen mit Kapitalbedarf (= Emittenten) zunächst an Finanzinvestoren auf dem sogenannten *Primärmarkt* verkauft. Finanzinvestoren können diese Finanzkontrakte auf dem *Sekundärmarkt* untereinander handeln. Ohne also die Emittenten direkt zu beeinflussen, sind Finanzinvestoren in der Lage, ihre erworbenen Kontrakte bei Bedarf zu verkaufen. Die (un-)endliche Laufzeit der (eigenkapitalbasierten) Finanzkontrakte auf Seiten der Emittenten ist davon nicht betroffen. Trotzdem können Finanzinvestoren ihre Liquidität optional verbessern.[21]

Das vorliegende Buch versteht unter *Kapitalmärkten* ausschließlich jene Märkte, auf denen Wertpapiere mit einer Laufzeit von mindestens einem Jahr gehandelt werden. Bilaterale Darlehen mit Laufzeiten länger als einem Jahr werden stets zu den Bankenmärkten gezählt. Demnach sind Geldmarktpapiere in diesem Sprachgebrauch Märkte, auf denen Wertpapiere mit einer Laufzeit von kleiner einem Jahr gehandelt werden (= sogenannte Geldmarktpapiere). An dieser Stelle sind *vier* elementare, die

---

[20] Siehe ausführlich Kap. 4.

[21] Vorausgesetzt die Finanztitel sind an sich fungibel, d. h. es existieren ein grundsätzlicher Handel der Wertpapiere und damit bei Bedarf auch Käufer der Wertpapiere.

Kapitalkosten von Unternehmen beeinflussende Unterschiede zwischen Banken- und Kapitalmärkten bzw. Darlehen und wertpapierbasierten Finanzierungen zu verdeutlichen:

a) Neben der Möglichkeit, *größere Finanzvolumina* zu beschaffen als über die Bankenmärkte, ergibt sich der weitere Vorteil von Kapitalmarktfinanzierungen, als dass …

b) Unternehmen die *Investorenbreite* über ihre Verbindungen zu Kreditinstituten hinaus *vergrößern* können. Wertpapiere können schließlich bei allen potenziellen Geldgebern platziert werden. Neben Kreditinstitute legen auch die in Abschn. 1.2.2 genannten Versicherungen, Versorgungswerke, Pensionskassen, Kapitalverwaltungsgesellschaften, anderen Unternehmen und Privatpersonen sowie Family Offices und Stiftungen eigene Gelder in Wertpapieren an. Die Streuung der Finanzierungen liefert den Schuldnern Unabhängigkeit, welche zur Absenkung der Kapitalkosten beitragen kann.

c) Finanzinvestoren fordern c. p. tendenziell geringere Renditen für die Überlassung von Fremdkapital als Kreditinstitute. Letztere sind nämlich gewöhnlich an die Laufzeit der Kredite gebunden und können ihre Liquiditätsposition nur äußerst eingeschränkt (z. B. bei Ausfall durch Sicherheitenverwertung oder durch Zession, also Forderungsabtretung) verbessern. Finanzinvestoren an den Kapitalmärkten sind also in der Lage, auf persönliche/institutionelle Gegebenheiten mit einem Verkauf von Wertpapieren zu reagieren. Diese *Liquiditätsoption reduziert das Gesamtrisiko* der Investition aus Kapitalgebersicht und senkt damit die von Finanzinvestoren geforderten Risikoprämien.

d) Vor dem Hintergrund der Aufsplittung des Kapitalbedarfs auf eine sehr große Investorenzahl (im Vergleich zu einem Kreditinstitute, wie Abb. 2.2 visualisiert), werden große Kapitalbedarfe der Emittenten in eine Vielzahl von Wertpapieren gestückelt. Finanzinvestoren brauchen lediglich einen kleinen Anteil erwerben (z. B. im Extremfall ein Wertpapier). Ihr eigenes Investitionsbudget ist auf diese Weise *diversifizierbar durch Investitionen* in z. B. Wertpapiere anderer Unternehmen. Gemäß der Portfoliotheorie der Investitionsrechnung lässt sich auf diese Weise das Risiko des Gesamtportfolios eines Finanzinvestors bei tendenziell gleichen Renditeerwartungen reduzieren.[22] Wiederum bedeutet dieser Sachverhalt c. p. gesunkene Renditeanforderungen von Finanzinvestoren gegenüber einem Kreditinstitut auf der Grundlage von Diversifikationsmöglichkeiten der Finanzmittelgeber.

Zusammenfassend charakterisieren sich Kapitalmarktfinanzierungen gegenüber Bankenmarktfinanzierung durch die Möglichkeit (1) größere Finanzbedarfe zu stillen, (2) die Investorenbreite zu vergrößern und generell bei ansonsten (theoretisch) gleichen Umfeldvoraussetzungen (3) die Kapitalkosten zu senken. Für die möglichen Kapitalkostenvorteile zeichnen sich die Handelbarkeit der Finanzkontrakte eben an den Kapitalmärkten, die höhere Investorenbreite und die Möglichkeit der Anlagendiversi-

---

[22] Vgl. Steiner et al. 2012, S. 6–20.

fikation auf Seiten der Finanzinvestoren verantwortlich. Vor diesem Hintergrund wächst die positive Bedeutung der Kapitalmarktfinanzierungen mit zunehmenden Kapitalmarktaktivitäten der Wirtschaftssubjekte.

Francke (2006) konnte in einer empirischen Studie drei Einflussfaktoren auf die Effizienz von Banken- und Kapitalmarktfinanzierungen identifizieren:[23]

a) *Eigenkapitalfinanzierungen:* Hohe Marktkapitalisierungen durch ausgeprägte Eigenkapitalfinanzierungen der Unternehmen steigern die Effizienz von Kapitalmarktfinanzierungen. Insbesondere die dezentral strukturierte Wohnungs- und Immobilienwirtschaft ist im Branchenvergleich eher gering börsenorganisiert ˙eigenkapitalfinanziert. Allerdings konnten einige Unternehmen (z. B. die Vonovia SE – im dritten Versuch) durchaus erfolgreiche Börsengänge realisieren (vgl. die Aktienkursentwicklungen in diversen Börsenportalen wie z. B. unter der URL: „www.onvista.de").

b) *Bankenwettbewerb:* Ein hoch konzentrierter Bankenmarkt ist kritisch für die Effizienz der Bankenmarktfinanzierungen zu beurteilen, wenn der Markt durch geringe Wettbewerbsintensität und eine damit einhergehende Absenkung der Risikoaffinität von Kreditinstituten gekennzeichnet ist.

c) Eine gute *Corporate Governance* von Unternehmen mit Engagements an den Kapitalmärkten ist Voraussetzung für eine stärkere Risikoübernahme privater Haushalte in Form von Kapitalmarktinvestitionen. Ihr ausgeprägtes Engagement verbessert die Kapitalmarkteffizienz deutlich.

3. *Interne Märkte:* Alternativ zu Banken- und Kapitalmärkten lassen sich Finanzierungen auch über unternehmensinterne Märkte abbilden. Sie stellen die Plattformen für die Innenfinanzierungen dar, wie vor allem Gewinnthesaurierungen.

Handelsblatt, 13. März 2013, Nr. 51, S. 50
Ein integriertes Working-Capital-Management umfasst sämtliche funktional übergreifenden Prozesse des Umlaufvermögens in der Wertschöpfungskette, wobei sich drei zentrale Stoßrichtungen definieren lassen: Erstens die auf Kundenprozesse zielende Senkung der Forderungen, zweitens die Reduktion der Lagerbestände durch Veränderungen in der Wertschöpfungskette, Standardisierung und Optimierung des Fertigungsflusses, und drittens die Erhöhung von Verbindlichkeiten etwa durch Anpassungen von Zahlungszielen.

4. *Substitute:* Auf Märkten für Finanzierungssubstitute werden insbesondere Dienstleistungen des Factoring und Leasing angeboten bzw. nachgefragt. Beide Instrumente

---

[23] Vgl. Francke 2006, S. 46.

substituieren klassische Finanzierungen, indem Vermögenswerte z. B. nicht gekauft, sondern geleast/gemietet werden. Auch mittels dieser Substitute lassen sich bis dato offene Finanzbedarfe reduzieren.

2.2 Basismethoden der Finanzierungplanung

Betriebliche Finanzprozesse zeichnen sich in der Praxis durch eine enge Verbindung von Investitions- und Finanzierungsrechnung aus. Nur wenn ein Unternehmen präzise Vorstellungen über die Investitionen besitzt, können Finanzierungsmodelle kreiert und Finanzierungen optimiert bzw. durchgeführt werden. Mit anderen Worten gibt es ohne Finanzierungen keine Investitionen. Die vollständigen betrieblichen Finanzprozesse lassen sich in einer Finanzplanung abbilden:[24] „**Finanzplanung** im Besonderen ist die Gesamtheit von zukunftsorientierter Erfassung, späterer Kontrolle und anschließender Fortschreibung der finanziellen Vorgänge sowohl im Hinblick auf die kurzfristig zu erwartenden Zahlungsströme mit dem Ziel der Erhaltung des finanziellen Gleichgewichts als auch im Hinblick auf die mittel- und langfristige Abstimmung von Kapitalbedarf und Kapitaldeckungsmöglichkeiten zur optimalen Erreichung der Unternehmensziele."[25]

Kapitaldeckungsmöglichkeiten für Kapitalbedarfe liefern die verschiedenen Finanzierungsplattformen, nämlich Bankenmärkte, Kapitalmärkte, unternehmensinterne Märkte und Märkte für Finanzierungssubstitute. *Kapitalbedarf* meint den „… Inbegriff des für den Vollzug betrieblicher Prozesse benötigten Kapitals und ergibt sich für jeden beliebigen Zeitpunkt aus der jeweiligen Differenz aller kapitalbindenden Ausgaben und kapitalfreisetzenden Einnahmen, die bis dahin angefallen sind".[26] In diesem Zusammenhang lassen sich Brutto- und Nettokapitalbedarf voneinander abgrenzen:[27]

- *Bruttokapitalbedarf:* Betrachtung allein aller Auszahlungen.
- *Nettokapitalbedarf:* Verrechnung der Auszahlungen mit Einnahmen.
- *Ermittlung:* Brutto- und Nettokapitalbedarf stellen jeweils aufsummierte Werte über alle Kalkulationsperioden hinweg dar. Tab. 2.2 liefert ein entsprechendes Beispiel:
  Der Kalkulationszeitraum beträgt ein Kalenderjahr zu vier Quartalen. Je Quartal werden Auszahlungen prognostiziert, nämlich 50 Tsd. Euro im ersten, 40 Tsd. Euro jeweils im zweiten und dritten sowie 30 Tsd. Euro im vierten. Der *Bruttokapitalbedarf* beträgt 160 Tsd. Euro und stellt die Kumulierung der Auszahlungen über die vier Quartale hinweg dar (= 50 Tsd. Euro + 40 Tsd. + 40 Tsd. + 30 Tsd.).
  Das Beispiel informiert weiterhin über prognostizierte Einnahmen, nämlich 20 Tsd. Euro im ersten Quartal, 30 Tsd. Euro jeweils im zweiten und dritten sowie

---

[24] Siehe ausführlich Perridon et al. 2017, Kap. F; Jahrmann 2009, Kap. E.3.

[25] Jahrmann 2009, S. 315.

[26] Schierenbeck/Wöhle 2012, S. 371.

[27] Vgl. Günther/Schittenhelm 2003, S. 59.

Tab. 2.2 Beispiel zur Ermittlung von Brutto- und Nettokapitalbedarf. (Quelle: In Anlehnung an Zantow 2007, S. 29)

	I. Quartal[a]	II. Quartal	III. Quartal	IV. Quartal
Auszahlungen	50	40	40	30
Bruttokapitalbedarf = kumulierte Auszahlungen	50	90	130	**160**
Einzahlungen	20	30	30	50
Einzahlungen kumuliert	20	50	80	130
Auszahlungen *minus* **Einzahlungen**	30	10	10	−20
Nettokapitalbedarf = kumulierte Differenzen der Auszahlungen und Einzahlungen	30	40	50	30

[a]Angaben in Tsd. Euro

50 Tsd. Euro im vierten. Zur Berechnung des Nettokapitalbedarfs sind zunächst auch die Einzahlungen über die vier Quartale hinweg aufzusummieren zu 130 Tsd. Euro (= 20 Tsd. Euro + 30 Tsd. + 30 Tsd. + 50 Tsd.). Wird diese Summe (130 Tsd. Euro) vom Bruttokapitalbedarf subtrahiert, ergibt sich der *Nettokapitalbedarf* in Höhe von 30 Tsd. Euro.

Demnach wäre auch eine Alternativberechnung des *Nettokapitalbedarfs* möglich: Dazu wäre für jedes Quartal der Saldo von Auszahlungen und Einzahlungen zu berechnen und zwar 30 Tsd. Euro im ersten Quartal, 10 Tsd. Euro jeweils im zweiten und dritten Quartal sowie −20 Tsd. Euro im vierten. Werden diese Salden kumuliert, errechnet sich ebenfalls der *Nettokapitalbedarf* in Höhe von 30 Tsd. Euro (= 30 Tsd. Euro + 10 Tsd. + 10 Tsd. − 20 Tsd.).

Die Ermittlung des Kapitalbedarfs stellt demnach in der *Finanzplanung* den Teilbereich dar, auf den sich die *Finanzierungs*planung konzentriert. In GdW (2012) wird ein normativer Anspruch an die Finanzierungsplanung wie folgt nach Fristigkeiten unterteilt formuliert: „In der **kurzfristigen Finanzierungsplanung**, in einem Zeitraum von 0–30 Tagen, ist es das Hauptziel, die Liquidität zu sichern. Das Unternehmen sollte jederzeit in der Lage sein, seinen Zahlungsverpflichtungen nachkommen zu können, um nicht in die Gefahr einer Insolvenz zu geraten. Die **mittelfristige Finanzierungsplanung** ist auf bis zu 5 Jahre ausgerichtet und sollte den Kapitalbedarf in diesem Zeitraum decken. Anstehende Investitionen wie Modernisierungen, Ankäufe etc. sollten transparent sein und die Pfeiler der Finanzierungsplanung darstellen. In der **langfristigen Perspektive** mit einem Zeithorizont von über 5 Jahren, sollte die Finanzierungsplanung Hand in Hand mit der Unternehmensstrategie gehen und im Blick haben, wohin sich das Unternehmen entwickeln möchte, welche Wachstumsstrategie verfolgt wird und welches Kapital dafür notwendig ist."[28]

---

[28] GdW 2012, S. 10.

Als begriffliche Eigenheit ist an dieser Stelle auf die *Kapitalbedarfsrechnung* hinzuweisen. Sie ist eine Methode zur Prognose des Kapitalbedarfs für den Fall, dass keine finanzwirtschaftlichen Vergangenheitsinformationen des Unternehmens vorliegen. Ein Beispiel ist die Unternehmensgründung. Ihre Kalkulation ist zunächst nicht mit der Zahlungsebene eines Unternehmens verknüpft. Zahlungszeitpunkte und liquiditätsbestimmende Planungen bleiben noch unberücksichtigt. Der Umfang des Kapitalbedarfs im Anlagevermögen ergibt sich aus der Investitionsplanung. „Der Kapitalbedarf im Umlaufvermögen ist abhängig von den Auszahlungen für einen Produktionstag bzw. vom Tagesumsatz und der durchschnittlichen Kapitalbindungsfrist. Die Kapitalbindungsfrist schwankt jedoch stark und ist vor allem vom Produktionsrhythmus, der Absatzdauer und den Zahlungsgewohnheiten der Kunden abhängig.“[29] Die unterschiedlichen Kapitalbindungsfristen im Umlaufvermögen stellen daher eine kritische Größe der Kapitalbedarfsrechnung dar.

Beispielrechnung für eine Kapitalbedarfsrechnung im Gründungsfall[30]

Gründung eines Zuliefererunternehmens für Projektentwickler

Gegeben seien: Rohstofflagerdauer 40 Tage, Lieferantenziel 30 Tage, Produktionsdauer 20 Tage, Fertigwarenlager 20 Tage, Debitorenziel 30 Tage; durchschnittlicher täglicher Werkstoffeinsatz 4 Tsd. Euro, täglicher Lohneinsatz 20 Tsd. Euro und täglich zahlungswirksame Gemeinkosten 10 Tsd. Euro

Kapitalbindung im Umlaufvermögen am Ende des Betrachtungszeitraums:

Lohneinsatz	(70 × 20 Tsd. Euro)	= 1400 Tsd. Euro
Werkstoffeinsatz	(80 × 4 Tsd. Euro)	= 320 Tsd. Euro
Gemeinkosteneinsatz	(110 × 10 Tsd. Euro)	= 1100 Tsd. Euro

Gesamtkapitalbedarf bei Gründung = Summe aller Kapitalbedarfe (Umlauf- + Anlagevermögen + Gründungskosten + Kosten der Ingangsetzung des Geschäftsbetriebs). ◄

Während die Finanz-(ierungs-)planung für große Unternehmen mit hohen Kapitalbedarfen die über alle Finanzierungsmärkte zu decken sind, schnell komplex werden kann, verzichten in der betrieblichen Praxis kleine und mittlere Unternehmen häufig auf eine strukturierte Planung im Finanzierungsmanagement.[31] „Eine aktive und zielorientierte Steuerung der Finanzierung mit verschiedenen Finanzierungsbausteinen, die aus unterschiedlichen Quellen gespeist werden, besonders eine dem Unternehmenswachstum an-

---

[29] Jahrmann 2009, S. 338.

[30] Vgl. Perridon et al. 2017, S. 752–754 (speziell Abb. F 21).

[31] Unternehmensgrößen werden in der vorliegenden Arbeit am Jahresumsatz kategorisiert zu kleinen Unternehmen bis 5 Mio. Euro, mittleren Unternehmen mit einem Jahresumsatz zwischen 5 Mio. Euro und 250 Mio. sowie großen Unternehmen mit Jahresumsätzen von über 250 Mio. Euro.

gemessene Eigenkapitalstrategie, stand nur bei den wenigsten Unternehmen auf der Tagesordnung. Dies galt im besonderen Maße für den Mittelstand."[32] Im Ergebnis kann für diese Fälle von ungenutzten Potenzialen für Kapitalkostensenkungen ausgegangen werden.

Als Begründungen für mögliche Finanzierungsproblematiken lassen sich Kompetenzmängel zu finanzwirtschaftlichen Fragestellungen identifizieren: „Die wichtigste Ursache der schwierigen Finanzierungssituation vieler Unternehmen lag in dem mangelnden Bewusstsein und der nachhaltig fehlenden Bereitschaft verwurzelt, sich über andere Wege als über die begrenzten Möglichkeiten der Innenfinanzierung bzw. die eigene Hausbank die erforderlichen Finanzierungsmittel für das eigene Geschäft zu beschaffen."[33] Es bleibt daher nicht aus, dass die zehn typischsten Unternehmensfehler der Finanzierung simples Missmanagement darstellen:[34]

1. Finanzierungen sind *schlecht vorbereitet.*

▶ **Praxis**[35] Ein einfaches Alltagsproblem in Unternehmen ist die zeitliche Abhängigkeit der Finanzierungsplanungen von der Gegebenheit geeigneter Investitionsvorhaben. Erhält ein Unternehmen spontan eine Investitionschance und muss entsprechend zeitnah über die Investitionszusage befinden, können Finanzierungen nicht in einem Höchstmaß umsichtig gesteuert werden. Hierzu kommen Probleme, wenn hierarchieübergreifend gearbeitet wird: Der Vorstand sieht eine spontane Investitionschance und die Finanzabteilung muss zeitnah ein Finanzierungskonzept erstellen. In diesem Fall kann es aus falsch verstandener Abhängigkeit zu schlechten Finanzierungsvorbereitungen kommen.

2. Finanzierungen erfolgen *überstürzt.*

▶ **Praxis** Werden Finanzierungen schlecht vorbereitet, dann zumeist, weil es in Konsequenz zu überstürzten Entscheidungen kommen soll. Hier steht oft die Befürchtung einer umsichtigen Planung im Wege, das Investitionsobjekt bzw. die entsprechende Investitionschance zu verpassen, wenn nicht eben überstürzt gehandelt würde.

---

[32] Werner/Kobabe 2007, S. 3.

[33] Werner/Kobabe 2007, S. 3.

[34] Vgl. zu den nachfolgend gelisteten Oberpunkten Haunerdinger/Probst 2006, S. 8–17.

[35] Die einzelnen Praxishinweise dienen der Verdeutlichung aller genannten Oberpunkte und beanspruchen keinesfalls Vollständigkeit oder empirische Untermauerungen. Sie basieren auf eigenen Praxiserfahrungen sowie einer Erhebung zum Finanzierungsverhalten deutscher Wohnungsgenossenschaften des Autors.

3. Finanzierungen sind *zu eng geplant.*

▶ **Praxis** Um Investitionschancen zu ergreifen, dürfen Finanzierungen nicht die
Renditeprognosen derart verschlechtern, als dass keine Investitionsattraktivität
mehr gegeben ist. In der dynamischen Investitionsrechnung wird zumeist ver-
einfachend nur mit einem grob kalkulierten Diskontierungszinssatz gerechnet,
in dem die Kapitalkosten nur unter anderem enthalten sind. Daher werden Finanzierungen (zu) eng geplant, um die Investitionsattraktivität nicht durch ggf.
unnötige Finanzierungspuffer einzuschränken.

4. Finanzplanungen sind *zu optimistisch.*

▶ **Praxis** Auch eine explizite Berücksichtigung der Finanzierungskosten kann in
der Investitionsrechnung die Investitionsattraktivität reduzieren – i. d. R. stellt
die Finanzierung schließlich immer die Attraktivität einer Investition reduzie-
rende Kosten dar. Eine Gefahr liegt daher in der zu optimistischen Gesamt-
planung und detaillierten Finanzierungsplanung, z. B. wenn Prolongations-
bzw. Zinsänderungsrisiken unterschätzt werden. Gerade in Niedrigzinsphasen
erscheinen langfristig zu finanzierende Investitionsvorhaben kurzfristig
wesentlich attraktiver. Diese Kapitalkosten auf zukünftige Prolongations-
perioden zu extrapolieren, erscheint als ein situativ typisches Investitions-
Marketing.

5. Es existieren *unrealistische Finanzierungsvorstellungen.*

▶ **Praxis** Die Zinssatzfortschreibung in Niedrigzinsphasen über langfristige Zinsbindungsphasen (z. B. zehn Jahre) hinaus ist historisch betrachtet ein Beispiel
für unrealistische Finanzierungsvorstellungen. Ein weiteres Beispiel ist die
Missachtung unternehmensseitiger Bonitätseinflüsse auf die Konditionengestaltung durch Kreditinstitute. Schließlich steigern Ausfallrisikokosten und
Eigenkapitalkosten die Produktionskosten für Bankenkredite.

6. *Konditionen* der Finanzierungen werden nur mangelhaft geprüft.

▶ **Praxis** Gerade in Niedrigzinsphasen werden in der Realwirtschaft tatsächliche
Konditionenangebote nicht ausreichend eingeholt und verglichen. Zwar ist die
Finanzwirtschaft eben nicht der Geschäftsfokus eines wohnungs- und immobilienwirtschaftlichen Unternehmens. Doch bei häufigen 70-prozentigen
Fremdkapitalquoten können Konditionenverbesserungen zu Gunsten der Kreditnehmer in Höhe von 0,5 Prozentpunkten auf 3,5 % bereits die Gesamtkapitalkosten (bei Eigenkapitalkosten in Höhe von 6 % z. B. bei Wohnungsgenossenschaften) um 0,35 Prozentpunkte absenken (= 0,5 % x 70 %). Umgekehrt bedarf es

sicherlich mehr Anstrengungen als temporäre Konditionenverhandlungen, um die Unternehmensrendite über das Geschäftsmodell selbst um 0,35 Prozentpunkte zu erhöhen.

7. *Finanzierungsalternativen* werden nicht gesucht.

▶ **Praxis** „Deutschland, das sich traditionell durch ein bankbasiertes Finanzierungssystem auszeichnet",[36] besitzt mit der Wohnungs- und Immobilienwirtschaft eine dem Hausbankenmodell insbesondere verbundene Branche.[37] 85 % der im Rahmen einer empirischen Erhebung antwortenden Wohnungsunternehmen rekurrierten:
„Langjährige Finanzierungspartner („Hausbanken") spielen weiter die wichtigste Rolle bei Finanzierungen." Um die Finanzierungskosten zu optimieren bzw. minimieren, macht es jedoch Sinn, über einen intensiven Vergleich von Bankenkreditangeboten auch Finanzierungsalternativen anderer Finanzierungsmärkte als dem Bankenkreditmarkt zu prüfen. Insbesondere Kapitalmarktfinanzierungen können eine wichtige Alternative zum Bankenkredit darstellen.

8. Grundsätzliches *Know how* zu Finanzierungsfragen fehlt.

▶ **Praxis** Die fehlende Abwägung von Finanzierungsalternativen ist häufig durch fehlendes Finanzierungs-Know-how in der Wohnungs- und Immobilienbranche zu begründen. Zwar stellen Wohnungsgenossenschaften mit′ Spareinrichtungen eine Ausnahme als teilbanklizensierte Unternehmen dar. Doch insbesondere die dezentrale Wohnungswirtschaft setzt noch immer stark auf Arbeitsteilung von Real- und Finanzwirtschaft, vertraut dabei auf ihre langjährige Hausbank und zeigt sich noch im Unterschied zu gesamtwirtschaftlichen Tendenzen wenig offen für Finanzierungsalternativen. Der Aufbau von Know how in Finanzierungsfragen kann deshalb als Schlüssel zur Optimierung des Finanzierungsmanagements angesehen werden.

9. *Unseriöse* Beratungen bzw. Finanzierungen *bleiben unerkannt.*

▶ **Praxis** Hinzu kommt, unseriöse oder risikoreiche Beratungen bzw. Finanzierungen nicht als solche zu erkennen, wenn das Know how in Finanzierungsfragen nicht ausreichend ist. Vor allem der finanzwirtschaftlich begründbare

---

[36] Deutsche Bundesbank 2012a, S. 20.

[37] Siehe hier und im Weiteren Prof. Eichener-Präsentation vom 10. Februar 2011, EBZ Business School – University of Applied Sciences; GdW-Befragung (N = 915 Unternehmen).

Sinn und Zweck von Derivate-Einsätzen zur Absicherung von Zinsänderungsrisiken ist ein zentraler Diskussionsgegenstand bei Abschlussprüfungen.

10. *Andere betriebswirtschaftliche Instrumente* werden nicht eingesetzt.

▶ **Praxis** Bereits die Vorstellung der verschiedenen Finanzierungsplattformen hat neben den Banken- und Kapitalmärkten sowie den unternehmensinternen Märkten für Innenfinanzierungen bereits auf den Markt für Finanzierungssubstitute hingewiesen. Es kann durchaus betriebswirtschaftlich relevant sein, auf Finanzierungen zu Gunsten von Leasing bzw. Mieten zu verzichten. Doch Leasing ist ein Instrument, dessen Verbreitung in der Wohnungs- und Immobilienwirtschaft auch noch nicht sehr ausgeprägt ist.

Wenn es demnach Alternativen der Finanzierung abzuwägen gilt, stellt sich die Frage: Was ist eine „gute", eine zweckdienliche Finanzierung, die zu wählen ist? Aus den inzwischen angeführten Problemen der Objekt- und Unternehmensfinanzierung heraus lassen sich zusammenfassend (auch aus der Praxisperspektive von Wohnungs- und Immobilienunternehmen) folgende Aspekte „guter" Finanzierungen ableiten:[38]

*   *Niedriger Kapitaldienst:* Günstige Konditionen mit Zinsen und Tilgungen sind immer das Ziel der Nachfrage von Finanzmitteln. Allerdings ist die Langlebigkeit von Immobilien bei der Finanzierung zu berücksichtigen. Geringe Tilgungen mit einhergehenden längeren Kreditlaufzeiten (bzw. potenziellen Ausfallzeiten) werden i. d. R. durch höhere Risikoprämien durch die Finanzmittelgeber abgesichert.
*   *Schnelligkeit:* Oft werden die finanziellen Mittel schnell benötigt. Dann ist ein Bankenkredit schneller zu realisieren als eine Kapitalmarktfinanzierung.
*   *Flexibilität:* Zumeist binden sich Unternehmen lange an Finanzmittelgeber, dann sind *flexible Tilgungen* von Vorteil für Kreditnehmer; kurzfristige Kredite sind generell zwar leichter zu disponieren, sie generieren aber ein Zinsänderungsrisiko für Kreditnehmer und sind somit ungünstiger zu planen.
*   *Wenig Sicherheiten* sollten herangezogen werden, weil Sicherheiten auch teuer sein können. Allerdings reduzieren Kreditbesicherungen die Ausfallrisiken der Kreditinstitute und wirken tendenziell die Kreditkonditionen senkend. Daher ist hier ein betriebswirtschaftlicher Kompromiss zu finden.
*   *Eigene Mittel schonen*, weil sie Liquiditätssicherheiten sind, allerdings ist die Frage nach der Kapitalstruktur ebenso objekt- und unternehmensabhängig wie finanzierungsmarktbedingt.
*   *Geringe persönliche Haftung:* Für den Haftungsfall ist das Privatvermögen zu sichern.

---

[38] Siehe hierzu Haunerdinger/Probst 2006, S. 26.

- *Finanzierungsstabilität:* Banken- und Kapitalmärkte unterliegen in Deutschland stets nachhaltigen Veränderungen. Insbesondere dem Bankenmarkt werden in naher Zukunft zusätzlich weitreichende Strukturveränderungen prognostiziert. Stichworte sind dazu: Regulierung, Margenverfall, Größenstreben, Politikeinfluss auf öffentliche Banken. Als Ergebnis lässt sich eine wachsende Fusionsintensität bei Kreditinstituten erwarten (siehe Kap. 3). Aus Sicht der Finanzmittelnachfrager ist jedoch eine Stabilität der Finanzierungspartner von Interesse, um Transaktionskosten entsprechender Prozesse niedrig halten zu können.

Diese zuletzt genannten Aspekte einer *guten* Finanzierung aus Sicht der Finanzmittelnachfrager wie wohnungs- und immobilienwirtschaftlichen Unternehmen sollen in den weiteren Kap. 3, 4, 5 und 6 Anhaltspunkte zur Diskussion um Nutzen und Probleme bei der detaillierten Beschreibung von Finanzierungsmärkten sein. Sie entscheiden letztlich über Relevanz oder Untauglichkeit einzelner Finanzierungsinstrumente.

2.3   Finanzierungsstrukturen in Deutschland

Vielfach angesprochen sind bislang schon die strukturellen Veränderungen der Finanzierungsmärkte. Entsprechende Behauptungen dazu sind aber nicht nur aus der Praxiserfahrung einzelner Marktakteure herzuleiten, sondern bundesweit empirisch erfassbar. Grundlage dafür bildet die gesamtwirtschaftliche Finanzierungsrechnung der Bundesrepublik Deutschland, deren Statistiken von der Deutsche Bundesbank erstellt und als Rohdaten und zu Studienergebnissen verarbeitet und veröffentlicht werden.[39] Mit Hilfe dieser Datenbasis lässt sich „(d)ie langfristige Entwicklung der Unternehmensfinanzierung in Deutschland", so der Titel des entsprechenden Studienbeitrags der Deutsche Bundesbank (2012a), aufzeigen.

Zusammenfassung der Studienergebnisse
„Anhand der Ergebnisse der gesamtwirtschaftlichen Finanzierungsrechnung lässt sich erkennen, dass das gesamte Finanzierungsvolumen von Unternehmen in Deutschland in den vergangenen zwei Jahrzehnten – nominal wie real – zugenommen hat. Dies ist im Wesentlichen Reflex einer insgesamt wachsenden Volkswirtschaft. Zugleich änderte sich die Finanzierungsstruktur: Während Innenfinanzierungsmittel grundsätzlich die wichtigste Quelle darstellten und tendenziell zugenommen haben, war die Außenfinanzierung von einer starken Zyklik geprägt, die in engem Zusammenhang mit der konjunkturellen Entwicklung stand.

---

[39] Siehe dazu die URL: www.bundesbank.de sowie dort die Rubriken „Statistik", „Gesamtwirtschaftliche Rechenwerke" und „Finanzierungsrechnung".

Darüber hinaus waren strukturelle Verschiebungen innerhalb der Außenfinanzierung zu beobachten. Zwar spielte der Kredit bis auf wenige Ausnahmen
durchgehend die wichtigste Rolle. Veränderungen gab es jedoch bei den Kreditgebern: Während diese Funktion in der Vergangenheit vor allem Banken übernahmen, lässt sich im Betrachtungszeitraum ein Trend zur verstärkten Substitution
zugunsten anderer Kreditgeber feststellen. So sind etwa große (internationale)
Konzerne vermehrt dazu übergegangen, Finanzierungsmittel über spezielle
Finanzierungsgesellschaften innerhalb des Konzerns zu verteilen. Der Bankkredit,
der an sich zwar noch immer die wichtigste Außenfinanzierungsquelle darstellt, hat
hingegen in den letzten 20 Jahren systematisch an Bedeutung verloren. Insgesamt
nahm somit die Intermediationsleistung über das traditionelle Kreditgeschäft ab.

Diese strukturellen Verschiebungen stehen in engem Zusammenhang mit einem
sich ändernden makroökonomischen und institutionellen Umfeld. So dürfte unter
anderem die voranschreitende ökonomische Integration, die vor allem innerhalb der
Europäischen Union mit der Gründung der Währungsunion sowie der Osterweiterung
stark ausgeprägt war, zu diesen Entwicklungen beitragen haben. Einfluss auf die
Finanzierung dürften darüber hinaus auch steigende regulatorische Anforderungen
oder Änderungen in der Unternehmensbesteuerung gehabt haben."[40]

Die Deutsche Bundesbank (2012a) untermauerte demnach mit Ihrer Studie die früheren Aussagen von Francke (2006, S. 37) und Schäfers (2008, S. 90), dass „die Intermediationsleistung über das traditionelle Kreditgeschäft ab[nimmt]".[41]

Ausgangspunkt aller Strukturanalysen ist die These, dass im Rahmen der Außenfinanzierung in Deutschland signifikant geringere Anteile über die Kapitalmärkte finanziert werden als in angelsächsischen Staaten wie den USA oder Großbritannien. Schäfers
(2008, S. 100) sah zum Zeitpunkt seiner Publikation die kapitalmarktorientierte Immobilienfinanzierung (außerhalb des Pfandbriefkonzepts) in Deutschland als wenig im
Markt etabliert an; auf der Grundlage einer externen Quelle ohne konkrete Zeitangaben
heißt es bei ihm: „Während die Finanzierung in Deutschland zu 71 % über Bankkredite
erfolgt, sind es in Großbritannien und den USA jeweils nur 10 % und 18 %".[42] Somit ist
zu konstatieren, dass es über die Jahre des letzten Jahrhunderts bis in das 21. Jahrhundert
hinein in Deutschland Nachhochbedarf hinsichtlich der Kapitalmarktfinanzierungen von
Unternehmen gab, um das in Abschn. 2.1 genannte Ziel der kapitalmarktbasierten Kapitalkostenreduzierung zu erreichen.

---

[40] Deutsche Bundesbank 2012a, S. 13.

[41] Deutsche Bundesbank 2012a, S. 28.

[42] Schäfers 2008, S. 99.

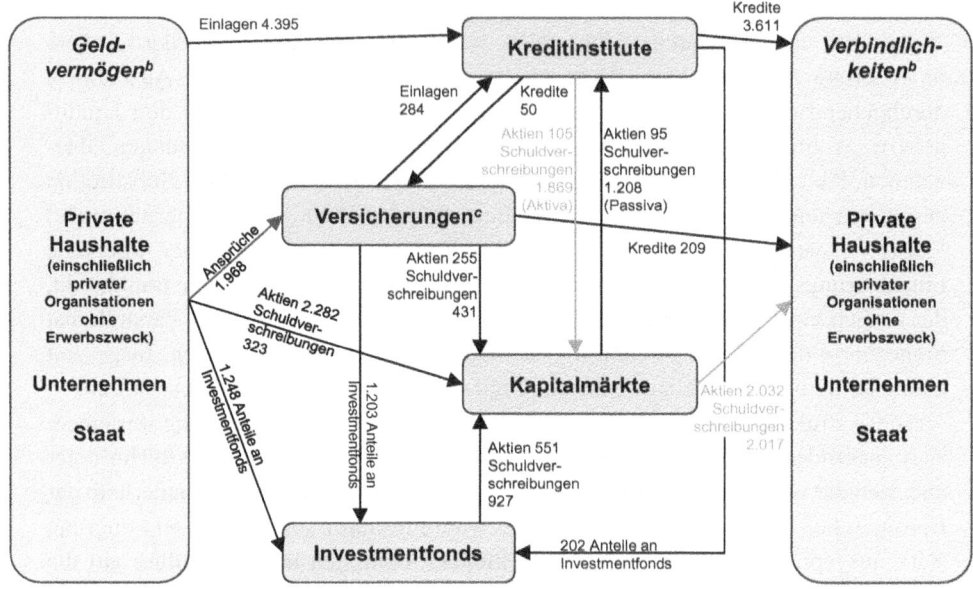

a) Pfeilrichtung zeigt Forderungen an.
b) Angegebene Werte mit Stand am Jahresende 2022 in Mrd. Euro.
c) Einschließlich Pensionskassen und -fonds, Sterbekassen sowie berufsständischer
   Versorgungswerke und Zusatzversorgungeinrichtungen.

Abb. 2.3 Vereinfachte Struktur des deutschen Finanzsystems für Ende 2022.[a] (Quelle: Deutsche Bundesbank 2023)

Die gesamtwirtschaftliche Finanzierungsrechnung der Bundesrepublik Deutschland fußt als Teilbereich der Volkswirtschaftlichen Gesamtrechnung (VGR) auf dem Verständnis der Struktur des deutschen Finanzsystems, wie es in Abb. 2.3 visualisiert ist. Sie informiert über die Finanziers volkswirtschaftlicher Vermögensänderungen.

Das *Finanzsystem* rekrutiert sich aus dem (1) *Finanzsektor* und der (2) *Finanzierungs-struktur* einer Volkswirtschaft.[43] Der Finanzsektor ist in Abb. 2.3 im mittleren Fenster mit Kreditinstituten (= Banken + Sparkassen), Versicherungen, Kapitalmärkten und Kapital-anlagegesellschaften (= Finanzmittelsammelstellen wie z. B. Fondsgesellschaften) institutionalisiert. Er dient somit der externen Finanzierung der Volkswirtschaft durch den Austausch von Angebot und Nachfrage nach Finanzdienstleistungen.

Abb. 2.3 fasst die bereits in Abschn. 1.1 angesprochenen Intermediationsleistungen forderungsbezogen zusammen. Am Beispiel der Kreditinstitute wird visualisiert, dass Finanz-mittelgeber (= private Haushalte, Unternehmen und der Staat), also die Halter von *Geldver-mögen* (= Bargeld, Geldanlagen mit bis zu zweijähriger Bindungsdauer sowie Kapitalanlagen mit längerer Bindungsdauer zuzüglich Wertpapiere wie Anleihen und Aktien), Teile des Geld-vermögens als Einlagen bei Kreditinstituten anlegen (also als Bankengläubiger agieren) und die Kreditinstitute aus diesen Einlagen Kredite für und damit Verbindlichkeiten von privaten Haushalten und/oder Unternehmen und/oder dem Staat produzieren.

---

[43] Vgl. zum Finanzsystem ausführlich Gischer et al. 2020, S. 17–35 (Kap. 2).

Im Kreditgeschäft ebenfalls tätig sind Versicherungen (siehe Abschn. 3.8). Vernetzungs-technisch nehmen jedoch Wertpapiergeschäfte[44] einen größeren Raum als Kreditgeschäfte ein, wie Abb. 2.1 visualisiert. Diese Bedeutung der Forderungs*beziehungen* untereinander spiegelt sich auch bei den Finanzierungsvolumina wider: Ende 2012 (Ende 2022) betrug das gesamte Kreditvolumen in Deutschland tätiger Kreditinstitute an Nicht-Banken ein-schließlich öffentlicher Haushalte 3949 Mrd. Euro (4999 Mrd. Euro – ein Plus in Höhe von 33 %). Der Nominalwert aller umlaufenden Anleihen und Aktien sowie Zertifikatefinanzie-rungen umfasst allerdings ein Vielfaches des Volumens, sodass der Gesamtwertpapiermarkt signifikant größer als der Kreditmarkt für bilaterale Darlehen ist.[45] Der wesentliche Grund dafür ist die Staatsfinanzierung über den Wertpapiermarkt mit Anleihen.[46]

Innerhalb des Finanzsektors kommt es zu ergänzenden Aktivitäten, da für einzelne Kreditinstitute nicht alle Einlagen in Kredite transformiert werden (Einlagen können z. B. an Kapitalmärkten angelegt werden) oder für das Kreditengagement die Einlagen von privaten Haushalten und Unternehmen und dem Staat nicht ausreichen müssen. Statt-dessen können Versicherungen Einlagen zur Verfügung stellen, vor allem auch die Kapital-märkte und selbstverständlich die Kreditinstitute unter sich (= *Interbankenmarkt*).

Erläuterung

„Der Finanzierung steht die Vermögensbildung beziehungsweise das Vermögen gegenüber. Es besteht grundsätzlich aus Sach- und Geldvermögen, wobei das Sach-vermögen primär durch Immobilien geprägt wird, das Geldvermögen hingegen aus Finanzleihe und Geldschöpfung besteht. Quelle von Geldvermögen ist – global ge-sehen – folglich immer die Außenfinanzierung, die zur letztendlichen Verwendung in Konsum und Investition führt. Die realwirtschaftliche und die finanzwirtschaft-liche Sphären sind daher eng miteinander verknüpft.

Ausgangspunkt der Finanzierungsrechnung sind die Angaben über die Sachver-mögensbildung und das Sparen der einzelnen Sektoren, die sich an die ent-sprechenden Ergebnisse der realwirtschaftlichen VGR anlehnen. Die Salden aus der Sachvermögensbildung einerseits und dem Sparen sowie den Vermögensüber-tragungen andererseits ergeben die Finanzierungsüberschüsse oder -defizite (Finanzierungssaldo) der Sektoren.

Sie zeigen, in welchem Umfang die einzelnen Sektoren Finanzierungsmittel netto zur Verfügung gestellt oder in welchem Umfang sie sich netto gegenüber den

---

[44] Gemeint sind Wertpapiere der Eigenkapital- und Fremdkapitalfinanzierungen bzw. Aktien sowie Schuldverschreibungen und Zertifikate (= strukturierte Schuldverschreibungen).

[45] Vgl. die Datenquellen Deutsche Bundesbank 2013b und 2023.

[46] Anleihen sind Schuldverschreibungen mit einer Laufzeit von mindestens einem Jahr; Schuldver-schreibungen mit kürzeren Laufzeiten werden Geldmarktpapiere genannt (siehe Abschn. 2.1).

> übrigen Sektoren neu verschuldet haben. Diesen Finanzierungsüberschüssen be-
> ziehungsweise -defiziten entsprechen in der Regel die Salden aus Geldvermögens-
> bildung und Außenfinanzierung der jeweiligen Sektoren, deren Berechnung im
> Mittelpunkt der Finanzierungsrechnung steht. Die Finanzierungsrechnung ermög-
> licht damit sowohl eine Vorstellung von der Grundstruktur des Finanzsystems (d. h.
> von den Kanälen der inländischen Geldvermögensbildung und der Mittel-
> beschaffung) als auch vom finanziellen Verhalten der privaten Haushalte, der Unter-
> nehmen und des Staates."[47]

Die in diesem Buch fokussierte Außenfinanzierung unterlag in ihrer quantitativen Bedeutung innerhalb des Analysezeitfensters der Deutsche Bundesbank (2012a) von 1991
bis 2010 weitreichenden Veränderungen (siehe Abb. 2.4). Sie waren abhängig von der
konjunkturellen Entwicklung der Bundesrepublik Deutschland. Dementsprechend hing
„… das Ausmaß, in dem sich Unternehmen externe Mittel beschafften, vor allem von der
konjunkturellen Situation im Inland ab. So wurden in wirtschaftlichen Aufschwungphasen
vermehrt Außenfinanzierungsmittel aufgenommen, während sie in rezessiven Wirtschaftsphasen tendenziell zurückgeführt wurden. Dies lässt sich neben einer sinkenden Nachfrage nach Investitionsgütern unter anderem damit erklären, dass sich die externe
Finanzierungsprämie auf Außenfinanzierungsinstrumente antizyklisch verhält. Sie nimmt
in einer konjunkturellen Erholung tendenziell ab, weil der Wert der als Sicherheiten ak-
zeptierten Vermögensgegenstände zunimmt und damit die Attraktivität der Außenfinanzierung aufgrund fallender Finanzierungskosten erhöht."[48]

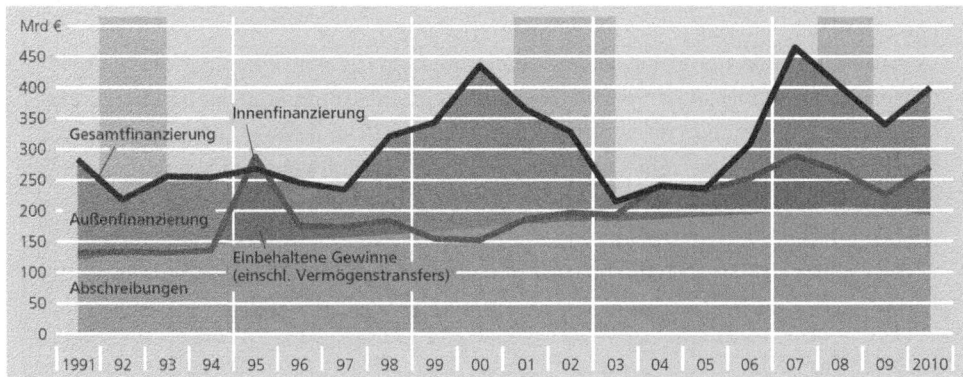

Abb. 2.4 Finanzierungsformen nicht finanzieller Kapitalgesellschaften in Deutschland von 1991
bis 2010. (Quelle: Deutsche Bundesbank 2012a, S. 17)

---

[47] Deutsche Bundesbank 2012b, S. 5.
[48] Deutsche Bundesbank 2012b, S. 19 f.

Abb. 2.4 visualisiert die Finanzierungsstrukturen deutscher nicht finanzieller bzw. real-
wirtschaftlicher Kapitalgesellschaften für das Zeitfenster von 1991 bis 2010. An der quantitativen Entwicklung der Außenfinanzierung (in Grau hinterlegte Fläche als Gesamtfinanzierung abzüglich Innenfinanzierung p. a.) lässt sich der eben angeführte
konjunkturelle Einfluss auf das Finanzierungsverhalten von Unternehmen bzw. die Finanzierungen durch Finanzmittelgeber erkennen: Sie nimmt etwa ein Drittel des gesamten
jährlichen Mittelaufkommens (=Gesamtfinanzierung) ein und ist durch ein konjunktur-
zyklisches Muster mit mehreren Zykluspfaden geprägt:[49]

- *1991 bis 1997:* Zunächst verharrte die Außenfinanzierung mit jährlichen Mittelauf-
  kommen um 100 Mrd. Euro bis zum Jahr 1997. Hier spiegelt sich das konjunkturelle hohe
  Wachstum der Bundesrepublik Deutschland nach der deutschen Wiedervereinigung
  wider. So wuchs das nominale Bruttoinlandsprodukt (=Summe aller zum Verbrauch durch
  Endverbraucher produzierten Güter und Dienstleistungen p. a.) in diesem Zeitfenster
  durchschnittlich jährlich um 3,7 %. Eine krasse Ausnahme nahm jedoch das Jahr 1995 ein
  mit einem Außenfinanzierungsvolumen in Höhe von −19,4 Mrd. Euro. Ausschlaggebend
  für den negativen Wert war das erste Quartal 1995 (mit: −78,1 Mrd. Euro), in dem eine
  signifikante Nettotilgung der ausstehenden Verbindlichkeiten vollzogen wurde.
- *1997 bis 2004:* Einen vollständigen Konjunkturzyklus ereilte Deutschland ab 1997 mit dem
  Aufschwung bis zum Jahr 2000 und dem einsetzenden Abschwung bis 2004. In diesem
  Zeitfenster vollzog sich der globale New Economy-Trend mit einem Aktienkursboom in
  den High-Tech-Branchen.[50] In der eigenkapitalseitigen Außenfinanzierung über Kapitalmärkte kam es weltweit zum Blaseneffekt. Im Jahr 2000 betrug das Außenfinanzierungsvolumen den Rekordwert in Höhe von 288,0 Mrd. Euro. Doch mit einsetzender Global-
  rezession und dem späten konjunkturellen Aufschwung in Deutschland sank die
  Außenfinanzierung auf den negativen Wert in Höhe von −2,2 Mrd. Euro im Jahr 2004.
- *ab 2004 bis 2009:* Ab dem Jahr 2004 kam es wiederum zur Ausweitung der Außenfinanzierung bis zum Peak in 2007 (=172,5 Mrd. Euro). Im Zuge der Weltwirtschaftskrisen ab 2008 verlor diese Entwicklung zwar an Schwung, doch seit dem Tief im Jahr
  2009 wächst das Außenfinanzierungsvolumen wieder. Die unkonsolidierte Außenfinanzierung umfasste im Jahr 2011 ein Volumen in Höhe von 171,5 Mrd. Euro. Für die
  ersten drei Quartale in 2012 (Stand: März 2013) umfasste das Außenfinanzierungsvolumen bereits 114,6 Mrd. Euro.

Die Finanzierungsrechnung informiert nicht nur über die Bedeutung der Außenfinanzierung insgesamt, sondern auch über ihre Struktur. Sie gibt z. B. Auskunft, wie hoch
der Anteil der Kapitalmarktfinanzierungen gegenüber den Bankenkreditfinanzierungen
war. Allerdings war auch diese Struktur nicht stabil, sondern unterlag weitreichenden Ein-

---

[49] Vgl. zu den im Folgenden angeführten Einzeldaten Deutsche Bundesbank 2013b.
[50] Vgl. ausführlich zum New Economy-Boom/Abschwung von 1997 bis 2003 für viele Stiglitz 2005.

flüssen insbesondere durch die Politik mit dem Schaffen des europäischen Binnenmarkts und der Euro-Einführung. Hierdurch wurde der Markt transparenter, Transaktionskosten sanken und die inner-Euro-europäische Wettbewerbsintensität zwischen externen Kapitalgebern nahm massiv zu.[51]

Erläuterung

„Die deutschen Unternehmen haben in den 90er-Jahren etwa die Hälfte ihrer Nettoinvestitionen aus eigenen Ersparnissen – also einbehaltenen Gewinnen – finanziert. Da diese Angabe aus der Finanzierungsrechnung (s. o.) stammt, bezieht sie sich auf den Sektor Unternehmen, d. h. Salden einzelner Unternehmen sind hier bereits kompensiert. Dies wiederum bedeutet, dass der kleinere Teil der Investitionen aus eigenen Ersparnissen finanziert werden kann, und demnach mehr als die Hälfte aller Nettoinvestitionen über Finanzinstitutionen finanziert werden."[52]

Tab. 2.3 berichtet über die Anteile der Finanzierungsinstrumente innerhalb aller Verbindlichkeiten nicht finanzieller Kapitalgesellschaften in Deutschland für das Zeitfenster von 1991 und 2010. Insgesamt machten Kredite rund ein Drittel an den Gesamtverbindlichkeiten aus. Speziell Bankenkredite nahmen im Zeitablauf kontinuierlich von 32,0 % im Jahr 1991 ab auf 18,0 % im Jahr 2010. Umgekehrt wuchs der Kreditanteil anderer Gläubiger als Kreditinstitute (z. B. Versicherungen und Unternehmen als Schuldscheinpartner) von 6 % im Jahr 1991 auf 14 % im Jahr 2010. Laut Bundesbank-Statistiken nahm die Substitution von Kreditinstituten durch andere Gläubiger immer dann zu, wenn die Außenfinanzierungen insgesamt rückläufig waren. Abb. 2.4 verdeutlicht diesen Sachverhalt für die Jahre von 2000 bis 2004 und 2007 bis 2009.

Tab. 2.3 Struktur der ausstehenden Verbindlichkeiten nicht finanzieller Kapitalgesellschaften in Deutschland für 1991 bis 2010. (Quelle: Deutsche Bundesbank 2012a, S. 21)

Position[a]	1991	1995	2000	2005	2010
Verbindlichkeiten (in Mrd. Euro)	*2042*	*2519*	*3891*	*3944*	*4718*
Anleihen	1,8[b]	2,3	1,4	2,7	3,1
Kredite	38,1	35,5	29,3	30,3	31,8
… von Kreditinstituten	32,0	28,6	22,7	20,9	18,0
… von Nicht-Kreditinstituten	6,1	6,9	6,6	9,4	13,8
Versicherungstechnische Rückstellungen	5,7	5,6	4,3	5,2	4,8
Sonstige Verbindlichkeiten	24,4	21,1	17,0	17,6	17,8
Aktien	30,0	35,6	48,0	44,1	42,6

[a]Benennungen der Positionen teilweise leicht abgeändert zur Quelle
[b]Alle weiteren Datenangaben in Prozent zu den Verbindlichkeiten insgesamt

---

[51] Vgl. zur Erläuterung und zu den Einzeldaten im Weiteren Deutsche Bundesbank 2012a, S. 20–23.
[52] Gischer et al. 2020, S. 25.

Weiteren Einfluss für einen im internationalen Vergleich in Deutschland erst spät eingesetzten Trend zu fremdkapitalartigen Kapitalmarktfinanzierungen machen Gischer et al. (2020) unter anderem wie folgt fest:[53]

- Bis zum Jahr 1990 galten in Deutschland noch *Emissionsgenehmigungsvorschriften* und eine *Börsenumsatzsteuer*; erst im Anschluss seien Transaktionskosten von Wertpapieremissionen gesunken.
- *Fixkosten der Emission* galten als hoch, sodass sich Emissionen erst ab einem Volumen in Höhe von 25 Mio. Euro vorteilhaft dargestellt hätten. Demnach wären Kapitalmarktfinanzierungen primär für Unternehmen mit großen Umsätzen relevant, in Deutschland aber erwirtschafteten wegen einer mittelständisch geprägten Wirtschaft zwei Drittel aller Unternehmen jeweils weniger als 250 Mio. Euro Umsatz.
- Bei Nachfragern von Finanzmitteln könnte ein rechtsformabhängiges Desinteresse an der Informationspflicht von Kapitalmarktfinanzierungen bestehen. Offenlegungspflichten seien leichter für große Unternehmen mit guter Reputation erfüllbar. Daher zögen mittelständische, inhabergeführte Unternehmen oft die Hausbankbeziehung vor, um Informationskosten zu senken.

Unter Einbezug aller weiteren Unternehmen über jene der Kapitalgesellschaften hinaus kann für das Zeitfenster von 1991 bis 2010 deutlich festgehalten werden, dass die Außenfinanzierung wesentlich durch Bankenkredite geprägt wurde. Als Gründe lassen sich für Deutschland typische Unternehmensrechtsformen und -größen anführen, die den Mittelstand prägen. Hohe fixe und die Unternehmensliquidität belastende Emissionskosten waren ebenfalls lange Zeit Hemmnisse der Kapitalmarktfinanzierung. Daher war es vielen Unternehmen oft nicht möglich, die tendenziellen Vorteile der Kapitalmarktfinanzierung zu nutzen. Stattdessen realisierten sie umgekehrt über das Hausbankkonzept Finanzierungsvorteile gegenüber den Kapitalmarktfinanzierungen.

▶ **Hausbank** „Vornehmlich in Deutschland kommt den Kreditinstituten eine weitere wichtige Aufgabe zu, die ohne sie nur schwerlich zu erfüllen wäre: die Sicherstellung von langfristigen Finanzierungsbeziehungen insbesondere für kleine und mittlere Unternehmen **(Hausbankverhältnis)**. Diese Schuldner haben üblicherweise keinen oder bestenfalls einen sehr eingeschränkten Zugang zum Kapitalmarkt. Ihnen steht folglich die Alternative der direkten Eigen- oder Fremdfinanzierung durch die Ausgabe von frei handelbaren Unternehmensanteilen oder Schuldverschreibungen nicht offen. Gleichwohl ist ein Investor an einer gesicherten, kontinuierlichen Finanzierung seiner Projekte interessiert, um auf dieser Grundlage die Unternehmensrisiken kalkulieren und begrenzen zu können."[54]

---

[53] Vgl. Gischer et al. 2020, S. 27, Abb. 2.6.
[54] Gischer et al. 2020, S. 117.

Steigende regulatorische Ansprüche an Kreditinstitute und sinkende Margen im Kreditgeschäft wirken jedoch restriktiv auf die Bankenkreditfinanzierungen. Somit gewinnen Kapitalmarktfinanzierungen einerseits passiv an Bedeutung. Andererseits haben technischer Fortschritt bei Börsen, Internationalisierung etc. zur Mitte der ersten Dekade des neuen Jahrtausends die Einrichtung von Börsensegmenten für den Mittelstand ermöglicht und den Anleihemarkt für kleinere und mittlere Unternehmen zugänglich gemacht (siehe Abschn. 2.1). Auch Rechtsformen mit grundsätzlich geringen Informationspflichten strebten inzwischen an die Börse, wie z. B. die *Textilkontor Walter Seidensticker GmbH & Co. KG* mit der Emission einer sechsjährigen (unbesicherten) Anleihe im Volumen von 30 Mio. Euro am 12. März 2012 (Wertpapierkennnummer, WKN: A1K0SE).[55] Der Anleihekupon beträgt 7,25 % p. a., aber die Rendite am 22. Mai 2015 lediglich 4,33 %.[56]

▶ **Links** Zur Information über einzelne Wertpapiere von mittelständischen Unternehmen bieten die auf das Segment spezialisierten Börsen über spezialisierte Portale, z. B.:
Düsseldorf

Anleihen	URL: „http://www.primaermarkt.de/anleihen/index"

München

Anleihen + Aktien	URL: „http://www.maccess.de/gelistete-unternehmen"

Stuttgart

Anleihen	URL: „https://www.boerse-stuttgart.de/de/boersenportal/segmente-und-initiativen/bondm/anleihenuebersicht/"
Aktien	URL: „https://www.boerse-stuttgart.de/de/boersenportal/segmente-und-initiativen/bw-mittelstandsinitiative/aktienuebersicht/"

Ebenfalls sind inzwischen wesentlich kleinere Emissionsvolumina platziert worden, hier ist exemplarisch zu nennen die *HAHN-Immobilien-Beteiligungs AG* mit einer Anleihe über 20 Mio. Euro (WKN: A1EWNF). Bei der *Procar Automobile Finanz-Holding GmbH & Co. KG* vereinen sich beide Aspekte: Sie besitzt erstens keine im Eigenkapitalbereich börsenfähige Rechtsform und zweitens betrug das Emissionsvolumen ihrer Anleihe lediglich 12 Mio. Euro (WKN: A1K0U4). Für Projektentwickler und Bauträger beispielsweise könnten Anleihefinanzierungen demnach eine Alternative zur Bankenkreditfinanzierung darstellen (siehe Abschn. 3.6 und Kap. 4).[57]

---

[55] Vgl. zur Anleihe die Informationen der Börse Düsseldorf unter der URL: http://www.primaermarkt.de/anleihen/wkn/A1K0SE (Abruf der WWW-Seite am 22. Mai 2015).

[56] Siehe zur Renditenberechnung von Anleihen Abschn. 4.2.

[57] Siehe dazu den Beitrag vom Müller 2011; Hische 2013 sieht in Mittelstandsanleihen sogar Finanzierungspotenziale für Wohnungsgenossenschaften.

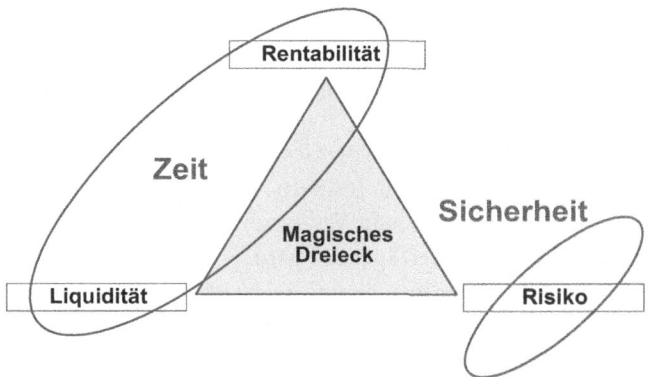

Abb. 2.5 Magisches Dreieck der Investitionsrechnung

2.4   Abgrenzungen zum Liquiditätsmanagement

Die Finanzierungsplanung (siehe Abschn. 2.2) ist Bestandteil des Finanzierungsmanagements und zielt auf die Ermittlung des betriebswirtschaftlich optimalen Kapitalbedarfs. Zwar wird diesbezüglich nach Fristigkeiten unterschieden und auch die Außenfinanzierung an sich ist per se nicht langfristig ausgerichtet. Im Fokus der Objekt- und
Unternehmensfinanzierung der Wohnungs- und Immobilienwirtschaft steht dagegen
wegen der Langlebigkeit der Investitionsgüter (= Immobilien) verstärkt die langfristige
Finanzierung.

Zur Unterscheidung von Eigen- und Fremdkapital nach Tab. 2.1 in Abschn. 2.1 wurde
bereits latent auf das magische Dreieck der Investitionsrechnung hingewiesen – Anlage-
entscheidungen stehen grundsätzlich im Spannungsfeld der Anforderungen von Rendite,
Risiko und Liquidität (siehe Abb. 2.5).[58] Auch wenn Investitionsentscheidungen grundsätzlich langfristiger Natur sind, wirkt mit dem sogenannten Liquiditätspostulat (= zwin-
gende Zahlungsverpflichtungen sind fristgerecht und betragsgenau zu erfüllen; s. u.) eine
stetige kurzfristig wirksame Anforderung auf das Finanzierungsmanagement ein.

Im Einzelnen und mit Hinweisen auf die untereinander bestehenden Abhängigkeiten,
weshalb die Aspekte in Abb. 2.5 eben auch zum Dreieck angeordnet sind, sind Rendite,
Risiko und Liquidität wie folgt zu verstehen:[59]

- *Rendite (bzw. Rentabilität):* Im Zusammenhang mit dem Begriff der Rendite wird häufig von Zins und Zinssatz sowie Kupon und Kuponsatz gesprochen. *Zinsen* stellen
  makroökonomisch eine Prämie in Geldeinheiten für temporär entgangene Liquidität,
  konsumtheoretisch für temporär entgangene Kaufkraft dar. Sie gelten investitions-

---

[58] Eine kompakte Abhandlung zum Verhältnis von Risiko und Rendite bietet Wernz 2013.

[59] Vgl. ausführlich Steiner et al. 2012, S. 48–82, und Jahrmann 2009, S. 9–13; sowie für viele weitere
Spremann/Gantenbein 2007, S. 66–80; siehe auch Abschn. 4.2.1 in diesem Buch.

theoretisch als interner Zinsfuß eines Zahlungsstroms. Der *Zinssatz* stellt den Zins als relative Größe (in Prozent) in Bezug zur Berechnungsgrundlage bzw. zur entgangenen Liquidität dar. Er ist die in Prozent ausgedrückte Liquiditätsprämie. Bei Anleihen wird für Zinsen von Kupon und für Zinssatz von Kuponsatz gesprochen. Damit berechnet sich die *Rendite* aus dem Verhältnis von Gewinn (bzw. Überschuss aus der Kapitalnutzung) und eingesetztem Kapital. Insofern wird bei Anleihen von Renditen gesprochen, wenn die (i. d. R.) laufende Verzinsung (= Kupon) in Relation zum Wertpapierkurs (= jeweiliger Marktwert) gesetzt wird.

- *Risiko:* Wenn die Rendite einer Finanzierung aus Sicht der Finanzmittelgeber betrachtet werden, repräsentieren sie den geforderten Zinssatz im Bankenkreditgeschäft bzw. den Kuponsatz bei einer Anleihefinanzierung. Je höher das Risiko der Finanzmittelbereitstellung für die Investoren ist, desto höher wird die in Zinssatz und Kuponsatz eingepreiste Risikoprämie (z. B. für das Ausfallrisiko, die Eigenkapitalhinterlegung bei Kreditinstituten) sein. Rendite und Risiko korrelieren demnach positiv miteinander.

  In der Wohnungs- und Immobilienwirtschaft lässt sich das Risiko bei Finanzierungen durch Bereitstellungen von Sicherheiten nachhaltig absenken, als dass die Bereitstellung von Finanzmittel dann tendenziell mit deutlich niedrigeren Zinskosten einhergeht. Die Wachstumsfinanzierungen in den in Abschn. 2.3 angeführten Mittelstandsegmenten der Regionalbörsen führten ab den Jahren 2011/2012 bei durchschnittlichen Bonitäten (Rating: BB) der Emittenten zu Kuponsätzen in Höhe von 6 bis 9 % für fünfjährige, endfällige Anleihen. Bereits die hohe Verzinsung verdeutlicht das höhere Ausfallrisiko der Emittenten in den Mittelstandsegmenten gegenüber Wohnungsunternehmen. Zur selben Zeit sanken sich in Deutschland die effektiven Zinssätze für grundpfandrechtlich besicherte Annuitätendarlehen mit zehnjähriger Zinsbindung für Firmenkunden von 4 % auf unter 2 % (siehe Abschn. 3.2).

- *Liquidität* wirkt diametral entgegengesetzt zur Rendite und dem Risiko. Ihr kommt auf zweierlei Weise eine nicht zu vernachlässigende Rolle im Management der Objekt- und Unternehmensfinanzierung zu:

  - *Zum einen* ist die *Perspektive der Nachfrage nach Finanzmitteln* zu betrachten. Demnach meint Liquidität „… die Fähigkeit eines Unternehmens, den laufenden Zahlungsverpflichtungen fristgerecht und betraggenau nachkommen zu können"[60] (= Liquiditätspostulat). Das Liquiditätsmanagement hat demnach zur Aufgabe, Bargeld und Kassenbestände mit Sichteinlagen mit folgenden zwei Zielen zu planen, steuern und kontrollieren:

    - Es dürfen *keine zu hohen Liquiditätsbestände* existieren. Als „zu hoch" sollen Bestände gelten, die betriebswirtschaftlich vermeidbar die Rendite des Gesamtunternehmens auf Grund nicht rentabel investierter Liquidität reduzieren.

---

[60] Jahrmann 2009, S. 9.

- Es dürfen *keine zu niedrigen Liquiditätsbestände* existieren. Als „zu niedrig" sollen Bestände gelten, die das Risiko der Zahlungsunfähigkeit eines Unternehmens auf Grund nicht ausreichend vorhandener Liquidität forcieren.
- *Zum anderen* verdeutlicht auch die *Perspektive der Finanzmittelgeber* eine besondere Bedeutung für die Kapitalkosten der Kapitalnachfrager: Denn wenn die Kapitalgeber in ihrerseits liquide Anlagen investieren, sinkt deren geforderte Risikoprämie. Aktien oder Anleihen, die an den Kapitalmärkten entsprechend zeitnah zu akzeptablen Preisen zu verkaufen sind, erfahren hier für die Emittenten einen Vorteil bei den Renditeanforderungen der Investoren.

Erläuterung

„Die Liquidität einer Kapitalanlage ist als Möglichkeit für den Anleger zu verstehen, bestehende Anlagen jederzeit zu fairen Preisen verkaufen zu können. Standardisierte Anlageformen, wie beispielsweise marktbreite Aktien oder Anleihen, besitzen durch ihre börsenmäßige Handelbarkeit ein hohes Maß an Liquidität. Demgegenüber sind nicht börsenfähig gehandelte Anlageformen, wie z. B. Immobilien oder Kunstgegenstände, nicht so rasch liquidierbar. Gleichwohl stellt die Aufnahme nicht börsenmäßig gehandelter Anlageobjekte in ein Anlegerportfolio nicht notwendigerweise einen Verstoß gegen Liquiditätsbedingungen dar, sofern das individuelle Anspruchsniveau des Anlegers in Bezug auf die Mindestliquidität seines Gesamtportfolios gewahrt bleibt. [...] Trotz der Notwendigkeit der Betrachtung des Liquiditätsaspekts kommt diesem nur der Grad einer Nebenbedingung zu. Rendite- und Risikoziele dominieren als Zielvorstellung des Anlegers, solange sichergestellt ist, dass ausreichende Portfolioliquidität im Sinn einer jederzeitigen Umwandlungsmöglichkeit von Kapitalanlagen in Geld gewährleistet ist."[61]

Auf diese Weise dient das Liquiditätsmanagement der Aufrechterhaltung des finanziellen Gleichgewichts, wie es Abb. 2.6 schematisiert: Gilt doch die langfristige Gewinnmaximierung als betriebswirtschaftliches Unternehmensziel unabhängig von Rechtsform und Branche. Die Finanzierungsplanung kann durch Minimierung der Kapitalkosten einen diesbezüglichen Beitrag leisten. Allerdings darf die Minimierung der Kapitalkosten nicht ohne Einhaltung des *Liquiditätspostulats* als *strikte Nebenbedingung* umgesetzt sein. Die unternehmerische Finanzplanung hat damit dauerhaft das *finanzielle Gleichgewicht* in der betriebswirtschaftlichen Gesamtausrichtung von Unternehmen zu berücksichtigen. Damit gemeint ist die Anforderung, dass Einzahlungen immer größer/gleich den Auszahlungen über alle noch so kleinen Planungsperioden sein sollen. Die Möglichkeit eines finanziellen Ungleichgewichts zeigt sich in den Risiken, dass tatsächliche Einzahlungen kleiner als die

---

[61] Steiner et al. 2012, S. 78.

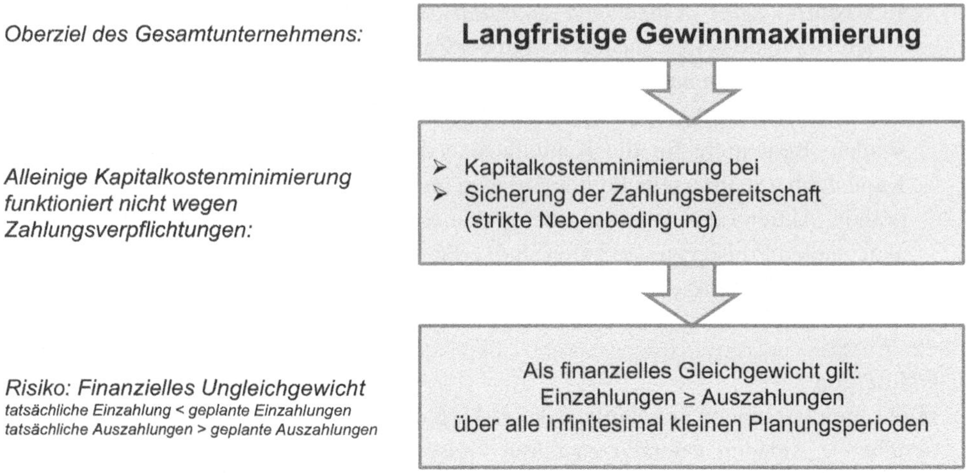

Oberziel des Gesamtunternehmens:
Langfristige Gewinnmaximierung

Alleinige Kapitalkostenminimierung funktioniert nicht wegen Zahlungsverpflichtungen:

➤ Kapitalkostenminimierung bei
➤ Sicherung der Zahlungsbereitschaft (strikte Nebenbedingung)

Risiko: Finanzielles Ungleichgewicht
tatsächliche Einzahlung < geplante Einzahlungen
tatsächliche Auszahlungen > geplante Auszahlungen

Als finanzielles Gleichgewicht gilt:
Einzahlungen ≥ Auszahlungen
über alle infinitesimal kleinen Planungsperioden

Abb. 2.6 Liquiditätsmanagement als Baustein der Finanzplanung. (Quelle: Eigene Darstellung auf inhaltlicher Basis von Wöhe et al. 2020, S. 523 f.)

geplanten Einzahlungen und/oder tatsächliche Auszahlungen größer als die geplanten Auszahlungen sein können. Das Liquiditätsmanagement eines Unternehmens muss diese Form des finanziellen Risikomanagements leisten (siehe Kap. 5).

Während Steiner et al. (2012) in ihrem *Wertpapiermanagement* ergänzend noch auf den Einfluss des Zeithorizonts hinweisen (siehe den „Zeit"-Hinweis in Abb. 2.5), wurde das magische Dreieck im Umfeld der *Finanzierung* bei der konzeptionellen Differenzierung von Eigenkapital und Fremdkapital um die Aspekte der Unabhängigkeit und den Unternehmenswert ergänzt. Von diesen unternehmensstrategischen Aspekten soll hier im Liquiditätsmanagement zunächst abstrahiert werden (siehe Kap. 5). An dieser Stelle sei stattdessen auf die zentralen Handlungsempfehlungen zum Liquiditätsmanagement hingewiesen: Überliquidität ist ebenso wie Unterliquidität zu verhindern, m. a. W. sind der Zinsverlust *und* das Insolvenzrisiko zu minimieren.[62]

2.5 Studie: Finanzierungsverhalten von Wohnungsgenossenschaften

Eine Marktstudie zum Bankenkreditmarkt identifizierte bereits Anfang 2012, dass die Kreditmargen (= Differenz von durchschnittlichem Kundenkreditzinssatz und durchschnittlichem Kundeneinlagenzinssatz) deutscher Kreditinstitute im zweiten Halbjahr 2011 im Wohnungsbaukreditgeschäft um 45 % *angestiegen* waren – im Kreditgeschäft mit Großunternehmen aber um nur 10 %. Die hiermit verbundene Diskrepanz bei Kredit-

---

[62] Vgl. Wöhe et al. 2020, S. 524.

Tab. 2.4 Fremdkapitalkostensätze[a)] von Wohnungsunternehmen von 2001 bis 2009. (Datenquelle: GdW 2011, S. 155)

	2001	2002	2003	2004	2005	2006	2007	2008	2009
Genossenschaften	4,8	4,8	4,7	4,6	4,5	4,4	4,3	4,3	4,2
Kapitalgesellschaften	4,7	4,7	4,6	4,5	4,3	4,2	4,0	4,1	3,8

[a)]Berechnung des Fremdkapitalkostensatzes (FKK):
FKK = Zinsen und ähnliche Aufwendungen für langfristiges Fremdkapital/langfristiges Fremdkapital

konditionen für die dezentrale Wohnungswirtschaft im Vergleich zu Großunternehmen wird damit erklärt, „dass Großunternehmen mit mehr Wissen über die Marktsituation und mehr Verhandlungsmacht in die Kreditgespräche mit den Instituten gingen".[63] Solche strukturellen Zinssatznachteile kleinerer Wohnungsunternehmen lassen sich auch *innerhalb* der Wohnungswirtschaft unterstellen.

So berichtet Tab. 2.4 über durchschnittliche Fremdkapitalkostensätze von Wohnungsunternehmen für die Jahre von 2001 bis 2009 differenziert nach Genossenschaften und Kapitalgesellschaften. Hierzu haben dem GdW (2011) 1792 Genossenschaften mit insgesamt 2.047.355 eigenen Bestandswohnungen und 899 Kapitalgesellschaften mit insgesamt 3.110.993 eigenen Bestandswohnungen berichtet.[64] Durchschnittlich verfügte eine Genossenschaft somit über lediglich 1142,5 und eine Kapitalgesellschaft stattdessen über 3460,5 eigene Bestandswohnungen. Letztlich waren Kapitalgesellschaften gemessen an ihren eigenen Bestandswohnungen dreimal so groß wie Genossenschaften. Dieser Größenunterschied kann in Anlehnung an Bauer (2012) ein Grund für die unterschiedlichen durchschnittlichen Fremdkapitalkostensätzen sein, wie sie Tab. 2.4 auflistet: Die größeren Kapitalgesellschaften konnten *zum einen* über das beobachtete Zeitfenster von 2001 bis zum Einsetzen weltwirtschaftlicher Verwerfungen samt der Niedrigzinsphase seit Ende 2008 stets Kapitalkostenvorteile generieren (siehe Abschn. 4.1). *Zum anderen* stieg dieser Vorteil von 0,1 Prozentpunkt im Jahr 2001 bis zum Jahr 2009 auf 0,4 Prozentpunkte an.

Die Marktstatistiken der Deutsche Bundesbank verdeutlichen diesen Sachverhalt auch in die Niedrigzinsphase hinein ab dem Jahr 2008. Allerdings differenziert die Zentralbank nicht nach der Größe von Unternehmen. Vielmehr werden im Rahmen der harmonisierten Zinsstatistik im Euro-Raum Volumen und Zinsbindungen der Kredite aggregiert betrachtet. Dabei ist durchaus zu unterstellen, dass Kredite jeweils mit einem Volumen bis 250 Tsd. Euro und über 1 Mio. Euro von Unternehmen unterschiedliche Größen nachgefragt werden. Hierbei zeigt sich für Deutschland ein signifikanter Konditionenunterschied:[65] Unternehmen mit Krediten von mehr als drei Monaten und bis zu einem Jahr Zinsbindung bis 250 Tsd. Euro finanzierten ihr Neugeschäft im April 2015 zu durchschnittlich 2,50 % p. a.; dagegen betrugen die Zinssätze für Kredite mit einem Volumen von über 1 Mio. Euro im selben Monat bei einer Zinsbindung wiederum bis zu einem Jahr lediglich 1,42 % p. a.

---

[63] Bauer 2012, S. 36; vgl. dort auch die Datenangaben dieses Absatzes.

[64] Vgl. die Datenquelle GdW 2011, S. 112.

[65] Vgl. die Datenquelle Deutsche Bundesbank 2015b.

Im Monatsbericht Mai 2015 der Deutsche Bundesbank heißt es in diesem Zusammenhang: „Dieser Zinsaufschlag ist vor allem durch Kreditkonditionen für Kleinstkredite getrieben und nimmt für alle betrachteten Größenklassen mit steigender Zinsbindungsfrist ab."[66] Neben (Ausfall-)Risikoaspekten gelten hier gleichberechtigt qualitative Begründungen wie die „Verhandlungsmacht des Kreditnehmers",[67] die mit der Unternehmensgröße aus vielen Gründen wohl anstiege, wie z. B. durch eigene Diversifizierungsmöglichkeiten bei Finanzierungen als auch den Versuch von Kreditinstituten, größere Unternehmen durch attraktive Konditionen zu werben bzw. halten, um Cross-Selling-Potenziale zu nutzen.

Im Rahmen einer eigenen empirischen Studie, über die Knüfermann (2013) berichtet, wird ein ähnliches Ergebnis für die deutsche Wohnungswirtschaft identifiziert. Wissen und Verhandlungsmacht für Kreditgespräche mit Banken und Sparkassen wird daher in dieser Einführung in die Finanzierungsmärkte gelehrt. Hierbei stehen im Weiteren vor allem Marktstrukturen im Analysefokus (siehe Kap. 3).

Empirische Studie zum Finanzierungsverhalten von Wohnungsgenossenschaften[68]
Die quantitative Bedeutung der Bankenkreditwirtschaft für die Volkswirtschaft lässt sich an Hand der Statistiken der Deutsche Bundesbank zur Finanzierungsrechnung belegen (siehe Abschn. 2.4). Ob die Bedeutung sich für die Wohnungs- und Immobilienwirtschaft nochmals erhöht, sollte eine eigene Forschungsstudie des Autors erläutern. Dazu wurde im Zeitraum 27. August 2012 bis 30. September 2012 eine Befragung von rund eintausend Wohnungsgenossenschaften (= 55,8 % der GdW-Genossenschaften) Deutschlands auf Basis eines Adressverteilers der EBZ Business School – *University of Applied Sciences* per E-Mail mit Anschreiben in der E-Mail und dem Fragebogen als einseitiges PDF-Dokument im Anhang durchgeführt; Rücksendungen erfolgten per Fax oder (selten) per E-Mail. Der Fragebogen beinhaltete überwiegend deskriptive Informationsanfragen. Die Anzahl auswertbarer Rückläufe betrug 52 Fragebögen (= 5,2 %). Eine Repräsentativität der Studie war auf Grund der äußerst geringen Fallzahl *keinesfalls* gegeben.

Die Respondenten der Studie stammen tendenziell aus größeren Wohnungsgenossenschaften. Wohnungsgenossenschaften an sich waren in der Studie ausschließlich fokussiert, um eine homogene Gruppe von Wohnungsunternehmen zu befragen. Während der Durchschnitt aller dem GdW berichtenden Wohnungsgenossenschaften nur auf eine Bestandswohnungszahl Ende 2010 in Höhe von 1143 kam, gaben die antwortenden Genossenschaften (allerdings für Ende 2011) einen Durchschnitt pro Haus von 3298 Wohnungen an; ähnlich verhielt es sich im Hinblick

---

[66] Deutsche Bundesbank 2015c, S. 44.

[67] Deutsche Bundesbank 2015c, S. 44.

[68] Vgl. den Abdruck der Studienergebnisse in Knüfermann 2013.

auf die Mitarbeiterzahlen mit den Durchschnitten in Höhe von 13 (GdW-Durch-schnitt, Ende 2010) und 36 (Studiendurchschnitt, Ende 2011).[69] Im Ergebnis konn-ten zunächst folgende **Strukturmerkmale zum Finanzierungsverhalten** *fest-gehalten* werden:

(1) Das Hausbankverhältnis dominierte deutlich (=96,2 %; N=52).

(2) Etwa zwei Drittel (=63,5 %) der Respondenten ließen sich zur Finanzierung ihres Unternehmens bereits durch eine Beratungsgesellschaft unterstützen (N=51).

(3) Fast alle Häuser (=98,1 %) führten zum Befragungszeitpunkt ein Zins-management durch (N=51). Ziel dessen war zumeist (=92,0 %) die Steuerung von Zinsänderungsrisiken (N=50); damit war gemeint, dass Kreditverträge i. d. R. eine geringere Laufzeit als ihre jeweilige Zinsbindungsdauer aufweisen. Bei einem Zinssatzanstieg käme es dann für die Nachfrager von Finanzmitteln zu Zinsänderungsrisiken bei Prolongationen, also bei der Fortschreibung von Zinssatzvereinbarungen im Rahmen tilgungsabhängiger Kreditlaufzeiten (siehe Abschn. 3.5).

(4) Zur Absicherung solcher Zinsänderungsrisiken aus Kreditnehmersicht hatte ein Großteil der antwortenden Wohnungsgenossenschaften (=83,7 %) Swaps ein-gesetzt (N=49); auch Forwards waren häufig (=65,3 %) ein Instrument zur Steuerung der Zinsänderungsrisiken (N=49). Futures wurden ausnahmslos nicht verwendet (N=47).

Um das Finanzierungsverhalten zu *erfassen*, wurde nach der Nutzung von Finanzierungsinstrumenten als Alternative zu Bankenkrediten gefragt:

(1) Eine Emission von Inhaberschuldverschreibungen als echte Alternative zur Bankenkreditfinanzierung wurde durch jede zehnte Wohnungsgenossenschaft (9,6 %) der teilnehmenden Häuser bereits durchgeführt (N=52).

(2) Leasing nutzte nahezu die Hälfte aller Respondenten (44,2 %), wobei Leasing in der Praxis Bankenkreditfinanzierungen primär ergänzt, aber nicht weitgehend/ gänzlich ersetzt (N=52).

(3) Factoring dagegen wurde von den antwortenden Wohnungsgenossenschaften gar nicht herangezogen (N=52).

(4) Ein Drittel der antwortenden Wohnungsgenossenschaften (30,8 %) hält ein zen-trales Kreditinstitut für sinnvoll (N=52).

---

[69] Eigene Berechnungen der GdW-Daten auf Basis von GdW 2011, S. 112 und 121.

In einem dritten Schritt wurde in der Finanzierungsstudie 2012 der Einfluss von institutionellen Charakteristika der Wohnungsgenossenschaft *analysiert*. Dazu wurden einfaktorielle Mittelwertvergleiche durchgeführt. Zu vergleichen galt es die Ausprägungen der Strukturmerkmale zum Finanzierungsverhalten im Hinblick auf folgende vier wohnungs- und finanzwirtschaftliche Grundmerkmale: (1) Bestandswohnungen Ende 2011, (2) geplanter Finanzierungsbedarf für 2012, (3) Anzahl der Kreditinstitute mit eigenen Geschäftsbeziehungen, (4) Prognose des zehnjährigen Realkreditzinssatz in 2020.

Im **Ergebnis der Studie** war deutlich ein konservatives Finanzierungsverhalten der Wohnungsgenossenschaften zu identifizieren: (1) Die Emission von Inhaberschuldverschreibungen ließ sich keinen Charakteristika von Wohnungsgenossenschaften zuordnen. (2) Leasing wurde von eher größeren Wohnungsgenossenschaften eingesetzt. (3) Ein Drittel der Teilnehmer befürwortet eine eigene Bank der Wohnungswirtschaft, eine solche Bank favorisieren Häuser mit geringerem Finanz-Know-how. (4) Größere Wohnungsgenossenschaften zeigten sich sehr beratungsaffin.

Die Studienergebnisse verleiten trotz kleiner Respondentenzahl zur Formulierung einiger Handlungsempfehlungen für die Wohnungswirtschaft. Wesentliche Alternativen zu Bankenkrediten besaßen bei den teilnehmenden Häusern nämlich nur eine geringe bis gar keine Marktbedeutung. Stattdessen war ein großer Anteil der Genossenschaften sehr beratungsaffin und/oder stufte eine eigene *Bank für die Wohnungswirtschaft* als sinnvoll ein. Insgesamt konnte die eigene Studie (trotz durchschnittlich 4,8 Mio. Euro Finanzierungsbedarf in 2012) keine ausgeprägte Finanzkompetenz der Teilnehmer feststellen. 40,0 % (= 20) der Teilnehmer (N = 50) waren interessiert an finanzierungsspezifischen Weiterbildungsangeboten. Das Finanz-Know how in der Branche ist daher zu verbessern! Als Empfehlung …

- sind **Bankenkredit*alternativen*** bekannter zu machen;
- ist die **Gründung einer Wohnungswirtschaftsbank** zu diskutieren (siehe Kap. 6);
- sind **Weiterbildungsangebote** in der Finanzierung zu stärken.

2.6 Grundzüge der Investitionsrechnung

Investitionen meinen zweckgebundene Auszahlungen mit der Erwartung, dass sie zukünftig zu höheren Einzahlungen führen werden. Die Bereitstellung monetärer Mittel für die Auszahlungen heißt Finanzierung. Beide betriebliche Funktionen, Investition und Finanzierung, sind eng miteinander verknüpft. So bestimmt z. B. die Finanzierung mit über den finanziellen Erfolg der Investition. Es macht daher Sinn in diesem Buch über

Finanzierungsmärkte die Grundzüge der Investitionsrechnung vorzustellen. Zu genaueren Übung mit Beispielen sei jedoch auf die vielfältigst vorliegende Literatur verwiesen, z. B. Knüfermann et al. (2022) oder Däumler et al. (2019).

Die Investitionsrechnung liefert Entscheidungsgrundlagen für Investitionsprozesse. Genauer: Investorenziel ist die Konsumeinkommensmaximierung. Dazu liefert die Investitionsrechnung für den Nutzen aus der Einkommensmaximierung die ihn bestimmenden und quantifizierenden Faktoren als Entscheidungsgrundlage. Der Investitionsnutzen wird bestimmt durch:

- Höhe des Einkommens;
- Zeitraum, in dem das Einkommen erwirtschaftet wird;
- Wahrscheinlichkeit.

Die *Traditionelle Betriebswirtschaftslehre (BWL)* bildet die Entscheidungsgrundlagen mit Begriffen der Kostenrechnung ab, wie vor allem Gewinn und Rentabilität (statische Methoden). Dagegen bildet die *Moderne BWL* die Entscheidungsgrundlagen auf Basis von Zeitpräferenzen der Wirtschaftssubjekte ab und berücksichtigt Ein- und Auszahlungen (=Cash flows), weil nur diese dem tatsächlichen Konsum zugeordnet werden können. Zeitpräferenzen des Konsums unterscheiden sich je Wirtschaftssubjekt, sodass Geld- und Kapitalmärkte sowie die Zinsen entstehen.

In der BWL werden *drei Investitionsbegriffe* unterschieden:

- *Finanzwirtschaftlicher* Investitionsbegriff: Beschäftigung mit der primären Zielsetzung der Investitionsrechnung auf Basis von Cash flows.
- *Vermögenswirtschaftlicher* Investitionsbegriff: Beschäftigung mit der Umwandlung von Kapital in (Anlage- und Umlauf-)Vermögen.
- *Leistungswirtschaftlicher* Investitionsbegriff: Beschäftigung mit der optimalen Kombination materieller Anlagegüter (Fokus ist der Leistungserstellungsprozess).

Zu unterscheiden ist der Investitionsbegriff aus volkswirtschaftlicher Perspektive. Hierunter ist der wertschöpfende Einsatz/Verbrauch von Finanzmitteln zur Erstellung von Vermögensgegenständen gemeint. Dagegen ist Konsum ein vernichtender Verbrauch; der Verkauf bzw. Kauf von bestehenden Vermögensgegenständen ist dagegen lediglich ein Anlageprozess bzw. eine Vermögensumschichtung auf Basis eines Handelsprozesse.

Die Investitionsrechnung unterscheidet *zwei Rechenverfahren bzw. -methoden*, und zwar (1) statische und (2) dynamische Verfahren:

(1) *Statische* Verfahren (zwar mit periodischen Kapitalkosten, aber ohne Zinseszinseffekte): Sie liefern einfache vergleichende Kennzahlenanalysen im Hinblick auf die Kosten, Gewinne, Rentabilitäten und der Amortisationsdauer zweier oder mehrerer Investitionsoptionen. Mit Ausnahme der Amortisationszeit basieren diese Kennzahlenvergleiche auf einer Betrachtungsperiode. Vorteilhaftigkeiten ergeben sich für

jene Investitionen, welche die geringsten Kosten veranschlagen, den größten Gewinn (=Erlöse minus Kosten) erwirtschaftet, die höchste Rentabilität (=Gewinn dividiert durch das eingesetzte Kapital) ausweist oder die geringste Amortisationsdauer (=Zeitperioden ohne positive Einzahlungsüberschüsse) veranschlagen. Solche Kennzahlenvergleiche sind Überschlagsrechnungen und dienen in der Praxis zur finanziellen Orientierung. Für letztendliche Investitionsentscheidungen taugen sie allerdings wegen ihrer definitorischen Ungenauigkeiten nicht.

(2) *Dynamische* Verfahren (mit Zinseszinseffekten durch Beachtung von Zeitpräferenzen): Sie sind mehrperiodisch angelegt und basieren auf der Diskontierung erwarteter Cash flows (=Einzahlungen minus Auszahlungen) aus der Investitionsoption. Die Verfahren basieren auf dem Opportunitätskonzept und vergleichen die erwarteten Einzahlungssalden mit optimalen, risikoadäquaten Alternativanlagen. Dazu werden die zukünftigen Cash flows diskontiert, d. h. durch eine Zinseszinsverrechnung dividiert und somit für den einheitlichen Zeitpunkt t im Jetzt bzw. in der Periode Null t_0 vergleichbar gemacht. Ein Diskontierungsfaktor bzw. Abzinsungsfaktor ist entsprechend der Kehrwert des Aufzinsungsfaktors:

$$\frac{1}{\left(1+i\right)^{t}}$$

Es gilt : i = Nominalzinssatz; t = Zeitperiode.

Unterschieden werden Kapitalwertverfahren (Kapitalwert=Summe aller Barwerte des Cash flow abzüglich der Anschaffungsauszahlung), Verfahren des Internen Zinsfußes (=Diskontierungszinsfuß, der einen Kapitalwert in Höhe von Null bestimmt), die Annuitätenmethode (=Diskontierung des Cash flow zu jeweils gleichgroße Barwerten der jeweiligen Periodenenden) und das dynamische Amortisationsverfahren (=Berechnung der exakten Periodenzeit bei einem Kapitalwert in Höhe von Null). Alle drei Verfahren basieren auf der Annahme effizienter Märkte und unterstellen einen periodenunabhängig konstanten Marktzinssatz. Die Interne Zinsfußmethode lässt sich über den Strahlensatz der Geometrie (=die Verhältnisse der Ankatheten zweier jeweils rechtwinkliger Dreiecke sind gleich groß) annäherungsweise lösen (=lineare Interpolation). Möglich ist auch die Berechnung über die Funktionen in Analogie zum Dynamischen Amortisationsverfahren.

Kapitalwertverfahren und das Interne Zinsfuß-Verfahren besitzen in der betrieblichen Investitionsrechnung von Wohnungs- und Immobilienunternehmen inzwischen eine zunehmende Bedeutung. Dagegen findet die modernere Barwertkonzeption des Discounted Cash flow (DCF)-Verfahrens bislang kaum Anwendung (allerdings in der Immobilienbewertung sehr wohl). In der Wohnungswirtschaft speziell wird jedoch mehrheitlich das Endwertmodell des Vollständigen Finanzplans (VoFi) herangezogen.[70]

---

[70] Siehe für eine VoFi-Beispielrechnung Knüfermann et al. S. 386–388.

Tab. 2.5 Beispiel-Cash flow für eine Wohnimmobilie p. a. samt Barwerte

Periode	Zahlungsstrom (in Tsd. Euro)	Barwerte (in Tsd. Euro)	Kumulierte Barwerte (in Tsd. Euro)
t_0	-2.000,00	-2.000,00	-2000,00
t_1	+85,00	+78,70	-1921,30
t_2	+50,00	+42,87	-1878,43
t_3	+60,00	+47,63	-1830,80
t_4	+3.000,00	+1.984,58	153,78
PV	+2.153,78		
NPV		+153,78	

Ebenfalls besitzt das immobilienwirtschaftliche Kennzahlenkonzept des Net Asset Value (NAV) sowie die beiden Kapitalmarktmodelle der Portfoliotheorie und des Capital Asset Pricing Model (CAPM) eine Praxisrelevanz.

Nachfolgendes Beispiel demonstriert die dynamischen Rechenverfahren: Als Investitionsoption gilt der Erwerb eines Wohnhauses mit acht Mietparteien, das direkt modernisiert werden muss, sodass sich kein kontinuierlicher Zahlungsstrom ergibt. Der Plan ist ein Immobilienerwerb, die Modernisierungen und ein Verkauf nach vier Jahren. Modernisierungen und Kapitalkosten werden aus den Einzahlungen finanziert. Folgende Cash flows (= Einzahlungen − Auszahlungen) lassen sich prognostizieren (siehe Tab. 2.5):

Auf Basis des geltenden Marktzinsniveaus, der individuellen Risikoeinstufung, dem Vergleich zu risikoarmen Alternativanlagen sowie des eigenen Gewinnaufschlags ist ein Diskontierungszinssatz in Höhe von 8 % kalkuliert. Das Kapitalwertverfahren kommt zu folgendem Ergebnis:

Kumulierte Barwerte (Present Value/PV) = 2.153,78
Kapitalwert (Net Present Value/NPV) = -2.000,00 +2.153,78 = 153,78

Entscheidung Der positive Kapitalwert (KW) impliziert eine positive Verzinsung des eingesetzten Kapitals und lässt die Investition attraktiv erscheinen.

Der Kapitalbedarf in Höhe von 2000,00 Tsd. Euro soll zu 100 % fremdfinanziert werden bei einem Marktzinssatz in Höhe von 4 %. Der Annuitätenfaktor zur Bestimmung des periodisierten Barwerts je Periode über die Gesamtlaufzeit n lautet (siehe Abschn. 3.5):

$$\frac{i \times (1+i)^n}{(1+i)^n - 1}$$

Werden Zinssatz i und Periodenanzahl n in den Annuitätenfaktor eingesetzt sowie dieser mit dem Kapitalbedarf multipliziert, ergibt sich ein jährlicher Kapitaldienst in Höhe von 550,98 Tsd. Euro wie folgt:

$$Annuit\ddot{a}t = 2000 \times \frac{0,04 \times (1+0,04)^4}{(1+0,04)^4 - 1} = 550,98$$

Der positive Kapitalwert hat bereits auf eine positive Verzinsung des eingesetzten Kapitals hingewiesen. Auf Basis der Internen Zinsfuß-Methode lässt sich die Verzinsung der Investition konkret berechnen. Dazu sind zwei Zinssätze zu wählen, die einen positiven und einen negativen Kapitalwert nahe Null implizieren. Nach dem Strahlensatz der Geometrie, der auf dem Vergleich zweier ähnlicher Dreiecke fußt, gilt folgende Relation für den Vergleich von entsprechenden Seiten ähnlicher Dreiecke:

$$\frac{KW_0 - KW_1}{i^* - i_1} = \frac{KW_2 - KW_1}{i_2 - i_1}, \text{mit } KW_0 = 0.$$

Die Gleichung besagt: Die Verhältnisse jeweils der vertikalen Kathete zur horizontalen Kathete beim kleinen und beim großen Dreieck sind gleich. Nun setzt man $KW_0 = 0$ und löst die Gleichung nach i^* auf. Es ergibt sich die Gleichung:

$$i^* = i_1 - KW_1 \times \frac{i_2 - i_1}{KW_2 - KW_1}$$

Für den genannten Zahlungsstrom gelten bei einem Zinsfuß in Höhe von 10 % der Kapitalwert in Höhe von 7,81 Tsd. Euro sowie von 11 % lediglich -60,4 Tsd. Euro. Durch Einsetzen der Zinssätze i_t und Kapitalwerte KW_t ergibt sich eine Projektrendite i^* in Höhe von 10,1 %:

$$i^* = 0,10 - 7,81 \frac{0,11 - 0,10}{-60,4 - 7,81} = 0,101 = 10,1\%$$

Abschließend bleibt der Zeitraum zu prüfen, bis sich die Investition amortisiert hat. Hierzu dient die dynamische Amortisationsrechnung. „Als Amortisationszeitpunkt gilt […] der Zeitraum, innerhalb dessen das eingesetzte Kapital zuzüglich einer Verzinsung in Höhe des Kalkulationszinsfußes durch die Rückflüsse gerade wiedergewonnen wird. Dies ist in dem Zeitpunkt der Fall, in dem der Gegenwartswert der auf- bzw. abgezinsten Zahlungsreihe gerade den Wert Null annimmt."[71]

---

[71] *Perridon et al. 2017, S. 51.*

Die Kumulation der Barwerte aus dem Beispiel zur Kapitalwertmethode (siehe Tab. 2.5) lässt sich als Funktion des Kapitalwerts in Abhängigkeit von der Zeitperiode darstellen (siehe Abb. 2.7). Zur Feststellung des Amortisationszeitpunkts ist der konkrete Perioden-wert zu bestimmen, wenn der Kapitalwert genau Null beträgt.[72]

Die kumulierten Barwerte in Tab. 2.5 sowie Abb. 2.7 verdeutlichen, dass der Kapital-wert zwischen der Periode 3 und 4 Null beträgt. Bei der fett gedruckten Strecke der Kapitalwertkurve für die Perioden 3 und 4 handelt es sich um eine lineare Kurve in der Grundform: $y = a + bx$. Dabei gilt:

$$y = Kapitalwert\left(KW\right) und$$

$$x = Periode\left(t\right), so\, dass\, es\, heißt:$$

$$KW = a + bt.$$

Zwei Koordinaten sind als (x/y)-Kombinationen bzw. (KW/t)-Kombinationen der Funktion bekannt, und zwar $(3/-1.830,80)$ und $(4/153,78)$. Somit können zwei Funktionsvariationen derselben Funktion gebildet werden:

$-1.830,80 = a + b3$ und $153,78 = a + b4$. Beide Funktionen sind nach a umzustellen:

$a = -1.830,80 - b3$ und $a = 153,78 - b4$ sowie gleichzusetzen und nach b aufzulösen:

$$-1.830,80 - b3 = 153,78 - b4 \Rightarrow b = 1.984,58$$

b ist in die Gleichungen einzusetzen, um a zu berechnen:

$a = -1.830,80 - 1.984,58 \times 3 = -7.784,54$ und
$a = 153,78 - 1.984,58 \times 4 = -7.784.54$.

Somit ist für die Teilkurve zwischen den Perioden 3 und 4 die Funktion bestimmt als:

$$KW = -7.784.54 + 1.984,58t$$

Gefragt ist t für $KW = 0$, so dass gilt:

$$\Rightarrow 0 = -7.784.54 + 1.984,58t \Rightarrow t = 3,92$$

Ergebnis: Exakt in der Periode 3,92 (entspricht fast 4 Jahre) beträgt der Kapitalwert Null, so dass die Investition amortisiert ist. Dieser späte Zeitpunkt ist natürlich Konsequenz aus der Investitionsstruktur mit einem Verkauf zum Projektabschluss.

Anzumerken bleibt, dass die Interne-Zinsfuß-Methode auch über die hier vorgestellte Funktionen-Lösung und die dynamische Amortisationsmethode ebenfalls über die zuvor erläuterte Strahlensatz-Lösung durchgeführt werden kann.

---

[72] Vgl. zur grundlegenden Herleitung Gerke/Bank 2003, S. 136.

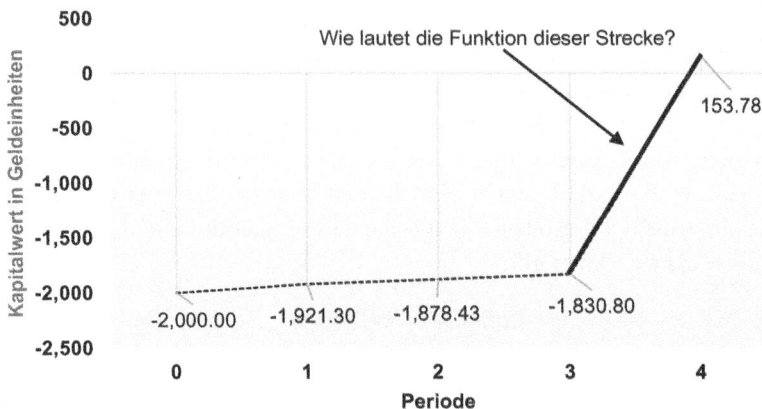

Abb. 2.7 Kapitalwertkurve zum Beispiel aus Tab. 2.5 zur Berechnung des Amortisationszeitpunks

2.7   Übungsaufgaben zu Kap. 2

Nachfolgende Aufgaben forcieren die Reflexion zum Einführungskapitel in die Finanzierungsmärkte. *Einerseits* fordern sie Sie auf, Grundzüge der Thematik zusammenzufassen, *andererseits* nötigen sie zur Recherche von Marktentwicklungen. Hierzu dienen die im Text herangezogenen Quellen als Anhaltspunkte.

Aufgabe 2.1

Beschreiben Sie das jeweilige Wesen der im Markt für Außenfinanzierung relevantesten Instrumente der eigenkapital- und fremdkapitalbezogenen Unternehmensfinanzierung! Beschreiben Sie stichpunktartig, kurz, präzise sowie nur die in der Aufgabenstellung fokussierten Instrumente! ◄

Aufgabe 2.2

Erläutern Sie die Begriffe *Bruttokapitalbedarf* und *Nettokapitalbedarf* bzw. explizit deren Unterschiede! ◄

Aufgabe 2.3

Abstrahieren Sie einen Modellfall, in welchem Eigenkapital- und Fremdkapitalgeber c. p. tendenziell unterschiedliche Rendite für ihre Kapitalüberlassungen erwarten. Welche Investorengruppe fordert tendenziell höhere Renditen? (1) Erläutern Sie Ihre Antwort! (2) Unter welchen Bedingungen werden Kapitalgeber bereits sein, ihre Renditeanforderungen abzuschwächen? ◄

Aufgabe 2.4

Warum gilt die Finanzierungsstabilität als wichtige Anforderung an eine „gute" Banken-kreditfinanzierung? Erläutern Sie Möglichkeiten, aus Sicht eines wohnungs- und im-mobilienwirtschaftlichen Unternehmens auf die Finanzierungsstabilität zu achten! ◄

Aufgabe 2.5

Beschreiben Sie die Entwicklungen der Außenfinanzierungen in Deutschland für das 21. Jahrhundert! Erläutern Sie die Entwicklungen im Hinblick auf makroökonomische Zusammenhänge! ◄

Literaturhinweise zu Kap. 2

Allgemeine Einführungen in die betriebliche Finanzierung bieten Schierenbeck/Wöhle (2012) und Wöhe et al. (2020) mit den jeweiligen Finanzierungskapiteln. Dort finden sich branchenunabhängige Grundlagen der Finanzierungsplanung und zum Liquidi-tätsmanagement. Diese Bücher der Allgemeinen Betriebswirtschaftslehre bestechen durch ihre inneren Bezüge zu allen betriebswirtschaftlich relevanten Themen, also über Finanzierung hinaus (z. B. Bilanzierung). Dagegen erläutern sie nahezu keine Markt-perspektiven und vermitteln keine Marktentwicklungen. Diesbezüglich eignen sich verstärkt periodische Publikationen und Einzelanalysen der Deutsche Bundesbank (z. B. Beiträge der Monatsberichte) sowie Lehrbücher, die darauf aufbauen, z. B. Gi-scher et al. (2020). Grundlagen der Investitionsrechnung liefern Däumler et al. (2019). Investitionsrechnung mit einem direkten Bezug zur Wohnungs- und Immobilienwirt-schaft liefern Knüfermann et al. (2022).

- **Däumler, K.-P./Grabe, J./Meinzer, C. R. (2019):** Investitionsrechnung verstehen, 14. Auflage. Herne: NWB.
- **Deutsche Bundesbank**; siehe zu periodischen Publikationen und Einzelanalysen die URL: „http://www.bundesbank.de/Navigation/DE/Veroeffentlichungen/veroef-fentlichungen.html".
- **Gischer, H./Herz, B./Menkhoff, L. (2020):** Geld, Kredit und Banken, 4. Auflage. Berlin: Springer Gabler.
- **Knüfermann, M./Keich, R./Piana, A. (2022):** Investitionsüberlegungen und Finanzierungsmärkte für die Wohnungs- und Immobilienwirtschaft. In: Kamis, A. (Hrsg.): *Grundlagen der Wohnungs- und Immobilienwirtschaft*. München: Vah-len; S. 377–412.
- **Schierenbeck, H./Wöhle, C. B. (2012):** Grundzüge der Betriebswirtschaftslehre, 18. Auflage. München: Oldenbourg.
- **Wöhe, G./Döring, U./Brösel, G. (2020):** Einführung in die Allgemeine Betriebs-wirtschaftslehre. 27. Auflage. München: Vahlen. ◄

Management von Bankenmarktfinanzierungen

3

Zusammenfassung

Objekt- und Unternehmensfinanzierung innerhalb der Wohnungs- und Immobilienwirtschaft fußt quantitativ betrachtet signifikant auf der Bankenkreditfinanzierung trotz erheblicher Veränderungen innerhalb der Finanzierungsmärkte (siehe Abschn. 2.3). Aus Sicht eines wohnungs- und immobilienwirtschaftlichen Unternehmens stellt sich daher die Frage nach dem Management von Bankenmarktfinanzierungen. Der Begriff Management wurde bereits im Liquiditätszusammenhang (siehe Abschn. 2.4) angeführt und mit der funktionellen Ausrichtung von Planung, Steuerung (auch: Organisation und Führung) und Kontrolle gleichgesetzt: Auf Grund des explizit nicht ausgegrenzten Führungsbausteins innerhalb des Managements wird der Begriff auch mit der professionellen Leitung ressourcenbasierter Systeme gleichgesetzt. In dem hier vorliegenden Buch meint das Management von Bankenmarktfinanzierungen allerdings keine Personalführungskonzeptionen. Vielmehr liegt der Schwerpunkt des Buchs auf einer Einführung in die Märkte für Finanzierungen. Aus diesem Grund sind die Strukturen der Märkte (Abschn. 3.1, 3.2, 3.3) ebenso wie die Ausgestaltungen der Bankenmarktfinanzierungen (Abschn. 3.4, 3.5, 3.6, 3.7, 3.8) mit Bezug zur Wohnungs- und Immobilienwirtschaft nachfolgende Analysegegenstände: Abschn. 3.1 erörtert den Bankenwettbewerb in Deutschland, um ein Verständnis von institutionellen Unterschieden zwischen Sparkassen und privatrechtlichen Kreditinstituten sowie unter anderem den Förderbanken aufzubauen. In Abschn. 3.2 werden den Institutsgruppen Marktanteile im Firmenkundengeschäft mit der Wohnungs- und Immobilienwirtschaft zugeordnet. Regulierungsthemen fokussiert Abschn. 3.3, um das Verhalten von Kreditinstituten besser einschätzen zu können z. B. im Hinblick auf Produktionskosten des Darlehens. Weitere Einflussfaktoren der Kreditentscheidung fasst Abschn. 3.4 zusammen, sodass in Abschn. 3.5 die Innenperspektive eines Kreditinstituts bezüglich der Darlehenskalkulation vorgestellt wird. Hinweise auf Besonderheiten der Finanzierung von Bauträgern und Projektentwicklern liefert Abschn. 3.6.

© Springer Fachmedien Wiesbaden GmbH, ein Teil von Springer Nature 2023   63
M. Knüfermann, *Märkte der langfristigen Fremdfinanzierung*,
https://doi.org/10.1007/978-3-658-37715-1_3

Erläuterungen zu Förderkrediten und Angeboten z. B. von Versicherungen und Bausparkassen runden die Thematik mit den Abschn. 3.7 und 3.8 ab. Der Abschluss mit Übungsaufgaben erfolgt in Abschn. 3.9.

3.1   Struktur des deutschen Bankenwesens

Die deutsche Bankenkreditwirtschaft war bis zur Mitte der 1990er-Jahre durch drei Marktcharakteristika geprägt, nämlich (1) Gruppenwettbewerb, (2) kaum Auslandsbanken und (3) kontaktbezogener Vertrieb via Filiale im Retail-Banking (= Bankgeschäfte mit Privatkunden und den Privatkunden im Nachfrageverhalten ähnlichen, weil kleinen Firmenkunden) bzw. persönliche mobile Kundenbetreuung im Individualkundengeschäft (= vermögende Privatkunden und größere Firmenkunden):

- *Gruppenwettbewerb:* Mit dem heute noch gültigen Gruppenwettbewerb in der (Retail-)
  Kreditwirtschaft ist der Wettbewerb von Verbundgruppen gemeint. Dabei wird unterschieden in (a) private Kreditbanken, (b) öffentliche Sparkassen und (c) Kreditgenossenschaften. Diese drei Gruppen rekrutieren sich aus ihrer Rechtsformabhängigkeit. Ihre jeweiligen Marktanteile lassen sich an Bilanzpositionen wie den Spareinlagen mit dreimonatiger Kündigungsfrist messen. Dieses Einlagenprodukt ist im Retail-Banking die refinanzierungsseitige Basis der Fristentransformation (siehe Abschn. 1.2) durch Kreditinstitute. Weil das Retail-Banking für die Finanzierung innerhalb der dezentralen Wohnungs- und Immobilienwirtschaft von besonderer Relevanz ist (siehe Abschn. 3.2), macht es Sinn, die Bankenmarktstruktur an Hand der Spareinlagenvolumina je Bankengruppe zu analysieren.

  Als Marktführerin bei den Spareinlagen mit dreimonatiger Kündigungsfrist lässt sich über die Historie der Bundesrepublik Deutschland hinweg die Sparkassengruppe identifizieren (siehe Abb. 3.1). Großbanken sowie Regionalbanken lassen sich rechtsformbezogen zu *(private) Kreditbanken* zusammenfassen. Werden die öffentlichen Sparkassen und Kreditgenossenschaften im Marktanteilsvergleich zum Retail-Banking gegenübergestellt, ergibt sich die in Abb. 3.1 visualisierte Wettbewerbssituation für April 2023 in Deutschland: Öffentliche Sparkassen waren mit einem Marktanteil in Höhe von 50,0 % führend. Ihnen folgten Kreditgenossenschaften mit 33,3 % sowie Kreditbanken mit 16,7 %.

- *Auslandsbanken:* In der Bundesrepublik Deutschland herrschte bis in die 1990er-Jahre eine im internationalen Vergleich führende Bankstellendichte (bezogen auf die Kreditinstitutsanzahl und Filialzahlen) vor. Bisweilen wurde sie als ineffizient und Deutschland als overbanked bezeichnet.[1] Doch seit Einführung des World Wide Web (WWW) als Massenkommunikationsplattform im Internet zur Mitte der 1990er sowie der damit verbundenen Einführung des Internet-Banking reduzierten Kreditinstitute in Deutschland (inkl. Deutsche Postbank AG) ihre Zweigstellen signifikant von 63,2 Tsd. Ende Jahr 1997 auf 21,7 Tsd. Ende 2021. Werden sogar alle Bankstellen Deutschlands be-

---

[1] Vgl. z. B. Schäfers 2008, S. 91.

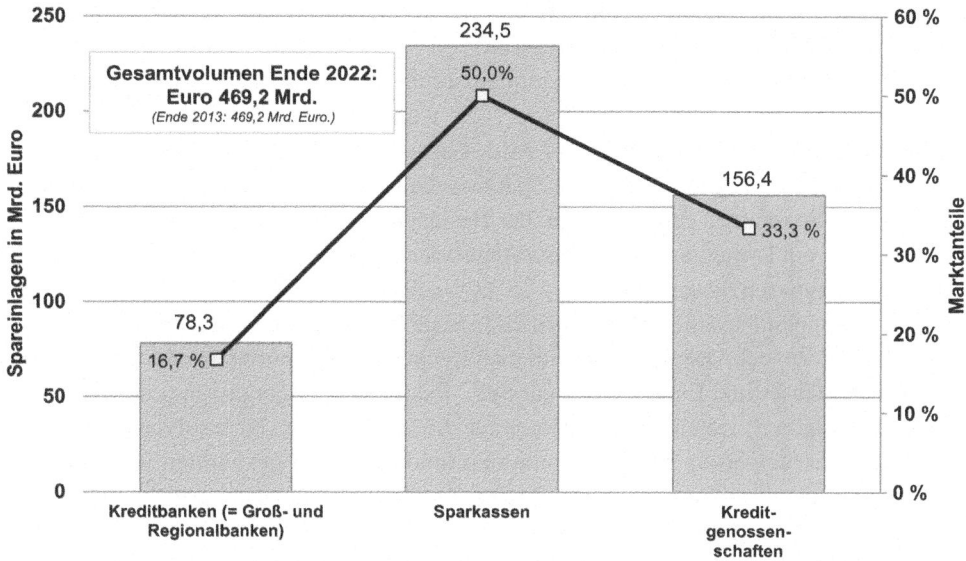

a) 135 Kreditbanken (= 3 Großbanken,132 Regionalbanken), 358 Öffentliche Sparkassen, 733 Kreditgenossenschaften.

Abb. 3.1 Marktanteile der deutschen Retail-Bankengruppen[a)] bei Spareinlagen mit dreimonatiger Kündigungsfrist für April 2023. (Datenquelle: Deutsche Bundesbank 2023; eigene Berechnungen)

trachtet, auch Hauptstellen inklusiv jener Institutionen, die nicht vollständig nach § 1, Abs. 1 KWG lizensiert waren, wie z. B. jene von Wohnungsunternehmen mit Spareinrichtungen, dann betrug ihre Anzahl Ende 2013 auch nur noch 23,2 Tsd.[2]

Diese lange Jahre vorherrschende Bankstellen- bzw. Filialdichte erschwerte zunächst den Markteintritt ausländischer Kreditinstitute auf Grund hoher notwendiger Fixkosten zur Errichtung eines wettbewerbsfähigen Filialsystems. Erst durch den Einzug elektronischer Vertriebswege in das Retail-Banking kam es verstärkt zu Markteintritten: Die Anzahl an Auslandsbanken in Deutschland wuchs daher von 105 Ende 1985 zunächst auf 140 im April 2023.[3] Für das Individualkundengeschäft ist diese Entwicklung allerdings eher unerheblich, schließlich zeichnet es sich gerade durch nicht-standardisierte kontaktbezogene Beratungsleistungen aus.

• *Kontaktbezogener Vertrieb:* Der nachhaltige Einzug des Internet-Banking zur Substitution des persönlich-kontaktbezogenen Vertriebs in Kreditinstituten startete in Deutschland erst im Jahr 1995. Damals wurden erst 1,4 Mio. Privatkundenkonten via Internet geführt.[4] Ende 2021 waren dagegen bereits 82 Mio. (von insgesamt 104 Mio. bzw. 72 %) aller in Deutschland geführten Girokonten zur Führung via Internet-Banking freigeschaltet.[5]

---

[2] Vgl. die Datenquelle Deutsche Bundesbank 2023.

[3] Siehe weiter unten im Kapitel.

[4] Vgl. ausführlich Knüfermann 2003, S. 31–34.

[5] Vgl. die Datenquelle Deutsche Bundesbank 2012c, ohne Seitenangabe (Tab. 4, PDF-Seite 4) und 2023.

Zur öffentlichen Rechtsform der Sparkassen[6]

Der deutsche Markt für Wohnungsbaufinanzierungen war aus Sicht der Wohnungs- und Immobilienunternehmen bis Ende 2021 wundervoll: Niedrige Zinssätze und viele Anbieter. Er umfasste über 477 Mrd. Euro, davon fielen etwa 380 Mrd. Euro auf die privaten Kreditbanken sowie Sparkassen und Kreditgenossenschaften. Hiervon halten Sparkassen fast die Hälfte der Bestände, Kreditgenossenschaften etwas weniger als ein Drittel und private Kreditbanken etwas weniger als ein Viertel. Sparkassen dominieren diesen Markt.

In Deutschland existierten im April 2023 noch 358 Sparkassen, davon fast alle in der Rechtsform der Anstalt des öffentlichen Rechts. Zur Jahrtausendwende waren es noch 578 Häuser und Ende 1948 sogar 887.[7] Fusionen bei Sparkassen (und Kreditgenossenschaften) zielen unter anderem auf die Vermeidung von Insolvenzen, aber auch auf die Steigerung von Bilanzsummen (und den daran geknüpften Vorstandsgehältern). Insofern kommen „Schieflagen" von Sparkassen (wie auch von Kreditgenossenschaften) kaum in die Medien.

Die Wirtschaftstageszeitung Handelsblatt hatte Anfang August 2012 den Sparkassensektor in einer „Liebeserklärung" sehr einseitig analysiert: Sparkassen seien Garanten des deutschen Finanzmarkts, deren Geschäftsstrukturen im Unterschied zu Großbanken in Ordnung wären („Deutschland, deine Sparkassen", im Handelsblatt vom 03.–05. Aug. 2012, Nr. 149, S. 52–59). Hierbei wurden meines Erachtens aber Unternehmenszweck und Marktergebnis fälschlich interpretiert.

Der Unternehmenszweck *öffentlich-rechtlicher* Sparkassen ist die Erfüllung des „Öffentlichen Auftrags" (vgl. § 2 SpkG NRW).[8] Dessen Erfüllung ist jedoch fraglich, weil der dazu notwendige Daseinsvorsorgebedarf innerhalb der Trägerregionen von Sparkassen nicht mehr uneingeschränkt existiert. So sind Sparkassen (im Internet-Zeitalter) kaum notwendig, um die Bevölkerung (vor allem in Ballungszentren) mit Bankdienstleistungen zu versorgen. Sogar der Bundesgerichtshof leitete schon vor 30 Jahren die Tätigkeit der Sparkassen aus der Staatsgewalt ab, als dass sie staatlichen Zwecken diene, sie also öffentliche Verwaltung sei und ordnete diese der staatlichen Daseinsvorsorge zu (vgl. BGH, Urteil vom 10.03.1983; siehe den Link zu BGH-Urteilen in Abschn. 3.3.1).

Es gibt eine Vielzahl von Analysen der Gesetzeslage auf Basis unserer Verfassung, insbesondere zu Art. 20, 28 Grundgesetz, dem Kartellrecht und dem EU-Vertrag (vor allem Art. 108), deren Ergebnisse bereits die Abschaffung von Gewährträgerhaftung und Anstaltslast als wettbewerbsverzerrende Privilegien öffentlicher

---

[6] Aktualisierte Form von Knüfermann 2012b.

[7] Vgl. die Datenquelle Deutsche Bundesbank 2015b.

[8] Sparkassenrecht ist Länderrecht, hier wird daher das Sparkassengesetz (SpkG) von Nordrhein-Westfalen nur exemplarisch herangezogen.

Kreditinstitute forciert haben.[9] Alles in allem darf die Existenzberechtigung öffentlicher Unternehmen, wie kommunale Sparkassen es sind, auch nicht allein auf ihre Wettbewerbsfunktion abstellen. Allein „ein Gegenbild zu den großen privaten Instituten" (Handelsblatt, s. o.) zu sein, ist keine Begründung der öffentlichen Rechtsform (es fordert – bislang – auch niemand öffentliche Hotels als Gegenbild zu Hilton & Co.).

Wenn Sparkassen im Sinn ihres Öffentlichen Auftrags keine nachhaltige Erfüllung leisten, forcieren sie negative Wettbewerbsverzerrungen für die Privatwirtschaft. Wenn der Preiswettbewerb überstrapaziert wird, schadet es der Bankenbranche, die privatwirtschaftlich agiert und privates Risikokapital investiert. Wenn Verbraucherkonditionen günstiger werden, kann das an sich demnach keine wettbewerbliche Begründung des Öffentlichen Auftrags sein – wir gründen schließlich auch keine staatlichen 5-Sterne-Hotels, um die Zimmerraten im Hilton zu drücken! Stattdessen ist es gerade jetzt im Jahr 2013, in einem Politikumfeld, das intensiv über Finanzkrisenprävention und Bankenaufsicht diskutiert, umso wichtiger, den Öffentlichen Sparkassenauftrag zu aktualisieren und mit entsprechendem Leben zu füllen. Erst auf diese Weise wäre die Existenz von Sparkassen als ordnungspolitische Instrumente stabilitätsorientiert gewährleistet. Ansonsten blieben Diskussionen um wettbewerbsverzerrende Tendenzen im Bankenmarkt unabgeschlossen. Der Ruf nach einer Privatisierung von Sparkassen wäre die Konsequenz, um mehr Transparenz in den Bankenmarkt zu bringen.

Sollten Sparkassen tatsächlich die hier in der Kürze das Darstellung eher unterstellten Wettbewerbsvorteile besitzen, wären sie aus betriebswirtschaftlicher Sicht als Finanzierungspartner tatsächlich durch eine ausgeprägte Stabilität gegenüber Wettbewerbsangeboten zu präferieren. Geschäftsbeziehungen zu marktführenden Sparkassen erscheinen insofern nachvollziehbar. Die Existenz öffentlicher Kreditinstitute kann bei Erfüllung des Öffentlichen Auftrags auch tatsächlich zur finanzwirtschaftlichen Stabilität einer Volkswirtschaft beitragen.[10] Doch der Öffentliche Auftrag muss volkswirtschaftlicher Perspektive mehr Beachtung im Management öffentlicher Unternehmen erhalten, um die Unternehmensexistenz dem gesetzlichen Zweck nach zu rechtfertigen.

Bankenmärkte in Deutschland sind, wie Abb. 3.1 verdeutlicht, primär durch den Gruppenwettbewerb von öffentlichen, genossenschaftlichen und privatrechtlichen Kreditinstituten geprägt. Für die Wohnungs- und Immobilienwirtschaft nehmen sogenannte Nischenbanken nur teilweise eine weiterhin wichtige Rolle ein, wie z. B. Realkreditinstitute. Daher werden die 1386 Institute der Bankenmärkte, die Ende 2022 in Deutschland aktiv waren, gruppenbezogen nachfolgend skizziert.

---

[9] Vgl. Schäfers 2008, S. 95 f.; siehe auch Hedrich 1993.
[10] Vgl. ausführlich Knüfermann 1996.

Bei der Aufgliederung *Sonstiger Kreditinstitute* in Abb. 3.1 neben den drei größten Bankengruppen (private Kreditbanken, öffentliche Sparkassen und Kreditgenossen-schaften) ist die Summe der jeweils genannten Institute größer als die Summe aller exis-tenten Häuser, da es in den Abgrenzungen Überschneidungen gibt. Die genannten Daten zu Institutszahlen und Bilanzvolumina datieren auf Ende 2022:[11]

- *Sparkassen-Finanzgruppe:* Die deutsche Sparkassengruppe umfasste *362* öffentliche Sparkassen. Kumuliert wiesen sie Ende 2022 eine Bilanzsumme in Höhe von 1570,9 Mrd. Euro aus und damit durchschnittlich 4,3 Mrd. Euro je Institut. Bis auf fünf dieser Sparkassen waren alle in der Rechtsform der Anstalt des öffentlichen Rechts ge-führt; alle Sparkassen Deutschlands sind in öffentlicher Trägerschaft. Zur Sparkassen-Finanzgruppe zählten Ende 2022 über die Sparkassen selbst hinaus noch sechs selbst-ständige Landesbanken sowie Landesbausparkassen, die Deutsche Leasing-Gruppe, öffentliche Erstversicherergruppen, Leasing-Gesellschaften, Kapitalanlagegesell-schaften der Landesbanken, der Deutscher Sparkassenverlag (DSV), die Finanz Infor-matik, Kapitalbeteiligungsgesellschaften, Factoring-Gesellschaften, LBS-Immobili-engesellschaften, das SIZ Informatikzentrum der Sparkassenorganisation, Stiftungen und letztlich regionale Sparkassen- und Giroverbände sowie der Deutscher Sparkassen- und Giroverband e.V. Die Einzelnen Sparkassen halten i. d. R. über ihre Regional-verbände die Anteile an den genannten Verbundunternehmen.

Die schiere Größe der Gruppe über die Summe aller öffentlich-rechtlichen Spar-kassen hinaus determiniert einen wesentlichen Einfluss auf das deutsche Bankenwesen. Insbesondere die Landesbanken/Girozentralen sind hier zu nennen (s. u.). Die größte deutsche Sparkasse war Ende 2022 die Hamburger Sparkasse mit einer Bilanzsumme in Höhe von 57,5 Mrd. Euro.[12] Mit Ausnahme der Hamburger Sparkasse unterliegen alle öffentlich-rechtlichen Sparkassen einem *Regionalprinzip* und dürfen satzungs-mäßig verankert Bankgeschäfte nur in ihrem Geschäftsgebiet durchführen, das sich durch die öffentlichen Träger (Kommunen) bestimmt.[13]

Die sechs deutschen Landesbanken wurden historisch von Sparkassen als Giro-zentralen in der Rechtsform der Anstalt des öffentlichen Rechts für überregional zu-sammengefasste Refinanzierungsgeschäfte gegründet. Zuletzt übernahmen die Bundes-länder zunehmend Eigenkapitalbeteiligungen, sodass die Girozentralen lediglich als Landesbanken firmierten und entsprechend in den Bundesbank-Statistiken geführt wer-den. Sie wiesen Ende 2022 eine kumulierte Bilanzsumme in Höhe von 890,6 Mrd. Euro aus, also durchschnittlich 148,4 Mrd. Euro je Institut. Landesbanken sind demnach signi-fikant größer als Sparkassen und damit zentrale Kapitalmarktteilnehmer. Im Rahmen der

---

[11] Vgl. hier und im Weiteren (wenn nicht explizit gekennzeichnet) zu Gruppendaten die Angaben in Deutsche Bundesbank 2015a und 2023.

[12] Vgl. die Datenquelle DSGV 2023.

[13] Vgl. Kammlott/Schiereck 2004, S. 289 f.; Knüfermann 2003, S. 117 f.

weltwirtschaftlichen Verwerfungen seit 2008 kam es jedoch zu einer massiven Integration der Landesbankengruppe. Das Sparkassenverbundgeschäft der früheren WestLB AG z. B. wurde im Jahr 2012 nach massiven Fehlspekulationsgeschäften in die Landesbank Hessen-Thüringen integriert, andere Teile verkauft sowie der Rest der Bank abgewickelt.

- *Kreditgenossenschaften* rekrutierten sich zum oben genannten Vergleichszeitpunkt aus *733* Einzelinstituten, die alle durch eine Mitgliedereigentümerstruktur geprägt sind. Jedoch zählen nicht alle Kunden der Kreditgenossenschaften auch zum Eigentümerkreis, da gewöhnlich kein satzungsmäßiger Zwang zur Mitgliedschaft besteht. Einzelne Kreditinstitute wie z. B. Sparda-Banken und PSD-Banken binden die Mitgliedschaft satzungsbasiert an die Kreditvergabe, also bereits an die Führung eines Zahlungsverkehrskontos. Die Häuser kommen daher auf einen teilweise über 75-prozentigen Mitgliederanteil an der Gesamtkundenzahl. Doch bei Volks- und Raiffeisenbanken, der zahlenmäßig größte Verbundgruppe innerhalb der Kreditgenossenschaften, besteht diese Regelbindung nicht immer und es kommt daher zu sehr unterschiedlichen Mitgliederanteilen. Der Durchschnitt über alle Häuser liegt bei rund 50 %.

  Satzungsmäßiger Unternehmenszweck der Kreditgenossenschaften ist die Mitgliederförderung in wirtschaftlicher Hinsicht. Vor diesem Hintergrund wird in der Branche auch immer wieder diskutiert, ob Kreditgenossenschaften diesem Zweck wirklich dienlich sind, da ihre Produkt- und Konditionengestaltungen wettbewerbsdeterminiert sind und sich insofern im homogenen Markt des Retail-Banking nur marginal von Wettbewerbsangeboten unterscheiden. Hinzu kommen die eher niedrigen Mitgliederanteile sowie die teilweise gar nicht mehr eingeschränkte Produktnachfrageoption für Nicht-Mitglieder.

  Die 733 deutschen Kreditgenossenschaften unterliegen einem intensiven Fusionstreiben: Ende Januar 2012 waren es noch 1121 und seit Bestehen der Bundesrepublik Deutschland bis Ende Mai 2000 stets über 2000 Institute. Diese hohe Konsolidierungsintensität übertraf dabei noch jene der Sparkassen. Die 733 Häuser vereinten Ende 2022 eine kumulierte Bilanzsumme in Höhe von 1172,8 Mrd. Euro auf sich. Durchschnittlich betrug die Bilanzsumme je Kreditgenossenschaft lediglich 1,6 Mrd. Euro — demnach waren sie um den Faktor 2,7 kleiner als eine durchschnittliche öffentliche Sparkasse. Diesem Sachverhalt kommt vor allem im Hinblick auf die regulatorische Großkreditbegrenzung eine wesentliche Bedeutung zu, als dass kleine Kreditinstitute unter Umständen als potenzielle Kreditgeber aus bankinternen Gründen ausfallen können (siehe Abschn. 3.3). Wie öffentlich-rechtliche Sparkassen unterliegen die Kreditgenossenschaften einem satzungsverankerten Regionalprinzip.

- *Genossenschaftliche Zentralbanken* entsprechen in ihren Verbundfunktionen in etwa den Landesbanken innerhalb der Sparkassen-Finanzgruppe. Auch die Bankengruppe des genossenschaftlichen Verbundes unterlag zuletzt einer Konsolidierung, sodass von den zuletzt noch *zwei* Zentralinstitute heute nur noch die DZ BANK AG zu erwähnen ist. Für Ende 2022 weist sie eine Bilanzsumme in Höhe 627,0 Mrd. Euro aus.[14]

---

[14] Vgl. DZ BANK AG 2023, S. 200.

Im genossenschaftlichen Finanzverbund agieren verschiedene Institute, die sich speziell auf die Wohnungsbau- und Immobilienfinanzierung konzentrieren, wie z. B. die DZ HYP AG die Münchener Hypothekenbank eG, sowie auch die Bausparkasse Schwäbisch Hall AG und die R + V Versicherung AG sowie die VR-Leasing AG.

- *Private Kreditbanken:* Bei den *243* Instituten privater Kreditbanken handelt es sich *108* Mal um Zweigstellen ausländischer Banken. Die inländische Teilgruppe der privaten Kreditbanken ist nochmals zu differenzieren in …

  - *Großbanken* sind in Deutschland rar. Laut Bundesbank-Statistik existieren nur *drei* Institute, ihre kumulierte Bilanzsumme betrug Ende 2022 2496,5 Mrd. Euro. Demnach kennzeichnet diese kleine Gruppe ein signifikant hohes Geschäftsvolumen je Haus von durchschnittlich rund 832,2 Mrd. Euro. Von ihrer Bezeichnung abzuleiten zeigt sich, dass es sich hierbei auch um die drei größten deutschen Kreditinstitute mit mehrheitlicher privater Trägerschaft handelt. Einschränkend ist deutlich darauf hinzuweisen, dass der deutsche Staat an der Commerzbank AG mit knapp 15,6 % am Eigenkapital beteiligt ist. Unter anderem sollte im Jahr 2008 auf diese Weise eine Insolvenz dieses als (wirtschafts-)systemrelevant eingestufte Kreditinstitut verhindert werden (die ursprüngliche Beteiligung des Staats betrug 25 % plus eine stille Einlage im zweistelligen Mrd.-Umfang). Ein ähnliches Beteiligungsverhältnis existiert bei einer weiteren Großbank Deutschlands, nämlich der Deutsche Postbank AG; beide Kreditinstitute haben daher strukturelle Ähnlichkeiten zu Sparkassen, sind jedoch wesentlich größer in ihren Geschäftsvolumina. Die Deutsche Bank AG ist erstens das größte Kreditinstitut in Deutschland und zweitens vollständig privatwirtschaftlich kapitalmarktfinanziert (sowie im Jahr 2023 noch mehrheitlich an der Deutsche Postbank beteiligt). Auch die UniCreditbank AG ist derartig kapitalisiert.

  - *Regionalbanken:* Die zwar durchgängig privatrechtlich organisierten, aber in ihrer z. B. regionalen oder bundesweiten Geschäftsausrichtung heterogenen *133* Kreditinstitute wiesen Ende 2014 ein kumulierte Bilanzsumme in Höhe von 1870,8 Mrd. Euro aus. Somit waren jedem Haus durchschnittlich14,1 Mrd. Euro Bilanzsumme zuzuschreiben, insofern mehr als dreimal so viel gegenüber der Durchschnittssparkasse und fasst neunmal zu viel wie der durchschnittlichen Kreditgenossenschaft.

- *Realkreditinstitute* sind Kreditinstitute in Deutschland, die sich mit ihrem Geschäftsmodell speziell auf die Vergabe von Realkrediten konzentrieren und diese durch die Vergabe von Pfandbriefen refinanzieren. *Realkredite* bezeichnen langfristige Bankenkredite, die gewöhnlich grundpfandrechtlich besichert sind (siehe Abschn. 3.4). *Pfandbriefe* sind langfristige, kapitalmarktbasierte Refinanzierungsinstrumente von Kreditinstituten, die den Anforderungen des Pfandbriefrechts genügen (siehe Abschn. 3.3). Sie selbst sind wiederum durch die grundpfandrechtlich besicherten Realkredite gedeckt. Verwendung finden Realkredite insbesondere zur Finanzierung im Wohnungsbau und von Kommunen. Realkreditinstitute gliedern sich primär in die

Gruppe private Hypothekenbanken und Schiffsbanken sowie öffentlich-rechtliche Grundkreditanstalten.

Die Bundesbank weist *8* Realkreditinstitute für Deutschland aus. Allerdings übernehmen auch weitere Kreditinstitute Pfandbriefbankenfunktionen. Dem Verband deutscher Pfandbriefbanken (vdp) e.V. zählt dagegen eine Vielzahl an Mitgliedsinstituten.[15] Hierzu zählen z. B. auch die Aareal Bank AG und verschiedene Landesbanken (z. B. Bayerische Landesbank) als auch die Kölner und Hamburger Sparkassen sowie zweideutsche Großbanken. Darüber hinaus gibt es auch Kreditinstitute, die Hypothekenpfandbriefe aufgelegt haben, aber weder Realkreditinstitute i. S. d. Bundesbank-Gliederung noch Mitglied im vdp sind, wie z. B. die Stadtsparkasse München.

- *Bausparkassen* sind Kreditinstitute zur Finanzierung von Bauvorhaben. Ihre Kreditvergabe refinanzieren sie durch Anspareinlagen ihrer Kunden, da erst nach einer vordefinierten Ansparphase der Kundenkredit zur Auszahlung kommt. Der Bausparvertrag ist damit primär Privatkundenprodukt. Doch die in Deutschland tätigen *18* Bausparkassen bieten vermehrt auch im Firmenkundenbereich Bankenkredite an, allerdings liegt ihr diesbezüglicher Marktanteil aktuell etwa bei einem Drittel des Marktanteils der Bausparkassen im Wohnungsbaukreditgeschäft mit Privatkunden (siehe Abschn. 3.2).

  Bausparkassen lassen sich in eine öffentlich-rechtliche und eine privatwirtschaftliche Gruppe gliedern. Die öffentlich-rechtlichen Häuser sind allesamt Landesbausparkassen (LBS), also Mitglieder der Sparkassen-Finanzgruppe. Die privatwirtschaftlichen Institute agieren alle in der Rechtsform der Aktiengesellschaft, auch die Bausparkasse der genossenschaftlichen Volks- und Raiffeisenbanken, die Bausparkasse Schwäbisch Hall AG. Darüber hinaus agieren noch weitere private Bausparkassen wie z. B. die Deutsche Bank Bauspar AG oder die BHW Bausparkasse AG im deutschen Markt.

- *Banken mit Sonderaufgaben:* Auch *18* Banken mit Sonderaufgaben sind zwei Gruppen jeweils mit Instituten in öffentlicher und in privater Rechtsform. Die öffentlichen Banken rekrutieren sich aus den landeseigenen Förderbanken wie der NRW.Bank, einer Anstalt des öffentlichen Rechts. Die Landwirtschaftliche Rentenbank, ebenfalls eine Anstalt des öffentlichen Rechts, wird dagegen durch den Bund getragen.

  Dagegen zählt die Hamburgische Wohnungsbaukreditanstalt (WK) nicht zu der Gruppe von Banken mit Sonderaufgaben, sondern ist eine öffentlich-rechtliche Grundkreditanstalt, also ein Realkreditinstitut. Auch die Kreditanstalt für Wiederaufbau (KfW) zählt weder zu Banken mit Sonderaufgaben, noch ist Sie überhaupt ein Kreditinstitut (vgl. § 2, Abs. 1, Satz 2 KWG) oder Finanzdienstleistungsunternehmen (vgl. § 2, Abs. 6, Satz 2 KWG). Als Anstalt des öffentlichen Rechts ist sie ausführendes Instrument der Bundesregierung.

---

[15]Vgl. vdp 2013, S. 2.

Kreditanstalt für Wiederaufbau (KfW)

Die KfW ist als Förderbank der Bundesrepublik Deutschland politikausführendes Regierungsinstrument. Sie ist weder Kreditinstitut, noch Finanzdienstleistungsunternehmen. Aus diesem Grund unterliegt sie auch nicht der Bankenaufsicht durch die BaFin. Allerdings wuchs das Geschäftsvolumen der KfW über die letzten Jahre enorm an. Mit einem Geschäftsvolumen für Ende 2012 in Höhe von 587,5 Mrd. Euro ist sie Deutschlands größte Förderbank und wäre sie Kreditinstitut, zählte sie gar zu den Großbanken; zum Vergleich weist die NRW.Bank für Ende 2012 dagegen nur ein Geschäftsvolumen in Höhe von 169,8 Mrd. Euro aus.[16]

Basis des KfW-Rechts ist das „Gesetz über die Kreditanstalt für Wiederaufbau" (KredAnstWiAG). Darin wird die Anstaltslast des Bundes fixiert: „Der Bund haftet für die von der Bank aufgenommenen Darlehen und begebenen Schuldverschreibungen, die als Festgeschäfte ausgestalteten Termingeschäfte, die Rechte aus Optionen und andere Kredite an die Anstalt, sowie für Kredite an Dritte, soweit sie von der Anstalt ausdrücklich gewährleistet werden." (§ 1a KredAnstWiAG). Da die KfW sich zur Refinanzierung der Förderkredite nach § 4 KredAnstWiAG über den Kapitalmarkt finanziert, generiert sie auf Grund der durch den Bund getragen Anstaltslast eine Quasi-Ausfallimmunität als Schuldnerin. Investoren in KfW-Anleihen fordern dadurch tendenziell geringere Renditen, sodass die KfW einen Wettbewerbsvorteil bei ihren Refinanzierungsgeschäften gegenüber den Geschäftsbanken nutzen kann. Allerdings stehen staatliche Förderkredite auch im Wettbewerb mit Bankenkrediten der Kreditinstitute. So formulierte auch das Handelsblatt am 18./19. November 2011 (Nr. 224, S. 39) werbend für die KfW: „Kein Geld verschenken: Wer die eigenen vier Wände altersgerecht umbauen möchte oder an den Einbau von Solarkollektoren denkt, sollte rasch staatliche Förderung beantragen." Diese Kreditsubventionierungen über die Anstaltslast mögen zwar sinnvoll für die Kreditnehmer sein, sie verdrängen aber einen Teil des privatwirtschaftlichen Kreditwesens aus dem Markt.

Aufsichtsorgan ist gemäß § 12 KredAnstWiAG das Bundesministerium für Finanzen. Eine Auflösung der KfW ist demnach nur durch Gesetz möglich (vgl. § 13 KredAnstWiAG). Der Vorstand der KfW ist gemäß § 6 KredAnstWiAG *nicht* an die Geschäftsleiterqualifikation nach § 33, Abs. 2 KWG gebunden und kann insofern nach anderen Kriterien als der fachlichen Eignung für die Leitung eines Kreditinstituts ausgewählt werden. Eine Professionalisierung von Unternehmen und Aufsicht ist demnach nicht gegeben. Vor diesem Hintergrund waren erstens systemische Risiken im Rahmen des KfW-Engagement rund um die IKB Deutsche Industriebank AG bereits seit in den Jahren ab 2007 zu erkennen und wird zweitens eine Reform der KfW in der Politik diskutiert.[17]

---

[16]Vgl. die aktuellen Informationen auf den Internet-Präsenzen der Institutionen – KfW, URL: www.kfw.de bzw. NRW.Bank, URL: www.nrwbank.de (Stand der aktuellen Informationsabfrage: 17. bzw. 08. April 2013).

[17]Vgl. Drost 2013.

Insbesondere die acht landeseigenen Förderbanken sind für die Wohnungs- und Immobilienwirtschaft von Bedeutung. Denn sie bieten zumeist schwerpunktartig Förderprogramme zur Wohnungs- und Immobilienbranche an. Ein Vergleich der Internet-Auftritte der Förderbanken zeigt vor allem einen Fokus auf Energiethemen. Des Weiteren steht auch die Schaffung mietpreisgünstigen Wohnraums im Mittelpunkt der Förderziele.

Handelsblatt, 13. März 2013, Nr. 51, S. 29
von Frank M. Drost

Die halbherzige Reform der KfW

An der Größe des Verwaltungsrats ändert sich nichts.

Die Staatsbank KfW kommt unter die Fittiche der Finanzaufsicht Bafin. Doch damit bleibt die Regierungskoalition von CDU, CSU und FDP auf halbem Weg stehen. Das geht aus dem Gesetzentwurf hervor, der am Mittwoch vom Kabinett verabschiedet werden soll und dem Handelsblatt vorliegt. Die Regierung wagt sich nicht an einen Umbau des riesigen Verwaltungsrats der Förderbank.

Angesichts der Institutsgröße mit einer Bilanzsumme von rund 500 Mrd. Euro hatten sich weder das Bundesfinanznoch das Wirtschaftsministerium länger in der Lage gesehen, eine angemessene Aufsicht sicherzustellen. Gleichzeitig erhofft sich das Wirtschaftsministerium eine „Professionalisierung der Bankgeschäfte".

Mit der Kontrolle durch die Bafin setzt die Regierung ein Vorhaben nur zum Teil um, auf das sie sich im Koalitionsvertrag von 2009 verständigt hatte. Von der vereinbarten Straffung der „Verwaltungs- und Aufsichtsstrukturen" der KfW ist keine Rede mehr. Dabei hatte die Fastpleite der Beteiligung IKB-Bank 2007 offengelegt, dass der 40-köpfige Verwaltungsrat unter wechselndem Vorsitz des Finanz- und Wirtschaftsministeriums nicht effektiv arbeitet.

„Das ist nach wie vor eine offene Flanke", heißt es in Finanzkreisen.

Das Bundesfinanzministerium erhält künftig das Recht, gemeinsam mit dem Bundeswirtschaftsministerium Einfluss auf Normen wie Eigenmittel, Liquidität, Eigenkapitalquote oder Verbriefungen zu nehmen. Die Festlegung soll auf dem kleinen Dienstweg in Form einer Verordnung erfolgen.

Gewinne an den Bund muss die KfW auch in Zukunft nicht abführen. Sie soll aber indirekt einen Beitrag zur Haushaltskonsolidierung leisten, indem sie aus ihren Gewinnen Rücklagen für einen Fonds bildet, der Projekte der Energiewende finanziert.

- *Auslandsbanken:* Mit *138* Instituten ist die Zahl der *Banken im Mehrheitsbesitz ausländischer Banken (33)* und *Zweigstellen ausländischer Banken (105)* durchaus beachtlich, da der deutsche Bankenmarkt, wie bereits erwähnt (s. o.), erst sehr spät und mit Einführung elektronischer Vertriebswege durch Auslandsbanken besetzt wurde. Auslandsbanken bilden jedoch keine ergänzende Bankengruppe in der hier vollzogenen Bundesbank-Gliederung. Vielmehr sind sie in den bereits genannten Bankengruppe (z. B. Kreditbanken) erfasst.

Zusammenfassend kann der deutsche Bankenmarkt auf Grund der großen Anbieterzahl als sehr *wettbewerbsintensiv* bezeichnet werden. Im Euro-europäischen Vergleich nimmt der deutsche Markt mit Abstand die Führung mit der Institutszahl ein.[18] Hinzu kommt für Deutschland noch der sehr ausgeprägte Markteinfluss der KfW, die in den Statistiken zumeist unberücksichtigt bleibt auf Grund ihrer individuellen Stellung als Nicht-Bank im KWG-Sinn. Es ist daher davon auszugehen, dass sich der Bankenmarkt in Deutschland in den nächsten Jahren weiter konsolidieren wird. Fusionen und Marktaustritte, Geschäftsmodellanpassungen sowie Insolvenzen dürften die Finanzierungspartner der Wohnungs- und Immobilienwirtschaft nachhaltig verändern.

3.2   Marktentwicklungen bei Wohnungsbaukrediten

Wohnungsbaukredite sind Realkredite, also grundpfandrechtlich durch Hypotheken oder (heute die Regel) Grundschulden besicherte langfristige Darlehen.[19] Die Kreditlaufzeiten sind abhängig von den Tilgungssätzen und können bis zu 20, 30 und auch 40 Jahre betragen. Als Realkredite sind sie dennoch nicht zwingend an die Anforderungen nach dem Pfandbriefrecht gebunden, d. h. die Besicherung kann durchaus bei einzelnen Angeboten einen Anteil größer 60 % des Beleihungswerts besitzen und wird zumeist auch am Kaufpreis ausgerichtet (siehe Abschn. 3.3).

Über die Marktentwicklung der Wohnungsbaufinanzierungen per Bankenkredit informiert die Deutsche Bundesbank kontinuierlich in ihren Monatsberichten. Weil ein Kredit über den Zeitablauf (i. d. R.) getilgt, also zurückbezahlt wird, nehmen Bestandsvolumina c. p. kontinuierlich ab. Blieben Bestandsvolumina über den Zeitablauf hinweg konstant, müssten Neugeschäfte akquiriert sein, welche die Tilgungsabflüsse kompensierten. Wachsende Bestandvolumina im Zeitvergleich deuten selbstverständlich auf aktive Neugeschäftstätigkeiten im Markt hin. Abb. 3.2 visualisiert die Entwicklung der Bestandsvolumina im Geschäft mit Wohnungsbaufinanzierungen für Deutschland von Ende 2002 bis Ende 2022. Abgezeichnet sind die Bestandsvolumina im Kreditgeschäft mit Firmenkunden (also keine privaten Baufinanzierungen). Dabei meinen Bestandvolumina die aggregierte Bilanzposition aller Kreditinstitute in Deutschland (siehe Abschn. 3.1).

Das Ergebnis für die Zeitfensterbetrachtung überrascht, weil die Jahre 2002 bis 2007 weltweit durch ein signifikantes Kreditwachstum und einen damit verbundenen Immobilienboom gekennzeichnet waren. In Deutschland reduzierten sich die Bestände in der Zeit bis zur weltweiten Finanzkrise. Ab dem Jahr 2009 kam es jedoch zu einem signifikanten Zuwachs p. a., sodass über das gesamte Zeitfenster der Betrachtung die Bestände

---

[18] Vgl. Schäfers 2008, S. 91 f.

[19] Die Begriffe *Kredit* und *Darlehen* werden in der Literatur zwar häufig synonym gebraucht. Doch Darlehen meint einen speziellen, ausschließlich monetär bestückten Kredit (siehe Abschn. 3.3). Demnach meint ein Kredit eine Gläubiger/Schuldner-Beziehung, die auch auf Sachleistungen abstellen kann.

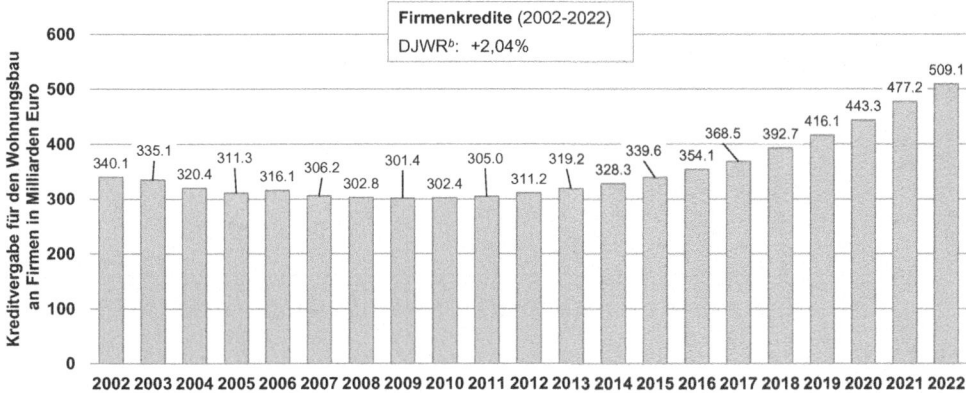

a) Werte jeweils IV. Quartal.
b) DJWR = Durchschnittlich jährliche Wachstumsrate.

Abb. 3.2 Bestandsvolumina[a)] bei Wohnungsbaukrediten für Ende 2002 bis Ende 2022 in Deutschland im Firmenkundengeschäft aller Kreditinstitute. (Datenquelle: Deutsche Bundesbank 2023; eigene Berechnung)

um durchschnittlich jährlich + 2,04 % wuchsen. Ende 2002 betrug das Volumen 340,1 Mrd. Euro und Ende 2022 509,1 Mrd. Euro. Für Ende 2002 bis Ende 2009 (301,4 Mrd. Euro), also über den internationalen Immobilienboom hinweg, ist der stärkste Volumeneinbruch zu identifizieren: Mit Ausnahme für das Jahr 2006 sank das Bestandsvolumen jährlich. Erst ab dem Jahr 2010 nahmen die Bestandsvolumina für Wohnungsbaufinanzierungen bis Ende 2022 kontinuierlich zu.

Das Zeitfenster dieses Wachstums entspricht jenem der Euro-europäischen Staatsverschuldungskrise, die ab dem Jahr 2010 mit der kommunizierten Gefahr der Zahlungsunfähigkeitserklärung Griechenlands ohne Hilfen der Europäischen Union (EU) hätte eintreffen können. In dieser Zeit kam es weltweit, also auch durch die Europäische Zentralbank (EZB) initiiert, zu massiven Absenkungen des Leitzinssatzes von 4,25 % noch im September 2008 auf 0,00 % von März 2016 bis Juni 2022.[20] Diese Zinssatzsenkungen für kurzfristige Hauptrefinanzierungsgeschäfte zwischen der EZB bzw. den nationalen Zentralbanken im Eurosystem und den ihr angeschlossenen Geschäftsbanken waren Basis der enormen Zinssenkungen von Geschäftsbanken in ihren Geschäften mit Wohnungsbaufinanzierungen.

In Abb. 3.3 ist die Entwicklung der Effektivzinssätze für Wohnungsbaufinanzierungen zu erkennen. Das betrachtete Zeitfenster startet hier auf Grund der verfügbaren Bundesbank-Daten nicht zum Zeitpunkt der Euro-Bargeldeinführungen im Jahr 2002, sondern erst mit einem Wert für Januar 2003. Die hier abgetragenen Werte sind gewichtete Monatsdurchschnitte über alle Zinsbindungsfristen für Wohnungsbaukredite im Neu-

---

[20] Vgl. die Datenquelle Deutsche Bundesbank 2018.

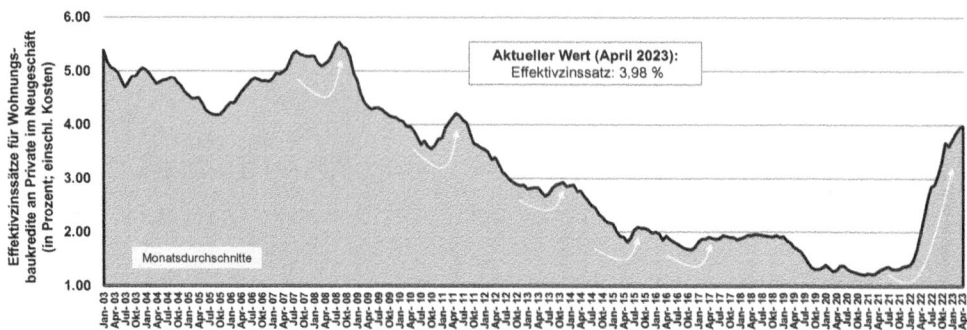

Abb. 3.3 Effektivzinssätze[a)] für Wohnungsbaukredite im Neugeschäft für Januar 2003 bis April 2023 in Deutschland. (Datenquelle: Deutsche Bundesbank 2023)

geschäft hinweg. Vor dem Hintergrund von Erfassungsschwierigkeiten im Firmenkunden-geschäft sind in Abb. 3.3 die Zinssätze für das Privatkundengeschäft als Monatsdurch-schnitte notiert. Allerdings unterscheiden sie sich auf Grund der homogenen Produkt-gestaltung (als standardisiert besicherte Darlehen) und der Abwicklungsprozesse in den Marktfolgeeinheiten der Kreditinstitute im Wohnungsbaukreditgeschäft nur marginal zum Firmenkundengeschäft. Eine Vergleichbarkeit der Zinsentwicklung für die Objekt- und Unternehmensfinanzierung von wohnungs- und immobilienwirtschaftlichen Unternehmen ist daher gegeben.

Die Zinssätze für Bankenkredite an Private zur Wohnungsbaufinanzierung fielen von 5,39 % im Januar 2003 signifikant bis auf 1,21 % im Dezember 2021. Zunächst stoppten die Zinssenkungen jedoch im August 2005 bei 4,10 % und stiegen dann bis August 2008 nochmals auf 5,27 % an, um letztlich bis Ende 2021 auf den genannten Wert abzustürzen. Zwischenzeitlich stieg der Zinssatz von 3,58 % von Oktober 2010 nochmals auf 4,23 % im Mai 2011 an. Hierfür verantwortlich waren unter anderem Inflationsbefürchtungen der Marktteilnehmer und temporäre Zinserhöhungen durch das Eurosystem (= EZB und alle nationalen Zentralbanken innerhalb des Euro-Währungsraums) im Jahr 2011 für Re-finanzierungsgeschäfte.

In jedem Fall können in der langfristigen Betrachtung des obigen Zeitfensters hohe Wettbewerbsintensität auf den Kreditmärkten (siehe Abschn. 3.1) im Bankenmarkt und die Geldpolitik im Eurosystem (siehe Abschn. 4.1) verantwortlich dafür gemacht werden, dass der durchschnittliche Marktzinssatz massiv abgesunken war. Damit ist das Volumen-wachstum im Geschäft mit Wohnungsbaufinanzierungen für die Jahre 2010 bis 2021 (siehe Abb. 3.2) auf Grund negativer Preiselastizitäten der Nachfrage durchaus preis-determiniert zu begründen.[21]

Eine nachhaltige Zinswende startete Anfang 2022. Während im Dezember 2021 der entsprechende Zinssatz noch bei 1,21 % lag, stieg er bis April 2021 auf 3,98 %. Für die volkswirtschaftliche Begründung über die Geldpolitik und Inflationsentwicklung sei an

---

[21] Vgl. zur Nachfrageelastizität für Wohnungsbaukredite ausführlich Knüfermann 2021, S. 87–90.

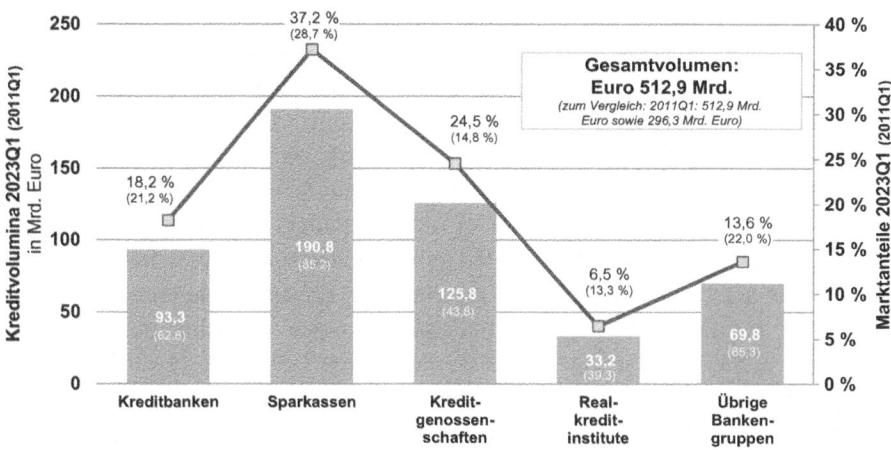

a) Retail-Bankengruppen = 242 Private Kreditbanken (= 3 Großbanken,133 Regionalbanken und Sonstige Banken sowie 106 Zweigstellen ausländischer Banken), 360 Öffentliche Sparkassen, 733 Kreditgenossenschaften. 8 Realkreditinstituten. 43 Übrige Bankengruppen (= 6 Landesbanken, 18 Bausparkassen und 18 Banken mit Sonderaufgaben).

Abb. 3.4 Marktanteile der deutschen Retail-Bankengruppen[a] bei Krediten an Unternehmen und Selbstständige für den Wohnungsbau für das erste Quartal (Q) 2023. (Datenquelle: Deutsche Bundesbank 2023; eigene Berechnungen)

dieser Stelle auf Knüfermann/Vornholz (2022) und Knüfermann/Walter (2021) verwiesen.[22] In diesem Buch wird diese Zinswende weiterhin in Abschn. 5.2 thematisiert.

Bei statischer Betrachtung für das erste Quartal 2023 lassen sich die Marktanteile den Hauptbankengruppen in Deutschland (siehe Abschn. 3.1) gemäß Abb. 3.4 zuordnen: Bedeutendste Anbietergruppe waren die Sparkassen mit einem Marktanteil in Höhe von 37,2 %. Ihnen folgten Kreditgenossenschaften mit 24,5 % und die privaten Kreditbanken mit 18,2 %. In der Folgezeit der weltenweiten Finanzkrise ab dem Jahr 2008 konnten Kreditgenossenschaften deutlich Rang 2 mit den Kreditbanken eintauschen.

Realkreditinstitute (6,5 %) und übrige Bankengruppen (13,6 %) sind aggregiert mit einem Marktanteil von 20,1 % zwar noch marktbedeutend, aber die hier zusammengefassten Kreditinstitute sind hoch heterogen. Sie gehören auch keiner gemeinsamen Verbundgruppe an wie die übrigen drei Gruppen. So sind die Sparkassen über ihre Regionalverbände im Deutscher Sparkassen- und Giroverband e.V. organisiert. Die Kreditgenossenschaften sind entweder über Regionalverbände (Volks- und Raiffeisenbanken) oder bundesweite Teilgruppenverbände (z. B. Verband der Sparda-Banken e.V.) im Bundesverband deutscher Volks- und Raiffeisenbanken e.V. zusammengeschlossen. Auch die Privaten Kreditbanken sind im Bundesverband deutscher Banken e.V. organisiert. Alle Verbände sind Koordinatoren der Einlagensicherungsfonds der Verbundgruppen.

---

[22] Siehe zur grundsätzlichen Geldpolitik im Eurosystem Knüfermann 2021, S. 201–228 (Abschn. 4.1.3).

Realkreditinstitute sind in Abb. 3.4 explizit außerhalb der übrigen Bankengruppen gegliedert. Obwohl sie in ihren Geschäftsmodellen einen besonderen Fokus auf grundpfandrechtlich besicherte Darlehen legen, konnten sie nur einen Marktanteil in Höhe von 6,5 % ausweisen. Dieser Marktanteil war zuletzt bei einer Betrachtung der originären Bundesbank-Daten über die Jahre hinweg stark rückläufig. Damit ist ihre Marktbedeutung aus Volumenperspektive noch weit hinter jener der Kreditgenossenschaften angesiedelt. Auch Bausparkassen werden als Finanzier der Wohnungs- und Immobilienwirtschaft angeführt (siehe Abschn. 3.1). Ihr Marktanteil im Wohnungsbaukreditgeschäft mit Firmenkunden ist aber verschwindend gering; lediglich im Privatkundengeschäft ist er betrachtenswert.[23] Firmenkunden spielen für Bausparkassen demnach nur eine untergeordnete Rolle. Allerdings sollen Bausparverträge nach GdW (2012) sinnvoll zur Absicherung von Zinsänderungsrisiken in Phasen eines erwarteten Zinsanstiegs trotz ausstehender Prolongationen oder Neufinanzierungen eingesetzt werden können (siehe Abschn. 3.8); so bestünde „die Möglichkeit, Zinssätze über die gesamte Laufzeit eines Darlehens abzusichern. Wenn z. B. bei Aufnahme des Kapitalmarktdarlehens mit der Ansparung in einem Bausparvertrag begonnen wird, kann die Restschuld des Kapitalmarktdarlehens mit einem heute schon vereinbarten, niedrigen Zins – fest für die gesamte restliche Tilgungsdauer – später abgelöst werden."[24]

Zusammenfassend konnte für die Phasen des Niedrigzinsniveaus in Deutschland seit 2011 ein deutlicher Zuwachs bei Bestandsvolumina im Wohnungsbaukreditgeschäft identifiziert werden. Dennoch lag das Bestandsvolumen bis Ende 2014 weit unterhalb des Volumens von Ende 2002. Demnach ist erst für die letzten wenigen Jahre eine Renaissance des Wohnungsbaukreditgeschäfts an den Bankenmärkten zu konstatieren. Fraglich ist zu diesem Zeitpunkt, welche Auswirkungen die Zinswende ab dem Jahr 2022 haben wird.

Dem Sachverhalt, dass die Bestandsvolumina in Niedrigzinsphasen angestiegen sind, kommt auch eine bankenaufsichtsrechtliche Bedeutung zu: Inzwischen kam es im Markt schließlich zum erwarteten signifikanten Zinsanstieg gepaart mit einer Abkehr der aktuellen expansiven Geldpolitik im Eurosystem. Kreditinstitute sind damit in die Gefahr der *Zinsänderungsrisiken* hineingerutscht. Da die Fristentransformation wesentliches Element ihrer Geschäftstätigkeit darstellt (siehe Abschn. 1.2), müssen sie ihre weiterhin zu Niedrigzinsen herausgegebenen Kreditmittel (die insgesamt i. d. R. bis zu zehn Jahre zinsgebunden sind) durch teurer gewordene kurzfristige Kundeneinlagen (z. B. Tagesgelder oder Spareinlagen) refinanzieren. Denn die Kunden der Kreditinstitute werden für ihre Einlagen höhere Zinssätze verlangen, weil sich über die Leitzinspolitik im Eurosystem (=Erhöhungen) bzw. steigende Umlaufrenditen börsengehandelter Anleihen (siehe Kap. 4) im Gesamtmarkt ein höheres Zinsniveau einstellte. In solchen Fällen kommt es zunächst zu massiven Ertragseinbußen auf der Seite der Kreditinstitute, die eine Insolvenz forcieren könnten. Daher werden diese Zinsänderungsrisiken *einerseits* durch die Kredit-

---

[23] Eigene Marktanteilsberechnungen auf der Datenquelle Deutsche Bundesbank 2015a, S. 36–40.
[24] Siehe z. B. GdW 2012, S. 88.

institute explizit gesteuert und *andererseits* durch die BaFin auf der Grundlage der Bankenregulierung kontrolliert, damit sie gar nicht erst schlagend werden. Vor diesem Hintergrund ist zum kontextorientierten Verständnis der Bankenkreditmärkte im folgenden Abschn. 3.3 die Bankenregulierung konkret zu erörtern.

3.3   Regulierung der Bankenmärkte

Die Banken-(markt-)regulierung ist ein (wichtiger) Teilbereich der Regulierung des Finanzsektors, wobei letzterer die und das Agieren der Finanzinstitutionen (Kreditinstitute, Versicherungen, organisierte Märkte, Zentralbanken etc.) umfasst.[25] Vor dem Hintergrund der Objekt- und Unternehmensfinanzierung in der Wohnungs- und Immobilienwirtschaft ist vor allem die Regulierung der Kreditinstitute von besonderer Bedeutung, da sie (wie schon angeführt, siehe Abschn. 2.3) immer noch einen Großteil der branchenbezogenen Finanzierungstätigkeiten übernehmen. Dabei zielt die Banken-(markt-)regulierung zum einen auf Verbraucherschutzrechte (z. B. Kündigungsrechte der Kreditnehmer, Berechnung von Vorfälligkeitsentschädigungen und Besicherungsanforderungen; siehe Abschn. 3.3.1) und zum anderen auf die Finanzsystemstabilisierung komplett (Umsetzung der Basel-Akkorde in nationale Gesetzgebung; siehe Abschn. 3.3.2), also auf die Vermeidung von Krisen des Finanzsektors (z. B. Insolvenzen) *und* der Finanzierungsstrukturen (z. B. Kreditklemmen).

3.3.1   Grundlagen des Kreditrechts

Bereits das Produkt *Kredit* i. S. d. § 21 KWG ist als *Darlehen* (= ein auf einer monetär basierten Gläubiger/Schuldner-Beziehung abgestellter Kredit) wegen der implizierten schuldrechtlichen Vertragsaspekte gesetzlich reguliert und in Deutschland durch Vorschriften des Bürgerlichen Gesetzbuchs (BGB) in den §§ 488–505 BGB geregelt. Dazu definiert § 488, Abs. 1 BGB: „Durch den Darlehensvertrag wird der Darlehensgeber verpflichtet, dem Darlehensnehmer einen Geldbetrag in der vereinbarten Höhe zur Verfügung zu stellen. Der Darlehensnehmer ist verpflichtet, einen geschuldeten Zins zu zahlen und bei Fälligkeit das zur Verfügung gestellte Darlehen zurückzuzahlen." Insofern unterscheidet sich das ausschließlich monetär ausgerichtete Darlehen vom begrifflich weitergefassten Kredit, der grundsätzlich auch sachbezogen ausgestaltet sein kann.

Zu unterscheiden sind *Kreditlaufzeit* und *Zinsbindungsdauer*. Während sich die Kreditlaufzeit aus der Rückzahlungsvereinbarung bzw. Tilgungsplanung heraus ergibt (siehe Abschn. 3.5), vereinbaren Darlehensgeber und -nehmer davon unabhängig eine vertraglich bestimmte Zinsbindungsdauer. Eine im Verhältnis zur Kreditlaufzeit lange Zins-

---

[25] Vgl. Gischer et al. 2020, S. 2.

bindungsdauer schließt für Darlehensnehmer temporär das Zinsänderungsrisiko aus und gibt insofern für die Zinsbindungsdauer Kalkulationssicherheit. Umgekehrt verhält es sich bei Kreditinstituten, die dann Zinsänderungsrisiken auf Grund von Fristentransformation aufbauen (siehe Abschn. 1.2).

Gewöhnlich fallen im Finanzierungsmarkt Zinsbindungsdauer und Kreditlaufzeit unterschiedlich aus. Tilgungssätze in Höhe von 1 % oder 2 % führen zu Kreditlaufzeiten zwischen 20 bis 40 Jahren.[26] Entsprechend gibt das BGB zur Darlehenskündigung verschiedene einzuhaltende Fristen vor:

- Innerhalb der Kreditlaufzeiten sind Darlehen durch die Darlehensnehmer prinzipiell *nach Ablauf der Zinsbindungsdauer* mit einer Kündigungsfrist von einem Monat kündbar (vgl. § 489, Abs. 1, Satz 1 BGB).
- Bei *variabel verzinslichen Darlehen* dürfen Darlehensnehmer den Darlehensvertrag nach § 489, Abs. 2 BGB „… jederzeit unter Einhaltung einer Kündigungsfrist von drei Monaten kündigen".
- *Grundsätzlich* sind Darlehen gemäß § 489, Abs. 2, Satz 2 BGB „in jedem Fall nach Ablauf von zehn Jahren nach dem vollständigen Empfang unter Einhaltung einer Kündigungsfrist von sechs Monaten" durch Darlehensnehmer kündbar. Diese Gesetzesgrundlage ermöglicht Darlehensnehmern sogar eine Kündigung des Darlehensvertrags innerhalb der Kreditlaufzeit *und* der vereinbarten Zinsbindungsdauer, wenn diese länger als zehn Jahre ist. So werden in Deutschland durchaus 15-jährige Zinsbindungsphasen seitens der Kreditinstitute im Privat- und Firmenkundengeschäft der Wohnungsbaufinanzierung angeboten. Diese Kreditgestaltung erhöht somit die Risikoposition der entsprechenden Kreditinstitute. Schließlich besteht für sie nur ein fix kalkulierbares Vertragsverhältnis über zehn Kreditlaufzeitjahre.

Durch Kündigungsoptionen innerhalb der Kreditlaufzeiten kommt Darlehensnehmern letztlich die Möglichkeit der Nachverhandlung des Kreditvertrags zu. Hierdurch können sie auf ein verändertes Marktzinsniveau reagieren. Im Ergebnis kann es auch zum Wechsel des Kreditinstituts zur Kreditweiterführung in einer anderen Bank oder Sparkasse kommen. In Deutschland hat sich im Wohnungsbaukreditgeschäft daher in Analogie zur Kündigungsoption nach zehn Jahren auch eine Zinsfestschreibung über zehn Jahre im Markt etabliert.

Grundsätzlich ist die Rückzahlung des Darlehens im Rahmen des nicht gekündigten Kreditvertrags nicht möglich,[27] es sei denn, beide Vertragsparteien haben Sondertilgungsrechte vertraglich vereinbart. Auch mit Sondertilgungsrechten können Darlehensnehmer

---

[26] Siehe den Überblick zu Kreditlaufzeiten in Abhängigkeit unter anderem vom Tilgungssatz in Maier 2007, S. 174. Die Kreditlaufzeiten sind darüber hinaus abhängig von der Höhe der vereinbarten Zinssätze (siehe Abschn. 3.5).

[27] Grundsätzlich können Darlehensgeber und -nehmer selbstverständlich immer auch einvernehmliche Lösungen im Rahmen von Aufhebungsverhandlungen zum Darlehensvertrag vereinbaren.

auf veränderte Marktzinsniveaus reagieren. Im Fall steigender Zinsen z. B. ließen sich Darlehen durch Sondertilgungen teilweise vorzeitig zurückzahlen. Prolongationen wären somit nur für kleinere Darlehensvolumina nötig. Die Einräumung eines solchen impliziten Optionsrechts für Darlehensnehmer preisen Kreditinstitute i. d. R. in ihre Konditionengestaltung ein (siehe Abschn. 3.5), sie erhöhen letztlich die Fremdkapitalkosten. Daher sind Darlehensnehmer in ihren Verhandlungen tendenziell um die kostenfreie Einräumung vordefinierter Sondertilgungsoptionen bemüht, während sie für Kreditinstitute eher zu vermeiden sind.

Können Darlehensnehmer in ihrem jeweiligen Finanzierungsmanagement jedoch weder durch die Nutzung von Kündigungsoptionen noch von Sondertilgungsrechten wirtschaftlich effizient agieren, ist ihnen darüber hinaus durch § 490, Abs. 2, Satz 1 BGB ein außerordentliches Kündigungsrecht eingeräumt. Es gilt aber nur bei berechtigtem Interesse und nach Ablauf einer Mindestkreditlaufzeit in Höhe von sechs Monaten. Laut § 490, Abs. 2, Satz 2 BGB ist hiermit z. B. ein Verkauf der durch das Darlehen finanzierten Immobilie gemeint, wenn es heißt: „Ein solches Interesse liegt insbesondere vor, wenn der Darlehensnehmer ein Bedürfnis nach einer anderweitigen Verwertung der zur Sicherung des Darlehens beliehenen Sache hat."

Eine außerordentliche Kündigung führt zur Nichterfüllung vertraglicher Vereinbarungen durch die Darlehensnehmer, vor allem in Form entgangener Zinsleistungen für die Darlehensgeber. Auf diese Weise entstehen den Kreditinstituten finanzielle Schäden. Daher fordert § 490, Abs. 2, Satz 3 BGB: „Der Darlehensnehmer hat dem Darlehensgeber denjenigen Schaden zu ersetzen, der diesem aus der vorzeitigen Kündigung entsteht (Vorfälligkeitsentschädigung)." Die Berechnung bzw. Höhe der Vorfälligkeitsentschädigung geht jedoch nicht aus dem BGB, sondern aus der Rechtsprechung des Bundesgerichtshofs (BGH) hervor, die über die BGH-Datenbank ab dem Jahr 2000 abrufbar sind:

▶ **URL** https://juris.bundesgerichtshof.de/cgi-bin/rechtsprechung/list.py?Gericht=bgh&Art=en&Datum=Aktuell&Sort=12288"
(Abruf der WWW-Seite am 28. Juni 2023)

Auf Basis dieser Rechtsprechung besteht für Kreditinstitute zur Berechnung der Vorfälligkeitsentschädigung ein Methodenwahlrecht. Dabei werden beide Methoden nach der Art der Wiederanlage der durch die Darlehenskündigung freigesetzten Finanzmittel unterschieden:[28]

• *Aktiv-Aktiv-Methode:* Die Aktiv-Aktiv-Methode unterstellt eine Neuausleihung der Finanzmittel in Form strukturäquivalenter Darlehen. Sollten diese Ersatzdarlehen nur zu geringeren Konditionen ausgegeben werden können, müssten die ursprünglichen Darlehensnehmer den jeweiligen Darlehensgebern die Margendifferenz entgelten, die den entsprechenden Kreditinstituten durch die Darlehenskündigung letztlich ent-

---

[28]Vgl. König 2010, S. 266; Maier 2007, S. 181.

stünde. Läge der Wiederanlagezins oberhalb des Ursprungszinses, ergäben sich keine zu entgeltenden Zinsverluste. Käme es gar nicht zum Ersatzgeschäft für Kreditinstitute, wäre der gesamte dem Kreditinstitut durch die Darlehenskündigung entgangenen Gewinn des Ursprungsgeschäfts zu entgelten. Kreditinstitute dürfen den entgangenen Zinsschaden um eine Bearbeitungsgebühr zur letztlichen Vorfälligkeitsentschädigung ergänzen.

• *Aktiv-Passiv-Methode:* Bei der Aktiv-Passiv-Methode ist zunächst der Ursprungszins abzüglich des Zinses für eine laufzeitkongruente Wiederanlage in risikoarme Pfandbriefe zur Berechnung der Vorfälligkeitsentschädigung heranzuziehen. Bei dieser Methode sind zusätzlich die eingesparten Verwaltungs- und Risikokosten vom Ursprungszins abzuziehen. Jedoch dürfen Kreditinstitute für die Berechnung der Vorfälligkeitsentschädigung wiederum eine Bearbeitungsgebühr erheben.

Speziell § 503 BGB fokussiert die *Immobiliendarlehensverträge.* Ein solches grundpfandrechtlich besichertes Darlehen ist i. d. R. *mittel- bis langfristiger* Natur. Denn die Kosten dieser Absicherung müssen sich betriebswirtschaftlich rechnen. Erst über ausgeprägte Zeitfenster hinweg forcieren Darlehen Investorenrisiken (z. B. Ausfall, Zinsanstiegs- und damit Ertragseinbußenrisiken etc.), die gewöhnlich höhere Investorenrenditeanforderungen der Kapitalüberlassung implizieren. An dieser Stelle lohnen sich aus Kapitalnehmersicht entsprechende Besicherungen in Form von Zinskostenersparnissen, wenn sie die Kosten des Besicherungsprozesses überkompensieren, was i. d. R. der Fall ist.

Von Wohnungsbaukrediten abzugrenzen sind banktechnische Kalkulationen kurzfristiger Darlehen wie Kontokorrentkredite oder Konsumentenkredite. Sie zeichnen sich im Unterschied zum Immobilienfinanzierungsdarlehen durch hohe Verfügbarkeitsoptionen auf Seiten der Kapitalnachfrager aus. Entsprechende Flexibilitäten der Kreditbereitstellungen führen wiederum zu erhöhten Kundenkreditzinssätzen.[29] Damit wird an dieser Stelle der normalen Zinsstrukturkurve (siehe Abschn. 4.2.2) widersprochen, als dass *nur* mit steigender Zinsbindungsdauer auch die Renditeanforderungen bzw. Zinssätze der Kapitalgeber ansteigen. Der Grund für diese Diskrepanz liegt in den zusätzlichen Zinssatzdeterminanten zu Markt- und Bonitätsrisiken von Kreditnehmern wie z. B. Flexibilität des Kapitalabrufs oder der standardisierten Darlehnsform.

Bei der grundpfandrechtlichen Besicherung von Wohnungsbaukrediten richten sich Kreditinstitute zumeist an den Strukturen des Pfandbriefrechts aus. Das Pfandbriefgesetz (PfandBG) fasst Bestimmungen der Geschäfte von Pfandbriefbanken, also auch rund um den restriktiv definierten Realkredit i. S. d. Pfandbrief-Refinanzierung zusammen (siehe Abschn. 3.1). Hierbei kommt sicherlich der Beleihungsgrenze eine wichtige Rolle zu. So heißt es in § 14 PfandBG: „Hypotheken dürfen nur bis zur Höhe der ersten 60 % des von

---

[29]Deutsche Kreditinstitute verrechnen z. B. im Privatkundengeschäft bei Überziehungskrediten im Rahmen von Girokontoverbindungen im April 2013 eigenen Erfahrungen nach Zinssätze in Höhe von mindestens 10 %. Diese Zinssätze liegen weit oberhalb der aktuellen Zinssätze für besicherte Wohnungsbaukredite mit Zinssätzen unterhalb von 3 % (vgl. Abschn. 3.2).

der Pfandbriefbank auf Grund einer Wertermittlung nach § 16 festgesetzten Wertes des Grundstücks (Beleihungswert) zur Deckung benutzt werden." Der Basiswert der maximal möglichen 60-prozentigen Beleihung wird gemäß § 16, Abs. 1 und 2 PfandBG unter anderem wie folgt ermittelt:

1. Grundlage für die Beleihungswertfestsetzung ist die Wertermittlung eines unabhängigen Gutachters;
2. die Bewertung selbst muss vorsichtig und transparent ermittelt sein; als Marktwert gilt „… der geschätzte Betrag, für welchen ein Beleihungsobjekt am Bewertungsstichtag zwischen einem verkaufsbereiten Verkäufer und einem kaufbereiten Erwerber, nach angemessenem Vermarktungszeitraum, in einer Transaktion im gewöhnlichen Geschäftsverkehr verkauft werden könnte, wobei jede Partei mit Sachkenntnis, Umsicht und ohne Zwang handelt".

Beigel (2013) fasst diese Anforderungen für die Pfandbrief-Refinanzierung wie folgt zusammen: „Der Beleihungswert einer Immobilie soll denjenigen Verkaufswert widerspiegeln, der sich zu jeder Zeit – also in der Regel innerhalb der Laufzeit des Kreditvertrages – bei vorzeitiger Veräußerung erzielen lässt (§ 16 PfandBG). Dabei muss der Beleihungswert konjunkturbedingte Schwankungen von vornherein berücksichtigen. Damit unterscheiden sich Beleihungswerte von stichtagsbezogenen Marktwerten. Entsprechend voraussetzungsvoll stellt sich die Ermittlung von Beleihungswerten dar. So sehen die gesetzlichen Rahmenbedingungen ausdrücklich vor, nur Gutachter mit der Ermittlung von Beleihungswerten zu beauftragen, die unabhängig arbeiten."[30]

Auch Nicht-Pfandbriefbanken, also die marktführenden öffentlichen Sparkassen, private Kreditbanken und Kreditgenossenschaften, orientieren sich an dieser Restriktion. Allerdings binden sie ihre Zinssatzangebote für gewöhnliche Wohnungsbaudarlehen nicht konsequent an den juristisch konkret formulierten Beleihungswerten, sondern zunehmend schlicht an Kaufpreisen. Zwischen Beleihungswerten und Kaufpreisen können jedoch signifikante Differenzen bestehen, worauf schon Beigel (2013) hinweist: Während der Kaufpreis *stichtagsbezogen* ist und damit spekulativen Einflüssen unterliegt, soll der Beleihungswert explizit von ihnen unbeeinflusst bleiben. Hinzu kommt, dass die in Deutschland lange Zeit vorherrschende 60-%-Grenze der Beleihung zu Gunsten höherer Darlehensanteile aufgeweicht wird. Diese Entwicklungen belegen bereits die Beobachtungen der Angebote von Wohnungsbaufinanzierungen an Privatkunden. Ihre (standardisierten) Konditionen sind in den Internet-Präsenzen einzelner Anbieter schließlich abrufbar.[31]

---

[30] Beigel 2013, S. 269.
[31] Siehe z. B. die Angebote der ING-DiBa AG mit Finanzierungsanteilen am *Kaufpreis über 60 % hinaus* unter der URL: https://www.ing-diba.de/baufinanzierung/neufinanzierung/konditionen/ (Abruf der WWW-Seite am 17. April 2013).

3.3.2 Darstellung der Basel-Akkorde

Im Rahmen der stabilitätsorientierten Banken*markt*regulierung kommt der (1) Banken-regulierung selbst und der (2) Einlagensicherung wesentliche Beachtung zu:[32]

1. *Bankenregulierung:* Finanzmärkte unterliegen seit den 1990er-Jahren rasanten Inter-nationalisierungsbestrebungen. Hierfür zeichnen sich insbesondere die technischen Fortschritte in der IT-Infrastruktur des Finanzsektors verantwortlich. Gepaart mit inhaltlichen Weiterentwicklungen der Portfoliotheorie sind international ausgerichtete Handelsstrategien heute zentrale Anlagemodelle von Finanzinstitutionen. Hinzu kommt für Deutschland noch die Einbettung in den EU-Binnenmarkt sowie die Teil-nahme an der Europäischen Währungsunion. Vor diesem Hintergrund sind Finanzauf-sichtsbehörden inzwischen bemüht, sich in ihren Regulierungen international abzu-stimmen. Wenn das deutsche KWG die wesentliche Grundlage der Bankenregulierung liefert, dann also als Ergebnis eines dreistufigen Regulierungsprozesses:
   a) Bereits in den 1970er-Jahren wurde ein *Baseler Ausschuss für Bankenaufsicht* bei der Bank für Internationalen Zahlungsausgleich (BIZ) mit Sitz in Basel geschaffen.[33] Ziel des Ausschusses ist die Darbietung einer Plattform zur Entwicklung einer bestenfalls verbindlich international abgestimmten Banken-(markt-)regulierung. Die internationalen Bankenaufsichtsinstitutionen, die im Ausschuss vertreten sind, definieren somit den Regulierungsrahmen, der im Weiteren in national geltendes Recht umzusetzen ist.
   b) Mit Gründung der EU gibt es für die EU-Mitgliederstaaten auf Grund des EU-Binnenmarkts eine rechtliche Zwischenebene vom Baseler Ausschuss bis zur natio-nalen Gesetzgebung. Die Baseler Regulierungsvereinbarungen werden deshalb zu-nächst in EU-Richtlinien überführt.
   c) Im Anschluss daran sind die EU-Mitgliederstaaten aufgefordert, die EU-Richtlinien in ihre jeweils nationalen Gesetzgebungen umzusetzen. Erst mit diesem letzten Schritt sind die international abgestimmten Regulierungen geltendes Recht geworden.
   Auf Grund des dreistufigen Implementierens der Baseler Empfehlungen innerhalb der EU kann es zu signifikanten Differenzierungen zwischen originärer Abstimmung und letztlicher nationaler Umsetzung kommen. Ohnehin sind die Baseler Empfehlungen nicht zwangsweise umzusetzen, sodass es immer dazu kommen kann, dass Einzel-staaten von den Vereinbarungen abweichen. Zwar zielt diese international koordinierte Regulierung darauf ab, einen Regulierungswettbewerb zwischen einzelnen Staaten zu vermeiden. Gewährleisten kann aber auch der Baseler Ausschuss für Bankenaufsicht

---

[32] Siehe hier und im Weiteren von Abschn. 3.3 die Darstellungen in Gischer et al. 2020, S. 175–181; Rolfes 2008, S. 15–29.

[33] Die BIZ selbst wurde 1930 als Dienstleisterin der Zentralbanken gegründet und ist die älteste internationale Finanzinstitution; vgl. BIZ 2013b.

nicht, dass Einzelstaaten gezielt Regulierungslücken bieten, um Märkte für Finanzinstitutionen attraktiv zu machen. Im Ergebnis würde ein solcher Regulierungswettbewerb schließlich wieder zu kontraproduktiven Deregulierungen führen.

2. *Einlagensicherung:* Für deutsche Geschäftsbanken als zentrale Finanzierer der Wohnungs- und Immobilienwirtschaft dienen die eher kurzfristigen Kundeneinlagen zur Refinanzierung der herausgegebenen langfristigen Bankenkredite. Auf Basis dieser Fristentransformation müssen Kreditinstitute stets ausreichende Einlagenvolumina zur Aufrechterhaltung des Geschäftsbetriebs vorhalten. Käme es zu kurzfristig wirksamen Abzügen von Kundeneinlagen (z. B. aus Angst vor einer Bankeninsolvenz), wären in Konsequenz auch die Kreditengagements der jeweiligen Kreditinstitute einzuschränken. Dieser Prozess impliziert Ansteckungsgefahren in das gesamte Finanzsystem hinein:

a) So könnten Kunden ähnlich strukturierter Kreditinstitute aus denselben Sorgen um Verluste ihre Einlagen abziehen. Auch diese Häuser müssten ihre Kreditgeschäfte dann reduzieren.

b) Hinzu kommt, dass Kreditinstitute einen ausgeprägten Interbankenmarkt betreiben. Die kurzfristigen Einlagen- und Kreditgeschäfte dienen der Sicherung von Liquidität für eventuelle Engpässe. Dieser Interbankenmarkt könnte durch Liquiditätsprobleme einzelner Häuser in der Funktionsfähigkeit schwer beeinträchtigt werden.

Durch das Abziehen von Kundeneinlagen in signifikanten Ausmaßen (= größer der vorhandenen Liquidität eines Kreditinstituts) wäre das Finanzsystem funktionell gefährdet. Somit entstünde letztlich ein negativ wirkender Konjunktureffekt, der sich zur Rezession einer Volkswirtschaft ausweiten könnte. Kreditinstitute, denen sich eine solche Ansteckungsgefahr auf andere Kreditinstitute und damit auf das gesamte Finanzsystem sowie im Ergebnis auf die gesamte Volkswirtschaft zusprechen lassen, werden *systemrelevante Kreditinstitute* genannt.

Banken-(markt-)regulierung ist aktuell von großer Bedeutung. Die internationalen Wirtschaftskrisen mit zuletzt den Staatsschuldenkrisen vor allem einiger Euro-Staaten fußen nämlich auf vorausgegangenen Bankenkrisen. Denn der internationale Immobilienboom des letzten Jahrzehnts bis 2007 basierte auf Immobilienfinanzierungen, die insbesondere in angelsächsischen Ländern durch strukturierte Verbriefungen refinanziert wurden. Demnach wurden die Kreditforderungen durch die Kreditinstitute in Form als Wertpapiere international weit an Investoren verkauft, unter anderem auch an deutsche Kreditinstitute. Als es jedoch zu einem Zinsanstieg in den USA kam, private Immobilienbesitzer ihre dann erhöhten Zins- und Tilgungsleistungen nicht mehr bezahlen konnten und der U.S.-Immobilienmarkt in eine Abschwungphase eintrat, kam es zu Ausfällen bei den Kreditverbriefungen. Die Wertpapiere verloren zunächst an Wert und später wurden sie gar nicht mehr gehandelt. Investoren mussten entsprechende Abschreibungen auf ihre Investments verbuchen. Im Jahr 2013 kam es in Zypern sogar zur Beteiligung von Sparern an der Bankenrettung.

Zur Bedeutung von Einlagenkunden der Kreditinstitute aus Gläubigersicht
Im Handelsblatt vom 14. Mai 2013 (Nr. 91, S. 6) wurde berichtet, dass Bankkunden im Fall eines Bankenausfalls „… eine Enteignung befürchten müssten". Sicher, es mag zweifellos gesellschaftspolitische und auch wirtschaftsstabilitätspolitische Gründe des Einlagenschutzes geben, die an dieser Stelle überhaupt nicht bezweifelt werden. Aber der Beitrag verdient doch einen Hinweis darauf, dass Bankkunden im Falle einer Haftung nicht „enteignet" werden.

Bankeneinlagen sind für Kreditinstitute Verbindlichkeiten zur Refinanzierung ihrer Aktivgeschäfte. Somit stellen sie für Bankkunden Aktivgeschäfte, also Investments, dar. Diesbezüglich verhalten sich auch Privatkunden weitestgehend investitionsrational, da sie für ihre Anlagen unterschiedliche Ertrag/Risiko-Kalküle akzeptieren. Zum Beispiel sind Anlagen beim Staat relativ sicher und damit Einlagen bei staatlichen Kreditinstituten wie öffentlichen Sparkassen auch. Die Einlagenverzinsungen dort sind chronisch niedriger als bei privaten und vor allem weniger bekannten Kreditinstituten wie z. B. genossenschaftlichen PSD-Banken oder gar Auslandstöchtern. Diese Differenzierungen akzeptieren Kunden und wählen ihre Anlagen den entsprechend persönlichen Ertrag/Risiko-Profilen folgend aus. Sie verhalten sich dann als Gläubiger und geben Kreditinstituten Kredite. Die Zinsdifferenzen zwischen den einzelnen Kreditinstituten sind nichts anderes als Risikoprämien für mögliche Ausfälle der Schuldner. Käme es nun zur Insolvenz einer Bank, müssten sich die Gläubiger an ihren Gläubigerschutz halten, aber das wäre es auch gewesen. Ein Totalausfall ist möglich, da die Einlagen nicht besichert waren (auch bei Sparkassen sind eigentlich Anstaltslast und Gewährträgerhaften weggefallen).

Aus ökonomischer Sicht ist es nötig, dass im Fall von Bankenausfällen Anleger haften müssten: Würden alle Einlagen jetzt gesetzlich garantiert werden, dürfte dies zu einer Fehlallokation von Finanzmitteln führen. Denn Bankenkunden würden jetzt ausschließlich dem Ertrag folgen, da es keine Risikokomponente mehr gäbe. Demnach müssten bonitätsstarke Kreditinstitute die Einlagenverzinsung an bonitätsschwache Häuser anpassen bzw. ihre Zinssätze erhöhen, um ihre Einlagenbestände nicht zu verlieren, sodass es hier zu Ertragseinbußen käme. Erfolgreiche Arbeit wäre vom Markt nicht mehr durch geringere Renditeanforderungen der Anleger honoriert. Im Ergebnis wäre das Bankenmarkt wesentlich instabiler als ohne Einlagensicherung und Wettbewerbsverzerrungen. Allerdings wird bei diesem Gedankengang von möglichen gesellschaftspolitischen Einflüssen signifikanter Sparverluste in einer Bevölkerung auf die konjunkturelle Entwicklung einer Volkswirtschaft abstrahiert.

Auch für deutsche (vor allem öffentlich-rechtliche) Kreditinstitute (mit im internationalen Vergleich hohen Beständen an Kundeneinlagen)[34] führten diese Marktentwicklungen zu Problemen. Denn ihre Kundeneinlagen sind *erstens* nicht vollständig in die
Kreditvergabe geflossen, sondern in Kapitalmarktanlagen; *zweitens* wurden die Kapitalmarktanlagen noch erweitert durch Finanzierungen am Interbankenmarkt.[35] Signifikante
Abschreibungsvolumina auf die Kreditverbriefungen führten letztlich in den Jahren 2008
und 2009 zu hohen Verlusten der Kreditinstitute. Teilweise waren Insolvenzbedrohungen
gegeben, wie z. B. bei der Commerzbank AG, sodass der Staat hier als Investor einsprang,
um die als systemrelevant eingestufte Commerzbank AG vor der Insolvenz zu schützen. In
einzelnen Ländern waren solche Bankenrettungsfinanzierungen der letzte Schritt, der den
Gesamtstaat in Insolvenzgefahren brachte, wie in Spanien und Irland sowie teilweise in
Griechenland.

Handelsblatt, 03. April 2013, Nr. 64, S. 1
Im April 2013 ist der Löscheinsatz zwar immer noch nicht beendet, eine Zwischen-
bilanz aber lässt sich ziehen. Sie sieht düster aus. Bis zu 223 Mrd. Euro bekamen
durch die Finanzkrise in Schieflage geratene Institute wie die Commerzbank, die
Immobilienbank Hypo Real Estate oder die Mittelstandsbank IKB allein vom staatlichen Rettungsfonds Soffin als Kapitalspritzen oder Garantien. Hinzu kamen Hilfen
der Bundesländer für marode Landesbanken wie BayernLB, WestLB und HSH
Nordbank.
Der Brandschutz ist nach wie vor teuer für die deutschen Steuerzahler. So hat
sich beim Soffin seit Gründung Ende Oktober 2008 bis zum dritten Quartal 2012 ein
Verlust von 23,1 Mrd. Euro angehäuft.

Die Jahre seit 2008 spiegeln zusammenfassend genau jene schlagend gewordenen Risiken des Finanzsystems wider, die durch eine Banken-(markt-)regulierung präventiv
vermieden werden sollen. Allerdings sind Bankengeschäfte per se Risikogeschäfte, weil
das Geschäftsmodell eines Kreditinstituts speziell durch Ausfallrisiken geprägt ist. Die
Abschreibung eines Kreditengagements ist schließlich niemals auszuschließen. Demnach hieße eine Eliminierung der Bankenrisiken auch eine Eliminierung von Erfolgs-
potenzialen.
    Auch am Beispiel von Zinsänderungsrisiken aus der Fristentransformation (siehe
Abschn. 3.2) wird der Gedanke schnell deutlich: Ein Kreditinstitut verschuldet sich kurzfristig bei Kunden und verleiht diese Einlagen langfristig an Kreditnehmer. Aus Risikogesichtspunkten liegt der Zinssatz bei kurzfristigen Anlagen/Krediten niedriger als bei
langfristig gebundenen Anlagen/Krediten (das Ausfallrisiko von Schuldnern steigt mit der

---

[34] Vgl. Osman 2013, S. 30.
[35] Vgl. ausführlich Gischer et al. 2020, S. 388–394.

Kreditdauer bzw. Zinsbindungsdauer. Kreditinstitute bauen in diesen Geschäften Zinsänderungsrisiken auf, wenn steigende Zinsen zu erwarten sind. Schließlich müssten sie
ihre Kredite dann durch teurer zu verzinsende Einlagen refinanzieren, als dass die Erträge
sänken. Weil auch in diesen Zinsänderungsrisiken eine Insolvenzgefahr lauert, wäre es
schlüssig zu fordern, Kreditinstitute dürften nur in einem bestimmten durch die Aufsichts-
behörde festgelegten Ausmaß Fristentransformation betreiben.

In der Tat wird ein solcher Regulierungsansatz unter dem Begriff *Net Stable Funding Ratio*
(NSFR) diskutiert. Dazu hatte der Baseler Ausschuss für Bankenaufsicht im Rahmen der drit-
ten großen Regulierungsempfehlung (*Basel-III-Akkord*; s. u.) einen entsprechenden Vor-
schlag unterbreitet. Auf diese Weise wird an die sogenannte Goldene Bankenregel angeknüpft,
langfristige (kurzfristige) Kredite möglichst langfristig (kurzfristig) zu refinanzieren. Als
Marktkonsequenz wäre eine Reduktion der in Deutschland vorherrschenden langfristigen
Zinsbindungen (von i. d. R. zehn Jahren) zu vermuten. Insbesondere für die Wohnungs- und
Immobilienwirtschaft ergäben sich auf Kreditnehmerseite durch mögliche kürzere Zinsbindungsphasen bei aber langfristigen Kreditlaufzeiten bis zur Endtilgung (siehe Abschn. 3.5)
verstärkte Zinsänderungsrisiken. Schließlich müssten bei Zinssteigerungen Prolongationen
laufender Kreditverträge zu höheren Fremdkapitalkosten eingegangen werden. Die Zahl der
Prolongationen stiege natürlich bei kürzeren Zinsbindungsphasen.

Zur Vermeidung von Banken-(markt-)krisen wurden in der Bundesrepublik Deutschland diverse Maßnahmen ergriffen. Hier in dieser Einführung in die Finanzierungsmärkte
sollen jedoch lediglich jene skizziert werden, die einen nachhaltigen Einfluss auf die Ob-
jekt- und Unternehmensfinanzierung der Wohnungs- und Immobilienwirtschaft besitzen.
In diesem Zusammenhang sind vor allem die *Mindestanforderungen an die Eigenkapitalunterlegung für risikogewichtete Aktiva* durch Kreditinstitute anzuführen, schließlich be-
treffen sie direkt das Kreditgeschäft von Banken und Sparkassen. Nachvollziehbar ist sicher bereits, dass eine Eigenkapitalbindung im Kreditgeschäft Kosten der Kreditvergabe
verursacht, die letztlich über die Kreditkonditionen finanziert werden müssen. Steigende
Eigenkapitalanforderungen an Kreditinstitute implizieren letztlich auch höhere Kredit-
produktionskosten und deren Einpreisung in die Konditionengestaltung. Vor diesem
Hintergrund ist die Bankenregulierung dahingehend zu erörtern, ob bzw. inwieweit sie
Kapitalkosten eines Finanzmittelnachfragers über den Bankenkreditmarkt erhöht. Die
Eigenkapitalunterlegung von Kreditinstituten schützt das Finanzsystem zwar davor, dass
Kreditinstitute zu hohe Kreditvolumina aufbauen. Sie führt jedoch auch zu einer Verteuerung von Kreditkonditionen und senkt das gesamtwirtschaftliche Investitionsvolumen,
das sich in einer Volkswirtschaft über Bankenkreditmärkte finanzieren lässt. Regulierung
kann an dieser Stelle auch negative konjunkturelle Wirkungen entfalten.

▶   **Literaturhinweis** Eine durchgängig praxisrelevante, aber inhaltsintensive Dar-
      stellung der Fremdkapitalfinanzierung insbesondere über den Bankenmarkt
      liefert: **Sander, C.-D.** (2012): Mit Kreditgebern auf Augenhöhe verhandeln.
      Herne: Neue Wirtschafts-Briefe.
          Darin wird in Kap. 3 „(d)as rechtliche Korsett für Kreditgeber" sehr an-
      schaulich beschrieben.

Das *Ausmaß einer optimalen Regulierung* ist also nicht zweifelsfrei zu bestimmen. Regulierung kann und soll das Finanzsystem vor Krisen schützen. Aber Regulierungen schränken eben auch immer das Marktgeschehen ein. Ebenfalls können Regulierungen zur Abwanderung von Geschäftstätigkeiten in unregulierte Nischenzonen oder ins Ausland führen. Insofern sind Marktregulierungsintensitäten auch abhängig vom politisch-gesellschaftlichen Mainstream. Nachfolgend werden die zentralen Aspekte der international vereinbarten Bankenregulierung (Basel-I- bis III-Akkorde) beschrieben und ihre möglichen Auswirkungen auf die Finanzierungen von Unternehmen der Wohnungs- und Immobilienwirtschaft skizziert:[36]

- *Basel-I-Akkord:* Im Jahr 1988 wurde die erste internationale Vereinbarung über die Mindestausstattung von Kreditinstituten mit Eigenkapital in Höhe von 8 % der risiko-gewichteten Aktiva beschlossen. Dabei wurden unterschiedliche Aktiva eines Kredit-instituts in unterschiedliche Risikoklassen einsortiert und gewichtet. Beim Eigenkapital wurde das harte Kernkapital vom Ergänzungskapital differenziert, denn Letzteres konnte nur anteilig zum haftenden Eigenkapital gezählt werden. Diese Anforderungen wurden in das deutsche KWG teilweise noch strenger ausgelegt übernommen.
- *Basel-II-Akkord:* Im Jahr 2007 wurde der Basel-I-Akkord reformiert. Im Ergebnis steht ein Basel-II-Akkord auf drei Säulen:[37]
  1. *Mindestkapitalanforderungen:* Quantitative Vorschriften zur Eigenkapitalaus-stattung stehen im Vordergrund der ersten Säule und reformieren damit die An-forderungen des Basel-I-Akkords. Zwar gilt prinzipiell weiterhin die Mindest-relation von Eigenkapital zu risikogewichteten Aktiva in Höhe von 8 % (Solvabili-tätskoeffizient). Doch wurden im Basel-II-Akkord die Eigenkapitalabgrenzungen und Risikoberücksichtigungen zur Eigenkapitalunterlegung detaillierter verfasst. Explizit wurden (Adressen-)*Ausfallrisiken* und *Marktpreisrisiken* wie Zins-änderungsrisiken oder Kurswertänderungsrisiken berücksichtigt. Ebenfalls wurden *operationelle Risiken* aus dem Geschäftsbetrieb aufgenommen.

     In der Bankenpraxis fallen die meisten *(Eigenkapital-)Anrechnungsbeträge* mit etwa 80 % auf die Ausfallrisiken, während die übrigen beiden Risikogruppen je-weils 10 % veranschlagen. Ausfallrisiken lassen sich als *Erwarteter Verlust* (Expec-ted Loss; EL) ermitteln, indem die *Inanspruchnahme bei Ausfall* (Exposure at De-fault; EAD) mit der *Verlustquote bei Ausfall* (Loss Given Default; LGD) und der *Ausfallwahrscheinlichkeit* (Probability of Default; PD) multipliziert wird:

$$EL = EAD \times LGD \times PD$$

Hierbei sind EAD und LGD kreditspezifische Komponenten. Durch die Hinterlegung von Sicherheiten können Kreditnehmer die LGD bis auf den Wert Null senken. Dazu müssten die durch das Kreditinstitut bei Kundenausfall verwertbaren Sicherheiten

---

[36] Vgl. ausführlich die Informationen über die Basel-Akkorde in BIZ 2013a.
[37] Vgl. BIZ 2006.

mindestens so hoch sein, wie der ausstehende Kredit (EAD). Die PD ist dagegen ein kundenspezifischer Einflussfaktor und durch die Kundenbonität bestimmt. Ein schlechtes Rating wiederum kann ggf. durch verwertbare Sicherheiten kompensiert werden. Das zu hinterlegende Eigenkapital eines Aktivgeschäfts (z. B. Kreditvergabe oder Kapitalmarktanlage) muss mindestens den Anrechnungsbeträgen entsprechen.

Gischer et al. 2020, S. 178
Die erforderlichen Eigenmittel müssen mindestens die Anrechnungsbeträge decken. Diese wiederum ergeben sich aus dem Positionswert multipliziert mit einem Risikogewicht und schließlich noch dem **Solvabilitätskoeffizient** von jahrzehnte lang 8 v. H. und ab 2019 mindestens 10,5 % Im einfachsten Fall eines problemlosen Kredits an eine Nichtbank bedeutet dies – wenn mit Ratings gearbeitet wird, aber konkret keines vorliegt – ein Risikogewicht von 100 v. H. Dieses Standardgewicht gilt auch – wenn nicht mit Ratings gearbeitet wird – für alle nicht näher geregelten Fälle. In einem Beispiel müsste dann ein solcher Kredit in Höhe von 1 Mio. Euro zu 100 v. H. angerechnet werden und mit 10,5 v. H. Eigenmitteln unterlegt werden, d. h. dann 105.000 Euro. Je nach Bonität des Schuldners verändert sich das Risikogewicht auf Werte zwischen 0 (z. B. Bundesschulden) und 150 v. H., sodass der Eigenmittelbedarf für dasselbe Kreditvolumen zwischen 0 Euro und 150.000 Euro liegen kann.

Die Neuerung des Basel-II-Akkords ist demnach die Abhängigkeit der quantitativen Eigenkapitalanforderungen von den Risiken des Aktivgeschäfts; m. a. W. bedingen Ausfallwahrscheinlichkeiten bzw. Bonitäten, also die Rating-Einstufungen der Kreditnehmer, die Höhe der Eigenkapitalanforderungen (und letztlich die Kreditkosten).[38] Hierzu wird ein Adressengewichtungsfaktor eingeräumt. Unter dem Basel-I-Akkord war diese quasi stets 100 %. Für das Wohnungsbaukreditgeschäft gilt jedoch: „Ausleihungen, die vollständig durch Grundpfandrechte/Hypotheken auf Wohnimmobilien abgesichert sind, die vom Kreditnehmer bewohnt werden oder künftig bewohnt werden sollen oder die vermietet sind, erhalten ein Risikogewicht von 35 %." Somit ergibt sich die *Höhe des zu hinterlegenden Eigenkapitals* im Kreditgeschäft als Produkt aus ...

- offenem, noch nicht getilgtem *Kreditvolumen* (Bemessungsgrundlage),
- *Adressengewichtungsfaktor* (im Wohnungsbaukreditgeschäft 35 %),
- *Solvabilitätskoeffizient* (derzeit gemäß Basel-II-Akkord: 8 %).

Weil die Eigenkapitalkosten als Kostenbestandteil der Kreditbereitstellung gelten, werden sie in die Kundenkonditionen eingepreist. Denn sie stellen letztlich nur eine Ausfallrisikoprämie dar. Kunden mit guten Bonitäten erhalten somit über vordefinierte Adressen-

---

[38] Siehe dazu Rolfes 2008, S. 26.

gewichtungsfaktoren gegenüber dem Rechtsrahmen aus dem Basel-I-Akkord einen Zinssatzvorteil et vice versa. Nichtsdestotrotz werden durchschnittliche Ausfallrisikokosten der Kreditinstitute in Form von Standard-Risikokosten auf alle Einzelkredite umgelegt und sind damit Konditionenbestandteil (siehe Abschn. 3.5).

Beispiel zur Berechnung der Anrechnungsbeträge für mindestens erforderliches Eigenkapital im Kreditgeschäft

Eine Wohnungsgenossenschaft hat vor fünf Jahren einen Wohnungsbaukredit in Höhe von 15 Mio. Euro bei ihrer Hausbank aufgenommen. Seit dem Zeitpunkt der Kreditaufnahme hat sie eine unveränderte Rating-Einstufung. Ihr wird auf Grund betriebswirtschaftlich kritischer Unternehmenskennzahlen eine exorbitant hohe Ausfallwahrscheinlichkeit in Höhe von 5,0 % zugeschrieben. Häufig findet sich in der bankbetrieblichen Praxis eine Kreditbewilligungsgrenze bei einer Ausfallwahrscheinlichkeit in Höhe von 2,0 %. Doch der Kredit ist vollständig und erstrangig grundpfandrechtlich besichert. Das Kreditvolumen ist zu 5 Mio. Euro getilgt.

Berechnung des Erwarteten Verlusts (EL)

$EAD = 66,6\,\%$; $LGD = 0,0\,\%$; $PD = 5,0\,\%$ $EL = 0,666 \times 0,00 \times 0,05 = 0,0\,\%$

Weil der Kredit *vollständig* besichert ist, entstand kein EL. Dennoch ist für den Kredit Eigenkapital zu hinterlegen.

Eigenkapitalbedarf = 10 Mio. Euro x 0,35 x 0,08 = 280 Tsd. Euro ◀

---

1. Das erwartete Ausfall- und Bonitätsverschlechterungspotenzial im Kundengeschäft wird letztlich durch den EL abgebildet. Über alle Kunden eines Kreditinstituts hinweg aggregiert, wird in Form von Standard-Risikoprämien in die Kundenkondition eingepreist. Ein Kreditinstitut mit durchschnittlich bonitätsarmen Kunden und entsprechend hohen Risikokosten wird c. p. im Wettbewerbsvergleich höhere Kreditzinssätze kalkulieren. Vereinfacht ausgedrückt, wird dazu der durchschnittliche Kapitalausfall zuzüglich des entgangenen Zinsertrags für eine risikoarme Anlage in z. B. Anleihen der Bundesrepublik Deutschland auf die übrigen Bestandskunden umgelegt. „Streng genommen stellt der ‚Expected Loss' dann allerdings kein Risiko mehr dar, denn die mit ihm aktuell erwartete Wertminderung des in einer Bonitätskategorie versammelten Portfolios von Kredittiteln ist dann im Kurswertabschlag bzw. mit der in der Kreditkondition enthaltenen Risikoprämie schon berücksichtigt."[39]

2. *Qualitative Anforderungen an die Bankenaufsicht:* Diese zweite Säule ist eher nach innen in das Kreditinstitut hinein wirksam und weniger für Kreditnehmer bemerkbar. In ihr werden qualitative Anforderungen an das Bankenmanagement vollzogen, die sich in den *Mindestanforderungen für das Risikomanagement (MaRisk)* niederschlagen. Dazu zählen Vorgaben zur Aufbau- und Ablauforganisation des Kreditbereichs, zur Risikomessung oder der Ausgestaltung von Vergütungssystemen.

---

[39] Rolfes 2008, S. 11.

3. *Offenlegungspflichten der Kreditinstitute:* Zur Sicherstellung von Mindestinformations-
leistungen, verlangt der Akkord die Publikation eines vordefinierten Offenlegungs-
berichts. Er gibt Auskunft über die Eigenkapitalausstattung und Risikosituation des
Kreditinstituts. Interessierte können diesen Offenlegungsbericht über die Internet-
Präsenz des entsprechenden Kreditinstituts herunterladen und sich damit einen Überblick zur bankbetriebswirtschaftlichen Situation des Hauses machen.

- *Basel-III-Akkord:*[40] Im Hinblick auf die weltweiten Verwerfungen im internationalen
Finanzsystem seit dem Jahr 2008, die zum Beinahe-Zusammenbruch des Gesamt-
systems führten und in Staatsschuldenkrisen mündeten, entwickelte der Baseler Ausschuss für Bankenaufsicht zum dritten Mal ein wiederum aktualisiertes, in den Eigenkapitalanforderungen strengeres Regulierungspaket. Dieser Basel-III-Akkord ergänzt
die Eigenkapitalanforderungen durch die Einführung einer Verschuldungsgrenze (Laverage Ratio) sowie Liquiditätsregeln.

  Der Ausschuss selbst bietet einen Überblick zu den Inhalten des Basel-III-Akkords
  zum Download über die Internet-Präsenz der BIZ unter folgender URL bereit:

▶ **URL** „http://www.bis.org/bcbs/basel3/b3summarytable.pdf"
  (Download der PDF-Datei am 11. April 2013)

Folgende Neuerungen sollen gegenüber dem Basel-II-Akkord gelten:

- *Eigenkapitalanforderungen:* Unterschieden werden (a) *quantitative* und (b) *qualitative*
Eigenkapitalanforderung.
  a) *Quantitative Anforderungen* an die Eigenkapitalunterlegung für risikogewichtete
  Aktiva eines Kreditinstituts meinen die sukzessive Erhöhung der Mindestkapitalanforderungen. Innerhalb der Akkorde Basel I und Basel II lagen sie bei 8 %. In der
  Endstufe des Basel-III-Akkords zum Jahr 2019 werden sie voraussichtlich bei maximal 13 % liegen. Die Eigenkapitalkosten im Kreditgeschäft werden somit steigen.
  b) *Qualitative Anforderungen* an das Eigenkapital fokussieren die Abgrenzung der
  Haftungsmittel und bestimmen damit, was zum Eigenkapital in welcher Gewichtung
  gezählt werden darf.
- *Verschuldungsgrenze:* Zur weiteren Restriktion des Kreditgeschäfts wird eine Schulden-
grenze direkt zum Umsetzungsstart des Basel-III-Akkords im Jahr 2013 im Rahmen
einer Beobachtungsphase bis 2017 neu eingeführt. Sie sieht eine Obergrenze für (jetzt
nicht-risikogewichteten) Aktiva und außerbilanziellen Geschäften in Relation zum
Eigenkapital vor, die den Wert 33,3 nicht überschreiten soll. Damit soll die Eigen-
kapitalberechnung mit einem *statischen* Prozentsatz in Höhe von 3 % über alle Risikoklassen hinweg vollzogen werden und widerspricht eigentlich der Philosophie des Basel-II-Akkords (s. o.).

---

[40] Vgl. neben den Darstellungen in BIZ 2013a auch ausführlich Deutsche Bundesbank 2011.

Die Leverage Ratio wird also wie folgt definiert: „A non-risk-based leverage ratio that includes off-balance sheet exposures will serve as a backstop to the risk-based capital requirement. Also helps contain system wide build pof leverage."[41] Damit stellt die Verschuldungsgrenze auch eine Art Versicherung dar: Sollten Kreditinstitute nämlich die quantitativen Eigenkapitalanforderungen zu umgehen wissen, wäre das Kreditgeschäftsvolumen trotzdem begrenzt. In jedem Fall wäre das Ziel erreicht, Kreditinstituten ein übermäßiges Eingehen von Kreditrisiken zum Schutze des Finanzsystems zu untersagen.

- *Liquiditätsregeln* werden in kurzfristig versus langfristig ausgerichtete Ansätze differenziert. Sie stellen insbesondere auf die sich einstellenden Liquiditätsrisiken durch die Fristentransformation ab, die sich in Konsequenz des oben angegebenen Zinsänderungsrisikos bei normaler Zinsstrukturkurve ergeben. Als *normale Zinsstrukturkurve* wird ein steigender Marktzinssatz in Abhängigkeit einer steigenden Zinsbindungsdauer bezeichnet.[42] Mit wachsender Zinsbindungsdauer erwarten Kapitalgeber somit eine höhere Risikoprämie für mögliche Ausfall- und Zinsänderungsrisiken.[43] Somit wird eine Fristentransformation für Kreditinstitute zwar nicht untersagt, aber dennoch eingeschränkt.

  a) *Kurzfristige Liquiditätsanforderungen* werden durch die neu einzuführenden Liquidity Coverage Ratio (LCR) als Bankbetriebswirtschaftliche Kennzahl ausgewiesen und gesteuert. Die LCR soll im Jahr 2015 eingeführt sein. Sie berechnet sich als das Verhältnis vom *Bestand hochliquider Aktiva* zu dem *Nettozahlungsabgang unter Stress* (innerhalb von 30 Tagen); ihr Wert muss stets *größer 100 %* sein.

  b) *Langfristige Liquiditätsanforderungen* kommen durch die ebenfalls neu einzuführende Net Stable Funding Ratio (NSFR) zum Tragen. Erst im Jahr 2018 soll die NSFR gelten. Sie berechnet sich ähnlich strukturiert wie die LCR, nämlich als das Verhältnis von *tatsächlichen stabilen Refinanzierungsmitteln* zu den *erforderlichen stabilen Refinanzierungsmitteln*. Hierbei werden auf einjährige Zinsfestschreibungen abgestellt. Ziel der NSFR ist die Forcierung einer verstärkt ausgeglichenen Fristenstruktur von Aktiv- und Passivseite. Auf diese Weise sollen Kreditinstitute längere Stressphasen der Liquiditätssteuerung beherrschen können. „Insgesamt soll die NSFR […] das erhebliche Gefahrenpotential begrenzen, das von einer übermäßigen Nutzung von kurzfristigen bzw. hochfrequent revolvierenden und stressanfälligen Kapitalinstrumenten für die Finanzierung längerfristiger Aktivgeschäfte ausgeht."[44] Auf Grund der vordefinierten Einjahresfristen wird die Fristentransformation von Kreditinstituten selbstverständlich nicht vollständig, aber in der praktischen Bankengeschäftstätigkeit durchaus nachhaltig eingeschränkt.

---

[41] BIZ 2013a.

[42] Siehe dazu Abschn. 4.2.2.

[43] Vgl. ausführlich zur Zinsstrukturtheorie den zwar älteren, aber umfassenden Beitrag Kath 1972.

[44] Deutsche Bundesbank 2011, S. 32.

c) *Praxisumsetzungen:* Deutsche Geschäftsbanken, vor allem Retail-Banken, die sich primär über Kundeneinlagen refinanzieren, werden mit der LCR wenig Konfrontation erlangen. Die aktuellen Bilanzstrukturen der Häuser lassen dagegen eine durchschnittliche NSFR in Höhe von *unter* 100 % erwarten. Entsprechende Kreditinstitute, wie z. B. deutsche Sparkassen im Rahmen von Modellrechnungen, „… müssten […] bei unveränderter Struktur der Aktiva mindestens 34 % der kurzfristigen Einlagen […] in längerfristige Deposite umgewandelt werden. Dies ist äußerst anspruchsvoll und kann nur über verstärkte Kundenbindung zum Erfolg führen".[45] Die PSD Bank Rhein-Ruhr eG bot im April 2013 entsprechend einen Sparbrief mit achtjähriger Laufzeit an. Im Umkehrschluss könnte sich mittelfristig die Aktivstruktur deutscher Geschäftsbanken verändern. Im Hinblick auf eine bisher übliche zehnjährige Zinsbindungsdauer im Wohnungsbaukreditgeschäft ist dann mit einer Verkürzung zu rechnen. Gerade für die Wohnungs- und Immobilienwirtschaft mit ihren Investitionen in langlebige Investitionsobjekte dürfte sich diese Entwicklung negativ auswirken. Prolongations- und Zinsänderungsrisiken steigen schließlich bei kurzen Zinsbindungsphasen deutlich an.

• *Einführungsprozess:* Im Unterschied zu den beiden früheren Regulierungspaketen sollen die neuen Anforderungen an das Kreditgeschäft zwischen 2013 bis 2019 *sukzessive* umgesetzt werden. Diese lange Übergangsphase soll es den Kreditinstituten ermöglichen, strategisch durchdachte Maßnahmen z. B. für Kapitalerhöhungen umzusetzen. Des Weiteren können die neuen Baseler Anforderungen Einfluss auf die jeweiligen Geschäftsmodellvarianten der Kreditinstitute nehmen, sodass auch diesbezüglich den Kreditinstituten ein Zeitfenster zur Umsetzung zu Verfügung gestellt wird. Einen Überblick zu Umsetzungsfristen je Anforderungsbereich bietet der Baseler Ausschuss für Bankenaufsicht im Internet-Auftritt der BIZ:

▶   **URL** „http://www.bis.org/bcbs/basel3/basel3_phase_in_arrangements.pdf"
      (Download der PDF-Datei am 11. April 2013)

Aus Sicht der Wohnungs- und Immobilienwirtschaft hatte der Basel-II-Akkord primäre Auswirkungen auf die Konditionierungen des Kreditgeschäfts. Diese Auswirkungen sind abhängig von der Unternehmensbonität der Kreditnachfrager und können daher positiv als auch negativ sein. Die Einflüsse des Basel-III-Akkords auf das Kreditgeschäft mit der Wohnungs- und Immobilienwirtschaft fasst Abb. 3.5 zusammen.

In GdW (2012) werden die vermuteten Einflüsse des Basel-III-Akkords auf die Wohnungs- und Immobilienwirtschaft wie folgt dargestellt: „Aufgrund der Konstruktion von Basel III werden die Konsequenzen hieraus alle Kreditnehmer tragen müssen, eine Bevorzugung von einzelnen Branchen wird es nicht mehr geben. Als Folge werden die Wege der Kapitalbeschaffung vielfältiger werden müssen. Neben herkömmlichen Bank-

---

[45]Andrae 2011, S. 214.

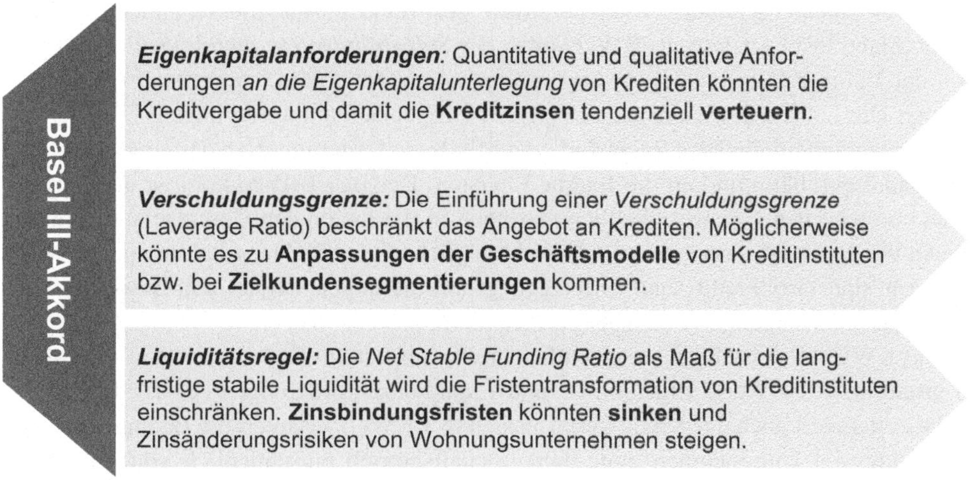

Basel III-Akkord

Eigenkapitalanforderungen: Quantitative und qualitative Anforderungen *an die Eigenkapitalunterlegung* von Krediten könnten die Kreditvergabe und damit die **Kreditzinsen** tendenziell **verteuern**.

Verschuldungsgrenze: Die Einführung einer *Verschuldungsgrenze* (Laverage Ratio) beschränkt das Angebot an Krediten. Möglicherweise könnte es zu **Anpassungen der Geschäftsmodelle** von Kreditinstituten bzw. bei **Zielkundensegmentierungen** kommen.

Liquiditätsregel: Die *Net Stable Funding Ratio* als Maß für die langfristige stabile Liquidität wird die Fristentransformation von Kreditinstituten einschränken. **Zinsbindungsfristen** könnten **sinken** und Zinsänderungsrisiken von Wohnungsunternehmen steigen.

Abb. 3.5 Mögliche Auswirkungen des Basel-III-Akkords auf das Kreditgeschäft mit Unternehmen der Wohnungs- und Immobilienwirtschaft

finanzierungen werden Finanzierungen über Versicherungen, Bausparkassen und direkt über den Kapitalmarkt in Zukunft immer entscheidender, um die eigene Unabhängigkeit auch in den bevorstehenden Zeiten zu erhalten und eine neue Chance zu nutzen."[46]

Sie setzen zwar auch bei den Eigenkapitalkosten der Kreditinstitute bei deren Kreditbereitstellungen an. Doch die Verschuldungsgrenze kann darüber hinaus zu einer rentabilitätsorientierten Verschiebung von Zielkundensegmentierungen durch Kreditinstitute kommen. Denn wenn das Wachstum des Kreditvolumens nach oben beschränkt wird, ist davon auszugehen, dass Kreditinstitute selektiver agieren werden. Ebenfalls wird es durch die NSFR zu einer Einschränkung der Fristentransformation durch Kreditinstitute kommen. Hiermit verbunden könnte zukünftig eine Reduktion der in Deutschland vergleichsweise kundenorientierten längeren Zinsbindungsphasen einhergehen.

Die GdW Arbeitshilfe 65 („Finanzierung in der Wohnungs- und Immobilienwirtschaft") kam allerdings nicht durch ausschließliche Verbandsexpertise zu Stande. Vielmehr waren AutorInnen Mitwirkende eines GdW-Arbeitskreises, der sich aus Mitarbeitern externer Unternehmen und Verbänden rekrutiert, denen entsprechend durchaus subjektive Interessen selektiver Marktentwicklungen zu unterstellen sein dürfen. Dennoch wird in der Zusammenfassung des Arbeitskreises deutlich, dass die Wohnungsbaufinanzierungen sich zukünftig vermehrt außerhalb des heute noch marktführenden Bankenkreditmarktes vollziehen könnten.

Während der Basel-II-Akkord bereits seit dem 2007 vollständig in die deutsche nationale Gesetzgebung übertragen worden ist, befindet sich die Umsetzung des Basel-III-Akkords Anfang 2013 in der Start- und immer noch Diskussionsphase. Die bereits natio-

---

[46] GdW 2012, S. 8.

nal verpflichtend geltenden Anforderungen des Baseler Ausschusses finden sich in
Deutschland insbesondere im KWG sowie der *Solvabilitätsverordnung* (SolV) und den
von der BaFin erlassenen *Mindestanforderungen an das Risikomanagement* (MaRisk)[47]
wieder. Die SolV spezifiziert insbesondere die Eigenkapitalanforderungen. Die MaRisk
sind ein vereinheitlichendes Regelwerk von Mindestanforderungen an das Kreditgeschäft,
an Handelsgeschäfte und an die Interne Revision. Der Basel-III-Akkord ist und darf jedoch europaweit nicht ausschließlich erst noch in die nationalen Gesetzgebungen übertragen werden, trotz dass es nationale Wahlmöglichkeiten der Ausgestaltung geben wird;
dennoch sind Großkredit- und Offenlegungsanforderungen bereits auf Basis der EU-
Verordnungsumsetzungen national verpflichtend.[48]

Das KWG selbst ist dagegen wesentlich breiter aufgestellt: Es fokussiert zwar ebenfalls
in grundsätzlicher Weise Eigenmittel- und Liquiditätsanforderungen (§§ 10–12 KWG).
Doch es definiert auch das Kreditwesen an sich (§ 1 KWG), erläutert die Bedingungen zur
Zulassung von Unternehmen zum Bankgeschäftsbetrieb einschließlich von Führungs-
kräften zur Vorstandsberufung (§§ 32–38), strukturiert die Aufsicht im Finanzsektor
(§§ 6 f.) und viele weitere Details mehr. Zum Beispiel wird das Kreditgeschäft explizit in
§§ 13–22 KWG reguliert und in § 13 KWG werden Grenzen für Großkredite formuliert.
Diese Großkreditbegrenzung ist insbesondere für Unternehmen der Wohnungs- und Immobilienwirtschaft wichtig, weil sie tendenziell volumenstarke Kredite aufnehmen, um
ihre Immobilieninvestitionen zu tätigen. Eine gesetzliche Begrenzung der Kreditinstitute
bei Großkrediten kann schließlich zum Ausschluss einer Bank oder Sparkasse als
Finanzierungspartnerin im Vorfeld der eigenen Finanzierungsplanung führen (siehe auch
die Beispiele in Abschn. 2.1). Vor dem Hintergrund des Basel-III-Akkords dürften die
Großkreditgrenzen der Kreditinstitute tendenziell sogar sinken.[49]

3.3.3   Bewertung der Bankenmarktregulierung

Der Markt für Wohnungsbaufinanzierungen wird zusammenfassend *einerseits* zunehmend
durch gesetzliche Anforderungen und staatliche Aufsichten reguliert. Diese verstärkte Regulierung erhöht die Produktionskosten im Kreditgewerbe signifikant. Kreditinstitute
kommen dadurch zum einen verstärkt unter Vertriebsdruck, um die erhöhten Kosten durch
verbesserte Vertriebsergebnisse zu kompensieren. Zum anderen sind sie bemüht, ihre
Produktionskosten zu senken. Dazu migrieren sie vermehrt auf zentrale Rechenzentren
(siehe z. B. den Wechsel der PSD-Bankengruppe vom Rechenzentrum der Sparda-Bankengruppe auf eines der beiden zentralen Rechenzentren der Volks- und Raiffeisenbanken-
gruppe), die wiederum sich zu zentralen Einheiten fusionieren (wollen), um kritische Be-
triebsgrößen bei Abwicklungsprozessen zu erreichen.

---

[47] Siehe dazu BaFin 2010 und DSGV 2009.
[48] Vgl. Deutsche Bundesbank 2013f, S. 58.
[49] Vgl. ausführlich Müller-Merbach 2013.

Andererseits nimmt die Wettbewerbsintensität im Geschäft mit Wohnungsbaufinanzierungen deutlich zu. Hierfür zeichnet sich ein intensivierender Preiswettbewerb verantwortlich. Er wiederum geht einher mit der oben angegebenen Konsequenz verstärkter Regulierung: Auf Grund zunehmender Standardisierung der Abwicklungsprozesse im Kreditgeschäft (siehe Abschn. 3.4) homogenisieren die Kreditangebote im Markt. Dann bleibt eigentlich nur der Preis als Differenzierungsmerkmal im Wettbewerb über. Der Preis im Kreditgeschäft umfasst als Kreditkonditionen jedoch mehr als nur den Zinssatz (siehe Abschn. 3.5) – hinzuzuzählen sind Sicherheiten in Form der Eigenkapitalanteile am Finanzierungsobjekt. Neben den in Abschn. 3.2 aufgezeigten sich über die letzten Jahre nachhaltig abgesenkten Marktzinssätzen kommt also auch noch eine Aufweichung der weiteren Konditionenbestandteile hinzu. Finanzierungen bis zu 100 % des Kaufpreises sind somit keine Seltenheit mehr im Markt. Sinkende Margen und steigende Risikokosten ergeben sich als Konsequenz für die Kreditwirtschaft. Ein solcher Prozess kann zu ruinösen Entwicklungstendenzen im Gesamtmarkt führen. Kritisch anzumerken ist an dieser Stelle, dass diese strukturelle Marktgefahr insbesondere auch durch die staatliche Regulierung forciert wird.

3.4 Einflussfaktoren auf die Kreditentscheidungen

Der Finanzierungsbedarf eines Unternehmens der Wohnungs- und Immobilienwirtschaft wird in Deutschland je nach Anlass (Objekt- versus Unternehmensfinanzierung) über die Bankenkreditmärkte oder die Kapitalmärkte abgewickelt. Zwar konnte in Abschn. 2.3 aufgezeigt werden, dass Kapitalmarktfinanzierungen an Bedeutung gewinnen. Doch es wurde auch deutlich, inwieweit kleine und mittlere Unternehmen immer noch mit ihren Finanzierungsstrukturen in den Bankenkreditmärkten verhaftet sind. Hinzu kommt, dass die besicherte Finanzierung im Wohnungsbau auf Grund hoher Standardisierungsgrade ebenfalls und dazu transaktionskostenoptimiert über den Bankenkreditmarkt abgewickelt wird (siehe Abschn. 3.2). In der Konsequenz forcieren insbesondere kleine und mittlere Unternehmen der Wohnungs- und Immobilienwirtschaft die Bankenkreditfinanzierungen und dazu im sogenannten Hausbankmodell. Demnach heißt es auch in GdW (2012):

„Das wohl wichtigste Finanzierungsinstrument für Wohnungsunternehmen ist der langfristige Kredit."[50]

Auch wenn dieser Sachverhalt nicht von zwingender Natur ist – und im Gegenteil in Kap. 4 mit Anleihen noch alternative Finanzierungsinstrumente vorgestellt und in ihrer Nützlichkeit zu diskutieren sind –, so wird an dieser Stelle die Entscheidung eines Beispielunternehmens für die Bankenkreditfinanzierung unterstellt. Im Vorfeld einer entsprechenden Beantragung einer Kreditfinanzierung ist es wichtig für potenzielle Kreditnehmer, den Kreditentscheidungsprozess von Kreditinstituten zu verstehen. Denn nur dann können entsprechende Kreditverhandlungen umsichtig und nachhaltig geführt werden (siehe Abschn. 2.5).

---

[50] GdW 2012, S. 15.

Abb. 3.6 Einflussfaktoren auf
die Kreditentscheidung von
Kreditinstituten. (Quelle: In
Anlehnung an Zantow
2007, S. 142)

Abb. 3.6 fasst dazu vier Gruppen von Einflüssen zu Faktoren zusammen, die maßgeblich
über eine Kreditzusage oder entsprechende Absage aus Sicht der Kreditinstitute entscheiden.
Hierzu zählen (1) das Rating/die Bonität des kreditnachfragenden Unternehmens, (2) die
Gesamtbanksteuerung des Kreditinstituts, (3) die für den Kredit heranzuziehenden Sicherheiten sowie (4) das Image/die Kommunikation des kreditnachfragenden Unternehmens.

Im Weiteren werden diese Einflussfaktoren sukzessive erläutert, wenngleich sie inhaltlich eng miteinander verknüpft sind:

- *Rating/Bonität:* Grundsätzliche Gefahr des Kreditgeschäfts ist das (erwartete) Ausfallrisiko des Kreditnehmers (siehe Abschn. 2.1). Insofern beeinflussen notwendigerweise
  die jeweiligen Bonitäten der Finanzkapitalnachfrager eine gewünschte Kreditzusage
  positiv. Damit Kreditinstitute Kreditantragsteller in ihrer Ausfallwahrscheinlichkeit
  quantitativ einschätzen können, führen sie (gewöhnlich) Bonitätsanalysen (auch genannt: Kreditwürdigkeitsprüfungen) durch. Im Firmenkundengeschäft meint diese
  Aufgabe insbesondere Bilanzanalysen sowie Bewertungen der erwarteten Zukunfts-
  ertragskraft. Ergänzend werden auch – falls vorhanden – externe Ratings, also Boni-
  tätsbewertungen von externen Rating-Agenturen herangezogen. Allerdings verfügen
  kleine und mittlere Unternehmen i. d. R. über keine externen Ratings, da die entsprechenden Kosten der Bonitätsbeurteilung durch die zu beurteilenden Unternehmen
  selbst getragen werden müssen und damit nicht immer in Relation zum Nutzen stehen.[51]

---

[51] Siehe zu externen Ratings (in Bezug auf Wertpapiere) die Zusammenfassung in Steiner et al. 2012,
S. 198–201.

Zur internen Bonitätsanalyse durch Kreditinstitute werden (1) traditionelle Kredit-würdigkeitsanalysen, (2) Insolvenzprognosen bzw. Kreditscoring sowie (3) Ertrags-und Volatilitätsbewertungen unterschieden:[52]

- *Traditionelle Kreditwürdigkeitsanalysen:* Im Vorfeld einer wirtschaftlichen Prüfung wird zunächst die formelle Kreditwürdigkeit in juristischer Weise hinterfragt (Entscheidungskompetenzen der Verhandlungspartner im Firmenkundengeschäft etc.). Die wirtschaftliche Prüfung fokussiert die Frage, ob die Kapitaldienstfähigkeit der Kreditnehmer dauerhaft über die Kreditvertragslaufzeit gewährleistet werden kann. Dazu sind z. B. Cash flow-Prognosen in Bezug auf potenziell kreditnehmende Unternehmen zu erstellen. Damit diese Prognosen nachhaltig sind, werden mögliche Determinanten der Cash flow-Entwicklung in quantitative und qualitative Kriterien eingeteilt. Als *quantitativ* gelten dabei die Ertragsstärke und -kontinuität, die Kapitalstruktur, Liquiditätsbestände und Sicherheiten. Von eher *qualitativer* Natur sind die Kriterien wie Managementbewertung, strategische Chancen des Unternehmens und Umweltbedingungen für das Unternehmen. Ebenfalls von zentralem Einfluss auf die Bonität des kreditnachfragenden Unternehmens ist die Bewertung der Unternehmenssteuerung und der Finanzplanung (siehe Abschn. 2.2).

  Die Ergebnisse derartiger Kreditwürdigkeitsprüfungen sind jedoch sehr subjektiv durch die jeweiligen Kreditanalysten geprägt. Allerdings nutzen Kreditinstitute entsprechende Checklisten zur Analyse,[53] die sich Kreditnehmer im Vorfeld von Verhandlungen geben lassen sollten. Letztlich aber bleiben die Mängel solcher Kreditwürdigkeitsprüfungen durch Nicht-Standardisierung bestehen. Diese Mängel zeigen sich nicht nur auf Kreditnehmerseite z. B. in risikoaversen Bonitätsunterschätzungen durch die Kreditanalysten. Sie sind auch für Kreditinstitute selbst unpraktisch z. B. auf Grund des hohen individuellen Bearbeitungsaufwands durch Kreditanalysten und damit wegen hoher Betriebskosten.

- *Insolvenzprognosen bzw. Kreditscoring* versuchen, die oben angegebenen Mängel der nicht standardisierten Kreditwürdigkeitsprüfungen durch Automatismen zu beheben. Derartige automatische Verfahren sollen den Kreditentscheidungsprozess beschleunigen und kostengünstiger machen. Dazu werden die für die Bonitätsanalyse relevanten Unternehmensdaten zu sogenannten Bonitätskennzahlen (auch genannt: Score) verdichtet. Diese Verdichtung vollzieht sich über die mathematisch-statistische Methoden der Datenanalyse. Die entsprechende Kennzahl für ein kreditnachfragendes Unternehmen wird einem vordefinierten Grenzwert gegenübergestellt, als dass der Kreditentscheidungsprozess abgeschlossen werden kann.

- *Ertrags- und Volatilitätsbewertungen* zielen auf die tatsächliche Kapitaldienstfähigkeit eines Unternehmens ab (Ertrag) und ihrem Schwankungspotenzial (Volatilität). Durch Datenverdichtungen zu Einnahmeüberschüssen werden hier Ertragswerte generiert, deren erwartete Schwankungen zusätzlich zu untersuchen sind.

---

[52] Vgl. Rolfes 2008, S. 154–176.

[53] Siehe dazu das Beispiel in Jahrmann 2009, S. 41.

– „Hierdurch wird eine Aussage darüber möglich, ob der Marktwert der Aktiva bzw. des Gesamtkapitals bei einem vorgegebenen Sicherheitsgrad unter das Fremdkapital sinken kann (der Marktwert des Eigenkapitals oder der Unternehmenswert also negativ werden kann) bzw. mit welcher Wahrscheinlichkeit des geschieht."[54] Kreditinstitute sind im Rahmen der Eigenkapitalunterlegungen für das Kreditengagement durch den Basel-II-Akkord inzwischen verpflichtet, interne sowie strukturiert-standardisierte Internal-Rating-Based-(IRB-)Verfahren anzuwenden. Als Ausnahme gilt nur der Standardansatz unter Einbezug externer Ratings (siehe Abschn. 3.3). Entsprechend haben große Kreditinstitute und Verbundgruppen eigene Rating-Systeme entwickelt. Üblicherweise steht hinter jeder Bonitätsbewertung ein entsprechend erwartetes Ausfallrisiko des kreditnachfragenden Unternehmens. Verschiedene Kreditanträge bei verschiedenen Kreditinstituten führen insofern in Abhängigkeit des verwendeten Rating-Systems zu verschiedenen Bonitätsklasseneinstufungen. Aber zu prüfen wäre, ob die unterschiedlichen Bonitätsklassen auch unterschiedliche Ausfallrisiken implizierten. Hierin wiederum spiegelte sich das Verhandlungspotenzial der Kreditnachfrager wider.

Einen sehr anschaulichen Vergleich der Bonitätsklasseneinstufungen im Hinblick auf die impliziten Ausfallrisiken findet sich in Sander (2012, S. 101, Abb. 13). Seine – zwar auf Basis des Jahres 2010 basierende – Übersicht liefert zumindest einen Vergleich der Rating-Systeme von Großbanken wie Deutsche Bank AG, Commerzbank AG und Postbank AG, als auch der Verbundgruppen von Sparkassen und Kreditgenossenschaften. Dazu werden den jeweiligen Bonitätsklasseneinstufungen entsprechende Ausfallrisikowahrscheinlichkeiten zugeordnet. „Der Vergleich von Ratingnoten unterschiedlicher Banken kann exakt nur über die Ausfallwahrscheinlichkeit vollzogen werden, deshalb sollte diese in jedem Gespräch über das Ratingergebnis mit erfragt werden."[55]

• *Gesamtbanksteuerung* meint „eine integrierte ertrags- und risikoorientierte Geschäftspolitik von Kreditinstituten".[56] In ihr fließen alle Einflüsse auf das Kundenkreditgeschäft zusammen. Daher kann aus der Gesamtbanksteuerung heraus ein bankbetriebswirtschaftlicher Kundenkreditzinssatz kalkuliert werden, der aber nicht immer direkt dem Marktzinssatz entsprechen muss (siehe Abschn. 3.5). Kreditinstitute werden inzwischen nicht mehr nur periodenorientiert über die Gewinn- und Verlustrechnung gesteuert, sondern barwertig. Insofern haben Marktzinsänderungen wesentlichen Einfluss auf die Attraktivität laufender Bankengeschäfte. Kommt es beispielsweise zu einem massiven Zinsanstieg, sind die zukünftigen Cash flows aus den Bestandskreditverträgen mit höheren Diskontierungszinsfüßen abzuzinsen, sodass der Kapitalwert des existenten Kreditgeschäfts an Wert verliert.[57]

---

[54] Rolfes 2008, S. 168.

[55] Sander 2012, S. 101.

[56] Rolfes 2008, S. 3.

[57] Siehe zur Marktzinsmethode den frühen Überblick in Rolfes/Dartsch 1997.

- *Besicherung:* Die grundpfandrechtliche Besicherung ist ein typisches Merkmal eines Wohnungsbaukredits (siehe Abschn. 3.2). Sie stellt ein dingliches Recht an einem Grundstück dar und dient bei langfristigen Kreditverträgen den Kreditinstituten zur Verlustbegrenzung bei Totalausfall der Kapitaldienstfähigkeit entsprechender Kunden. Insofern dient sie aus Sicht der Kreditnehmer letztlich zur Reduktion der Zinskosten. Bei Grundpfandrechten werden Grundschulden und Hypotheken unterschieden und sind nachfolgend von den Rentenschulden als Sonderform der Grundschulden abzugrenzen:
  - *Hypothek (§§ 1113–1190 BGB):* Sie hängt vom Bestand *einer* Forderung ab (= akzessorisches Grundpfandrecht). Die Kredittilgung löscht somit sukzessive die Hypothek. Wenn der Kredit vollständig getilgt ist, gilt auch die Hypothek als erloschen. Als Grundpfandrecht integriert die Hypothek einen dinglichen Anspruch *und* einen persönlichen Anspruch. So lautet § 1113 BGB:

„(1) Ein Grundstück kann in der Weise belastet werden, dass an denjenigen, zu dessen Gunsten die Belastung erfolgt, eine bestimmte Geldsumme zur Befriedigung wegen einer ihm zustehenden Forderung aus dem Grundstück zu zahlen ist (Hypothek).
(2) Die Hypothek kann auch für eine künftige oder eine bedingte Forderung bestellt werden."

  - *Grundschuld (§§ 1191–1198 BGB):* Besonderes Merkmal der Grundschuld gegenüber der Hypothek ist das Fehlen einer Akzessorietät. Insofern wird die Grundschuld auch als abstrakt bezeichnet, da sie von keiner konkreten Forderung abhängig ist. Ebenfalls kann sie noch nach der Gesamttilgung eines Kredits bestehen bleiben und für mögliche neue Forderungen genutzt werden. Sie erlischt also nicht durch die Tilgungsleistung automatisch wie die Hypothek. Vor diesem Hintergrund kommt ihr gegenüber der Hypothek für die unternehmerische Praxis ein transaktionskostenvorteil zu, sodass sie als die gängigere Variante der beiden hier vorgestellten Grundpfandrechte gilt.
  - Sie meint ein dingliches Recht, aus einem Grundstück oder einem Erbbaurecht die Zahlung eines bestimmten Geldbetrags einzufordern. § 1191 BGB lautet:

„(1) Ein Grundstück kann in der Weise belastet werden, dass an denjenigen, zu dessen Gunsten die Belastung erfolgt, eine bestimmte Geldsumme aus dem Grundstück zu zahlen ist (Grundschuld).
(2) Die Belastung kann auch in der Weise erfolgen, dass Zinsen von der Geldsumme sowie andere Nebenleistungen aus dem Grundstück zu entrichten sind."

  - *Rentenschuld (§§ 1199–1203 BGB):* Sie „… kann in der Weise bestellt werden, dass in regelmäßig wiederkehrenden Terminen eine bestimmte Geldsumme aus dem Grundstück zu zahlen ist (Rentenschuld)", wie es § 1199, Abs. 1 BGB formuliert. Damit ist sie für die Besicherung der langfristigen Wohnungsbaufinanzierung nicht nutzbar.

Der Besicherungsprozess startet mit der Eintragung der Finanzierung ins *Grundbuch*, das vom Grundbuchamt des ortsbezogenen Amtsgerichts geführt wird, zentrale für die Öffentlichkeit relevante Informationen über die entsprechenden Grundstücke beinhaltet und bei nachweislich berechtigtem Interesse öffentlich einsehbar ist.[58] Veranlassungen zu Grundbucheintragungen können Notare leisten. In der sogenannten Abteilung III eines Grundbuchblatts finden sich die Eintragungen zu Grundpfandrechten.

Grundstücke können allerdings in Anlehnung an § 879, Abs. 1 BGB mehrfach belastet werden: „Das Rangverhältnis unter mehreren Rechten, mit denen ein Grundstück belastet ist, bestimmt sich, wenn die Rechte in derselben Abteilung des Grundbuchs eingetragen sind, nach der Reihenfolge der Eintragungen."

- *Image/Kommunikation:* Kreditentscheidungen basieren jedoch nicht allein auf quantitativen Einflussfaktoren. Vielmehr gelten Einschätzungen des generellen Marktzustands, der Qualität des Managements sowie sonstige potenziell existenzgefährdende Tatbestände und Engpassbereiche jeweils seitens der Kreditnachfrager als qualitative Betrachtungsgegenstände. Beide Perspektiven werden zur Unternehmensbewertung im Rahmen von Kreditentscheidungsprozessen herangezogen bzw. miteinander kombiniert. Insofern erfassen Kreditinstitute auch die qualitativen Faktoren auf kardinalen Messskalen und standardisieren letztlich die Bewertungen.

  Aus Sicht des kreditnachfragenden Unternehmens kommt damit dessen generelles Image bzw. aktive Unternehmenskommunikation ein hoher Stellenwert zu. Denn ob die Qualität des Managements als besonders hoch einzuschätzen sein sollte, kann vielfältige Gründe haben, die aus externer Sicht jedoch schwer erfassbar sind. Dennoch ergeben sich in der Öffentlichkeit Bilder von der Qualität über das Image des Unternehmens und letztlich der handelnden bzw. kommunizierenden Personen. Unternehmen sollten daher aktiv die Kommunikation mit ihren Kreditgebern suchen. Hierzu bieten sich regelmäßige und unaufgeforderte Unternehmensinformationen an, die den Kreditinstituten bereitgestellt werden sollten. Je nach Größe des Unternehmens und je nach Größe der Kreditgeberanzahl eines Unternehmens können auch periodische Präsentationsveranstaltungen durchgeführt und die einzelnen Kreditinstitute direkt in das Unternehmen dazu eingeladen werden.

Auch wenn die Kommunikation zu Kreditinstituten inzwischen eine neue Dimension der Wertigkeit erreicht haben mag – und nichtsdestotrotz, als dass die Ertragskalkulationen der Kreditinstitute aus deren Gesamtbanksteuerungen hinaus aus Sicht der Kreditnachfrager nicht exakt nachzuvollziehen sein mag, kommen der Kundenbonität und Kreditsicherheit die größte Bedeutung zu unter den vier Einflussfaktoren auf die Kreditentscheidung durch ein Kreditinstitut. Eigenen Projekterfahrungen zur

---

[58] Vgl. ausführlich Jahrmann 2009, S. 94–98.

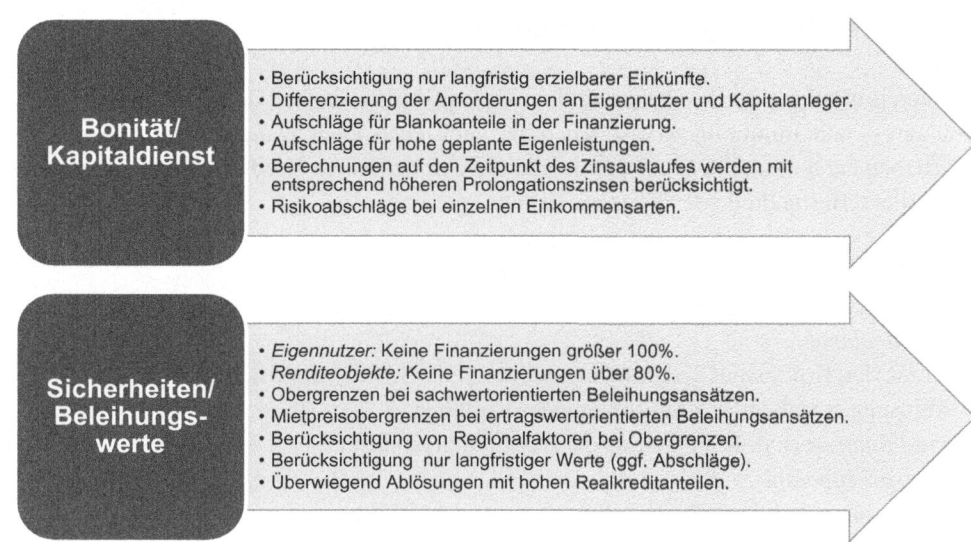

Abb. 3.7 Standardisierungskriterien im Wohnungsbaukreditgeschäft

Folge lassen sich für das (standardisierte, private) Wohnungsbaukreditgeschäft explizite Anforderungen gemäß Abb. 3.7 zusammenfassen.

Hierzu zählt unter dem Aspekt Bonität/Kapitaldienst die Berücksichtigung der kundenindividuellen Vermögens- und Liquiditätssituationen. Vor dem Hintergrund der Sicherheiten und Beleihungswerte wird vor allem der jeweils kreditindividuelle Hintergrund berücksichtigt – also ob es sich um Wohnungsbau- und Gewerbebauimmobilien handelt. Auch werden in der bankbetrieblichen Praxis verschiedene Limite je Beleihungsansatz berücksichtigt. Dabei wird das Sachwertverfahren (Basis sind die Kosten für Grundstück und Immobilie) für die Beleihung eigengenutzter Immobilien und das Ertragswertverfahren (Basis sind die zukünftig erzielbaren Erträge) für die Beleihung von Renditeobjekten herangezogen.[59]

Zusammenfassend kommt den Rating-Systemen der Kreditinstitute im IRB-Verfahren die wesentlichste Bedeutung im Rahmen der Kreditentscheidung seitens der Kreditinstitute zu. Neben quantitativen Faktoren gewinnen trotzdem qualitative Faktoren zunehmend an Entscheidungsrelevanz. Im Ergebnis werden die vier hier aufgezeigten Einflussfaktoren auf die Kreditentscheidung eines Kreditinstituts zum entsprechenden gesamten Rating-Ergebnis verdichtet. Somit sind auch alle vier Einflussfaktoren Stellhebel, um die Kapitalkosten eines Unternehmens zu senken.

---

[59] Siehe zu den Verfahren der Immobilienbewertung ausführlich Metzger 2010, S. 59–152, sowie zusammenfassend Brauer 2013, S. 499–509.

3.5   Kreditvertrag und Darlehensberechnungen

Zur Durchführung einer Bankenkreditfinanzierung wird zwischen dem Unternehmen der
Wohnungs- und Immobilienwirtschaft (aber auch eben jeder anderen juristischen oder
natürlichen Person) und dem entsprechenden Kreditinstitut ein Kreditvertrag geschlossen.
Wesentliche Bestandteile des Vertrags sind:[60]

- Name des *Kreditnehmers* und des *Kreditgebers*,
- *Kreditart* wie z. B. langfristiger Wohnungsbaukredit (Darlehen),
- *Kreditvolumen*,
- *Zweck* des Kredits auf Kreditnehmerseite wie z. B. Investitionskredit oder Kredit zur
  Ablösung bestehender Kreditlinien oder Darlehen,
- *Kreditlaufzeit* (i. d. R. länger als die Zinsbindungsphase),
- *Inanspruchnahme*,
- Rückzahlungsart bzw. *Tilgungsform*,
- mögliche vereinbarte *Sondertilgungen*,
- dynamische *Zinsmarge* bei variabel verzinslichen Krediten, was bei Wohnungsbau-
  krediten eher selten vorkommt,
- *Zinssatz* als zentraler Wettbewerbsstellhebel der Kreditinstitute in nominaler Form
  (=Nominalzinssatz) und unter Einbezug weiterer Kostenkomponenten als effektive
  Form (=Effektzinssatz); zu unterscheiden ist hier, ob es sich generell um eine *Zinsfest-
  schreibung oder einen variablen Zinssatz* handelt. Variable Zinssätze werden
- i. d. R. in Abhängigkeit (als Aufschlag von fix vereinbarten Prozentpunkten) eines
  Referenzzinssatzes (i. d. R. der Dreimonats-Euro-Referenzzinssatz am Interbanken-
  markt EURIBOR/Euro Interbank Offered Rate) definiert.
- *Bereitstellungsprovision* für die Phase des möglichen bis zum tatsächlichen Kreditabrufs,
- *Sicherheiten* (Art der Besicherung, Ränge etc.),
- *Bearbeitungsgebühren*.

Dem Kundenkreditzinssatz kommt für Kreditnehmer eine besondere Bedeutung zu.
Schließlich entscheidet dieser über die wirtschaftliche Attraktivität von Kreditangeboten
im Wettbewerbsvergleich. Die Zinszahlungsverpflichtung geht dazu aus dem BGB hervor.
Dort heißt es in § 488, Abs. 1, Satz 2 BGB, der Darlehensnehmer sei *verpflichtet*, einen geschuldeten Zins zu zahlen. Während sich die Rückzahlung aus dem vordefinierten Kreditvolumen ergibt und damit im Vergleich von Kreditangeboten gleichbleibt, unterliegt der
Zins(-satz) häufig institutsindividuellen Schwankungen. Um den Zinssatz nachvollziehen
bzw. verschiedene Angebote vergleichen zu können, ist es sehr wichtig, seine Determinanten und Kalkulationsstruktur zu verstehen. Wesentliche Bestimmungsfaktoren

---

[60]Vgl. Schüler 2011, S. 398–400.

des Kundenkreditzinssatzes sind (unter Auslassung von Wettbewerbseinflüssen) seine Produktionskosten. Sie setzen sich aus folgenden vier Bausteinen zusammen:[61]

- *Refinanzierungskosten:* Kreditinstitute können ihr Kreditgeschäft einerseits über das Kundengeschäft sowie andererseits die Geld- und Kapitalmärkte mittels Anleihen oder Schuldscheine refinanzieren (siehe Abschn. 3.1). Für die Wohnungs- und Immobilienwirtschaft sind vor allem die Retail-Häuser von großer Bedeutung (siehe Abschn. 3.2), sodass Wohnungsbaukredite primär über Kundeneinlagen refinanziert sind. Hierzu zählen *zum einen* Spareinlagen mit Kündigungsfristen von drei Monaten (= klassische Sparbücher) als auch Termineinlagen bis zu einem Jahr. *Zum anderen* zählen zur Refinanzierung von langfristigen Darlehen auch täglich fällige Kundeneinlagen wie verzinste Tagesgeldkonten als auch zumeist unverzinsliche Einlagen auf Girokonten. Diese kurzfristige Refinanzierung langfristiger Kredite stellt die bereits angesprochene Fristentransformation dar und impliziert in Niedrigzinsphasen Zinsänderungsrisiken; allerdings liegt hier drin auch das Geschäftspotenzial des Retail-Banking (siehe Abschn. 1.2).
- *Betriebskosten:* Die Bereitstellung und (Risiko-)Überwachung eines Kredits führt zu Bearbeitungskosten des Kreditinstituts, die auf den Kundenpreis des Kredits angerechnet werden. Die Höhe der Bearbeitungskosten hängt damit von den institutsindividuellen Abwicklungsprozessen ab. Anders verhält es sich bei den Eigenkapitalkosten als Konsequenz der regulatorischen Anforderung, Risikoaktiva eines Kreditinstituts mit vordefinierten Eigenkapitalsätzen zu unterlegen. Diese Eigenkapitalvorhaltung ist ebenfalls als Kosten in der Zinssatzkalkulation zu berücksichtigen.
- *Risikokosten:* Die Ausfallrisiken eines Kreditgeschäfts werden in Form des erwarteten Verlusts quantifiziert und als Standard-Risikokostensatz in die Kreditkonditionen eingepreist (siehe Abschn. 3.3). Je nach Strukturierung der Zinssatzkalkulation lassen sich auch Liquiditätskosten selektieren und hinzurechnen. Sie entstehen durch Vorhaltung von Liquidität, um die Risiken der Fristentransformation zu reduzieren.
- *Gewinnmarge:* Die Summe von Refinanzierungs-, Betriebs- und Risikokosten ergibt zunächst einen Mindestzinssatz für das Kundenkreditgeschäft, der die Produktionskosten deckt, die dem Kreditinstitut durch den Kredit entstehen. Erst eine ergänzende Kalkulation von Soll- bzw. Nettomarge und ihre Einpreisung in den Kundenzins eröffnet dem Kreditinstitut ein Gewinnpotenzial. Lauer (2012) fasst dagegen die Margenkalkulation weiter und integriert in sie die oben angegebenen Betriebs- und Risikokosten (ohne Liquiditätskosten).[62] Aus Veranschaulichungsgründen wird hier in diesem Buch die herangezogene Kalkulationsstruktur gewählt und für das nachfolgende Beispiel verwendet.

---

[61] Vgl. hierzu Brakensiek 2013, S. 10; einen kompakten Überblick zur Zinssatzkalkulation im Kundenkreditgeschäft liefert Lauer 2012.
[62] Vgl. Lauer 2012, S. 215.

Vereinfacht lässt sich eine Kreditzinssatzkalkulation für eine zehnjährig zinsgebundene Baufinanzierung wie folgt herleiten: Basis ist die laufzeitkongruente und risikoarme Alternativanlage, z. B. in Bundeswertpapiere zu 1,0 %. Als Bearbeitungskostensatz gelten 0,5 % (was recht hoch ist) und als Eigenkapitalkostensatz reichen 0,4 % (= Solvabilitätskoeffizient × Adressenanrechnungsfaktor × Eigenkapitalkostensatz). Es bleibt noch der Standard-Risikokostensatz in Höhe von 0,5 % zu berücksichtigen, um den Mindestzinssatz in Höhe von 2,4 % zu berechnen. Angenommen, das Beispielinstitut kalkuliere eine Gewinnmarge in Höhe von 0,5 %, ergäbe sich der Kundenkreditzinssatz in Höhe von 2,9 % wie folgt:

• Risikoarmer Zinssatz:	1,0 %
• Betriebskostensatz:	0,9 % (= 0,5 % + 0,4 %)
• Risikokostensatz:	0,5 %
• *Mindestzinssatz:*	*2,4 %*
• Gewinnmargensatz:	0,5 %
• **Kundenkreditzinssatz:**	**2,9 %**

Ob ein kalkulierter Kundenkreditzinssatz marktfähig ist, muss allerdings noch das Marketing eines Kreditinstituts prüfen. Hier kann es zu Abweichungen in beide Richtungen kommen. *Zum einen* könnte das Kreditinstitut derart effiziente Abwicklungsprozesse besitzen, als dass die Zinssatzkalkulation unterhalb des Marktzinssatzes läge. Dann wäre es möglich, die Gewinnmarge bzw. Soll-/Nettomarge zu erhöhen. *Zum anderen* könnten die Prozesse entsprechend ineffizient gestaltet sein und im Ergebnis müsste die Gewinnmarge eingeschränkt werden, um als Kreditinstitut marktfähig zu bleiben. Allerdings fehlten dann Finanzmittel für Investitionen in den Marktauftritt und das entsprechende Haus fiele wohl sukzessive im Wettbewerb zurück.

Für den Vertrieb ist die Refinanzierung des Darlehens zunächst unerheblich, weil er das Ziel verfolgt, durch das Kundengeschäft einen höheren Ertrag als durch die risikoarme Anlage am Geld- und Kapitalmarkt zu generieren. Dieser Mehrertrag wird *aktivischer Konditionsbeitrag* des *Ergebnisbeitrags* genannt. Der *passivische Konditionsbeitrag* ergibt sich aus dem refinanzierenden Kundengeschäft gegenüber der fristenkongruenten Geldmarktfinanzierung. Der *Strukturbeitrag* ist der zweite Bestandteil des Ergebnisbeitrags. Er ist Konsequenz der Fristentransformation und basiert auf der Zinsdifferenz zwischen lang- und kurzfristigen Geld- und Kapitalmarktzinssätzen der jeweiligen Gegengeschäftskalkulation. Damit verdeutlicht der Strukturbeitrag die Vorteilhaftigkeit des Geschäfts allein auf Basis der Zinsstrukturkurve.[63]

---

[63] Konditions- und Strukturbeitrag werden im Rahmen der Marktzinsmethode kalkuliert; vgl. hierzu ausführlich Rolfes 2008; Wimmer 1993.

Wenn ein konkreter Kundenkreditzinssatz vorliegt, kann ein Kreditinstitut je nach gewählter Tilgungsform den Zins- und Tilgungsplan erstellen. Hierbei werden i. d. R. drei Grundformen unterschieden:[64]

- *Gesamttilgung (als endfälliges Darlehen oder Zinsdarlehen):* Die Kreditrückzahlung erfolgt beim endfälligen Darlehen zum Laufzeitende einmalig zu 100 % als Gesamttilgung. Somit sind über die Laufzeit des Kredits hinweg konstante Zinszahlungen zu leisten. Möglich ist auch ein Auflaufen der Zinsen ebenfalls zum Laufzeitende, wie es häufig bei Finanzierungen mit Bauträgern und Projektentwicklern der Fall ist (siehe Abschn. 3.6).
- *Ratentilgung (als Tilgungsdarlehen):* Wesensmerkmale sind in dieser Tilgungsvariante konstante Tilgungsleistungen über die Kreditlaufzeit hinweg. Damit reduzieren sich die Zinszahlungen je Berechnungsperiode über die Laufzeit hinweg. Im Vergleich der drei Tilgungsgrundformen führt die Ratentilgung strukturbedingt zu den geringsten Zinsbelastungen über die Kreditlaufzeit hinweg.
- *Annuitätentilgung (als Annuitätendarlehen):* Als Annuität wird eine über eine vordefinierte Laufzeit hinweg gleichbleibende Zahlung bezeichnet. Im Fall der Annuitätentilgung bleibt über die Kreditlaufzeit hinweg die Summe aus Tilgung und Zinszahlung (Annuität bzw. der zu leistende Kapitaldienst) je Zahlungsperiode konstant.

Beide Annuitätenbestandteile setzen sich je Periode und Tilgungsstand anteilsmäßig *neu* zusammen. Jede Tilgung über die Laufzeit hinweg reduziert nämlich die Zinslast. Die entsprechende Zinsersparnis wird in eine Tilgungssteigerung übertragen. Insofern sinkt bei konstantem Tilgungssatz die Kreditlaufzeit bei höheren Kreditzinssätzen im Vergleich zu niedrigeren Kreditzinssätzen. Der Grund dafür ist die höhere Zinsersparnis nach Teiltilgung bei höheren Zinssätzen. So sinkt bei einem anfänglichen Tilgungssatz von 2 % z. B. die Kreditlaufzeit bei einem Zinssatz in Höhe von 5 % von 36,26 Jahre auf 26,26 Jahre bei einem Zinssatz von 9 %.[65]

Die Laufzeit des Kredits kann einerseits vorgegeben werden oder andererseits tilgungsabhängig sein, wenn im Kreditvertrag eine Tilgungsvereinbarung fixiert wird. Aktuell im Sommer 2013 sind einige Retail-Banken dazu übergegangen, Volltilgungsdarlehen anzubieten, als dass Kreditlaufzeit und Zinsbindungslaufzeit übereinstimmen. Zum Beispiel bot die Sparda-Bank Hamburg eG Mitte April einen zehnjährigen Wohnungsbaukredit mit einem Zinssatz unter 2 % und einer Tilgung in Höhe von rund 9 % an, dessen Rückzahlung nach zehn Jahre vollzogen wäre.[66]

---

[64] Vgl. für viele Brauer 2013, S. 477–481; Jahrmann 2009, S. 104–109.

[65] Vgl. Brauer 2013, S. 479 (Abb. 6.6).

[66] Vgl. das Angebot im Internet-Auftritt der Sparda-Bank Hamburg eG unter der URL: „http://www.sparda-bank-hamburg.de/kredite/immobilienfinanzierung/volltilger/?ad=banner_volltilger0313&aktionsNr=26101033&act=reset" (Abruf der WWW-Seite am 21. April 2013).

In der Finanzierungspraxis werden jedoch Annuitätendarlehen zumeist mit festem Zins- und anfänglichem Tilgungssatz vereinbart. Damit ist die Laufzeit des Kredits abhängig vom Tilgungssatz und i. d. R. länger als die Zinsbindungsvereinbarung. Typischerweise aber wird diesem Sachverhalt in der etablierten Lehrbuchliteratur zumeist nicht entsprochen und stattdessen von Volltilgungsdarlehen ausgegangen.[67] Die Berechnung von Annuitäten- bzw. Kapitaldienst je Zahlungsperiode wird bei Volltilgungsdarlehen über den Annuitätenfaktor AF der Investitionsrechnung vollzogen. Er leitet sich aus der Zinseszinsrechnung ab und lautet mit i für den Zinssatz in Dezimalform und n für die Kreditlaufzeit:[68]

$$AF_i^n = \frac{(1+i)^n \times i}{(1+i)^n + 1}$$

Zur Veranschaulichung der Annuität und ihrer Berechnung ist der oben angegebene Beispielkredit über 1,5 Mio. Euro heranzuziehen. Unterstellt wird in Tab. 3.1 eine Vertragslaufzeit und Zinsbindungsdauer von fünf Jahren bei einem Nominalzinssatz (= annahmegemäß der Effektivzinssatz; s. u.) in Höhe der oben berechneten 2,9 % p. a. Die Annuität sei jeweils zum Periodenende bzw. nachschüssig zu zahlen. Um sie zu errechnen, muss das Kreditvolumen mit dem AF multipliziert werden. Unter Einsetzen der gegebenen Informationen in die AF-Formel ergibt sich sodann ein Kapitaldienst p. a. in Höhe von 326,6 Tsd. Euro.

Annuität $= 1,5$ Mio. Euro $\times\ AF^5_{0,029} = 1,5$ Mio. Euro $\times\ 0,2177 = 326,6$ Tsd. Euro

In einem Zins- und Tilgungsplan lassen sich beide Kapitaldienstkomponenten separat auflisten. Dabei berechnet sich für die Periode t_1 die Zinszahlung durch Multiplikation des Kreditvolumens mit dem Nominalzinssatz:

$Zins: 1,5$ Mio. Euro $\times\ 2,9\% = 43,5$ Tsd. Euro

Wird der Zinsbetrag von der Annuität abgezogen, ergibt sich der Tilgungsbetrag für die Periode t_1 mit:

$Tilgung: 326,5$ Tsd. Euro $- 43,5$ Tsd. Euro $= 283,1$ Tsd. Euro

Für die zweite Verrechnungsperiode besteht nun ein um die erste Tilgung verringertes Kreditvolumen in Höhe von 1,2 Mio. Euro. Entsprechend sind in Periode t_2 Zinsen in Höhe von 35,3 Tsd. Euro zu leisten (= 1,2 Mio. Euro x 2,9 %) und 291,3 Tsd. Euro sind zu tilgen. Wie bereits oben beschrieben, steigt der Tilgungsanteil mit der Kreditlaufzeit an, während die absolute Zinslast je Periode sinkt. Im Beispiel von Tab. 3.1 wird der Kredit dann in Periode t_5 vollständig getilgt sein.

---

[67] Siehe für viele Gondring 2013, S. 728–730; Jahrmann 2009, S. 105.

[68] Vgl. ausführlich zur mathematischen Herleitung der AF-Formel Schüler 2011, S. 80 f.

Tab. 3.1 Beispiel zur Annuitätenberechnung[a] und Aufsplittung der Annuität in die Kapitaldienste Zinszahlungen und Tilgungsleistungen

Periode[b]	0	1	2	3	4	5
Kreditvolumen	1.500.000					
Annuität[c] …		326.597	326.597	326.597	326.597	326.597
… Zinsen		43.500	35.290	26.842	18.149	9204
… Tilgung		283.097	291.307	299.755	308.448	317.393
Offene Kreditlinie	1.500.000	1.216.903	925.596	625.841	317.393	0
Summe der Annuitäten	1.632.986					
Zinszahlungen insgesamt	132.986					

a) Annahmen: Kreditvolumen: 1,5 Mio. Euro; Kreditlaufzeit: 5 Jahre; Kapitaldienst nachschüssig
  p. a.; Nominalzins: 2,9 %
b) Alle Angaben in Euro
c) Die Angaben sind der Übersicht halber ohne negative Vorzeichen dargestellt, obwohl es sich um
  Auszahlungen handelt

Die einzelnen Werte dieser Berechnungstabelle müssen jedoch nicht manuell per Kopf-rechnen berechnet werden. Sehr hilfreich ist hier ein Tabellenkalkulationsprogramm wie Microsoft Office Excel (Microsoft Corporation):[69] Die Annuität wird darin über die For-mel „RMZ" (**R**egel**m**äßige **Z**ahlung) durch Einsetzen des Kreditvolumens, des Nominal-zinses und der Kreditlaufzeit bestimmt.[70] Zur Selektion der Zinszahlungen je Periode dient die Funktion „ZINSZ" (**Zins**zahlungen) und der Tilgung „KAPZ" (**Kap**italrückzahlung). Umgekehrt berechnet die Funktion „ZINS" durch Eingabe der Annuität, der Perioden-anzahl und des Kreditvolumens den (implizierten) Zinssatz.

„Excel" hilft auch für den praxisnäheren Fall, als dass Zins- und anfänglichem Tilgungssatz im Rahmen einer Kreditverhandlung fixiert werden. Angenommen, der Tilgungssatz für das hier betrachtete Beispiel betrüge 3 % (= 45 Tsd. Euro), ergäbe sich eine Annuität je Periode in Höhe von 88,5 Tsd. Euro (= Zins + Tilgung gemäß Tab. 3.1). Mittels der „Excel"-Funktion „ZZR" (Anzahl der **Z**inszahlungs**r**äume) ergibt sich eine Kreditlaufzeit bis zur Volltilgung in Höhe von 23,7 Jahren. Die mathematische Her-leitung der Berechnung erfolgt über den natürlichen Logarithmus und lautet mit A^* für die Summe von Zins- und Tilgungssatz als Prozentwert absolut und T^* für den Tilgungs-satz als Prozentwert absolut:[71]

$$Kreditlaufzeit\,(n) = \frac{\ln A^* - \ln T^*}{\ln(1+i)}$$

---

[69] Vgl. zur Nutzung von „Excel" für Annuitätendarlehen Schüler 2011, S. 51 f.

[70] Bei allen hier betrachteten „Excel"-Funktionen ist beim Einsetzen entsprechender Werte in die Programmmaske auf korrekte Vorzeichen für Ein- bzw. Auszahlungen (positiv bzw. negativ) zu achten.

[71] Vgl. Maier 2007, S. 172.

Für das aktuelle Beispiel gilt somit:

$$Kreditlaufzeit(n) = \frac{\ln\,(2{,}9+3) - \ln\,3}{\ln\,(1+0{,}029)} = 23{,}7\,\text{Jahre}$$

Eine alternative Berechnungsmethode für die Kreditlaufzeit unter Vorgabe von Zins- und anfänglichem Tilgungssatz schlagen Wöhe et al. (2009) vor:[72] Ausgangssituation ist die Option, Annuitätenfaktoren quasi auf Lager als Zinssatz/Laufzeit-Kombinationen zu berechnen. Derartige Matrizen notieren in der horizontalen Dimension Zinssätze (1 %, 2 %, 3 % etc.) und in der vertikalen Laufzeiten in Jahren (1, 2, 3 etc.).

Es werden zumeist nur natürliche Zahlen als Werte gelistet.[73] Vor dem Hintergrund der Annuitätenberechnung als:

$$Annuität = Kreditvolumen \times AF_i^n$$

… lässt sich auch nach dem Annuitätenfaktor umformen zu:

$$AF_i^n = \frac{Annuität}{Kreditvolumen}$$

… bzw. für das hier relevante Ausgangsbeispiel des fünfjährigen Kredits gilt:

$$AF_i^n = \frac{326{,}6\,\text{Tsd.\,Euro}}{1{,}5\,\text{Mio.\,Euro}} = 0{,}218$$

Die Standardform einer Annuitätenfaktoren-Matrix liefert Laufzeiten jedoch nur für einen 2-prozentigen oder einen 3-prozentigen Zinssatz. Die entsprechende Kreditlaufzeit kann über diesen Weg noch nicht exakt erfasst werden, sondern liegt zwischen fünf und sechs Jahren. Für die Beispielvariation mit der 3-prozentigen Tilgung gilt:

$$AF_i^n = \frac{88{,}5\,\text{Tsd.\,Euro}}{1{,}5\,\text{Mio.\,Euro}} = 0{,}059$$

Jetzt liegt die Laufzeit gemäß Annuitätenfaktoren-Matrix um 22 Jahre. Das Ergebnis wäre also auf Grund der ungenauen Zinssatzannahme nicht korrekt. Doch dieser indirekte Berechnungsweg gibt zumindest eine Richtlinie für die Kreditlaufzeit vor. Im Falle von Zinssätzen ohne Nachkommastellen kann über Restwerte sogar die exakte Kreditlaufzeit berechnet werden.

Sinkende Tilgungssätze verlängern c. p. demnach die Kreditlaufzeit signifikant. Um die fünfjährige Kreditlaufzeit aus Tab. 3.1 zu gewährleisten, ist demnach ein Tilgungssatz in Höhe von 18,9 % nötig (= 283,1 Tsd. Euro/1,5 Mio. Euro x 100). Die Gesamtzinskosten

---

[72] Vgl. Wöhe et al. 2009, S. 232.
[73] Siehe z. B. eine Annuitätenfaktoren-Matrix in Schüler 2011, S. 563.

dieses fünfjährigen Kredits belaufen sich auf 133,0 Tsd. Euro (=(5 x 326,6 Tsd. Euro) – 1,5 Mio. Euro). Dagegen belaufen sich die Gesamtzinskosten des 24-jährigen Kredits auf 597,5 Tsd. Euro. Entsprechend steigen die Gesamtzinskosten mit einem Absenken der Tilgungsrate nachhaltig.

Sinkende Zinssätze verlängern c. p. ebenfalls die Kreditlaufzeit deutlich. Läge im Beispiel der Zinssatz p. a. bei 1,5 % (s. o. mit 2,9 %) ergäbe sich eine erhöhte Kreditlaufzeit in Höhe von 27,2 Jahren (s. o. mit 23,7 Jahren). Zu begründen ist diese Veränderung durch die Variation der Zinsanteile an der Annuität je Periode.

Ein Vergleich der drei vorgestellten Tilgungsformen jeweils des endfälligen Darlehens, des Raten- und Annuitätendarlehens führt aus Kapitalkostengesichtspunkten zum Priorisieren des Tilgungsdarlehens. Denn bei dieser Tilgungsform mit periodisch gleichbleibenden Zahlungswerten wird der Kredit schnellstmöglich abbezahlt. Beim endfälligen Darlehen wäre es definitionsgemäß einmalig zum Laufzeitende und beim Annuitätendarlehen steigt der Tilgungsanteil erst über die Laufzeit des Kredits an. Demnach führt die Ratentilgung c. p. zu den geringsten Gesamtzinskosten im Vergleich der Darlehensvarianten bzw. Tilgungsformen.

Das Annuitätendarlehen ist trotzdem im Markt für Wohnungsbaufinanzierungen vorherrschend. Eine Begründung dafür ist *zum einen* die Planungssicherheit auf Grund der gleichbleibenden Kapitaldienstleistungen je Periode. *Zum anderen* ist es für Investoren auch gar nicht immer sinnvoll, möglichst schnell und zeitnah nach der Kreditauszahlung zu tilgen. Schließlich hängt die Tilgungsfähigkeit von der Zahlungsstromstruktur der Investition ab. Wenn z. B. Projektentwickler oder Bauträger erst nach vollständigen Investitionstätigkeiten mit Finanzrückflüssen rechnen können, wird für sie sogar ein endfälliges Darlehen sinnvoll sein.

Bislang wurden die oben angegebenen Beispielrechnungen in zweierlei Hinsicht simplifiziert: (1) Unterstellt waren Jahresperioden, dabei werden Zins- und Tilgungsleistungen i. d. R. *monatlich* verrechnet. (2) Und verrechnet wurde der Nominalzins, stattdessen ist der sogenannte *Effektivzins* zur Kalkulation heranzuziehen; in ihm sind vordefinierte Kostenbausteine ergänzend eingepreist, die von Kunden bei Kreditabschluss zu tragen sind. Beide Aspekte werden im Weiteren erläutert:

- *Unterjährige Kapitaldienstleistungen:* In der Lehre wird zur besseren Veranschaulichung von Tilgungsformen zumeist Jahresperioden verwendet. In der praktischen Wohnungsbaufinanzierung herrscht jedoch primär die monatliche Verrechnung von Kapitaldiensten vor. Zur Anpassung auf eine unterjährige, monatliche Verzinsung sind die Perioden über die Kreditlaufzeit auf Monatsbasis anzupassen. Für das Beispiel in Tab. 3.1 hieße es, die Kreditlaufzeit von fünf Jahren auf 60 Monate zu variieren. In Anbetracht der oben angegebenen Berechnungsschritte ergäbe sich eine monatlich zu leistende Annuität in Höhe von 26,9 Tsd. Euro. Die Gesamtzinskosten sänken auf 113,2 Tsd. Euro ab, weil die monatliche Tilgung die Kreditrückzahlung unterjährig beschleunigt. Die Umstellung der Kapitaldienstleistungen auf monatliche Basis führte also zu einer Reduktion der Gesamtzinskosten des Kredits um 19,8 Tsd. Euro.

Kalkulieren Sie das Beispiel aus Tab. 3.1 in „Excel" nach und variieren Sie darin die jährliche Kapitaldienstverpflichtung zur monatlichen ab. Führt die Umstellung bei Ihnen ebenfalls zu einem Zinskostenvorteil in Höhe von 19,8 Tsd. Euro? Erstellen Sie in Analogie zu Tab. 3.1 auch einen Zins- und Tilgungsplan für ein endfälliges Darlehen sowie ein Ratendarlehen, wobei Sie für letztere Variante den Tilgungssatz in Höhe von 20 % unterstellen sollten. Wie hoch sind jeweils die Zinskosten über die Gesamtlaufzeit?

- *Effektivzins:* Der tatsächlich den Kreditnehmern verrechnete (effektive) Zinssatz umfasst alle im Kreditvertrag implizierten Preisvereinbarungen und wird Effektivzinssatz genannt.[74] In der Lehrbuchliteratur wird oft nur ein mögliches Disagio[75] bzw. ein Auszahlungsabschlag als Bestimmungsfaktor für den Effektivzins genannt. Allerdings ist das Disagio inzwischen kein praxisrelevantes Kreditgestaltungselement mehr. Preisbestimmend für den Effektivzins sind vielmehr die oben angegebene Anzahl der Zinszahlungstermine, die gewählte Tilgungsform sowie Bearbeitungsgebühren. Hintergrund hierfür ist die verbrauchschutzorientierte Preisangabenverordnung (PangV) für Deutschland. Sie konkretisiert in § 6, Abs. 3 PangV: „In die Berechnung des anzugebenden Vomhundertsatzes sind als Gesamtkosten die vom Kreditnehmer zu entrichtenden Zinsen und alle sonstigen Kosten einschließlich etwaiger Vermittlungskosten, die der Kreditnehmer im Zusammenhang mit dem Kreditvertrag zu entrichten hat und die dem Kreditgeber bekannt sind, mit Ausnahme folgender Kosten einzubeziehen:
  1. Kosten, die vom Kreditnehmer bei Nichterfüllung seiner Verpflichtungen aus dem Kreditvertrag zu tragen sind;
  2. Kosten mit Ausnahme des Kaufpreises, die vom Kreditnehmer beim Erwerb von Waren oder Dienstleistungen unabhängig davon zu tragen sind, ob es sich um ein Bar- oder Kreditgeschäft handelt;
  3. Kosten für die Führung eines Kontos, auf dem sowohl Zahlungen als auch in Anspruch genommene Kreditbeträge verbucht werden, Kosten für die Verwendung eines Zahlungsauthentifizierungsinstruments, mit dem sowohl Zahlungen getätigt als auch Kreditbeträge in Anspruch genommen werden können, sowie sonstige Kosten für Zahlungsgeschäfte, es sei denn, die Kontoeröffnung ist Voraussetzung für die Kreditvergabe oder die mit dem Konto verbundenen Kosten sind weder im Kreditvertrag noch in einem anderen mit dem Verbraucher geschlossenen Vertrag klar und getrennt ausgewiesen;

---

[74] Vgl. zum Effektivzins zusammenfassend Maier 2007, S. 170.

[75] Als Disagio wird der Differenzbetrag zwischen zu verzinsendem Kreditvolumen und tatsächlicher Kreditauszahlung in Prozent bezeichnet. Ein Disagio in Höhe von 5 % reduziert das tatsächlich ausgezahlte, Kreditnehmern zur Verfügung gestellte Kreditvolumen eines Millionenkredits auf 950 Tsd. Euro. Verzinst werden jedoch die 1 Mio. Euro zu aber einem tendenziell niedrigeren Nominalzinssatz. Damit stellt das Disagio eine Zinsvorauszahlung dar (vgl. Brauer 2013, S. 485).

4. Kosten für solche Versicherungen und für solche anderen Zusatzleistungen, die keine Voraussetzung für die Kreditvergabe oder für die Kreditvergabe zu den vorgesehenen Vertragsbedingungen sind;
5. Notarkosten;
6. Kosten für Sicherheiten bei Immobiliardarlehensverträgen im Sinne des § 503 des Bürgerlichen Gesetzbuchs."

Der Effektivzinssatz ist gemäß § 6, Abs. 2 (inkl. Anlage) PangV auf Basis der dynamischen Investitionsrechnung (Methode des Internen Zinsfußes)[76] zu kalkulieren. Seine Vergleichbarkeit über die Angebote verschiedener Kreditinstitute hinweg ist jedoch eingeschränkter Natur. So bildet der Effektivzins z. B. keine Schätzkosten, Bereitstellungszinsen und mögliche Kontoführungsgebühren ab. Dennoch ist seine Angabe bei Bankenwerbung für Kredite gemäß § 6 a, Abs. 1 PangV verpflichtend und für Kreditnachfrager eine Richtlinie zur Kalkulation tatsächlich anfallender Kosten im Falle eines reellen Kreditgeschäfts. ◄

▶ **Merke** In gesamtwirtschaftlichen *Niedrigzinsphasen* sollten Schuldner tendenziell einen relativ *hohen* Tilgungssatz wählen, um die marktseitigen Zinsersparnisse in Tilgungsleistungen zu wandeln. Auf diese Weise lassen sich die Fremdkapitalkosten minimieren. Auch langfristige Zinsfestschreibungen bieten sich an. Für *Hochzinsphasen* gilt der umgekehrte Sachverhalt, wenn nach Ablauf der dann relevanten Zinsbindungsdauer eine Zinswende erwartet wird. Dann sollte zunächst ein niedriger Tilgungssatz und eine kurze Zinsfestschreibung (oder sogar ein variabler Zinssatz) vereinbart werden. Bei anstehenden Kreditprolongationen könnte der Zinssatz nachverhandelt und am sich möglicherweise neu eingestellten, niedrigeren Marktzinsniveau ausgerichtet werden. Auch auf diese Weise ließen sich Fremdkapitalkosten optimieren. Der im Jahr 2013 im Markt vorherrschende Regeltilgungssatz im Wohnungsbaukreditgeschäft mit Firmenkunden liegt bei 3 % bis 4 % und Kunden können bei Kreditinstituten teilweise Zinsfestschreibungen über 15 Jahre vereinbaren.

3.6 Besonderheiten von Bankenkreditfinanzierungen für Bauträger und Projektentwickler

Bislang wurde in Kap. 3 des vorliegenden Buchs von einer langfristigen Bankenkreditfinanzierung in den Wohnungsbau ausgegangen, der im langfristigen Eigentum der Kreditnachfrager bleibt (= *Endfinanzierung*). In diesem Fall investieren Immobilieninvestoren in den Aufbau und Erhalt des eigenen Immobilienbestands. Ziele hierfür können einerseits die Eigennutzung und andererseits die Erzielung von Erträgen aus Vermietungen sein. Für diesen Modellfall wurde in Abschn. 3.5 das Annuitätendarlehen als marktübliche Darlehensvariante erläutert.

---

[76] Vgl. für viele Schierenbeck/Wöhle 2012, S. 416–419.

Allerdings gibt es auch Geschäftsmodelle, in denen Investoren nur zwischenzeitlich Eigentümer der zu finanzierenden Immobilien sind. Zum einen können Immobilien zum Weiterverkauf erworben werden, zum anderen können sie zum Weiterverkauf neu gebaut werden. Unternehmungen, die explizit zum Weiterverkauf Immobilien gewerbsmäßig zunächst im eigenen Namen und zumeist auf eigene Rechnung bauen, werden *Bauträger* und auch *Projektentwickler* genannt. In ihren Fällen wird im Markt von *Zwischenfinanzierungen* gesprochen. Sie zeichnen sich durch eine andere Risikostruktur als Endfinanzierungen aus:[77]

- *Endfinanzierung:* Bei der Endfinanzierung bestehen Risiken hinsichtlich Wertbestandhaltigkeit der Immobilie und ggf. ein Vermietungsrisiko. Kreditinstitute sind bei der Besicherung der Wohnungsbaufinanzierung daher an der dauerhaften Werthaltigkeit der Immobilie interessiert. Entsprechend vorsichtig wird der Beleihungswert einer Immobilie angesetzt. Nur bei Endfinanzierungen über Bauphasen hinweg ergibt sich ergänzend ein Risiko der möglichen Überschreitung geplanter Baukosten (= Baukostenrisiko).
- *Zwischenfinanzierung:* Dagegen zeichnen sich Zwischenfinanzierungen insbesondere durch die Finanzierungen von Bau- und Vermarktungsphasen aus. Als wesentliche Risiken gelten:
  - *Fertigstellungsrisiko:* Sollte der Kredit für Bauträger oder Projektentwickler ausfallen, bevor die Unternehmungen bzw. dessen bauausführende Firmen die Immobilie fertiggestellt haben, kann es für die den Kredit bereitstellende Bank oder Sparkassen nur schwer möglich werden, Kreditsicherheiten zu verwerten. Eine Zwangsvollstreckung von nicht fertiggebauten Immobilien führt i. d. R. dazu, dass nicht ausreichende Mittel durch die Sicherheitenverwertung zu erlösen sind.
  - *Baukostenrisiko:* Während bei Endfinanzierungen ein Baukostenrisiko optional existiert, ist es bei Bauträgerfinanzierungen inhärent. Eine Überschreitung geplanter Baukosten führt zur Finanzierungslücke. Soll sie über einen Bankenkredit geschlossen werden (alternativ ließe sie sich selbstverständlich auch über eine Eigenkapitalfinanzierung schließen), müsste die vereinbarte Darlehenssumme erhöht werden. Wenn die Darlehenssumme jedoch bereits den Beleihungswert der Immobilie ausgereizt hat, muss auf einen unbesicherten Kredit ausgewichen werden oder zusätzliche Sicherheiten sind heranzuziehen. In jedem Fall steigen somit die Kapitalkosten des Wohnungsbauvorhabens überproportional.[78]
  - *Vermarktungsrisiko:* Sollten Bauträger oder Projektentwickler die Absatzchancen falsch eingeschätzt haben, besteht die Gefahr des Nicht-Verkaufs oder des Verkaufs unter dem Kalkulationspreis. Insofern meint das Vermarktungsrisiko letztlich auch ein Umsatzrisiko der Immobilienunternehmung, sodass dessen Bonität nachhaltig in Gefahr geraten kann. Das Ausmaß des Vermarktungsrisikos ist damit von zentraler

---

[77] Vgl. hier und im Weiteren Brauer 2013, S. 515–529.

[78] Bei Endfinanzierungen im Privatkundenbankgeschäft wird in diesen Situationen häufig auf einen konditioneteureren Konsumentenkredit ausgewichen.

Bedeutung für die Kreditentscheidung durch ein Kreditinstitut. Aus diesem Grund werden auch die Vertriebskompetenzen und -aktivitäten des Bauträgers oder des Projektentwicklers seitens der Kreditinstitute im Rahmen der Kreditentscheidung bewertet.

– *Liquiditätsrisiko:* Sollte es nicht pünktlich zur Kreditauszahlung kommen, eine Immobilienunternehmung jedoch schon in Zahlungsverpflichtungen stehen, kann es zu Liquiditätsengpässen kommen. Gründe für eine spätere Auszahlung können fehlende Unterlagen des Bauträgers oder Projektentwicklers sein, die der Bank noch nicht eigereicht wurden oder sonstige nicht erfüllte Voraussetzungen zur Kreditauszahlung. In diesem Fall käme es wie bei dem schlagend werdenden Baukostenrisiko zu weiteren Zwischenfinanzierungen und damit einer nachhaltigen Verteuerung der Kapitalkosten. Kreditinstitute werden daher Liquiditätspläne der Kreditantragssteller für die nächsten sechs bis zwölf Monate detailliert prüfen sowie die Ergebnisse in ihre Kreditentscheidungen einfließen lassen.

– *Verwendungsrisiko:* Insbesondere Bauträger können mögliche Liquiditätsengpässe teilweise durch die zweckentfremdete Mittelverwendung aus unterschiedlichen Bauvorhaben bzw. -finanzierungen auflösen. Schließlich verfolgen sie gewöhnlich mehrere Bauvorhaben parallel. Eine vollständige Kontrolle der zweckgerichteten Mittelverwendung durch ein Kreditinstitut ist nicht möglich, sodass hier stets für Kreditinstitute ein Verwendungsrisiko bestehen bleibt.

Vor diesem Hintergrund basiert die Bankenkreditfinanzierung von Bauträgern und Projektentwicklern auch nicht auf langfristigen, immobilienspezifisch grundbuchbesicherten Annuitätendarlehen (siehe Abschn. 3.5). Stattdessen werden in der Finanzierungspraxis kurz- bis mittelfristige, endfällige Darlehen, häufig mit auflaufenden Zinsen vereinbart. Zins- und Tilgungsleistungen werden dabei erst zum Laufzeitende geleistet und durch die Verkaufserlöse der Immobilienunternehmung erwirtschaftet. Als Sicherheiten für Kreditinstitute werden Globalgrundschulden mit Freistellungserklärungen sowie eine Abtretung der Verkaufserlöse hinterlegt.

▶ **Hinweis** Kreditinstitute berechnen bei Bauträgerfinanzierungen gewöhnlich sehr hohe Bearbeitungsentgelte. Der ursprünglich vereinbarte Kreditrahmen entspricht nämlich nicht der letztlich geringeren tatsächlichen Inanspruchnahme des Darlehens durch einen Bauträger. Denn gewöhnlich werden solche Darlehen nur stufenweise abgerufen und Voreinzahlungen auf Grund von Vorverkäufen kompensieren die Salden. Dennoch steht der gesamte Kreditrahmen vollständig zur Verfügung und ist seitens des Kreditinstituts mit Eigenkapital zu unterlegen. Für Kreditinstitute entsteht dadurch ein erhöhter Arbeitsaufwand, sodass sie entsprechende Bearbeitungsentgelte verrechnen. Daher ist Kreditinstituten in Kreditverhandlungen mit Bauträgern die Höhe der Gebühren häufig wichtiger als Zinssatz.

Verdeutlicht werden soll diese Darlehensform an Hand des weitergeführten Beispiels aus Abschn. 3.5 (siehe dort Tab. 3.1 mit dem Annuitätendarlehen). Der dort angeführte

Tab. 3.2 Beispiel eines Zins- und Tilgungsplans für ein endfälliges Darlehen[a] mit differenzierter Kapitaldienststruktur (Zinsen p. a. und auflaufend)

Periode[b]	0	1	2	3	4	5
Kreditvolumen	1.500.000					
Zinsen[c] ...						
... p. a.		*43.500,0*	*43.500,0*	*43.500,0*	*43.500,0*	*43.500,0*
... auflaufend		*43.500,0*	*44.761,5*	*46.059,6*	*47.395,3*	*48.769,8*
Offene Kreditlinie	*Rückzahlung[c]*					
... p. a.	*1.500.000*	*1.500.000*	*1.500.000*	*1.500.000*	*1.500.000*	*1.500.000*
... auflaufend	*1.500.000*	*1.543.500*	*1.588.262*	*1.634.321*	*1.681.716*	*1.730.486*
Zinszahlungen insgesamt						
... p. a.	217.500					
... auflaufend	230.486					

a) Annahmen: Kreditvolumen: 1,5 Mio. Euro; Kreditlaufzeit: fünf Jahre; Kapitaldienst nachschüssig
p. a. und auflaufend; Nominalzins: 2,9 %
b) Alle Angaben in Euro
c) Die Angaben sind der Übersicht halber ohne negative Vorzeichen dargestellt, obwohl es sich um
Auszahlungen handelt

Volltilgungskredit mit einem Kreditvolumen in Höhe von 1,5 Mio. Euro, einer fünf-jährigen Laufzeit und einem Zinssatz p. a. in Höhe von 2,9 % soll jetzt endfällig getilgt werden. Dazu differenziert Tab. 3.2 die Zinszahlungen in Leistungen p. a. und ebenfalls endfälliger Zahlung (= auflaufend).

Im Fall der jährlichen Zinszahlungen wird das endfällige Darlehen mit dem konstanten Zinsbetrag in Höhe von 43,5 Tsd. Euro vergütet, weil die Kreditlinie vollständig bis zur Endtilgung in Höhe von 1,5 Mio. Euro bestehen bleibt. Die Summe der Zinszahlungen be-läuft sich auf 317,5 Tsd. Euro und liegt damit deutlich oberhalb des Annuitätendarlehens in Höhe von 133,0 Tsd. Euro. Das Annuitätendarlehen reduziert dagegen die durchschnitt-liche Kreditlinie pro Periode im Vergleich zum endfälligen Darlehen mit 1,5 Mio. Euro auf 917,2 Tsd. Euro.[79] Entsprechend niedriger verzinst sich ein Annuitätendarlehen gegenüber dem endfälligen Darlehen.

Für den Fall der auflaufenden Zinszahlung erhöht sich beim endfälligen Darlehen die offene Kreditlinie pro Periode über das ursprüngliche Kreditvolumen hinaus. Zum Ende der Periode 5 sind entsprechend nicht nur 1,5 Mio. Euro zu tilgen, sondern zusätzlich alle zuvor nicht p. a. geleisteten Zinsen inklusive Zinseszins. Hier im Beispiel belaufen sie sich auf 230,5 Tsd. Euro. Endsprechend beläuft sich die endfällige Rückzahlung insgesamt auf über 1,7 Mio. Euro. Die auflaufenden Zinsen erhöhen die Summe aller Zinszahlungen nochmal um 13,0 Tsd. Euro gegenüber dem endfälligen Darlehen mit periodischen Zins-zahlungen auf Grund des Zinseszinseffekts.

---

[79] Vgl. zur Berechnung der durchschnittlichen Kreditlinie pro Periode auch das Annuitätendarlehen in Tab. 3.2 (Abschn. 3.5), es gilt: Summe der offenen Kreditlinien pro Periode dividiert durch die Anzahl der Perioden (hier: 4585,7 Tsd. Euro/5 = 917,2 Tsd. Euro).

Aus Sicht kreditgebender Banken und Sparkassen erscheint das Geschäft mit Bauträgern und Projektentwicklern bzw. der Vertrieb endfälliger Darlehen durchaus risikoreicher und wegen der erhöhten Risiken bearbeitungsintensiver als Endfinanzierungen mit Annuitätendarlehen. Doch letztere Kreditgeschäfte können sich als Anschlussgeschäfte vor allem aus der Bauträgerkooperation ergeben. Schließlich sind Kreditinstitute bemüht, die Endfinanzierungen abzuwickeln, die sich ergeben, wenn die Bauträger ihre Objekte an Dritte veräußern.

3.7   Möglichkeiten der Förderkreditfinanzierungen

Bankenkredite zur Wohnungsbaufinanzierungen bieten in Deutschland nicht nur Geschäftsbanken an. In Abschn. 3.1 wurden bereits Banken mit Sonderaufgaben und die KfW vorgestellt, die ebenfalls im Finanzierungsmarkt engagiert sind. Sie sind bestrebt, zum Marktzinsniveau zinsgünstige Kredite zur Förderung politisch gewünschter Investitionsaktivitäten einer Volkswirtschaft bereitzustellen. Als größte deutsche Förderbank (ohne den Status des Kreditinstituts) wurde dazu schon die KfW angeführt (siehe Abschn. 3.1).

Förderbanken oder Innovationsbanken der Bundesländer bzw. die KfW vergeben Kredite an *förderwürdige* natürliche und juristische Personen für vordefinierte Investitionsvorhaben. Welche Vorhaben oder Personen als förderwürdig betrachtet werden, ist somit Ergebnis politischer Entscheidungsprozesse. Die Wohneigentumsförderung zählt für die Bundesrepublik Deutschland zu den förderungswürdigen Themen, als dass Förderprogramme der entsprechenden Förderbanken für die Objekt- und Unternehmensfinanzierung der Wohnungs- und Immobilienwirtschaft relevant sind. Hinzukommen Überschneidungen von Branchen- und Umweltinteressen. Denn das ökologisch orientierte Investieren wird ebenfalls gefördert, sodass die Wohnungs- und Immobilienwirtschaft auch von diesem Förderthema profitieren kann.[80] Die KfW bietet als bundesweit agierende Förderbank hierzu eine entsprechend themenintegrierte Übersicht zu Ihren Förderprogrammen in Ihrem Internet-Auftritt an. Aktuelle Kreditprogramme bieten Kreditzinssätze zwischen 1,0 % und 1,41 % für vordefinierte und volumenbeschränkte Darlehen – durchschnittliche Kreditzinsen für Wohnungsbaufinanzierungen mit Geschäftsbanken liegen im April 2013 dagegen je nach Zinsbindungsdauer zwischen 2,0 % und 3,0 % (siehe Abschn. 3.2). Entsprechende Informationen sind im Internet-Auftritt der KfW abrufbar:

▶   **URL** „https://www.kfw.de/inlandsfoerderung/Unternehmen/Wohnwirtschaft/
     Förderprodukte/Förderprodukte-(S3).html"
     (Abruf der WWW-Seite am 30. April 2013)

---

[80]Weitere förderungswürdige Themen lassen die Website-Besuche entsprechender Förderbanken identifizieren; hierzu zählen z. B. die allgemeine Förderung des Außenhandels, der Entwicklungshilfe, des Mittelstands, Förderungen von Unternehmensgründungen und Innovationstätigkeiten, der Bildung und des Ausbaus von Infrastrukturen; siehe dazu exemplarisch das Förderspektrum der KfW in KfW 2013a, S. 46 f.

Beide Themen, Förderung von Wohnungsbauaktivitäten und das ökologisch orientierte Investieren, integriert z. B. das Förderprogramm 153 („KfW-Effizienzhaus"). Hierzu bietet die KfW in ihrem Internet-Auftritt einen kompakten Überblick:

▶ **URL** „https://www.kfw.de/153"
    (Abruf der WWW-Seite am 30. April 2013)

„Das Förderprogramm dient der zinsgünstigen langfristigen Kreditfinanzierung der Errichtung oder des Ersterwerbs von KfW-Effizienzhäusern mit niedrigem Energieverbrauch und CO_2-Ausstoß. Die Förderung soll darüber hinaus die finanzielle Belastung durch die Bau- und Heizkosten reduzieren und diese für den Nutzer langfristig kalkulierbarer machen.

• Der Zinssatz wird in den ersten zehn Jahren der Kreditlaufzeit aus Bundesmitteln verbilligt.
• Bei Nachweis des KfW-Effizienzhaus-Niveaus 40 oder 55 (inklusive Passivhaus) wird zusätzlich ein Teil der Darlehensschuld (Tilgungszuschuss) erlassen."[81]

Hierbei gelten spezifische Voraussetzungen für die KfW-Effizienzhaus-Niveaus, die von der KfW im Internet-Auftritt bereitgestellt werden:[82] Hierzu zählen zum einen Anforderungen an Sachverständige zur energetischen Fachplanung und Baubegleitung sowie zum anderen an die Immobilien selbst bzw. an den Jahres-Primärenergiebedarf und den Jahres-Heizwärmebedarf. Im Internet-Auftritt der KfW sind die wesentlichen Kreditinformationen hinterlegt wie z. B.:

• *Fördergegenstände* sind Neubauten und Käufe von KfW-Effizienzhäusern.
• *Effektiver Jahreszinssatz:* 1,41 % p. a.
• *Maximales Kreditvolumen:* 50 Tsd. Euro je Wohneinheit.
• *Tilgungszuschuss:* bis 5 Tsd. Euro.
• *Kombination* mit anderen Fördermitteln möglich.

Die NRW.Bank als Beispiel einer Landesförderbank gliedert das allgemeine Förderthema „Wohnen" in die Unterthemen: (1) Wohnungsneubau/-erwerb, (2) Wohnraummodernisierung/-ausbau sowie (3) Wohnraum-Sonderförderung. Unterschieden werden ihre einzelnen Programme hinsichtlich einer Vielzahl von Zielgruppen wie z. B. privater und öffentlicher Unternehmen einerseits und Privatpersonen andererseits. Doch auch die NRW.Bank fasst die Wohnwirtschaft als Konglomerat einer gleichgesinnten Interessens-

---

[81] Vgl. KfW 2013b, S. 1.
[82] Vgl. KfW 2013c.

gruppe zusammen, sodass im Internet-Auftritt der Bank ein branchenspezifischer Zugang für *die Wohnungswirtschaft* möglich ist:

▶   **URL** „http://www.nrwbank.de/de/service/external/produktsuche/Produkte-zum-Thema-Wohnen"
     (Abruf der WWW-Seite am 30. April 2013)

Festzuhalten bleibt an dieser Stelle, dass die Nachfrage der zinsvergünstigten Darlehen von Förderbanken die Fremdkapitalkosten wohnungs- und immobilienwirtschaftlicher Unternehmen senken können. Auf Grund der begrenzten Kreditvolumina, die je Wohneinheit höchstens abrufbar sind, *ergänzen* Förderkredite die Darlehen von Geschäftsbanken jedoch nur. Dennoch bietet sich unter Umständen eine Kombination beider Produkte an. Ein solcher Kreditmix war bereits Gegenstand einer empirischen Erhebung im Jahr 2011:[83] Die entsprechende Studie konnte – zumindest für das Privatkundenbankgeschäft

• ein kundenseitiges Interesse untermauern, Förderkredite primär aus Preisaspekten nachzufragen, als aus intrinsisch-ökologischem Verständnis. Dieser Intention hat sich auch die Dr. Klein & Co. AG mit Blick auf die Wohnungswirtschaft verschrieben und ein spezielles Produkt entwickelt. Es handelt sich um eine Kombination aus tilgungsfreiem KfW-Darlehen und einem Bausparvertrag mit dem Ziel, die KfW-Konditionenvorteile nutzbar zu machen. Informationen zum entsprechenden Produkt sind im Internet abrufbar unter:

▶   **URL** „http://www.drklein.de/deed.html"
     (Abruf der WWW-Seite am 30. April 2013)

3.8 Alternative Finanzintermediäre neben Banken und Sparkassen

In diesem Buch wurden bislang Geschäftsbanken und dazu insbesondere private Kreditbanken, öffentliche Sparkassen und Kreditgenossenschaften als primäre Darlehensgeber betrachtet. Als traditionelle Formen der Immobilienfinanzierung gelten aber auch Quasi-Bankenfinanzierungen mittels (1) Bauspardarlehen und (2) Versicherungsdarlehen:

• *Finanzierung mittels Bausparverträge:*[84] Bausparverträge verpflichten Bausparer zur Ansparung von (Bauspar-)Einlagen zum Zweck einer *späteren* Zuteilung eines Bauspardarlehens. Hierbei wird eine Bausparsumme vertraglich fixiert, die sich zum Beginn der Darlehenslaufzeit aus Bausparguthaben und Bauspardarlehen ergibt. Primär

---

[83] Vgl. Knüfermann 2012a.
[84] Vgl. GdW 2012, S. 88–90; Maier 2007, S. 128–131.

richtet sich Bausparen an Privatkunden (siehe Abschn. 3.1), doch in GdW (2012) wird in der Bausparfinanzierung auch eine Absicherungsoption von Zinsänderungsrisiken gesehen (siehe Abschn. 5.2).[85]

Die Zinsvereinbarung für die Rückzahlung der Restschuld von Darlehensverträgen mit einer geringeren Zinsbindungsdauer als die Kreditlaufzeit lässt sich im Vorfeld der notwendig werdenden Prolongation vereinbaren bzw. fixieren. Solche Vereinbarungen werden *Forwards* genannt. Sie sind mit Zinsaufschlägen verbunden und lohnen sich für Kreditnehmer nur, wenn die Forwards-Kosten kleiner als die erwarteten einzusparenden Zinskosten sind. Demnach werden sie primär in Niedrigzinsphasen nachgefragt.

Bausparverträge können somit Forwards-Funktionen übernehmen. Doch bislang war die Wohnungs- und Immobilienwirtschaft nicht sehr engagiert in der Bausparfinanzierung. Der Marktanteil von Bausparkassen wurde bereits in Abschn. 3.2 mit kleiner 4 % beziffert. In GdW (2012) wird das geringe Interesse wie folgt begründet:

„Zum einen wurden die Anlagezinsen auf Bausparverträgen früher als zu gering empfunden. In Zeiten eines niedrigen Zinsniveaus befinden sich die Anlagesätze jedoch durchaus auf Kapitalmarktniveau. Zum anderen sind die Berater der Bausparkassen traditionell auf die Betreuung von Privatkunden ausgerichtet. Die erforderlichen Kompetenzen in der Beratung von Firmenkunden werden nun erst ausgebaut bzw. durch unabhängige Finanzierungsspezialisten bereits vorgehalten. Als weiterer Nachteil wird auch die Unsicherheit über den Zuleitungszeitpunkt genannt, da dieser gesetzlich nicht garantiert werden darf."[86]

Vor dem Hintergrund dieser Produktkomplexität erscheint ein Zinsmanagement mittels Forwards wesentlich überschaubarer (siehe Kap. 5). Dennoch bietet die Bausparfinanzierung auch einen wesentlichen Vorteil, und zwar tendenzielle Nachrangigkeit in der Besicherung und einen Beleihungsauslauf in Höhe von bis zu einem 80 % des Beleihungswerts. Der Beleihungsauslau f bei Geschäftsbanken liegt gewöhnlich bei 60 % und wird darüber hinaus zumeist nur mit Zinsaufschlägen angeboten (siehe Abschn. 3.3).

• *Finanzierung mittels Versicherungsdarlehen:*[87] Neben Banken und Sparkassen sowie Bausparkassen sind auch Versicherungen, vor allem Lebensversicherungen im Markt für Wohnungsbaufinanzierungen engagiert. Auf der Suche nach rentablen und ins Risikoprofil der Versicherungen passenden Anlagen für ihre eingenommenen Versicherungsprämien gehören grundpfandrechtlich besicherte Wohnungsbaufinanzierungen insbesondere in Niedrigzinsphasen in ihr Anlageprofil.

Die Versicherungen sind im *Privat- und Firmenkundengeschäft* als Darlehensgeber aktiv:

– *Privatkundengeschäft:* Im Fall der Kreditangebote für Privatkunden handelt es sich häufig um kombinierte Produkte aus kapitalgedeckter Lebensversicherung und endfälligem Darlehen, welches durch die Auszahlung der Lebensversicherung

---

[85] Siehe dazu GdW 2012, S. 88 f.

[86] GdW 2012, S. 89.

[87] Vgl. Maier 2007, S. 131–134.

(=Versicherungssumme und Überschussbeteiligung) getilgt wird. Dazu müssen Kreditlaufzeit und Versicherungsdauer übereinstimmen.

– *Firmenkundengeschäft*: Für Firmenkunden ist diese Produktkombination natürlich weniger sinnvoll. Hier generieren Versicherungen ihre Darlehensvergaben primär aus den eingenommenen Prämien. Auch sind Versicherungen nicht nur im grundpfandrechtlich besichertem Wohnungsbaukreditgeschäft aktiv, sondern zusätzlich auch in der Gewerbeimmobilienfinanzierung, die verstärkt projektfinanzierungstechnische Strukturen aufweist.[88]

Auf Grund sehr restriktiver gesetzlicher Anforderungen an das Kreditgeschäft durch Versicherungen in Deutschland, werden Kredite zumeist nur als erstrangige Darlehen mit einem Beleihungsauslauf nur in Höhe von bis zu einem 60 % des Beleihungswerts angeboten. Darlehenskalkulatorisch kann ein aus Versicherung und Darlehen kombiniertes Finanzierungsprodukt nur günstiger als der Marktzins sein, wenn die Rendite der Versicherungsleistung größer als der Marktzinssatz für Fremdkapital wäre. In einer Niedrigzinsphase mit derzeit massiv sinkenden Garantieverzinsungen im Versicherungsgeschäft erscheint eine entsprechende Anforderungserfüllung jedoch als fraglich (siehe Abschn. 4.1). Vorteilhaft ist jedoch die gewöhnlich sehr lange Zinsbindungsdauer (z. B. 15 oder auch 30 Jahre) und großen Kreditvolumina, die Versicherungen gegenüber den Geschäftsbanken für Wohnungsbaufinanzierungen anbieten können.

Die Allianz SE z. B. baute das Geschäftsfeld der Gewerbeimmobilienfinanzierungen seit der Jahrtausendwende massiv aus:[89] Dabei fokussierte sie zunächst den U.S.-Immobilienmarkt und seit 2011 auch den europäischen. Im Jahr 2011 betrug das Neugeschäft mit Gewerbeimmobilienfinanzierungen rund 1,0 Mrd. Dollar. Hier ist auf das durchschnittliche Geschäftsvolumen einer deutschen Kreditgenossenschaft in Höhe von 0,7 Mrd.. Euro (etwa 0,9 Mrd. Dollar) hinzuweisen (siehe Abschn. 3.1), um die Größenordnung des Neugeschäfts der Allianz SE in nur einem Geschäftsjahr zu erfassen. Dennoch gelte das Finanzierungsgeschäft nur als eine Kapitalanlageform unter vielen, es stelle kein volumenorientiertes Geschäftsfeld dar.

Alles in allem sind beide Finanzierungsformen primär auf Privatkunden ausgerichtet. Für die Wohnungs- und Immobilienwirtschaft stellen sie konzeptionell keine wirklich vorteilhafte Alternative gegenüber dem Bankenkredit dar. Einzig die langen Zinsbindungsphasen bei Versicherungsdarlehen lassen diese auf einem niedrigen Zinsniveau attraktiv erscheinen. Letztlich unterliegt jedoch das Geschäftsfeld der Wohnungsbau- und Immobilienfinanzierungen hohen Zukunftsunsicherheiten auf Grund geplanter neuer Regulierungen der Versicherungsbranche. So wird unter dem Stichwort „Solvency II" in der Politik ein Regulierungspaket ähnlich der Basel-Akkorde für die Kreditwirtschaft dis-

---

[88] Siehe dazu z. B. Reuter 2010, S. 131.

[89] Vgl. Brede 2011, S. 872 f.

[90] Siehe dazu Thelen-Pischke/Eibl 2011, S. 699–702.

kutiert,[90] das in der bislang bekanntgemachten Form das Kreditgeschäft auf Grund signifikanter Anforderungen an die Eigenkapitalunterlegung durch Versicherer unattraktiv erscheinen ließe. Schließlich sollen Versicherungen weit höhere Eigenkapitalanteile ihren Kreditgeschäften unterlegen, in der Diskussion sind Anteile in Höhe von 15 %.

Handelsblatt, 03./04. Mai 2013, Nr. 85, S. 24
Auch Investments in Immobilien schrecken Sonntag ab. Im derzeitigen Niedrigzinsumfeld sind viele Lebensversicherer dabei, verstärkt in Wohn- und Gewerbegebäude zu investieren. Anfang der Woche kaufte etwa die Allianz für 300 Mio. Euro das Frankfurter Hochhaus „Skyper". Die erwartete Rendite liegt generell bei etwa fünf Prozent. Doch Solvency II macht auch dieser Strategie einen Strich durch die Rechnung, meint Sonntag. Der Grund: Ein Viertel der investierten Summe müsste der Lebensversicherer künftig an Eigenkapital vorhalten. „Deshalb werden vor allem kapitalschwache Lebensversicherer Immobilien meiden", sagt Sonntag.

3.9   Übungsaufgaben zu Kap. 3

Der Bankenmarkt mit allen Optionen zur Objekt- und Unternehmensfinanzierung in der Wohnungs- und Immobilienwirtschaft sollte bis hierher in seiner Komplexität verdeutlicht sein. Massive regulatorische Einflüsse wirken auf restriktive Marktentwicklungen hin. Daher ist es wichtig, die Bankenmarktregulierung ebenso zu reflektieren, wie die Kreditkalkulationen selbst. Nur wenn nachvollzogen werden kann, wie Kreditinstitute ihre Darlehensangebote kalkulieren, kann in realistischer Weise nachhaltig um Konditionen verhandelt werden. Insofern macht es Sinn, an dieser Stelle nachfolgende Übungsaufgaben zu bearbeiten.

Aufgabe 3.1

Im Handelsblatt wurde schon im Jahr 2012 getitelt: „Viel Krise, wenig Konkurrenz: Rettungen und Fusionen haben den Wettbewerb zwischen Banken verringert – das schwächt das Gesamtsystem." (Handelsblatt, 21. Juli 2012, Nr. 139, S. 20.) Inwieweit sollen die als Basel-III-Akkord zusammengefassten Regulierungen des Bankenmarkts den oben genannten Entwicklungen entgegenwirken? ◄

Aufgabe 3.2

Eine Kreditgenossenschaft verfügt über bilanzielles Eigenkapital in Höhe von 100 Mio. Euro. Sie vergibt ein zehnjähriges Darlehen zur Wohnungsbaufinanzierung an ein kommunales Wohnungsunternehmen mit dem Volumen in Höhe von 2 Mio. Euro.

Der Adressengewichtungsfaktor beträgt daher 35 %. (1) Mit wie viel Eigenkapital muss die Kreditgenossenschaft den Kredit unterlegen und (2) wie hoch ist das maximale Kreditvolumen der Genossenschaft ohne Eigenkapitalveränderungen und bei einem durchschnittlichen Adressengewichtungsfaktor in Höhe von 100 %?

(2) Welche Bedeutung besitzt die Eigenkapitalunterlegungspflicht für Kreditinstitute aus Sicht eines kreditnehmenden Wohnungsunternehmens? ◄

Aufgabe 3.3

Nennen Sie die wesentlichen Bestimmungsfaktoren der Konditionengestaltung für einen Bankenkredit! ◄

Aufgabe 3.4

Eine Kreditgenossenschaft mit 1000 Firmenkunden und einem Gesamtkreditvolumen in Höhe von 2 Mrd. Euro weist für das laufende Geschäftsjahr eine erwartete Ausfallrate in Höhe von 0,1 % aus. Unterstellen Sie für die Bank die Vergabe ausschließlicher Darlehen mit einjähriger Laufzeit und Zinsbindung sowie nachschüssig jährlicher Zinszahlung und Tilgung. Unterstellen Sie eine Rendite für fristenkongruente, risikoarme Anlagen in Höhe von 0,5 %, Bearbeitungsgebührensatz in Höhe von 0,5 % sowie einen Eigenkapitalkostensatz in Höhe von 0,8 %; die Bankabteilung Controlling hat zudem eine Gewinnmarge in Höhe von 0,5 % festgelegt. Wie hoch ist der konzeptionelle Angebotszinssatz für einen einjährigen Firmenkundenkredit? ◄

Aufgabe 3.5

Eine Wohnungsgenossenschaft beantragt bei der ortsansässigen Volksbank einen Wohnungsbaukredit in Höhe von 1,5 Mio. Euro zum Zinssatz in Höhe von 3,7 %. Der anfängliche Tilgungssatz soll 20 % betragen. Zinsen und Tilgung werden einmal jährlich nachschüssig geleistet. (1) Erstellen Sie einen Zins- und Tilgungsplan für ein Annuitätendarlehen! (2) Welche Kreditlaufzeit impliziert das Darlehen? (3) Wie hoch sind die Zinskosten des Darlehens? (4) Welche Kreditlaufzeit impliziert eine Herabsetzung des anfänglichen Tilgungssatzes auf 3 %? (5) Wie hoch wäre dann die Zinszahlungen insgesamt? (6) Wann macht es Sinn, einen niedrigeren Tilgungssatz zu wählen? ◄

Aufgabe 3.6

Ein Hamburger Bauträger plant in Harburg eine Reihenhaussiedlung und möchte diese über die ortsansässige Sparkasse mit einem endfälligen Darlehen finanzieren. Der Zinssatz beträgt 4 % und es werden jährliche, auflaufende Zinsen berechnet. Die Kreditlaufzeit wird sich auf fünf Jahre erstrecken. (1) Erstellen Sie einen Zins- und Tilgungsplan für das entsprechende Darlehen! (2) Wie hoch sind die Zinskosten des Darlehens? ◄

Aufgabe 3.7

Welchen Einfluss kann die Umsetzung der unter dem Begriff „Basel III" unter anderem
geforderten Liquiditätsregel Net Stable Funding Ratio (NSFR) auf die Kreditvergabe
an Wohnungsunternehmen haben? Antworten Sie aus Sicht des Wohnungsunternehmens! ◄

Literaturhinweise zu Kap. 3

Kap. 3 dieses Buchs spannt einen großen Bogen von der gesamtwirtschaftlichen Markt-
betrachtung des Bankenwesens hin zur bankbetrieblichen Darlehenskalkulation von
Kreditinstituten, Förderbanken und alternativen Anbietern. Über Wettbewerbsent-
wicklungen berichten die periodischen Monatsberichte und Bankenstatistiken der
Deutsche Bundesbank. Über die Regulierung berichten die Internet-Auftritte von
BaFin, BIZ und Deutsche Bundesbank; aufbereitet finden sich entsprechende Informationen in Rolfes (2008) und immer wiederkehrenden Artikeln in den Zeitschriften
„Zeitschrift für das gesamte Kreditwesen" und „BankPraktiker". Zur konkreten Dar-
lehenskalkulation eines Kreditinstituts hat Lauer (2012) einen Artikel verfasst.

- **BaFin;** siehe die URL: „http://www.bafin.de/DE/Aufsicht/BankenFinanzdienstleis-
  ter/bankenfinanzdienstleister_node.html".
- **BIZ;** siehe die URL: „http://www.bis.org/bcbs/".
- **Deutsche Bundesbank**; siehe zu periodischen Publikationen und Einzelanalysen
  die URL: „http://www.bundesbank.de/Navigation/DE/Veroeffentlichungen/veroef-
  fentlichungen.html".
- **Lauer, J. (2012):** Zinsermittlung und Konditionenfindung im aktuellen Umfeld.
- In: BankPraktiker, 8. Jg. (Heft 6), S. 212–217.
- **Rolfes, B. (2008):** Gesamtbanksteuerung, 2. Auflage. Stuttgart: Schäffer-
  Poeschel. ◄

Fremdkapitalbezogene Kapitalmarktfinanzierungen

4

Zusammenfassung

Auch wenn Kreditgeschäfte im allgemeinen Sprachgebrauch sicherlich zumeist Bankenkreditgeschäfte implizieren, so ist der Begriff doch weiterzufassen. Denn Kreditfinanzierung im monetären Sinn meint die Beschaffung von Fremdkapital. Der entsprechende Prozess kann über zwei verschiedene Plattformen realisiert werden, über Bankenmärkte und (2) über Kapitalmärkte (Weil dieses Buch sich mit der *langfristigen* Fremdkapitalfinanzierung befasst, bleiben Geldmärkte unberücksichtigt. Natürlich stellen auch Geldmarktfinanzierung (allerdings eben kurzfristige) fremdkapitalbasierte Finanzierungen dar. Die Fristigkeitsgrenze zwischen Geld- und Kapitalmarkt ist bei einem Jahr angesiedelt). Damit lassen sich die Kapitalmarktfinanzierungen wiederum differenzieren in jene über (1) Fremdkapitel mittels Anleihen und über (2) Eigenkapital (vor allem) mittels Aktien. In diesem Buch stehen die Anleihefinanzierungen im Vordergrund, weil es sich auf die Fremdkapitelfinanzierungen konzentriert (siehe Abschn. 1.1) (Siehe dazu die kompakte Einführung in Perridon et al. 2017, Kap. C, bieten eine Einführung in die wertpapierbezogene Anleiheanalyse; diese wird ebenfalls ausführlich dargestellt in Steiner et al. 2012, S. 136–207; einen informativen Überblick zur Strukturierung von Unternehmensanleihen bieten Wöhe et al. 2009, S. 273–292). Sie besitzen für die Wohnungs- und Immobilienwirtschaft eine größere Bedeutung, wie nachfolgend auch in Kap. 4 deutlich werden soll. Dazu berichtet Abschn. 4.1 zunächst über aktuelle Entwicklungen an den Anleihemärkten und geht dabei vor allem auf den Einfluss der Geldpolitik bzw. die Konsequenz des Niedrigzinsniveaus bis Ende 2021 sowie die Zinswende ab 2022 ein. Dagegen erläutert Abschn. 4.2 die handwerklichen Bausteine von Anleihen, ihr Wesen, vor allem das Kurs/Rendite-Verhältnis. Inwieweit diese Marktentwicklungen und die Gestaltungsmöglichkeiten von Anleihefinanzierungen für Unternehmen der Wohnungs- und Immobilienwirtschaft relevant sind, erläutert Abschn. 4.3. In Abschn. 4.4 und 4.5 wird auf das internationale Finanzmanagement eingegangen. Insbesondere zielen

© Springer Fachmedien Wiesbaden GmbH, ein Teil von Springer Nature 2023
M. Knüfermann, *Märkte der langfristigen Fremdfinanzierung*,
https://doi.org/10.1007/978-3-658-37715-1_4

die beiden Kapitel auf ein Verständnis von strukturierten Finanzierungen. Abschn. 4.6 erörtert Fremdkapital, das um Eigenkapitaleigenschaften angereichert ist und Mezzanine-Kapital genannt wird. Auch hier bildet ein Übungskapitel den Abschluss (Abschn. 4.7).

4.1 Marktentwicklungen für Anleihefinanzierungen

4.1.1 Dynamisierung und Öffnung der Märkte

Die kapitalmarktseitige Finanzierung mittels Anleihen (= Schuldverschreibungen mit
Laufzeiten von mindestens einem Jahr) hat ihren Ursprung in der Notwendigkeit von
Schuldner, große Volumina von Fremdkapital zu beziehen, die Kreditinstitute allein nicht
zu leisten im Stand sind, die Investorenbasis zu verbreitern und Kapitalkostenvorteile zu
generieren (siehe Abschn. 2.1). Die Emittenten mit den größten Anleihevolumina sind
Staaten mit ihren Staatsanleihen. In Deutschland begeben der Bund und die Länder Anleihen, aber durchaus auch Kommunen. Die gesamte Staatsverschuldung betrug Ende
2022 in Deutschland 2562,1 Mrd. Euro; dieser Wert entspricht 66,2 % des deutschen
Bruttoinlandsprodukts in 2022.[1] Hiervon fällt etwa die Hälfte auf die Bundesschuld.[2]
Ebenfalls volumenstark am Kapitalmarkt platziert waren Bankschuldverschreibungen
mit Anleihen im Umfang von 1302,0 Mrd. Euro. Hypothekenpfandbriefe waren mit
225,9 Euro quantitativ weniger bedeutend an den Kapitalmärkten.

Im Unterschied zur öffentlichen Hand und den Kreditinstituten war der Unternehmens-
sektor Ende 2022 mit einem Volumen an umlaufenden festverzinslichen Wertpapieren inländischer Emittenten in Höhe 441,2 Mrd. Euro durchaus unterrepräsentiert. Abb. 4.1 verdeutlicht jedoch ein exponentielles Wachstum des Volumens von Ende 1999 bis Ende 2022.
Damit wird das in Abschn. 2.1 bereits skizzierte Trendverhalten illustriert, nämlich die zunehmende Unternehmensfinanzierung mittels Anleihen über die Kapitalmärkte in Deutschland. So wuchs das Umlaufvolumen festverzinslicher Wertpapiere inländischer Unternehmen in Deutschland von 6,3 Mrd. Euro Ende 1999 auf 441,2 Mrd. Euro Ende 2022 an.
Ende 2012 lag es allerdings auch wieder bei nur 220,5 Mrd. Euro, bis es dann in den nächsten Jahren wie beschrieben signifikant anstieg. Der Rückgang ab 2011 ist jedoch sicherlich
den rezessiven Wirtschaftsbedingungen innerhalb der Euro-Zone zuzuschreiben und daher
kein Trendeinbruch. Schließlich kam es auch bei Bankenkrediten im Firmenkundengeschäft
ab 2010 ebenfalls zu eingeschränkten Volumenentwicklungen (siehe Abschn. 3.2, Abb. 3.2).

Die Kapitalmärkte unterlagen in Deutschland in den letzten Jahren also weitreichenden
Veränderungen. Deren Einflussfaktoren waren allgemein die Globalisierung von Wirtschaft und Gesellschaft, die EWU-Einführung und die damit verbundene Finanzmärkte-
integration innerhalb der EWU, Fortschritte der Kommunikationstechnologien und Com-
puterisierungen von Börsengeschäften, z. B. in Deutschland die Einführung des (voll-
elektronischen) Xetra-Handels Ende 1997. Die Konsequenzen lassen sich im Hinblick auf

---

[1]Vgl. für diesen und den folgenden Absatz die Datenquelle Deutsche Bundesbank 2023.
[2]Die weiteren Anteile verteilen sich auf Gebietskörperschaften, Bundesländer, Gemeinden und
Sondervermögen.

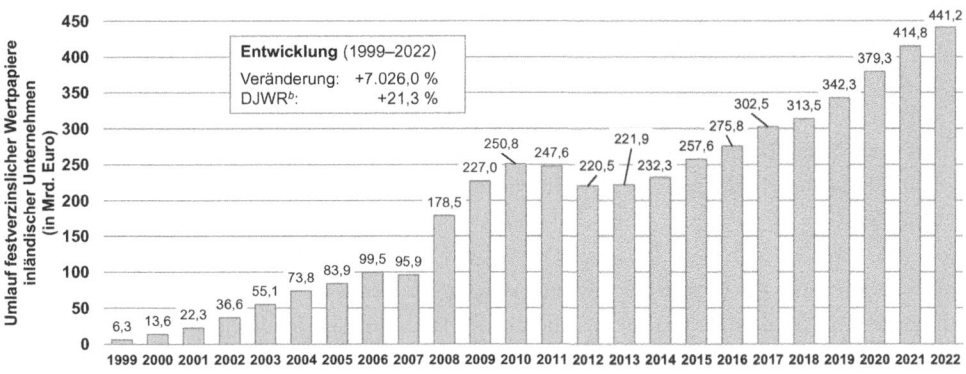

a) Werte jeweils Ende Dezember.
a) DJWR = Durchschnittlich jährliche Wachstumsrate.

Abb. 4.1 Volumenentwicklung umlaufender festverzinslicher Wertpapiere inländischer Unternehmen in Deutschland von Ende 1999 bis Ende 2022^a). (Datenquelle: Deutsche Bundesbank 2023; eigene Berechnungen)

das deutsche Börsengeschehen durch eine zunehmende Dynamisierung an Anleihen- sowie auch an Aktienmärkten insbesondere in den Jahren 2008 bis 2010 charakterisieren, die an Hand folgender Kriterien festzumachen ist:

- *Marktkapitalisierung:* Bei der börsenorganisierten Marktkapitalisierung inländischer Unternehmen im Verhältnis zum Bruttoinlandsprodukt zeigt sich ein historisch geprägter großer Vorsprung der USA. gegenüber Deutschland. Die relative Marktkapitalisierung hat sich in Deutschland im Hinblick auf den primären Aktienhandelsplatz Frankfurt a. M. bezogen zuletzt verbessert und stieg von 32 % im Durchschnitt der 1990er-Jahre auf 48 % im Durchschnitt der Jahre von 2000 bis 2010 an; am primären US-Aktienhandelsplatz New York verbesserte sich die relative Marktkapitalisierung für dieselben Zeitfenster zwar auf einem höheren Niveau, jedoch mit einer geringeren Wachstumsrate von 101 % auf 127 %.[3] Im Zehnjahresvergleich der aktuellsten verfügbaren Daten allerdings zeigt sich ein konträres Bild: In Deutschland *sank* die Börsenkapitalisierung am Handelsplatz Frankfurt a. M. von 45,8 % im Jahr 2001 auf 37,0 % im Jahr 2011; in den USA sanken die Vergleichswerte ebenfalls und zwar von 135,1 % auf 104,2 %, somit proportional stärker als in Deutschland. In beiden Betrachtungen konnte der deutsche Aktienmarkt in seiner sogenannten Finanzmarkttiefe den Abstand zur USA verringern.
- *Umlaufvolumen:* Das jährliche Volumen umlaufender festverzinslicher Wertpapiere inländischer Unternehmen in Deutschland erhöhte sich wie zuvor erörtert signifikant ab dem Jahr 2008. Ende des Jahres 2017 betrug es mit 302,5 Mrd. Euro lediglich 82,9 % des Kreditvolumens für Wohnungsbaufinanzierungen im deutschen Firmenkundengeschäft ausmachte (vgl. Abb. 4.1), das immerhin 368,5 Mrd. Euro betrug (vgl. Abb. 3.2). Der Anleihemarkt entwickelte sich in jedem Fall aber dynamischer als der Kreditmarkt. Hinzu kommt,

---

[3] Vgl. die Datenquelle DAI 2013, S. 14.

dass sich börsenorganisierten Kapitalmärkte konsequent kleineren Emissionen von Unternehmensanleihen öffneten, indem sie sogenannte Mittelstandsegmente eingerichtet haben, an denen bis zum Jahr 2013 weit über 100 Wertpapiere notiert waren. Allerdings befindet sich dieser explizite Markt für Mittelstandsanleihen mit Emissionsvolumina ab 10 Mio. Euro seit dem Jahr 2015 in einem Umbruch zur Sicherung der Emissionsqualität, nachdem im Jahr 2014 einige bonitätsschwache Mittelstandsanleihen wegen Unternehmensinsolvenzen ausfielen.[4]

Es lassen sich noch weitere Dynamisierungskriterien anführen, wie z. B. die abnehmende Handelskonzentration auf die an der Börsenkapitalisierung gemessen größten Unternehmen oder die in den letzten zehn Jahren zunehmende Handelsintensität börsennotierter Anleihen. Auch die wachsende Bedeutung des Hochfrequenzhandels steigert die Fungibilität von Wertpapieren und dynamisiert die Kapitalmärkte zunehmend. Eine zunehmende Börsendynamik und in Konsequenz die verstärkte Handelbarkeit von Wertpapieren mit zunehmend kleinen Emissionsvolumina stabilisieren letztlich die Kapitalmarktstrukturen in Deutschland und bieten damit auch der Wohnungs- und Immobilienwirtschaft neue Perspektiven der Finanzierung (siehe. Abschn. 4.3). Nichtsdestotrotz bleibt mit anzuführen, dass der Gesamtmarkt für Anleihefinanzierungen (Ende 2022: 441,2 Mrd. Euro) aller inländischen Unternehmen (vgl. Abb. 4.1) immer noch kleiner ist als der Teilbankenkreditmarkt für Wohnungsbaufinanzierungen (Ende 2022: 509,1 Euro;

Übersicht

Das **Handelsblatt von Ende Februar 2014** berichtet dazu: „Das Zinsniveau ist zwar niedrig. Doch dass die Rendite mit dem Risiko steigen muss, gilt immer. Das wissen auch Anleger – und nicht alle wollen offenbar am oberen Risiko- und Renditeende kaufen. Deshalb hatten die beiden Unternehmen TAG Immobilien und DIC Asset auch mit einer Fünf vor dem Zinskomma keine Mühe, im Vorjahr begebene Anleihen im Februar aufzustocken, und zwar zu höheren Ausgabekursen als 2013 […].

Doch Kupons von fünf Prozent und mehr sollten Anleger eigentlich stutzig machen. Warum finanzieren sich die Firmen nicht wesentlich billiger bei einer Bank?

Eine Antwort: Vom Kapitalmarkt gibt es schneller Geld als von einer Bank. Das gilt jedenfalls für Unternehmen, die am Kapitalmarkt eingeführt sind – etwa börsennotierte Gesellschaften, zu denen auch Grand City, Adler und Estavis gehören. Die Bank prüft nämlich sehr aufwendig, was sie finanzieren soll. Das kostet Zeit. Der Anleihegläubiger hingegen muss sich ohne eigene Prüfung darauf verlassen, dass sein Geld so investiert wird, dass es die Zinsen verdient.

Die zweite Antwort: Der Emittent bekommt schlicht kein Geld von der Bank oder höchstens zu schlechteren Konditionen als auf dem Anleihemarkt."[5]

---

[4] Vgl. Brächer 2015, S. 60 f.
[5] Reichel 2014b, S. 28.

siehe Abschn. 3.2, Abb. 3.2). Allerdings ist zu berücksichtigen, dass bei den Anleihen nur die Grundform festverzinslicher Wertpapiere betrachtet wird.

Die Zugänge speziell für Mittelstandsunternehmen zu den Kapitalmärkten haben sich in den letzten Jahren massiv verbessert. Bereits zum Ende des 20. Jahrhunderts wurde der Eigenkapitalmarkt mit dem damaligen Neuen Markt für kleinere Aktienemissionen wachstumspotenzialstarker Unternehmen geöffnet.[6] Zwischenzeitlich boten auch börsen-organisierte Anleihemärkte teilweise ebenfalls explizite sowie professionalisierte *Mittelstandsegmente* an. Solche Segmente für *Mittelstandsanleihen* betrieben zunächst folgende deutsche Börsen (Stand: 17. Februar 2015)[7]:

- *Entry und Prime Standard*, Börse Frankfurt; 54 bzw. 16 Notierungen.
- *Bondm*, Börse Stuttgart; 18 Notierungen.
- *Primärmarkt (früher: der mittelstandsmarkt)*, Börse Düsseldorf; 9 Notierungen.
- *m:access bonds*, Börse München; 3 Notierungen.
- *Mittelstandsbörse Deutschland*, Börse Hamburg/Hannover; 2 Notierungen.

Die einzelnen Börsen publizierten teilweise die wesentlichen Emissionsvoraussetzungen für Mittelstandsanleihen im Internet. Im Detail mochten sie differieren, doch im Wesentlichen stellten alle Mittelstandsegmente auf folgende Voraussetzungen bzw. Anforderungen an Emittenten ab:

- Ein von der Bundesanstalt für Finanzdienstleistungsaufsicht (BaFin) genehmigter Wertpapierprospekt muss vorliegen;
- die Anleihebedingungen sind zu veröffentlichen;
- ebenso ein aktuelles sowie des Weiteren jährliche Ratings des Unternehmens oder der Anleihe selbst;
- Mindestemissionsvolumen: 10 Mio. Euro, an der Börse Frankfurt 30 Mio. Euro;
- die Stückelung darf an der Börse München maximal 1 Tsd. Euro betragen;
- das Unternehmen muss i. d. R. mindestens drei Jahre bestehen;
- die Begleitung der Emission durch einen Emissionsexperten ist sicherzustellen;
- ein HGB-Jahresabschluss ist ausreichend, die Kernaussagen der jährlichen Abschlüsse sind zu veröffentlichen;
- während der Anleihelaufzeit sind wichtige Unternehmensnachrichten zu publizieren;
- ein Unternehmenskalender ist öffentlich zu führen;
- die Teilnahmen an Analystenkonferenzen der Börsen sind zumeist verpflichtend.

Aus diesen Anforderungen heraus ergaben sich Transaktionskosten der Anleiheemission vor allem durch zur Erstellung des Wertpapierprospekts, der Emissionsbetreuung sowie der Börsenkosten an sich, die z. B. an der Börse München einmalig 2,5 Tsd. Euro betrugen und durch jährliche Gebühren ergänzt wurden, die vom Emissionsvolumen abhängig

---

[6] Vgl. Gerke/Bank 2003, S. 20.
[7] Quelle der Notierungszahlen: O. V. 2015, S. 22 f.

waren. Letztlich konnten sich Emissionskosten für Emittenten in Höhe von 1 % bis 5 % des Emissionsvolumens aufsummieren.[8] Diese Emissionskosten sollten im besten Fall kleiner sein als der tendenzielle Finanzierungsvorteil einer Anleihe im Kuponsatz gegenüber dem Zinssatz eines adäquaten Bankenkredits, damit eine bankenunabhängige Finanzierung ökonomisch sinnvoll ist. Inzwischen sind diese Marktsegmente an den Regionalbörsen allerdings wieder aufgelöst bzw. umgestaltet worden (vgl. Abschn. 4.4).

Anleihen müssen nicht zwingend börsennotiert sein, auch Private Placements sind möglich. Im Rahmen dieser nicht-öffentlichen Wertpapierangebote ist der Tatbestand des § 3, Abs. 1 WpPG nicht erfüllt, sodass keine Prospektpflicht besteht.[9] Allerdings zielen oben angegebene Mittelstandsanleihen primär auf Privatinvestoren, die tatbestandlichen Voraussetzungen des § 3 Abs. 1 WpPG sind hier zumeist erfüllt.[10] Darüber hinaus führt ein Verzicht auf die Börsenfähigkeit der Anleihen zu Liquiditätseinschränkungen seitens der Investoren. Sie kompensieren dieses erhöhte Risiko tendenziell durch höhere Renditeanforderungen. Letztlich ließen sich zwar durch den Verzicht auf die Erstellung und Veröffentlichung eines Wertpapierprospekts die Transaktionskosten der Anleihefinanzierung senken, doch dieser Kostenvorteil könnte durch eine notwendige Kuponerhöhung aufgezehrt werden.

Für Wohnungsgenossenschaften bietet sich allerdings die Möglichkeit des Private Placement mit einem Kostenvorteil auf Grund des Prospektverzichts ohne notwendigerweise kompensierende Kuponerhöhungen. Dazu müssen sie die Teilschuldverschreibungen ausschließlich bei ihren Mitgliedern bzw. Eigentümern platzieren.[11] Allerdings erweist sich die Praxisumsetzung bislang als nicht trivial.

Den Stand der bisherigen Praxis hat Hische (2013) im Rahmen der Niederschrift seiner Master-Thesis an der EBZ Business School – *University of Applied Sciences* untersucht. Er kommt zum Ergebnis, dass sich das Kuponniveau der bis dato von den untersuchten Wohnungsgenossenschaften emittierten Schuldverschreibungen auf einem relativ einheitlichen Niveau befände. Auffällig sei insbesondere der Vergleich von grundschuldbesicherten Anleihen und nicht besicherten Anleihen. Am Beispiel der AWG Wolmirstedt eG wird sodann verdeutlicht,[12] dass die besicherte Anleihe dieser Wohnungsgenossenschaft „im Vergleich jedoch nicht durch einen geringeren Zins auf(fällt). Die Zinsen bewegen sich zum Großteil unter vergleichbaren Zinsen für unbesicherte Unternehmenskredite bzw. teilweise auch für Wohnimmobilienkredite."[13] Der Übergang von eher kontinentaleuropäisch geprägten Objektfinanzierungen im Firmenkundengeschäft zu den eher angelsächsisch ausgerichteten Unternehmensfinanzierungen könnte daher auf Grundschuldbesicherungen im bisher in Deutschland gekannten Ausmaß verzichten, ohne die Fremdkapitalkosten zu steigern. Auf diese Weise ließen sich letztlich die Transaktionskosten der Gesamtfinanzierung reduzieren.

---

[8] Vgl. Knüfermann 2014, S. 43 f.
[9] Vgl. Kuthe/Zipperle 2014, S. 13.
[10] Vgl. Heinemann/Weinberger 2014, S. 4.
[11] Vgl. GdW 2012, S. 82–86 i. V. m. GdW 2010.
[12] Vgl. Höhne 2010, S. 59.
[13] Hische 2013, S. 38.

Hische (2013) sieht den Handelsspielraum explizit für Wohnungsgenossenschaften allerdings durch eine grundsätzliche Restriktion des Finanzierungsvolumens in Abhängigkeit von der Anzahl und Vermögensstärke der Mitglieder eingeschränkt. Er führt zwar weitere positive Aspekte wie eine intensivierende Mitgliederbindung als zu beachtende Nebeneffekte an,[14] die notwendige Mindestvolumenanforderung an die Emission als Risiko der Finanzierungsaktivitäten bleiben dennoch bestehen. Hinzu kommt das Risiko der Nicht- bzw. lediglich Teilplatzierung einer Anleiheemission. So wurde in den Mittelstandsegmenten der oben angegebenen Börsen bis Ende 2011 „(j)ede zweite Mittelstandsanleihe [...] noch nicht komplett platziert".[15] Der Prozess, ein Unternehmen über den Kapitalmarkt sukzessive losgelöst vom Bankenmarkt zu finanzieren, ist insofern zwingend professionell zu planen und umzusetzen. Aus diesem Grund erwarten die Börsen die Begleitung der Emission durch einen Emissionsexperten. Eine erfolgreiche Anleihefinanzierung führt sodann zu wachsenden Finanzkompetenzen im Unternehmen und letztendlich einer verbesserte Verhandlungsposition der Wohnungsgenossenschaft im klassischen Bankengespräch.

Aktuell ist der Markt für Mittelstandsanleihen auf Grund des beendeten weltweiten Niedrigzinsniveaus, aber der weiterhin vorliegenden enormen Zentralbankliquidität in den Märkten (siehe Abschn. 4.1.2) durch einen Nachfrageüberhang gekennzeichnet. Zu erkennen ergibt sich dieser durch die weiterhin über Emissionspreis notierenden Anleihen. Dennoch verzeichnet der Markt Emissionsrückgänge: Ab Ende 2022 sank das Umlaufvolumen inländischer Unternehmensanleihen von 441,2 Mrd. Euro (siehe Abb. 4.1) auf 436,6 Mrd. Euro im April 2023. Dennoch war das Anleihesegment zuvor durch positiv wirkende Emissionen geprägt. Zwei exemplarische Anleihen zweier Immobilienunternehmen demonstrieren den Sachverhalt wie folgt:[16]

- Die HAHN-Immobilien-Beteiligungs AG emittierte am 01. Oktober 2012 eine Festzinsanleihe (WKN: A1EWNF) mit einem Kuponsatz in Höhe von 6,25 % bei einer fünfjährigen Laufzeit bis 01. Oktober 2017. Zum 17. Februar 2015 notierte die Anleihe bei 107,00 % zum Ausgabekurs und rentierte daher zu 3,0 %.
- Die DIC Asset AG emittierte am 09. Juli 2013 eine Festzinsanleihe (WKN: A1TNJ2) mit einem Kuponsatz in Höhe von 5,75 % bei einer fünfjährigen Laufzeit bis 09. Juli 2018. Im Laufe des 17. Februar 2015 notierte die Anleihe bei 107,50 % zum Ausgabekurs und rentierte daher zu 3,3 %.

Während die Anleihe der HAHN-Immobilien-Beteiligungs AG mit A– relativ gut für das Mittelstandsegment geraten war, besaß die Anleihe der DIC Asset AG gar kein explizites Rating (weil sie auch mit dem Eigenkapital börsennotiert ist). Vor diesem Hintergrund könnten Investoren eine explizite Risikoprämie für die zunächst intransparentere Anleihe

---

[14] Vgl. Hische 2013, S. 38.
[15] Motte 2011, S. 50.
[16] Quelle der Wertpapierinformationen: O. V. 2015, S. 22.

eingefordert haben. Stattdessen emittierte die DIC Asset AG ihre Anleihe ein Jahr nach jener der HAHN-Immobilien-Beteiligungs AG mit einem 0,5 Prozentpunkte *niedrigerem* Kuponsatz; beide Anleihen notierten zum oben genannten Analysezeitpunkt über dem Emissionskurs.

Dieser Sachverhalt konnte unter anderem durch die enorm expansive Geldpolitik im Eurosystem forciert gewesen sein (siehe nachfolgend Abschn. 4.1.2): Vor diesem Hintergrund der derzeit äußerst das Risiko ignorierenden, renditesuchenden Anlagepolitik institutioneller und teilweise auch privater Investoren, sollte sich die Wohnungswirtschaft Kompetenzen in der bankenunabhängigen Unternehmensfinanzierung erwerben, anstatt auf Wirtschaftsphasen mit geringen Investitionstätigkeiten seitens der Finanzinvestoren warten. Insbesondere in Phasen ohne Finanzierungsengpässe sind dazu Prozesse der Kapitalmarktfinanzierungen zu implementieren.

4.1.2 Geldpolitische Beeinflussung der Anleihemärkte

Im Weiteren wird eine Begründung für den Anleiheboom ab dem Jahr 2008 geliefert, die über Managementargumente der Finanzierung hinausreicht und die Finanzierungsmärkte nachhaltig beeinflusst. Sie findet sich in der Geldpolitik des Eurosystems (= Zusammenspiel der supranationalen EZB und der nationalen Zentralbanken der Euro-Länder) wider, die nämlich in ihrer expansiven Form Kreditinstituten und Finanzdienstleistern viele Jahre zu Rekordniedrigzinsen Liquidität zur Verfügung stellte.[17] Abb. 4.2 veranschaulicht die Geldpolitik an Hand des Verlaufs des Leitzinssatzes, dem Hauptrefinanzierungszinssatz, zu dem sich Geschäftsbanken bei der Zentralbank gegen Hinterlegung von Sicherheiten in Form von Wertpapieren verschulden können. Im Oktober 2008 kam es in weniger als einem Jahr bis Mai 2009 zur Absenkung des Leitzinses von 4,25 % auf 1,0 %. Von März 2016 bis Juni 2022 lag er mit 0,00 % auf dem historischen Niedrigstwert. Von Juli 2022 bis Juni 2023 wurde er zur Inflationsbekämpfung sukzessive bis auf 4,00 % erhöht. Die Erhöhung fiel damit nochmals rasanter aus als die Absenkung nach der weltweiten Finanzkrise in den Jahren 2008/2009.

Diese Leitzinspolitik ging einher mit weitreichenden ergänzenden Maßnahmen zur Liquiditätsschöpfung durch Geschäftsbanken. Zu nennen sind die Herabstufung von Sicherheitenanforderungen im Refinanzierungsgeschäft der Kreditinstitute sowie die massiven Aufkäufe von Staats- und Unternehmensanleihen zwischen 2016 und 2022. In Konsequenz hat das Eurosystem den Geschäftsbanken sehr große Mengen neu geschöpftes Geld zugeführt. Allein im Rahmen zweier Sonderaktionen um die Jahreswende 2011/12 war es rund eine Billion Euro.[18] Ab dem Jahr 2015 plante die EZB eine Bilanzausweitung um eine weitere Billion Euro; zu Jahresbeginn äußerte sich der damalige Präsident der EZB

---

[17] Vgl. ausführlich Knüfermann/Wings 2013.

[18] Siehe dazu die Beiträge im Handelsblatt vom 15.–17. März 2013 (Nr. 53, S. 48–57).

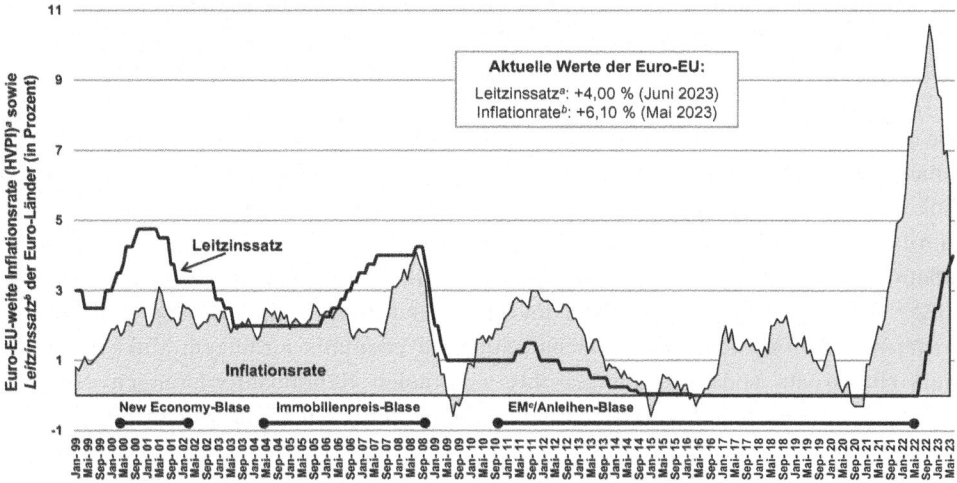

a) EZB-Zinssatz für Hauptrefinanzierungsgeschäfte (p.a.).
b) Monatliche durchschnittliche Veränderungsrate der Harmonisierten Verbraucherpreisindizes (HVPI); relative Differenz zum Vorjahr.
c) EM = Emerging Markets.

Abb. 4.2 Entwicklung von EZB-Leitzinssatz[a)] und der Inflationsrate[b)] für die Euro-Länder von Anfang 1999 bis Juni 2023. (Datenquelle: Deutsche Bundesbank 2023)

Mario Draghi im Handelsblatt-Interview wie folgt: „Wir sind in technischen Vorbereitungen, um den Umfang, das Tempo und die Zusammensetzung unserer Maßnahmen Anfang 2015 zu verändern, sollte dies notwendig werden, um auf eine zu lange Periode zu niedriger Inflation zu reagieren. Darin besteht Einstimmigkeit im EZB-Rat."[19]

Ziel der expansiven Geldpolitik war konzeptionell die Versorgung der Realwirtschaft mit Krediten. Wenn sich Geschäftsbanken günstig bei der Zentralbank refinanzieren können, ist eine expansivere Kreditvergabe zu erwarten. Diese Kreditprozesse führen gewöhnlich jedoch zur sehr ausgeprägten Geldschöpfung und initiieren damit die Inflation der Preise von Vermögenswerten sowie der Lebenshaltungspreise.[20]

Abb. 4.2 ist allerdings zu entnehmen, dass die Inflationsrate im Euro-Raum trotz Rekordexpansivität der Geldpolitik von September 2012 mit 2,6 % auf 0,0 % im April 2015 sank und dazwischen sogar negativ war. Damit lagen sie unterhalb des gewünschten Zielwerts von 2,0 %. Geschäftsbanken der Euro-Staaten investierten die neue EZB-Liquidität also nicht wie geldpolitisch gewünscht primär in Kreditvergabe an die Realwirtschaft, sondern in die Kapitalmärkte. Das neugeschöpfte Geld wurde also zunächst gar nicht in die Kreditprozesse gelenkt und damit auch nicht zur Geldmenge. Stattdessen wirkt die EZB-Geldpolitik auf die Kapitalmärkte ein. „Banken fassen Vertrauen/Die Politik des lockeren Geldes zeigt Wirkung. Gestern kauften Banken massenhaft Staatsanleihen von Ita-

---

[19] Steingart et al. 2015, S. 20.
[20] Vgl. zum Geldschöpfungsprozess durch Geschäftsbanken Gischer et al. 2020, S. 63–73.

lien und Spanien", titelte dazu das Handelsblatt am 13./14. Januar 2012 (Nr. 10) ihre Titel-
seite. Die Geldpolitik als Treiberin der Zinsentwicklung ist letztlich selbst Treiberin von
Preisblasen an den Vermögensmärkten wie jenen für Wertpapiere und auch Immobilien.

Die hohe Inflation der Verbraucherpreise nahm ihren Lauf im Januar 2021 und startete zunächst aus dem negativen Wert in Höhe von -0,3 % für Dezember 2020. Die
Inflationsrate erhöhte sich bis zum Oktober 2022 auf den Rekordwert von 10,6 % und
sank im Anschluss bis Mai 2023 auf 6,1 %. Damit liegt die Inflationsrate seit zweieinhalb Jahren weit über dem geldpolitischen Zielwert von 2 %. Zu begründen ist die hohe
Inflation weiterhin mit der expansiven Geldpolitik im Eurosystem zwischen 2008 und
2022.[21] Weil im Zuge zunehmender und anhaltend hoher Inflationsraten auch die *er-
warteten* Inflationsraten der Wirtschaftssubjekte ebenfalls ansteigen, sinkt das reale
Marktzinsniveau, sodass Gläubiger ihre nominalen Renditeanforderungen erhöhen.
Abb. 3.2 in Abschn. 3.2 verdeutlichte bereits den deutlichen Zinssatzanstieg für
Wohnungsbaukredite ab Januar 2022.

Über den Zusammenhang von Geldpolitik und Wohnungswirtschaft[22]
Seit 2008 sind Zentralbanken weltweit aktiv in die Rettungsversuche der Wirtschaftskrisen eingebunden. Für die EZB gilt diese Tatsache seit 2010 noch mehr, als
dass sie massiv eine tragende Bedeutung in der Rettung der Euro-Währungsunion
übernommen hat. Weil sich das satzungsmäßige Mandat der EZB jedoch primär auf
die Sicherung der Geldwertstabilität bezieht, haben sich innerhalb des Euro-Systems
zwei Fronten gebildet: Auf der *einen Seite* die EZB selbst mit einer ausgeprägt expansiven Geldpolitik nahe der Staatsfinanzierungen. Auf der *anderen Seite* die Deutsche Bundesbank im kulturell monetaristischen Kontext einer strikt auf die Geldwertstabilität ausgerichteten Institution.

Die hier zu Grunde liegende inhaltliche Diskussion über die Geldpolitik der EZB
besitzt einen direkten Zusammenhang zur deutschen Wohnungswirtschaft: Das
Wachstum im privaten Wohnungsbaukreditgeschäft korreliert nämlich negativ mit
der Entwicklung der Mietquote (= Anteil der zur Miete lebenden Haushalte an der
Gesamthaushaltszahl) eines Staates. Die Mietquote wird makroökonomisch betrachtet durch zwei Faktoren determiniert: Einerseits durch die Kapitalkosten (posi-
tiver Zusammenhang) und andererseits durch die Konjunktur (negativer Zusammenhang).

---

[21] Siehe zur Erörterung der Geldpolitik im Eurosystem ausführlich Knüfermann 2021, S. 201–228
(Abschn. 3.1.3).
[22] Siehe ausführlich Knüfermann 2012c.

Die Kapitalkosten der Bautätigkeit wirken auf die Attraktivität von Wohnungs-bauinvestitionen negativ ein. Somit entstehen drei relevante Wirkungen auf die Mietquote:

- Sinken die Kapitalkosten, werden z. B. (Modernisierungs-)Investitionen für Be-standshalter attraktiver. Demnach forcieren geringere Kapitalkosten eine gerin-gere Leerstandsquote, verhindern die Mieterfluktuation in Richtung Wohneigen-tumserwerb und die gesamtwirtschaftliche Mietquote steigt – zunächst.
- Aber: Geringe Kapitalkosten ermöglichen ebenfalls Mietern den finanziell günstig fremdkapitalfinanzierten Wohneigentumserwerb. Was kapitalseitig für Wohnungs-unternehmen gilt, wirkt sich auch auf Privatinvestoren aus. Wenn geringe Kapital-kosten für Wohnungsbauinvestitionen durch die Zentralbanken forciert werden sol-len, werden Zentralbanken den jeweiligen Leitzinssatz absenken. Geschäftsbanken können sich auf diese Weise zu Niedrigzinsen refinanzieren und somit günstige Konditionen an Investoren weitergeben. In diesem Fall intensiviert sich die private Investitionstätigkeit in den eigengenutzten Wohnungsbau und die Mietquote sinkt.
- Die entsprechenden Investitionstätigkeiten von Wohnungsunternehmen und pri-vaten Investoren in den Wohneigentumserwerb kann einen (nur) kurzfristig die Konjunktur stimulierenden positiven Nachfrageeffekt auf sich ziehen. Positive Konjunkturentwicklungen steigern die verfügbaren Haushaltseinkommen und forcieren damit abermals private Investitionen in den eigengenutzten Wohnungs-bau. Der oben genannte positive Effekt auf die Mietquote dürfte jetzt über-kompensiert sein, sodass per Saldo die Mietquote sinkt.

Eine expansive Geldpolitik bzw. die intensivierte Kreditvergabe im Finanzsystem führt zur Geld-(mengen-)schöpfung. Die Geldmenge darf jedoch nur in Relation zum durchschnittlichen Wirtschaftswachstum wachsen, ohne Inflation zu forcieren. Wenn also der Kreditprozess zentralbankforciert ausufert, reduzieren Zentralbanken aus Angst vor (eigeninitiierter) Inflation mittelfristig die Geldmenge wieder und schränken die Kreditvergabe ein. Ergo werden Zentralbanken die Refinanzierungs-zinsätze für Geschäftsbanken anheben. Steigende Marktzinsen führen zu steigenden Kapitalkosten für Investoren wie z. B. Wohnungsbestandshalter, die ihre Investitions-tätigkeiten wie private Haushalte einschränken. Auf diese Weise wird die Kon-junktur (wiederum politisch) gebremst und letztlich die neue Mietquote stabilisiert. Sollte der Prozess funktionieren, wäre die Mietquote im Ergebnis abgesenkt – das Wohnungsbaukreditgeschäft mit Privatkunden im Umkehrschluss stets angestiegen.
Kapitalkosten und Konjunkturentwicklungen als makroökonomische Bestimmungs-faktoren Mietquote lösen sich im Wirtschaftsgeschehen gewöhnlich sukzessive einan-der ab. Seit 2010 und der Staatsschuldenkrise einiger Euro-Länder gilt für Deutschland allerdings eine Sondersituation: (1) Die historisch extrem expansive Geldpolitik der EZB geht einher mit(2) den positiven Konjunkturentwicklungen Deutschlands. Eine

Reduktion der geldpolitischen Expansion ist aber nicht in Sicht, weil die Euro-Zone im Jahr 2013 wohl in Rezessionsnähe verweilt, wohingegen Deutschlands Wirtschaft zumindest gering wächst.[23] Die zentrale Geldpolitik für die gesamte Euro-Zone macht es der EZB unmöglich, vollständig auf Wirtschaftsentwicklungen von Einzelländern zu reagieren. Daher verdeutlicht sich eine wirtschaftspolitische Neuerung für die deutschen Wirtschaft: Niedrige Kapitalkosten gehen *dauerhaft* einher mit ausgeprägten Wirtschaftswachstum – eine nachhaltige Vermarktungsunterstützung im Baufinanzierungsgeschäft bzw. (um in der Argumentationslogik zu bleiben) eine enorme Belastung der gesamtwirtschaftlichen Mietquote.

Geschäftsbanken, Versicherungen und weitere institutionelle Anleger investieren ihre Eigenanlagen zum großen Teil traditionell in Staatsanleihen. Weil es hierzu seit dem Jahr 2008 jedoch diese sehr hohe, geldpolitisch bedingte Nachfrage gab, stiegen die Kurse der Anleihen teilweise sehr stark an. Staatsanleihen werden aber gewöhnlich durch einen festen Kuponsatz ausgestattet (siehe Abschn. 4.2): Wenn die Kurse der Anleihen steigen, diese Wertpapiere ihren Anlegern aber trotzdem nur dieselben Zinserträge bieten, sinkt die Rendite der Anleiheinvestition et vice versa.

Solange die Zentralbankliquidität, die sich aus niedrigen Leitzinsen, unbeschränkten Zuteilungen, Anleihenkäufe etc. speist, nicht über den Kreditkanal in Geldschöpfung transformiert, werden sich die Preise für Lebenshaltungskosten in Euro-Europa mit mehrheitlich rezessiven Wirtschaftsentwicklungen weiterhin moderat verändern. Ein Großteil der vom Eurosystembereitgestellten Liquidität fließt insofern weiter in die Vermögensmärkte. Dieser Nachfragesog institutioneller Investoren nach risikoarmen Wertpapieren solventer Staaten führte über die zinsgünstig bereitgestellte Zentralbankliquidität zu Renditereduktionen, die sich bei nachfolgenden Emissionen in reduzierten Kuponsätzen widerspiegelten. Entsprechend verdeutlicht Abb. 4.3 einen signifikanten Renditeabfall börsennotierter Bundeswertpapiere mit zweijähriger Restlaufzeit seit Mitte des Jahres 2008 an Hand von Monatsdurchschnitten. Im Juli 2012 sind erstmals sogar Negativrenditen weitere Renditeentwicklungen bis -0,92 % im Februar 2017 und August 2019 zu konstatieren. Nach Eintreten der Zinswende im Jahr 2022 lag die durchschnittliche Monatsrendite bei +2,72 %.

Gewöhnlich beeinflusst die Geldpolitik der Zentralbanken mit ihrer Leitzinspolitik nur den kurzfristigen Teil der Zinsstrukturkurve,[24] also den Geldmarkt mit gehandelten Fristigkeiten bis zu einem Jahr. Doch die Dauerhaftigkeit und Dimension der Geldpolitik im Eurosystem insbesondere mit dem Direktankauf von Anleihen in einem gleichgesinnten Umfeld der Zentralbanken weiterer großer Industriestaaten wie USA, Großbritannien, Japan und auch China bewirkten nachhaltige Einflüsse auf das sogenannte *lange Ende der Zinsstrukturkurve*, also der zehnjährigen Laufzeiten. Abb. 4.4 visualisiert diese Entwicklung für börsennotierte Bundeswertpapiere mit festem Kupon und *zehn*jähriger Restlaufzeit an Hand der monatsdurchschnittlichen Renditen.

---

[23] Vgl. die Konjunkturprognosen in ZEW 2013, S. 2 f.

[24] Siehe dazu Abschn. 4.2.2.

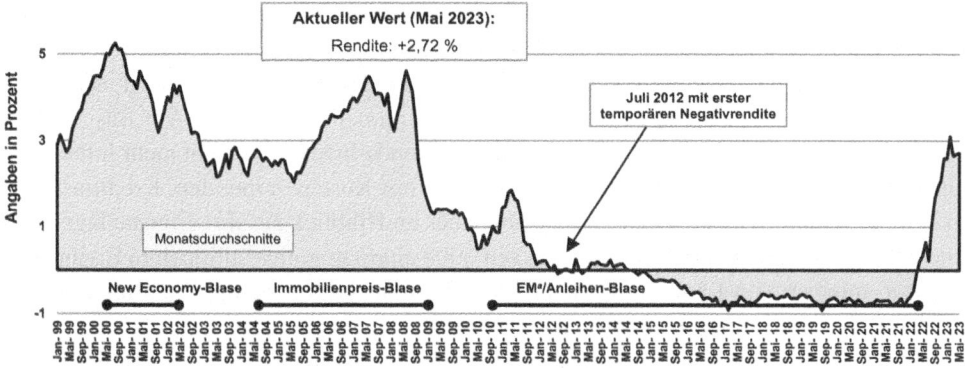

a) EM = Emerging Markets.

Abb. 4.3 Entwicklung der monatsdurchschnittlichen Renditen von noch *zwei*jährigen Bundeswertpapieren von Januar 1999 bis Mai 20123. (Datenquelle: Deutsche Bundesbank 2023)

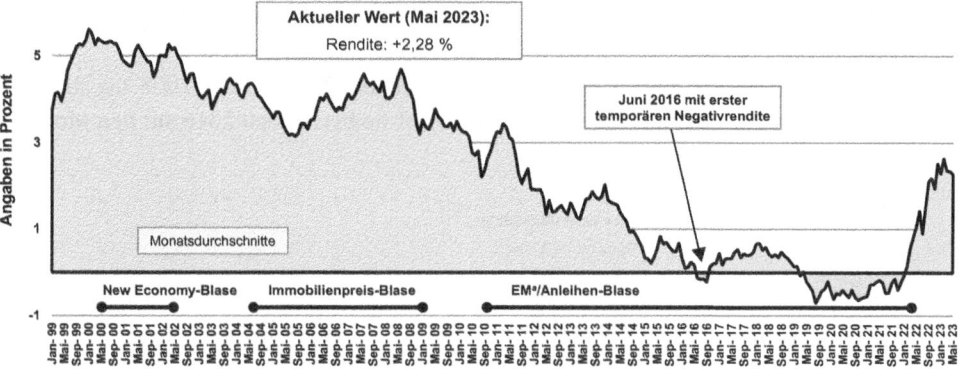

a) EM = Emerging Markets.

Abb. 4.4 Entwicklung der monatsdurchschnittlichen Renditen von noch *zehn*jährigen Bundeswertpapieren von Januar 1999 bis Mai 2023. (Datenquelle: Deutsche Bundesbank 2023)

Zunächst ist deutlich zu erkennen, dass die Renditen insgesamt einem fallenden Trend unterliegen: Während die Rendite zehnjähriger Bundeswertpapiere im Januar 2000 noch bei 5,63 % lagen, rentierten dieses Bundeswertpapiere im Juni 2016 erstmals monatsdurchschnittlich mit -0,13 %. Im Dezember 2021, nur einen Monat vor der Zinswende, betrug die entsprechende Rendite sogar noch -0,23 %. Innerhalb weiterer nur zwölf Monate stieg die Rendite auf 2,65 % (Februar 2023) an. Bis zum letzten Betrachtungsmonat Mai 2023 sank sie wieder leicht auf 2,28 %. Der Begriff *Zinswende* erhält für die Zeit ab Januar 2021 eine eindeutige Verwendung: Konnte der Bund mit seinen Schulden die drei Jahre

zuvor Geld verdienen, so muss er seit 2021 definitiv wieder Zinsen bezahlen – ein nicht
trivialer Zusammenhang für die Haushaltsplanungen der Regierung.[25]

Der tendenzielle Renditerückgang seit dem Jahr 2000 bis 2021 bis zu negativen
Renditewerten hatte weitreichende Folgen für institutionelle Investoren. Auf Basis dieser
geringen oder negativen Rendite war eine entsprechende Investition nicht mehr inflations-
ausgleichend, also real gesehen ohne Ertrag, dafür mit Kosten verbunden. Kreditinstitute
und die weiteren Finanzdienstleister standen daher im Hinblick auf ihre Eigenanlagen vor
einem Ertragsproblem und suchten schon seit 2008 alternative Investitionen in Ergänzung
zu *Staats*anleihen von Ländern mit noch guter Bonität, sodass sie die Preissteigerungen
auf den deutschen Immobilienmärkten beflügelten.

Vor diesem Hintergrund investierten viele institutionelle Investoren seit dem Jahr
2008 auch in deutsche *Unternehmens*anleihen. An dieser Stelle treffen ein gesteigertes
Angebotsinteresse (= Finanzierungstrends über den Kapitalmarkt) und Nachfrageinte-
resse (= Suche nach Investitionsalternativen zu Staatsanleihen) zusammen und können die
in Abb. 4.1 dargestellte positive Volumenentwicklung umlaufender festverzinslicher Wertpapiere von Unternehmen in Deutschland seit dem Jahr 2008 begründen. Dieser Nachfragesog auch bei Unternehmensanleihen führte letztlich zur selben Renditeentwicklung
wie bei Staatsanleihen. Abb. 4.5 visualisiert die Entwicklung der monatsdurchschnittlichen Umlaufrenditen von inländischen Unternehmensanleihen.

Wiederum lieferte das Jahr 2008 eine Renditewende: Im Oktober 2008 lag die entsprechende Umlaufrendite noch bei 7,60 %, doch fiel sie bis August 2016 auf den Monats-

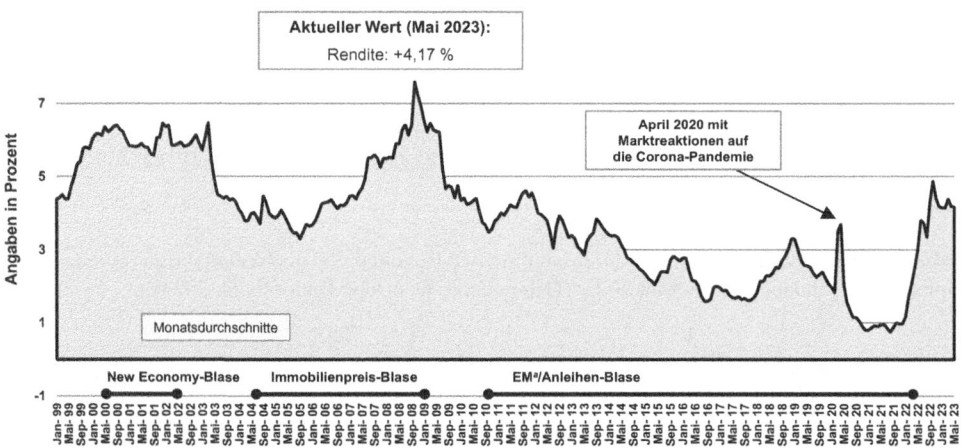

a) EM = Emerging Markets.

Abb. 4.5 Entwicklung der monatsdurchschnittlichen Umlaufrenditen von inländischen Unternehmensanleihen von Januar 1999 bis Mai 2023. (Datenquelle: Deutsche Bundesbank 2023)

---

[25] Auf den letzten Zinsanstieg wird in Abschn. 5.2 noch ausführlicher eingegangen.

durchschnitt in Höhe von 1,59 % ab. Es folgten eine kurze Erholungsphase sowie ein temporäres Ausschreiten der Rendite nach oben im April 2020 auf 3,70 % als Reaktion auf die Marktverwerfungen weltweit durch die Corona-Pandemie. Im Anschluss sank die Rendite wieder bis zur Zinswende und erreicht im August 2021 den niedrigsten Wert mit 0,75 %. Damit konnten sich Unternehmen in Deutschland bis zum Jahr 2021 nicht nur über Banken und Sparkassen zum historisch niedrigen Zinsniveau finanzieren, sondern auch am (börsenorganisierten) Kapitalmarkt für Fremdfinanzierung. Inzwischen ist die Umlaufrendite jedoch in Analogie zu den Wohnbaukreditzinssätzen (siehe Abb. 3.3) auf 4,17 % im Mai 2023 angestiegen. Bevor in Abschn. 4.3 darauf eingegangen wird, wie sich Wohnungs- und Immobilienunternehmen diese Kapitalmarktentwicklungen zu Nutze machen können, wird nachfolgend in Abschn. 4.2 zunächst auf die Anleihe selbst in ihrem Wesen und ihrer Struktur eingegangen.

4.2 Wesen und Strukturen von Anleihen

4.2.1 Perspektive der Kapitalnachfrager

Bei der Finanzierung über die Kapitalmärkte mit Anleihen begeben Emittenten zum Handel fähige Wertpapier, die eine Forderung gegen die Emittenten repräsentieren. Sie werden Schuldverschreibungen genannt und sind in Deutschland gesetzlich in den §§ 793–808 BGB geregelt. Zumeist werden sie als Inhaberschuldverschreibungen ausgestellt, d. h. die Rechte aus dem jeweiligen Papier folgen den Rechten an diesem Papier. Inhabern dieser Anleihen stehen also Zinsen und Rückzahlung zu und Emittenten des Wertpapiers sind jeweils den Inhabern der Anleihe zur Leistung gegenüber verpflichtet. Der Verkaufserlös aus der Begebung solcher Wertpapiere stellt einen Kreditbetrag für die Emittenten dar, der in der Grundform einer Anleihe jährlich oder halbjährlich verzinst und zum Laufzeitende zurückgezahlt werden muss. Diese Grundform wird als *festverzinsliches Wertpapier* bezeichnet und auf Grund der regelmäßigen Zinszahlungen in Deutschland auch *Rentenpapier*. Synonym werden die Begriffe Obligation (aus dem schweizerischen Sprachgebrauch stammend) und Bond (aus dem englischen Sprachgebrauch stammend) genutzt.

Die Finanzagentur GmbH der Bundesrepublik Deutschland als Dienstleistungsgesellschaft zur Emission der Bundeswertpapiere nutzt den Anleihebegriff ausschließlich für festverzinsliche Wertpapiere mit zehnjähriger Laufzeit *(Bundesanleihe)*. Bundeswertpapiere mit fünfjähriger Laufzeit werden *Bundesobligationen* und jene mit zweijähriger Laufzeit *Schatzanweisungen* genannt. Neben diesen drei Typen von börsennotierten Wertpapieren emittiert die Bundesrepublik Deutschland auch noch weitere Wertpapiere ohne Börsennotierung. Hierzu stellt die Finanzagentur GmbH im Internet weitreichendes Informationsmaterial bereit unter:

▶   **URL**   „https://www.deutsche-finanzagentur.de/bundeswertpapiere"
        (Abruf der WWW-Seite am 29. Juni 2023).

Eine Anleihe besteht aus zwei physischen Komponenten: Zum einen weist die *Schuld-urkunde* an sich (der sogenannte Mantel) unter anderem das Emissionsvolumen sowie den Nominalwert der urkundlichen Teilschuldverschreibung bzw. -forderung aus. Zum anderen dienen *Kuponabschnitte* (des sogenannten Bogens) zur Vorlage bei einer Zahlstelle zum Erhalt der Kuponzahlungen. Allerdings wird inzwischen keine persönliche Urkunden-verwahrung durch Gläubiger umgesetzt. Zins- und Tilgungszahlungen werden stattdessen automatisch von den Zahlstellen die die Gläubigerdepots vorgenommen. Die physischen Anleihen werden dazu in einer zentralen Girosammelstelle verwahrt und sogenannten Girosammeldepotkonten zugebucht bzw. bei Verkauf der Wertpapiere umgebucht.

Folgende konstitutive Ausstattungsmerkmale kennzeichnen zusammenfassend das Wesen einer Unternehmensanleihe:

- *Emissionsvolumen:* Die Höhe der Verschuldung insgesamt wird im Emissionsvolumen erfasst. Eigentlich umfasst der Anleihebegriff immer das vollständige Emissions-volumen. Aber im praktischen Sprachgebrauch hat sich der Begriff als Spiegelbild zur Aktie (= zum Handel als Urkunden verbrieftes Eigenkapital von Unternehmen) etab-liert und meint damit dann auch das einzelne Wertpapier, das sich aus der Stückelung des Emissionsvolumen ergibt. Mindestemissionsvolumina an Mittelstandsegmente be-tragen inzwischen 10 Mio. Euro (siehe Abschn. 2.3).
- *Stückelung:* Ziel der Anleihefinanzierung ist die Verteilung der Gesamtforderung an den Emittenten auf eine Vielzahl an Gläubigern. Sie sind schließlich in der Lage, Diversi-fikationspotenziale ihrer Anlagen zu generieren, und auf Grund der Handelbarkeit, Liquidi-tätsrisiken zu senken. Im Ergebnis liegen ihre Renditeanforderungen an das Wertpapier tendenziell unterhalb der Verzinsung eines betrags- und fristenäquivalenten Bankenkredits. Hierzu ist die Anleihe zu *stückeln*. Üblich sind Nennwerte je Einzelwertpapier bzw. Teil-schuldverschreibung in Höhe von 100,00 Euro oder 1000,00 Euro. Bundeswertpapiere sind auf den Cent genau gestückelt. Die Notierung einer Anleihe wird stets in Prozent zum Nennwert vollzogen, um die Stückelungen optisch (z. B. für Chartvergleiche) zu normieren.
- *Laufende Verzinsung:* In der Grundform einer Anleihe wird diese jährlich (teilweise halbjährlich) verzinst und den Gläubigern zum Laufzeitende zurückgezahlt. Diese lau-fende Verzinsung wird *Kupon* und der entsprechende Zinssatz wird *Kuponsatz* genannt. Der Kuponbegriff stammt noch aus der Zeit physischer Wertpapiere, die kleine Papier-schnipsel vorbereitet hatten. Diese Kupons konnten zur Einreichung des Zinsanspruchs vom Wertpapier abgetrennt und den Emittenten eingereicht werden. Bei einer festver-zinslichen Anleihe wird der Kupon zur Emission festgelegt und nicht mehr abgeändert.

Es gibt auch variabel verzinsliche Wertpapiere (auch genannt: Floating Rate Notes oder kurz: *Floater*). Emittenten tragen dann ein entsprechendes Zinsänderungsrisiko. Ähnlich wie beim variabelverzinslichen Darlehen ist der Floater an einen Referenzzins (i. d. R. der Drei-Monats-Euribor) gekoppelt. Ebenfalls sind Anleihevarianten möglich, die ohne Ver-zinsung ausgestattet sind, sogenannte *Zerobonds*. Gewöhnlich wird den Gläubigern bei Zerobonds eine indirekte Verzinsung durch einen reduzierten Emissionspreis gegenüber dem Rückzahlungswert vergütet.

Anleihen bedürfen nicht zwingend guter Bonitäten bzw. eines sogenannten Investment Grade. Allerdings spiegelt sich eine schlechte Bonität von Anleihen bzw. der emittierenden Unternehmen gewöhnlich in der Risikoprämie wider, die Investoren in Form eines Kuponaufschlags einfordern. Der Kupon(-satz) ist dabei quasi der Zins (-satz), den das emittierende Unternehmen den Investoren für die Kapitalüberlassung bezahlen muss.

- *Laufzeit:* Unternehmensanleihen haben üblicherweise eine Laufzeit von drei bis fünf Jahren und damit eine kürzere als die Bundesanleihe.
- *Emissionspreis:* Der erste Verkaufspreis zur Emission einer Anleihe darf (im Unterschied zur Aktie) unterhalb des Nennwerts des Wertpapiers liegen. Gewöhnlich wir der in Prozent ausgedrückt. Damit besitzt die Anleihe einen Schalthebel, um noch kurzfristig vor der Emission die Gesamtrendite der Investoren bzw. die Kapitalkosten aus Emittentensicht zu beeinflussen.
- *Kurs:* Der Vorteil einer börsennotierten Anleihe für Gläubiger gegenüber den Darlehen ist die Möglichkeit der Forderungsabtretung durch den Verkauf des Wertpapiers an Dritte, ohne dass die entsprechenden Wertpapieremittenten dem zustimmen müssten. Demnach ist die Anleihe dann handelbar und wird täglich an den Börsen durch einen Börsenkurs bewertet. Dabei ergibt sich der Kurs natürlich aus dem Zusammenspiel von Angebot und Nachfrage. Richtwert der Anleihekursberechnung ist jedoch die Summe der Barwerte aller noch ausstehenden Kupon- und der Rückzahlungen Z, die zum bonitäts- und fristenäquivalenten Marktzinssatz zu diskontieren sind. Somit berechnet sich ein Anleihekurs K zum Zeitpunkt t in der Periode 0 für ein n Jahre laufendes festverzinsliches Wertpapier durch Diskontierung zum Zinssatz i zum Zeitpunkt t wie folgt (siehe Abschn. 4.2.2):[26]

$$K_0 = \sum_{t=1}^{n} \frac{Z_t}{\left(1+i_t\right)^t}$$

- *Rendite:* Bereits in Abschn. 4.1 wurde darauf hingewiesen, dass sich die Rendite aus dem Zusammenspiel von Kurs und Kuponsatz ergibt. Sie weist im Unterschied zum Nominalzinssatz die tatsächliche Verzinsung des Anleiheinvestments aus. Dazu werden aktuelle Kurse bzw. Kauf- und Verkaufskurse sowie Zinszahlungs- und Tilgungsmodalitäten in die Renditeberechnung einkalkuliert. Nachfolgende Beispielrechnung verdeutlicht die Renditeberechnung modellhaft unter Einbezug lediglich von Kuponsatz und Kurs:

Gischer et al. 2020, S. 103 (Box 7.1)
Wer […] am 01. August 2008 ein neu emittiertes festverzinsliches Wertpapier mit einer Laufzeit von zehn Jahren und einem Nennwert von 100 Euro und einem nominalen Zinssatz von 6 v. H. p. a. erworben hat, erhält jährlich zum 01. August 6 Euro Zinsen und zum 01. August 2018 zusätzlich Euro 100 Rückzahlung. Angenommen dieses Wertpapier sei im Vergleich zu anderen Anlagen mit einem attraktiven Zins

---

[26]Vgl. Steiner et al. 2012, S. 140–144.

(Kupon) ausgestattet, so wäre es an der Börse (relativ) begehrt und könnte demzufolge am 02. August 2008 möglicherweise zu 103 Euro (oder 103 v. H.) verkauft werden. Der Erwerber erhält zwar ebenfalls 6 Euro Zinsen pro Jahr, hat aber nicht den Nennwert von 100 Euro, sondern 103 Euro bezahlt, seine rechnerische Verzinsung *(Rendite)* beträgt folglich 6 Euro/103 Euro = 5,83 v. H. Man erkennt unmittelbar, dass sich bei festverzinslichen Wertpapieren Rendite und Kurs invers zueinander verhalten.

Als Kurse waren im Beispiel Marktwerte der Wertpapiere gemeint. Konkret jedoch emittierte die Bundesrepublik Deutschland z. B. am 05. Dezember 2012 eine Bundesschatzanweisung mit zweijähriger Laufzeit ab Emissionszeitpunkt als festverzinsliches Wertpapier mit einem Kupon p. a. in Höhe von 0,00 Euro.[27] Das Emissionsvolumen in Höhe von 4,0 Mrd. Euro wurde mit Geboten in Höhe von 6,4 Mrd. Euro deutlich überboten, sodass die Bundesrepublik Deutschland als niedrigsten Wertpapierkurs 100,015 Euro akzeptierte. Aus dieser über pari Emission (= Emission mit Emissionskursen über Rückzahlungsbeträgen) ergibt sich eine Durchschnittsrendite in Höhe von minus 0,01 % ab Emission.

Emissionen mit *Bid/Cover-Relationen* (= Verhältnisse jeweils von gebotenen und zugeteilten Volumina) von größer Eins ermöglichen Emittenten auf Grund des Nachfrageüberhangs, ihre Emission über pari zu platzieren und somit die zu finanzierende Rendite unterhalb der Kuponsätze zu fixieren. Bei einem Kupon in Höhe von 0,00 % werden auf diese Weise Negativrenditen möglich, sodass Emittenten durch Fremdmittelaufnahme Zinserträge verbuchen können. Aus diesem Grund kam es im Jahr 2012 jedoch bei allen 70 Bundesemissionen in 2012 ausschließlich zu positiven Bid/Cover-Relationen (Durchschnitt: 1,8) und zu Negativrenditen bei 21 der 70 Emissionen.

Weitere Meilensteine der Emission von Bundeswertpapieren erfolgten am 15. Juli 2016 durch die Emission einer *unverzinsten* zehn Jahre laufenden Anleihe mit 32,5 Mrd. Euro Emissionsvolumen zum Emissionspreis von 100,48 % (WKN: 110240) sowie am 15. August 2019 durch die Emission einer ebenfalls unverzinsten 31 Jahre laufenden Anleihe mit 38,5 Mrd. Euro Emissionsvolumen zu Emissionspreis von sogar 103,61 % (WKN: 110240). Anleger, die von der Emission bis zur Rückzahlung eines dieser Wertpapiere im Bestand halten, erfahren eine Negative Rendite mit diesen Investments.

Bei der Verzinsung einer Anleihe lassen sich die Nominalverzinsung und die Effektivverzinsung unterscheiden:

- Während die *Nominalverzinsung* die im Bogen der Anleihe versprochene Kuponzahlung darstellt,
- berechnet die *Effektivverzinsung* die tatsächliche *Rendite* der Anleiheinvestition auf den geleisteten Kapitaleinsatz der Investoren bzw. Gläubiger. Näherungsweise gilt auf

---

[27] Vgl. die Datenquelle hier und im Weiteren Finanzagentur 2012.

Basis der von der *Internen Zinsfußmethode*[28] abgeleiteten Formel folgende Berechnung der Effektivverzinsung i_{eff}:[29]

$$i_{eff} = \frac{i_{nom} + \dfrac{R\ddot{u}ckzahlungskurs - Kaufkurs}{Restlaufzeit\ in\ Jahren}}{Kaufkurs}$$

Es gilt:

i_{eff} =   Effektivzinssatz
i_{nom} =   Nominalzinssatz

Beispiel

Eine Anleihe wird zu 105,00 Euro mit einer Laufzeit von fünf Jahren, einem Kuponsatz in Höhe von 5 % und einem Rückzahlungskurs von 10,00 Euro emittiert. Die Effektivzinsberechnung nach der Näherungsformel ergibt folgenden Zinssatz unterhalb des Nominalzinssatzes:

$$i_{eff} = \frac{5 + \dfrac{100 - 105}{5}}{105} \times 100 = 3{,}81\ \% \qquad \blacktriangleleft$$

Grundsätzlich sind Anleihen individuell gestaltbar, müssen keine laufende Verzinsung versprechen sowie auch nicht zwingend monetär also in Geldeinheiten getilgt werden, können statt dessen z. B. Nullkuponanleihen sein, die optionale zur Tilgung in eine Rückzahlung mit eigenen Aktien bieten. An den international ausgerichteten Finanzmärkten haben sich über die Jahre hinweg folgende Varianten herausgebildet:[30]

- *Festzinsanleihe (sogenannte Straight-Bonds):* Die klassische Standardanleihe besitzt eine feste (jährliche oder halbjährliche) Kuponzahl, sie ist endfällig und wird zu 100 % getilgt. Typische Laufzeiten sind bei Staatsanleihen zehn Jahre bis 30 Jahre und bei Unternehmensanleihen drei bis sieben Jahre. Auf Grund ihrer regelmäßigen Verzinsung sind sie bei bonitätsstarken Wertpapieren attraktiv für eine risikoaverse Finanzinvestition, insofern investieren nicht nur institutionelle, sondern auch private Investoren in diese Festzinsanleihen. Allerdings werden auch Anleihen mit Stufenverzinsung zu Festzinsanleihen gezählt; eine konstante Verzinsung ist definitorisch nicht zwingend gleichzusetzen mit einer stetigen Verzinsung in derselben Höhe.

---

[28] Vgl. hierzu Perridon et al. 2017, S. 59–63.
[29] Vgl. ausführlich Steiner et al. 2012, S. 144–148.
[30] Vgl. für viele sowie die dort ergänzend genannten Anleihevarianten Perridon et al. 2017, S. 461–478; Hasler 2014, S. 20–50.

- *Variabel verzinsliche Anleihen (sogenannte Floater):* Die Festverzinsung ist eine ehr kontinentaleuropäische Anleiheform. Insbesondere die angelsächsische Unternehmensfinanzierung zieht auch variable verzinsliche Anleihen heran. Dabei erfolgt die Verzinsung in Abhängigkeit von einem gewöhnlich geldmarktnahmen Referenzzinssatz, der über die Anleihelaufzeit hinweg Schwankungen unterliegen kann. Als Referenzgröße kann z. B. der Dreimonats-Interbankenmarkt-Zinssatz dienen, also jener Zinssatz, zu dem sich Kreditinstitute sich Geld untereinander leihen mit einer nur dreimonatigen Zinssatzfestschreibung. Wichtigste Zinssätze sind die finanzplatzbezogenen, teilnehmergewichteten EURIBOR (Euro Interbank Offered Rate) in Frankfurt a. M. und LIBOR (London Interbank Offered Rate) in London). Sie werden für drei-, sechs- und zwölfmonatige Zinsfestschreibungen veröffentlicht. Allerdings basieren EURIBOR und LIBOR nicht auf tatsächlich beobachteten Transaktionen, sondern werden auf Basis gemeldeter Angebotszinssätze ermittelt.

  Dagegen stellen bis Ende 2021 EONIA (Euro Overnight Index Average) und ab 2022 ESTER (Euro Short-Term Rate) reale umsatzgewichtete durchschnittliche Tagesgeldzinssätze am Interbankenmarkt in Frankfurt a. M. dar. Während EUROBOR und LIBOR von Finanzinformationsanbietern berechnet und veröffentlicht werden, wurde EONIA und wir ESTER von der EZB kalkuliert und publiziert. EONIA/ESTER besitzen dennoch nur eine mindere Marktbedeutung als Referenzgröße für Verzinsung eben variabel verzinslicher Anleihen.

  Die Anleiheverzinsung erfolgt üblicherweise durch Addition des Referenzzinses und einer emittentenbezogenen Risikoprämie, z. B. als EURIBOR plus 300 Basispunkte. Basispunkte (BP) sind dabei Prozentsatzpunkte mit 100 BP für 1,0 Prozentpunkt. Die Risikoprämie ist damit abhängig von der Emittentenbonität bzw. der Ausfallwahrscheinlichkeit und damit letztlich (zumindest langfristig) aktiv durch die Emittenten selbst beeinflussbar. Bei erstklassigen Wertpapieren mit besten Bonitäten können die Risikoprämien bei rund 25 BP für Staatsanleihen und 150 BS bei Unternehmensanleihen liegen.[31] Dabei laufen typischerweise variabel verzinsliche Anleihen über drei bis sieben Jahre hinweg, also (wie auch die im Weiteren erläuterten Anleiheformen) deutlich kürzer als Festzinsanleihen. Zinsanpassungen werden i. d. R. alle drei oder sechs Monate vollzogen. Aus Emittentensicht besteht der Vorteil einer variablen gegenüber einer festen Verzinsung in der stets marktkonformen Verzinsung. Allerdings sind die Kapitaldienstkosten (= Zinsen und Tilgung) weniger konkret ex ante zu kalkulieren. Entsprechend sind variabel verzinsliche Anleihen weniger kursschwankend als Festzinsanleihen.[32]

- *Nullkuponanleihen (sogenannte Zerobonds):* Neben den beiden bereits beschriebenen Kuponanleihen (fest und variabel verzinslich) lassen sich auch kuponlose Anleihen kreieren. Derartige Nullkuponanleihen bieten Gläubigern über die gesamte Laufzeit hinweg keine Zinszahlungen. Dennoch implizieren sie Zinsen und Zinseszinsen als Risikoprämie für Gläubiger durch Thesaurierung und endfälliger Auszahlung zu-

---

[31] Vgl. Hasler 2014, S. 30.

[32] Siehe zur Kursberechnung von Anleihen über deren Laufzeit hinweg exemplarisch Bösch 2013, S. 238 f.

sammen mit der endfälligen Tilgung.[33] Eine Verzinsung ergibt sich allein durch unterschiedliche Ausgabe- und Rückzahlungsbeträge. Im Unterschied zur Standardanleihe erhöht sich der Wert der Nullkuponanleihe sukzessive zum Laufzeitende. Es werden zwei Varianten unterschieden:

1. *Echte Nullkuponanleihen* werden mit einem Abschlag zum Nennwert in Höhe von 100 % emittiert. Dieser Abschlag entspricht genau dem Zeitwert von Zins und Zinseszins zum Laufzeitende.

2. Die *Zuwachsanleihe* wird dagegen zu 100 % emittiert. Der Rückzahlungsbetrag zum Laufzeitende liegt um Endwert der implizierten Kuponzahlungen erhöht oberhalb von 100 % des Nominalwerts.

Nullkuponanleihen werden zumeist langfristig mit zehn- bis 30-jähriger Laufzeit emittiert. Aus Sicht der Schuldner macht die Emission der Nullkuponanleihen Sinn, wenn die endfällige Tilgung auch um eine endfällige Zinszahlung ergänzt werden soll, z. B. bei Projektentwicklungen. Aus Investorensicht machen Investitionen z. B. Sinn, wenn Erträge des Investments erst zum Laufzeitende steueroptimierend anfallen sollen (beispielhaft, wenn Privatinvestoren erst im Rentenalter Erträge zu einem niedrigeren Steuersatz versteuern möchten).

• *Wandelanleihen (sogenannte Convertible Bonds):* Obwohl Anleihen Fremdkapitalfinanzierungen bzw. Investments in Forderungspapiere darstellen, können sie auch mit Eigenkapitalcharakter konstruiert werden. Sie bilden dabei eine konkrete Brücke zwischen Eigenkapital- und Fremdkapitalmärkten. So können Anleihen mit Optionsrechten versehen werden, die es den Kapitalgebern ermöglichen, die Anleihetilgung gegen Eigenkapitalanteile des entsprechenden Schuldners zu wandeln. Derartige Wandelanleihen stellen aus Schuldnersicht sogenanntes *Hybridkapital* bzw. *Mezzanine-Kapital* dar, dessen Fremd- oder Eigenkapitalcharakter nicht immer bestimmbar ist.[34]

Mezzanine-Kapital ist vielschichtig zu gestalten und wird gewöhnlich über einen abnehmenden Fremdkapital- bzw. zunehmenden Eigenkapitalcharakter von Forderungspapieren erläutert. So ist ein klassisches Darlehen bei einer längerfristigen Kapitalüberlassung mit eingeschränkten Kündigungsrechten und einer Nachrangigkeit der Gläubigerstellung eine simple Form des Mezzanine-Kapitals. Dieses Nachrangdarlehen wird bilanziell zwar vollständig als Fremdkapital geführt. Doch im Ratingprozess von Banken etc. verbessert sich die Bonitätsposition der Schuldner durch die Aufnahme von Nachrangdarlehen. Entsprechend teurer wird die Kapitalüberlassung für Schuldner bei zunehmendem Eigenkapitalcharakter, schließlich steigt dabei das Ausfallrisiko für die Gläubiger bzw. ihr Gläubigerschutz sinkt.[35]

---

[33] Vgl. zur Kalkulation von Nullkuponanleihen auch Bösch 2013, S. 245 f.

[34] Siehe zu Mezzanine-Kapital aus ökonomischer, bilanzieller und rechtlicher Sicht ausführlich die Monografie von Brezski et al. 2006.

[35] Siehe zur Differenzierung von Fremd- und Eigenkapital aus Kapitalgebersicht bzw. zur Begründung tendenzieller Risikoaufschläge bei der Zunahme des Eigenkapitalcharakters einer Forderung Abschn. 2.1.

Bei Wandelanleihen handelt es sich ebenfalls zunächst um verzinsliche Forderungskontrakte. Sie sind mit dem Recht ausgestattet, die Anleihe unter vordefinierten Bedingungen in Eigenkapitalanteile des Schuldnerunternehmens zu tauschen. In diesem Fall wandelt sich Fremdkapital zu Eigenkapital und Gläubiger werden zu Aktionären bzw. Kreditgeber zu Eigentümern. Ob es tatsächlich zur Wandlung kommt, hängt von der Entscheidung der Inhaber von Wandelanleihen ab. Für eine Wandlung werden sich Investoren nur unter für sie günstigen Umständen entscheiden. Brauneis/Dornauer/Mestel (2014) erläutern dazu: „Liegt der Gegenwert der Aktien in der Wandlungsfrist über dem alternativen Tilgungsbetrag der Anleihe, wird der Kapitalgeber sein Wandlungsrecht ausüben, im gegenteiligen Fall die Tilgung der Anleihe fordern. Dieses Recht des Kapitalgebers mit der damit verbundenen Chance, Aktien beziehen zu dürfen, wird in den Konditionen der Anleihe berücksichtigt, üblicherweise weisen Wandelanleihen eine geringere Nominalverzinsung auf."[36]

Beispiel[37]

Die TAG Immobilien AG legte am 28. Juni 2012 eine Wandelanleihe (WKN: A1PGZM) mit einem Emissionsvolumen in Höhe von 85,3 Mrd. Euro und einer Laufzeit von sieben Jahren auf. Der festverzinsliche Kupon beträgt 5,5 % und wird halbjährlich ausgezahlt. Die Anleihe ist zu Teilschuldverschreibungen in Höhe von 100 Tsd. Euro gestückelt uns zielt damit auf institutionelle Anleger. Am 10. Juni 2014 betrug der Anleihekurs 115,00 %, wobei die Anleihe an diesem Tag nicht gehandelt wurde. Vor dem Hintergrund des schon in 2012 vorherrschenden Niedrigzinsniveaus der Finanzmärkte erscheint der Kupon zunächst sehr hoch. Allerdings wäre eine klassische Festzinsanleihe sicher höher zu verzinsen gewesen. Denn die Wandelanleihe ist zu 8,51 Euro in Aktien tauschbar. Am 10. Juni 2014 betrug der Aktienkurs der TAG Immobilien AG (WKN: 830350) jedoch 9,35 Euro – angenommen, es wäre schon das Laufzeitende der Anleihe erreicht, könnten Investoren ihre Anleihen also für 8,51 Euro in Aktien tauschen, deren Börsenwert quasi 9,35 Euro betrüge. Allerdings würde die Aktie durch die Wandlung im Kurswert sinken, da die Wandlung zu einer Kapitalerhöhung des Unternehmens führt. Dennoch wird das tendenzielle Kaufoptionsrecht im Rahmen der Wandlung in die Risikoprämie eingepreist, als dass diese sinkt bzw. die Investoren eine geringere Renditeanforderung besitzen. Schließlich kompensiert die Option, Kursgewinne zu erfahren, die geringeren Kuponzahlungen. ◄

---

[36] Brauneis/Dornauer/Mestel 2014, S. 13.
[37] Quelle der Datenabrufe: Onvista.de am 10. Juni 2014; Reichel 2014c, S. 42 f.

Das Handelsblatt von Anfang Mai 2014 berichtet dazu:

Anleihe auflegen oder Kapital erhöhen? Deutschlands flott wachsende Immobilienunternehmen haben eine eigene Antwort gefunden: Wandelanleihen – die bieten etwas von beidem. Vor allem Wohnungsvermieter finanzieren zurzeit damit ihre Expansion. Der Käufer einer Wandelanleihe wird zunächst Gläubiger des Unternehmens. Später kann er die Anleihe in Aktien tauschen. Das ergibt für ihn Sinn, wenn der Aktienkurs über dem vom Unternehmen festgesetzten Wandlungspreis liegt. Wandelt der Anleger, wird er vom Gläubiger zum Miteigentümer. Statt Zinsen erhält er Dividenden, sofern das Unternehmen welche zahlt, und er partizipiert an der Wertentwicklung des Unternehmens.

In der Bilanz des Unternehmens steigt durch die Wandlung das Eigenkapital, das Fremdkapital nimmt ab. Tendenziell sinkt damit das Kreditausfallrisiko, was positiv für alle Gläubiger des Unternehmens ist.

Doch die hohe Zahl der Neuemissionen von Wandelschuldverschreibungen aus der Immobilienbranche hat vor allem zwei Gründe: Der eine sind die niedrigen Zinsen. „Für die Unternehmen eröffnen Wandelanleihen die fantastische Chance, sich zu nochmals niedrigeren Zinsen zu finanzieren", sagt Helmut Kurz, der die Immobilienaktienfonds von Ellwanger & Geiger managt. Der Europa-Fonds der Stuttgarter hält rund 10 % seines Vermögens in Wandelanleihen.

Immobiliengesellschaften reagieren sensibel auf Zinsveränderungen. Denn ihr Erfolg wird maßgeblich von der Spanne zwischen Zinsen und Mietrendite bestimmt. Für Unternehmen mit guter Bonität sind Anleihen generell eine Alternative zu Bankkrediten. Einige Immobilienunternehmen zahlen für Anleihen weniger Zinsen als für Bankkredite. Und sie bekämen am Kapitalmarkt über Anleiheemissionen schneller Geld als von Banken, nennt Olaf Borkers, Finanzchef des Einkaufszentren-Investors Deutsche Euroshop einen interessanten Nebenaspekt.

„Treiber ist der Aktienmarkt", nennt Gerhard Kratochwil, Geschäftsführer von Convertinvest, als zweiten wichtigen Grund für die vielen Wandelanleihe-Angebote. „In der Krise seien Wandelanleihen weniger gefragt."

[…]

Wandelanleihen sind nicht nur in Phasen steigender Aktienkurse beliebt, sondern sie stabilisieren darüber hinaus ein Portfolio in unsicheren Zeiten wie jetzt. Denn zurzeit zweifeln Börsenexperten, ob die Kurse weiter nach oben gehen. „Wandelanleihen machen etwa zwei Drittel der Aufwärtsbewegung einer Aktie, aber nur ein Drittel der Abwärtsbewegung mit", lautet eine Faustformel von Marc-Alexander Knieß, Wandelanleihen-Experte der Fondsgesellschaft DWS.

[…]

Setzt ein Unternehmen eine niedrige anfängliche Wandlungsprämie fest, liegt also der Wandlungspreis nahe bei dem aktuellen Kurs, spricht dies dafür, dass es auf eine frühe Wandlung und damit Erhöhung des Eigenkapitals setzt.

Die Prämie verändert sich während der Laufzeit durch die Kursbewegung der Aktie, aber auch durch Anpassung des Wandlungspreises. So sinkt der Wandlungspreis etwa nach Kapitalerhöhungen, um die Ansprüche der Inhaber der Wandler nicht zu verwässern.

So ist etwa der Wandler von Adler Real Estate bereits heute „im Geld", wie der Fachmann sagt. Das heißt: Wer den Wandler zum Emissionszeitpunkt für 3,75 Euro kaufte, kann eine an der Börse deutlich teurere Aktie bekommen, macht also sofort einen Gewinn, wenn er wandelt und die Aktie hinterher an der Börse verkauft. Dabei sollte er allerdings nicht übersehen, dass Transaktionskosten diesen Gewinn schmälern und größere Verkäufe womöglich den Aktienkurs zum eigenen Nachteil nach unten ziehen.

Auffällig sind auch die weit auseinanderliegenden Zinskupons. DWS-Fondsmanager Knieß warnt davor, sich von hohen Kupons blenden zu lassen: „Niemand hat Geld zu verschenken. Wie bei allen Anleihen, so lassen auch bei Wandelschuldverschreibungen überdurchschnittlich hohe Zinsen auf ein überdurchschnittlich hohes Ausfallrisiko schließen." Auf der anderen Seite kann sich Immobilienaktienfonds-Experte Kurz nicht für das Niedrigzinsangebot der LEG erwärmen. Er greift lieber zur Aktie als zum Wandler. „Die Dividendenrendite ist wesentlich höher als der Kupon", lautet seine Erklärung.

Die Emissionen mit den höchsten Kupons haben das geringste Volumen. Emissionen in der Größenordnung von 15 bis 20 Mio. Euro seien ein Produkt für das Private Banking, sagt Convertinvest-Chef Kratochwil. Die Österreicher interessieren sich wie andere institutionelle Investoren erst für Emissionen ab 100 Mio. Euro. Eine Größenordnung, die Olaf Borkers, Finanzchef der Deutschen Euroshop aus eigener Erfahrung bestätigt. Institutionelle Investoren wollen sicher sein, auch Käufer zu finden, wenn sie ihre Wandler wieder verkaufen wollen. Je geringer das Volumen ist, desto kleiner ist die Zahl potenzieller Käufer. Anleihen mit Stückelungen von 100.000 Euro, wie etwa die der Deutschen Euroshop, kommen für Kleinanleger ohnehin nicht infrage.[38]

Im Standardfall wird der Wandlungspreis bereits zur Anleiheemission festgelegt. Dabei liegt er regelmäßig höher als der zur Emission geltende Aktienkurs. Eine spätere Wandlung macht demnach nur Sinn, wenn der Aktienkurs in der Wandlungsphase oberhalb des Wandlungspreises liegt. In diesem Fall steigt auch der Kurs der Anleihe und zwar um den möglichen Kursgewinn bei Wandlung. Investoren können daher auch ohne Wandlung durch vorzeitigen Anleiheverkauf an steigenden Aktienkursen partizipieren.

---

[38] Reichel 2014c, S. 42.

An dieser Stelle wird eine besondere Chance der Finanzierung über Wandelanleihen deutlich: Zum ist es möglich, sich c. p. zu einem geringeren Kuponsatz gegenüber jenem einer Festzinsanleihe zu finanzieren, die Finanzierungskosten sinken also. Zum anderen kann eine Eigenkapitalerhöhung im Rahmen der Wandlung zu einem Aktienkurs durchgeführt werden, der bei der Anleiheemission *oberhalb* des dann aktuellen Kurses liegt. Im Rahmen der Eigenkapitalfinanzierung gilt dagegen der Grundsatz für Kapitalerhöhungen, junge Aktien mit einem Preisabschlag zum aktuellen Kurs anzubieten. Ansonsten wäre eine Kapitalerhöhung nicht platzierbar, weil Investoren sich über den Börsenhandel einkaufen können. Bösch (2013) notiert dazu: „Es gibt keine feste Regel für den Preisabschlag, mit dem der Bezugspreis bei der Festlegung der Emissionsbedingungen unter dem Börsenkurs liegen sollte. Üblicherweise liegt er in der Spanne von 5–10 %, kann aber je nach Marktumfeld auch deutlich davon abweichen."[39] Eine Wandelanleihe aber bietet quasi eine Kapitalerhöhung mit Kursaufschlägen an. Allerdings erfolgt hier die tatsächliche Kapitalerhöhung im Standardfall erst zum Laufzeitende der Anleihe, i. d. R. nach drei bis sieben Jahren. Akute Eigenkapitalengpässe lassen sich daher nicht über Wandelanleihen managen.

- *Sonstige Formen:* Die Kapitalmärkte haben noch viele weitere Anleiheformen entwickelt. Vor dem Hintergrund der noch sehr jungen Kapitalmarktkultur der Wohnungs- und Immobilienwirtschaft sind jedoch die bislang genannten drei Formen zentral. Zur Erläuterung weiterer Formen (wie Optionsanleihen, Zertifikate etc.) wird an dieser Stelle somit auf die bereits genannte einschlägige Lehrbuchliteratur verwiesen.

Die Ausstattungsmerkmale einer Anleihe entsprechen strukturell also den notwendigen Elementen des Kreditvertrags (siehe Abschn. 3.5). Allerdings ist an dieser Stelle die Unternehmensperspektive eine andere: Während bei der Bankenkreditfinanzierung ein Kreditinstitut dem kreditanfragenden Unternehmen einen Zinssatz vorschlägt, muss das Unternehmen bei einer Anleihefinanzierung selbst einen Zinssatz kalkulieren, zudem es meint, die Anleihe an den Markt bringen zu können. Dieser Teilaspekt im Rahmen der Anleiheemission ist insofern komplex, als dass ein zu niedrig gewählter Kuponsatz die Emission zum Scheitern bringen könnte. Somit hätte das Unternehmen kein Fremdkapital aufgenommen, aber die Emissionskosten verursacht. Entsprechende Prozessschritte der Emission werden in Abschn. 4.3 aus der wohnungs- und immobilienwirtschaftlichen Perspektive skizziert.

4.2.2   Perspektive der Finanzinvestoren

Bislang wurden Anleihen primär aus Finanzierungssicht erörtert. Aus Sicht der Investoren ergeben sich dagegen andere Fragestellungen als jene nach Emissionskosten etc. Für Investoren sind vor allem Risikoeinschätzungen der Investitionen wichtig. Unternehmen,

---

[39] Bösch 2013, S. 109.

die sich mittels Anleihen über die Kapitalmärkte finanzieren wollen, müssen auch die Investorenperspektive verstehen, um ihre Emission erfolgreich durchzuführen. Denn wenn Investoren das Investitionsrisiko in eine Unternehmensanleihe gering einschätzen, reduzieren sie die einzufordernde Risikoprämie für die Kapitalüberlassung.

Grundsätzlich spiegeln sich Investoreneinschätzungen im Kurs von Wertpapieren wider. Inwieweit alle verfügbaren Informationen tatsächlich und nur ausschließlich die Kurse der Wertpapiere determinieren, ist theoretisch nicht abschließend diskutiert.[40] In jedem Fall implizieren Kurse über Nennwert einen Nachfrageüberhang und Kurse unter Nennwert einen Angebotsüberhang hinsichtlich der jeweiligen Wertpapiere. Denn jeder Wertpapierkurs ist Ergebnis des Zusammenspiels von Angebot und Nachfrage. Hierbei richten Marktteilnehmer ihre Kurserwartungen an fundamentalen Kursberechnungen aus. Für Anleihekurse erfolgt die Kursberechnung als Summe der Barwerte aller noch ausstehenden Kupon- und der Rückzahlungen Z, die zum bonitäts- und fristenäquivalenten Marktzins zu diskontieren sind. Zur Wiederholung (siehe Abschn. 4.2.1): Der Anleihekurs K entspricht dann dem Zeitwert zukünftiger Cash flows und berechnet sich zum Zeitpunkt t in der Periode 0 für ein n Jahre laufendes festverzinsliches Wertpapier durch Diskontierung zum Zinssatz i_t wie folgt:

$$K_0 = \sum_{t=1}^{n} \frac{Z_t}{\left(1+i_t\right)^t}$$

Der Diskontierungszinssatz wird in Abhängigkeit des Wertpapierrisikos gewählt und je Laufzeit an einer entsprechend relevanten Zinsstrukturkurve ausgerichtet. Zinsstrukturkurven visualisieren Anleiherenditen in Abhängigkeit der Laufzeiten.[41] In Deutschland werden Zinsstrukturkurven von der Bundesbank für börsengehandelte öffentliche Nullkuponanleihen und Pfandbriefe ohne Kreditausfallrisiko berechnet und publiziert. Für den Euro-Raum werden Zinsstrukturkurven auf Basis von Nullkuponanleiherenditen durch *Eurostat* der Europäischen Kommission berechnet und publiziert. Zur Berechnung bzw. Schätzung dieser Zinsstrukturkurven werden immer nur verfügbare Anleihekurse herangezogen, also jene der sofortigen Terminkäufe und Kassakurse.

Eine Zinsstrukturkurve kann drei Gestaltungsausprägungen besitzen:

- *Flache Zinsstrukturkurve:* Im einfachsten Fall weist die Zinsstrukturkurve über alle Laufzeiten hinweg nur einen Zinssatz aus. Finanzmärkte befinden sich in eine solchen Marktkonstellation immer nur während einer Übergangsphase von normaler und inverser Zinsstrukturkurve et vice versa.
- *Normale Zinsstrukturkurve:* Im Normalfall steigt mit zunehmender Zinsbindung und Laufzeit von Finanzkontrakten das Ausfallrisiko und das Risiko sich ändernder Zins-

---

[40] Siehe hierzu den Überblick in Perridon et al. 2017, S. 21–28.
[41] Vgl. hierzu Gischer et al. 2020, S. 104.

sätze. Investoren erwarten daher mit der zunehmenden Dauer ihrer Finanzkapitalüberlassung eine ebenfalls zunehmende monetäre Kompensation als Risikoprämie in Form steigender Zinssätze.

- *Inverse Zinsstrukturkurve:* Im Fall konjunktureller Überhitzungen einer Volkswirtschaft kann es zur Inflation kommen. Zentralbanken erhöhen zur Inflationsbekämpfung die Geldmarktzinsen, sodass i. d. R. das gesamte Marktzinsniveau steigt. Wenn Marktteilnehmer eine erfolgreiche Inflationsbekämpfung erwarten, kann es dazu kommen, dass die kurzfristigen Zinssätze höher als die langfristigen sind. Allerdings liegen die langfristigen Zinssätze dann tendenziell immer noch auf dem Niveau jener bei einer normalen Zinsstrukturkurve.

Zur Kursberechnung einer Anleihe können alle ausstehenden Cash flows demnach nur mit einem einzigen Zinssatz diskontiert werden, wenn eine flache Zinsstrukturkurve vorliegt. Gewöhnlich aber besitzt die Zinsstrukturkurve eine steigende Form, sodass jeder zukünftige Zahlungsvorgang fristenkongruent zu diskontieren ist. Handelt es sich dabei um eine (nahezu) ausfallsichere Anleihe der Bundesrepublik Deutschland, kann als Zinsstrukturkurve die Berechnung der Deutschen Bundesbank herangezogen werden. Unternehmensanleihen sind aber grundsätzlich ausfallgefährdeter als Bundesanleihen. Daher müssen für die Barwertberechnungen von Unternehmensanleihen den risikolosen Zinssätzen der Zinsstrukturkurve bonitätsadäquate Risikoprämien hinzugerechnet werden.

Als Beispiel gelte eine endfällige Anleihe eines deutschen Unternehmens bester Bonität mit dreijähriger Laufzeit, einem Kupon in Höhe von 3,0 % sowie einem Emissions- und einem Rückzahlungskurs je zu 100 % mit Teilschuldverschreibungen zu je 100,00 Euro. In diesem Beispiel weist eine normale Zinsstrukturkurve für Bundeswertpapiere jeweils Kassazinssätze in Höhe von 1,0 % die für einjährige Laufzeit, 1,5 % für die zweijährige und 2,0 % für die dreijährige Laufzeit aus. Der rechnerische Emissionskurs (K_0) könnte wie folgt lauten:

$$K_0 = \left(3 \times (1 + 0{,}01)^{-1}\right) + \left(3 \times (1 + 0{,}015)^{-2}\right) + \left(103 \times (1 + 0{,}02)^{-3}\right) = 102{,}94$$

Der Anleihekurs zur Emission liegt im Beispiel zwar bei 100,00 Euro rechnerisch läge er mit 102,94 Euro jedoch oberhalb des Emissionskurses. Aus Investorensicht wäre das Zeichnen des Wertpapiers, also die Ordererteilung im Vorfeld der tatsächlichen Erstnotierung, attraktiv. Allerdings vernachlässigt der rechnerische Emissionskurs die Risikoeinstufung der Anleihe. Denn die Unternehmensanleihe wurde in diesem Beispiel mit einem Diskontierungszinsfuß berechnet, der keine Risikoprämie für die Unternehmensanleihe inkludiert. Beträgt eine bonitätsadäquate Risikoprämie 1,0 Prozentpunkt, so ließe sich der realistischere Emissionskurs wie folgt berechnen und läge damit deutlich näher am tatsächlichen Emissionskurs:

$$K_0 = \left(3 \times (1 + 0{,}02)^{-1}\right) + \left(3 \times (1 + 0{,}025)^{-2}\right) + \left(103 \times (1 + 0{,}03)^{-3}\right) = 100{,}06$$

Bei laufenden Notierungen kommt eine weitere Kurskomponente zur Kursberechnung hinzu. Denn Anleihekurse müssen die Haltedauerzeiten der Teilschuldverschreibungen berücksichtigen. Der (z. B.) jährliche Kupon fließt einem Investor nur zu, wenn das Wertpapier auch ein Jahr gehalten wurde. Ansonsten sind Stückzinsen zu berechnen und in der Verbarwertung des offenen Zahlungsstroms zu berücksichtigen bzw. vom rechnerischen Kurs ohne Kuponberücksichtigung zu subtrahieren.

Der Kurs einer Anleihe ist jedoch nicht das einzige Bewertungskriterium für Anleihen. Vielmehr müssen Emittenten selbst analysiert werden (letztlich auch, um einen risikoadjustierten Diskontierungszinsfuß wählen zu können). Bevor dazu auf konzeptionelle Risikoüberlegungen abgestellt wird, sollen nachfolgend einige Faustregeln genannt werden. Sie helfen Investoren bei der generellen Auswahl der für ihre jeweiligen Anlageprofile geeigneten Anleihen:[42]

- *Je größer, desto sicherer:* Große Unternehmen sind gewöhnlich diversifizierter aufgestellt als kleine. Sie gelten daher als weniger gefährdet, wenn sich Umfeldbedingungen ändern. Hinzu kommen Kostenvorteile durch Größeneffekte, sodass Insolvenzgefahren weniger plötzlich und überraschend entstehen, sondern sich strategisch abzeichnen. Geringe Risikobereitschaft von Investoren geht insofern mit der Auswahl von Anleihen größerer Unternehmen einher. Entsprechend niedriger fällt dabei allerdings die Verzinsung aus.
- *Transparenz ist Trumpf:* Die Risikoeinschätzung durch Investoren erfordert eine hohe Transparenz der Emittenten. Mangelnde Transparenz gleicht einem Risiko und wird gewöhnlich durch Investoren mit einem geforderten Risikoprämienaufschlag gekontert. Der in Abschn. 4.1.1 beschriebene Vergleich zwischen der Anleihe der HAHN-Immobilien-Beteiligungs AG mit jener der DIC Asset AG verdeutlichte allerdings, dass die aktuellen Kapitalmärkte tendenziell weniger risikoaverse Investoren aufweisen und die Intransparenz der Anleihe ohne Rating nicht mit einem Risikoprämienaufschlag bewerteten. Doch wird berücksichtigt, dass börsenorganisierte Mittelstandsegmente die Transparenzpflichten extra reduzieren, um Mittelstandsunternehmen die Zugänge zu den Kapitalmärkten zu vereinfachen, wird deutlich, warum das durchschnittliche Niveau der Kuponsätze bei Mittelstandsanleihen deutlich höher angesiedelt ist, als jene 30 größten deutschen mit dem Eigenkapital börsennotierten Unternehmen, deren gewichtete Kurse zum Deutschen Aktienindex (DAX) verdichtet werden. Einfache Vergleiche in den gängigen Börsenportalen verdeutlichen diesen Zusammenhang.

Aus Investorensicht ist das Ausfallrisiko jener Unternehmen höher, über das sie weniger Informationen besitzen. Unternehmen, deren Aktien ebenfalls börsengelistet sind, unterliegen weitreichenderen Publikationspflichten. Sie gelten dadurch als transparenter. Eigen- und Fremdkapitalfinanzierungen dürfen deshalb nicht voneinander losgelöst betrachtet werden. Vielmehr besitzen sie einander beeinflussende Zusammenhänge, die in der Investorenkommunikation zu berücksichtigen sind.

---

[42] Faustregelüberschriften entnommen aus Cünnen 2009, S. 29.

- *Aus der Historie lernen:* Unternehmen mit dynamischen Fremdkapitalquoten können über ihre Historie den Umgang mit ihren Verbindlichkeiten aufzeigen. Der effiziente Abbau temporär zu höher Fremdkapitalquoten, kann Vertrauen aufbauend auf Investoren wirken und die Renditeanforderungen senken et vice versa.
- *Relationen im Blick halten:* Kennzahlen helfen Investoren, Unternehmen zu bewerten. Im Hinblick auf die Anleihebewertung steht das Verhältnis von Fremdkapital zu operativem Ergebnis vor Steuern, Abschreibung und Zinsen (sogenannte Ebitda – Earnings before interest, taxes, depreciation and amortization). In der Praxis und je nach Branche gilt ein Wert bis drei als akzeptabel und ab viereinhalb als kritisch.
- *Rendite und Risiko abwägen:* Deutsche Bundesanleihen gelten als die risikoärmsten Anleihen. Anleihen mit einer Restlaufzeit von zehn Jahren rentieren seit dem Jahr 2012 fast durchgängig unter 2 %. Jedes Unternehmen besitzt ein größeres Ausfallrisiko als die Bundesrepublik Deutschland. Dieser Risikounterschied spiegelt sich in den Renditedifferenzen wider. Ein Vergleich ausgewählter Unternehmensanleihen mit Bundesanleihen kann daher zur Bestimmung des eigenen gewünscht zu akzeptierenden Ertrag/ Risiko-Profil aus Investorensicht führen.
- *Auf den Handel achten:* Fungibilität meint das Ausmaß der Handelbarkeit eines Wertpapiers. Je fungibler ein Wertpapier ist, desto geringer ist das Liquiditätsrisiko der Investoren. Sie können fungible Wertpapiere schließlich zeitnäher an den Börsen verkaufen, anstatt sie bis zur Endfälligkeit zu behalten. Natürlich gilt der Sachverhalt auch für Anleihen. Mittelstandsanleihen zeichnen sich jedoch gerade durch kleine Emissionsvolumina ab 10 Mio. Euro aus. Daher können Handelstransaktionen an den Börsen schnell signifikante Kursveränderungen ausüben. Für stark volatile, also kurswertschwankende Anleihen ist demnach die Verkaufsoption eingeschränkt. Insofern steigen die von Investoren geforderten Risikoprämien bei eingeschränkter Fungibilität ebenso an wie bei hoch fungiblen Anleihen mit kleinen Emissionsvolumina und hoher Volatilität.

Diese Faustregeln zur Anleihebewertung beruhen auf Erfahrungen der an den Finanzmärkten Beteiligten. Doch zur genaueren Risikobeurteilung und -messung für Anleihen haben sich in der Literatur und letztlich in der Praxis verschiedene Konzeptionen durchgesetzt, die sich an der Differenzierung relevanter Investitionsrisiken ausrichten und über das spekulative Kursrisiko hinausreichen:

- *Ausfallrisiko:* Anleihen verbriefen Forderungsrechte in Form zukünftiger Zahlungsversprechen. Hierzu zählen Rückzahlungen der zuvor überlassen bekommenen Finanzmittel sowie ggf. die Kuponzahlung bzw. mit der Rückzahlung thesaurierte Zinszahlungen. Die Möglichkeit der Nichterfüllung dieser Zahlungsversprechen wird als Ausfallrisiko (sogenanntes Default Risk) bezeichnet. Das Ausfallrisiko wird durch Rating quantifiziert. Börsennotierte Unternehmen sind gewöhnlich als Unternehmen, aber auch mit ihren Wertpapieren geratet, wobei die Ratings öffentlich zugänglich gemacht werden. In Abschn. 4.1.1 wurde jedoch schon auf die DIC Asset AG hingewiesen, deren Anleihe selbst nicht geratet wurde. Dieser Sachverhalt ist an den Mittelstandsegmenten der Börsen häufiger anzutreffen, weil Unternehmen bereits mit ihrem Eigenkapital börsennotiert sein können. Ausfallrisiken können durch den Abschluss von Credit Default Swaps (CDS), also Risikotauschgeschäften, reduziert werden. Allerdings impliziert der Kauf von CDS Kosten für Investoren, sodass die Risikoreduzierung mittels CDS auch die Gesamtertragspotenziale einer Investition vermindert.

- *Zinsänderungsrisiko:* Anleihekurse sind sehr zinssensibel, da sie über die Barwerte des Zahlungsstroms berechnet werden. Denn ändert sich das Marktzinsniveau, sind auch die Diskontierungszinsfüße anzupassen, sodass sich neue Kurse ergeben. Die Kurswerte je Marktzinssituation einer Anleihe über die Laufzeit hinweg sind zu einem vordefinierten Zeitpunkt im Vorfeld des Laufzeitendes gleich, also die Wertverlaufslinien schneiden sich. In diesem Punkt kompensieren sich die durch Marktzinsänderungen initiierten Kurs- und Zinseszinseffekte der Kuponzahlungen. Zum Betrachtungszeitpunkt einer Anleihe besteht für diesen Zeitpunkt für Investoren kein Zinsänderungsrisiko. Der Zeitpunkt wird als Duration einer Anleihe bezeichnet. Als maximaler Durationswert kann nur die Restlaufzeit einer Anleihe gelten und wird bei Nullkuponanleihen entsprechend erreicht. Durch die Steuerung der Anlagezeitfenster über die Duration kann das Zinsänderungsrisiko für Anleiheinvestments reduziert werden. Mathematisch entspricht die Duration der barwertgewichteten mittleren Restlaufzeit einer festverzinslichen Anleihe.

- *Währungs-/Wechselkursrisiko:* Wird in Anleihen in fremder Währung investiert, entsteht für Investoren das Risiko (aber auch die Chance) sich verändernder Wechselkurse. Auf Grund der Euro-Einführung im Jahr 1999 können deutsche Investoren international gestreut über (aktuell im Jahr 2015) 19 Euro-Länder hinweg investieren, ohne ein Wechselkursrisiko einzugehen. Wechselkursrisiken können ebenfalls durch den Abschluss von Derivategeschäften, also Finanztransaktionen, die auf einen Basiswert lediglich abstellen, ihn aber selbst nicht verbriefen, reduziert werden. In diesem Fall sind Termingeschäfte heranzuziehen, die einen Wechselkurs im Heute für die Zukunft festlegen bzw. sichern.

- *Inflationsrisiko:* Anleihen weisen in der Standardform einen über die Laufzeit hinweg fixierten Zahlungsstrom aus. Daher sind Anleiheinvestitionen inflationsabhängig und das Inflationsrisiko wächst mit der Höhe der Laufzeit. Steigt die Inflationsrate über die Laufzeit hinweg an, verlieren die offenen Zahlungsverpflichtungen an Kaufkraft. An den Finanzmärkten wurden daher inflationsgeschützte Anleihen emittiert. Sie richten dazu die Höhe der Kuponzahlungen an Preisindizes öffentlicher Statistikämter aus. Allerdings wurden derartige Anleihen primär von Großemittenten vor allem als Staatsanleihen platziert.

4.3   Gestaltungsmöglichkeiten der Anleihefinanzierung für die Wohnungs- und Immobilienwirtschaft

Anleihen bieten Schuldner gegenüber bilateralen Darlehen mit Banken und Sparkassen zunächst drei wesentliche Chancen: Es sind (1) größere Kreditvolumina zum Umstieg von der Objekt- auf die Unternehmensfinanzierung zu realisieren, (2) die Investorenbreite über Kreditinstitute hinaus auszubauen und (3) die Kapitalkosten reduzieren (siehe Abschn. 2.1). Für Wohnungs- und Immobilienunternehmen kommt eine weitere Chance hinzu, nämlich (4) standardisiert unbesichert zu finanzieren, um die eigenen Beleihungsreserven zu schonen. Insbesondere in der Niedrigzinsphase bis Ende 2021 war die vierte Chance effektiv einsetzbar. Denn sich Konditionenaufschläge für die Unbesichertheit waren marginal. Wer zu diesem Zeitpunkt bereits per Anleihe finanzierte, kann jetzt nach der Zinswende von offenen Beleihungsspielräumen konditionell profitieren.

In einem ersten Prozessschritt der Anleiheemission ist die Investorenzielgruppe zu bestimmen. Hier wird nämlich unterschieden, ob sich Emittenten direkt an mögliche Investoren wenden (Selbstemission) oder ob sie sich an Investment-Banken wenden, durch die eine Anleiheemission vorbereitet und die Platzierung der Wertpapiere bei Investoren durchgeführt wird (Fremdemission).[43] Bei der Selbstemission sind Kenntnisse über das Investitionsverhalten der potenziellen Anleiheinvestoren notwendig. Können sie bei den Emittenten vorausgesetzt werden und reicht das potenzielle Emissionsvolumen der ansprechbaren Investoren für die Platzierung der Anleihe aus, können Unternehmen die Gebühren der Investment-Banken einsparen. Allerdings ist davon auszugehen, dass Unternehmen der Wohnungs- und Immobilienwirtschaft nur einen eingeschränkten Zugang zum Kapitalmarkt besitzen und selbst diesen nur bei größeren Unternehmen. Insofern kommt die Selbstemission bei kleineren Anleihevolumina zur Geltung, die eine Börsennotierung der Anleihe betriebswirtschaftlich noch nicht rechtfertigten.

Beispielkonzeption für Wohnungsunternehmen: RESI-Anleihe

Wohnungsunternehmen verfügen im Gegensatz zu Unternehmen vieler anderer Branchen über weitreichende Kundeninformationen, z. B. Namen, Adressen und sogar teilweise Einkommensinformationen zum Zeitpunkt des Einzugs. Hieraus ergeben sich für kommunale Wohnungsunternehmen und Wohnungsgenossenschaften jeweils besondere Platzierungspotenziale für Anleihen. Sie können nämlich potenzielle Investoren …

(1) innerhalb der Mieterschaft *identifizieren* und
(2) selbst *kontaktieren* sowie somit
(3) eine *Direktplatzierung realisieren.*

Denn durch den direkten Zugang zu Investoren ließe sich eine kostenintensivere Börsennotierung der Anleihe vermeiden. Aus Investorenperspektive böten die Wohnungsunter-

---

[43] Vgl. Wöhe et al. 2009, S. 278.

nehmen ihren Mietern durch die Emission Anlagemöglichkeiten mit mittel- bis langfristigen Anlageperspektiven z. B. für die eigene private Altersvorsorge, die Ausbildung
der eigenen Kinder oder temporäre Liquiditätsanlagen. Diese Anlagemöglichkeiten
wären bei kommunalen Wohnungsunternehmen und Wohnungsgenossenschaften **RE**-
gional ausgerichtet und auf Grund der dahinterstehenden Vermögenswerte relativ **SI**-
cher, sodass sie fortan als RESI*dential*-Anleihe, kurz RESI-Anleihe tituliert wird. Auf
diese Weise bieten sich Nebeneffekte der Emission: Kommunale Wohnungsunternehmen könnten ihrem Öffentlichen Auftrag für die Kommune und Wohnungsgenossenschaft ihrem wirtschaftlichen Mitgliederförderauftrag durch das Angebot nachhaltiger
Anlagemöglichkeiten nachkommen.

Entscheidend für den Erfolg einer Anleiheemission ist dennoch ein ökonomisch
sinnvolles Emissionspotenzial. In Deutschland ist die Vermögensverteilung signifikant
ungleicher als die Einkommensverteilung:[44] Demnach beträgt der Anteil des in Wertpapieren gebundenen Gesamtvermögens der deutschen Privatbevölkerung aktuell etwa
10 % und wird zu rund zwei Dritteln durch die 10 % der Bevölkerung mit dem größten
Vermögen gehalten. Es ist davon auszugehen, dass die Mieterklientel von Wohnungsunternehmen weder die bundesdeutsche Einkommensverteilung, noch die Vermögensverteilung abdeckt. Somit reduziert sich das Investorenpotenzial der Mieterklientel
nochmals im Vergleich zum Bundesdurchschnitt. Je nach Rechtsform bzw. Eigen-
tümerstruktur lassen sich jedoch nachfolgende Besonderheiten für das Platzierungs-
potenzial von Wohnungsunternehmen festmachen:

Kommunale Wohnungsunternehmen

Das Investorenpotenzial innerhalb der Mieterschaft von kommunalen Wohnungsunternehmen kann sich gewöhnlich nur aus einem Bruchteil der Gesamtmieterschaft
rekrutieren. Der Bekanntheitsgrad kommunaler Wohnungsunternehmen ist allerdings
gewöhnlich in der Kommune recht hoch. Außerdem bezieht sich der Öffentliche Auftrag als Unternehmenszweck kommunaler Unternehmen auf die vollständige Kommune. Daher bietet sich für kommunale Unternehmen die Gesamtbevölkerung der
Trägerkommune(n) als Platzierungsbasis an. Auf diese Weise könnte das Wohnungsunternehmen auch explizit vermögende Bevölkerungsteile als Investoren in die eigene
Anleihe gewinnen.

Wohnungsgenossenschaften

Der Unternehmenszweck von Wohnungsgenossenschaften bezieht sich zwar nicht auf
die Gesamtbevölkerung einer Region, sondern auf die Förderung allein ihrer Mitglieder
in wirtschaftlichen Angelegenheiten. Diese Mitglieder aber sind Eigentümer der Genossenschaft und besitzen somit eine besondere Identifikation mit ihrer Wohnungsgenossenschaft. Damit erscheint die Platzierungsbasis wesentlich geringer als bei kommunalen Unternehmen. Doch die Existenz von Spareinrichtungen bei Wohnungsgenossenschaften impliziert an sich schon, dass es ein historisch verfolgbares

---

[44] Siehe zu relevanten Datenquellen zusammenfassend: BpB 2015.

Grundvertrauen für die Investition von Spargeldern in Genossenschaften existiert. An-leiheemissionen unterliegen aber weit weniger regulatorischen Anforderungen als der Betrieb einer Spareinrichtung und erscheinen daher bereits bei überschlägigen Kalkula-tionen als effizienteres Finanzierungsinstrument auch für Wohnungsgenossenschaften. ◄

Eine Anleihe umfasst das gesamte Emissionsvolumen mit einem Nominalwert in Höhe mehrerer Millionen Euro. Sie wird in eine Vielzahl von Teilschuldverschreibungen ge-stückelt, z. B. mit Nennwerten bzw. Mindeststückelungen in Höhe von 100 Euro oder 1000 Euro usw. (siehe Abschn. 4.2.1). Mittels der Stückelung einer Anleihe lässt sich ge-zielt eine vordefinierte Vielzahl von Investoren als potenzielle Gläubiger zu erreichen, d. h. die *Stückelung* ist abhängig von den primär gewählten Zielinvestoren zu gestalten:

(1) Soll eine Anleihe primär bei institutionellen Investoren platziert werden, wird ge-wöhnlich eine Stückelung mit hohen Nominalwerten je Teilschuldschreibung gewählt.
(2) Eine Emission mit primärer Zielrichtung an private Investoren impliziert regelmäßig eine Stückelung mit kleinen Nominalwerten, um Privatinvestoren entsprechende In-vestitionen zu kleineren (Spar-)Beträgen zu ermöglichen. Weil einzelne Investoren nur Teilforderungen der Gesamtfinanzierung übernehmen, können sie ihre Invest-ments diversifizieren, was portfoliotheoretisch nach Markowitz (2008) bei gleichem Ertragsziel zur Risikominimierung führen kann.

Auch deshalb sinkt c. p. die Renditeanforderung der Anleihegläubiger gegenüber den Bankengläubigern bei einem Bankendarlehen (siehe Abschn. 2.1). Damit einher geht ein weiteres Mal ein tendenzieller Kostenvorteil der Anleihefinanzierungen gegenüber den Bankenkreditfinanzierungen.

Dagegen sind Dokumentations- und Zeitaufwand sowie Transaktionskosten der An-leihefinanzierung wesentlich höher als beim Bankenkredit. Unterschieden werden hier (1) einmalige und (2) laufende Kosten der Emission:[45]

- *Einmalige Emissionskosten* sind vor allem *Beratungsprovisionen*, z. B. Konsortial-provisionen bei großen Anleihen, die an ein Bankenkonsortium für die Emissions-begleitung zu bezahlen sind, oder Beratungsgebühren für einen qualifizierten Kapital-marktpartner bei Emissionen von Mittelstandsanleihen, die die Börsengänge der Mittelstandsunternehmen fast immer zwingend begleiten muss. Darüber hinaus fallen Börseneinführungsprovisionen, Börsenzulassungsgebühren sowie ggf. Kosten des Si-cherheitenmanagements an. Eine Pauschalisierung dieser einmaligen Kosten ist nur sehr ungenau im Abgleich zu verschiedenen Fallbeispielen und Literaturquellen auf das Wertefenster zwischen 1 % und 5 % des Nominalbetrags der Anleihe zu schätzen bzw. hochgradig individuell unternehmensabhängig. Insbesondere die vereinfachten Zu-

---

[45]Vgl. z. B. Bösl 2014, S. 50 f.

lassungsvoraussetzungen der Mittelstandsegmente reduzieren den einmaligen Kosten-
satz im Verhältnis zum Gesamtplatzierungsvolumen signifikant.

- *Laufende Emissionskosten* stellen bei Standardanleihen festverzinslicher Natur in erster Linie die Kuponzahlungen dar. Aber hinzugerechnet werden müssen noch Provisio-
nen der Kuponabrechnungen sowie sonstige laufende Nebenkosten. Nach Börsenein-
führung werden darüber hinaus Investment-Banken mit der Beobachtung und Kurs-
pflege (Market-Making) beauftragt. Damit ist das Kostenfenster abhängig vom
Marktzinsniveau, der Unternehmensbonität sowie der Betreuungsintensität. Im Fall
einer Anleihe mit zehnjähriger Laufzeit eines Unternehmens mit sehr guter Bonität
könnten sie laufenden Kosten in Höhe von 4 % für die Kupons und bis zu 1 % für die
Nebenkosten jeweils p. a. betragen.

- *Wohnungs- und Immobilienwirtschaft:* Zusammenfassend mit Blick auf die klein- und
mittelständisch geprägte Wohnungs- und Immobilienwirtschaft mit Unternehmen durchschnittlich guter Bonität kommen letztlich nur Emissionen von Mittelstandsanleihen in
Frage. Demnach lägen die einmaligen Emissionskosten und Nebenkosten eher an den
unteren Kostenrändern. Allerdings müssten sie eventuell durch zusätzliche Personalkosten
ergänzt werden, die entstünden, wenn Wohnungs- und Immobilienunternehmen Kapitalmarktfinanzierungen erstmals platzierten. Dennoch benötigen börsennotierte Unternehmensanleihen tendenziell hohe Mindestkapitalvolumina, um sicherzustellen, dass die
tendenziellen Kapitalkostenvorteile größer sind als die Emissionskosten. Zur Jahrtausendwende betrugen die Mindestemissionsvolumina noch 100 Mio. Euro.[46] Technischer Fortschritt und die Einführung spezieller Mittelstandsegmente an börsenorganisierten Märkten
mit erleichterten Emissionsanforderungen haben die Emissionsvolumina allerdings auf 10
Mio. Euro absinken lassen. Vor diesem Hintergrund eignen sich die Anleihefinanzierungen
zunehmend auch für die Wohnungs- und Immobilienwirtschaft.

Der GdW hat hierzu die *GdW Information 125, Inhaberschuldverschreibungen* erstellt,[47]
und damit ein zum Bankenkredit alternatives Finanzierungsinstrument für Wohnungsgenossenschaften vorgeschlagen. Hierbei werden insbesondere die Wohnungsunternehmen in genossenschaftlicher Rechtsform fokussiert. Für sie war nämlich die regulato-
risch ansonsten zwingend vorgeschriebene Prospektpflicht unter Umständen eingegrenzt.
Unter Prospektpflicht wird die Erstellung und Publikation eines Wertpapierprospekt in
Anlehnung an § 31, Abs. 2, Satz 1 und 2 WpHG (Wertpapierhandelsgesetz) verstanden:
„Alle Informationen einschließlich Werbemitteilungen, die Wertpapierdienstleistungs-
unternehmen Kunden zugänglich machen, müssen redlich, eindeutig und nicht irreführend
sein." Insofern formuliert § 3, Abs. 1 WpPG (Wertpapierprospektgesetz), „… darf der Anbieter Wertpapiere im Inland erst dann öffentlich anbieten, wenn er zuvor einen Prospekt
für diese Wertpapiere veröffentlicht hat". Die Erstellung dieses Prospekts ist mit Notars-
und zumeist Finanzberatungskosten (z. B. zur Prognose des potenziellen Emissions-

---

[46] Siehe auch Spremann/Gantenbein 2007, S. 19.
[47] Siehe dazu GdW 2010.

volumens und des optimalen Kuponsatzes) verbunden, die durchaus einen möglichen Finanzierungskostenvorteil von Kapitalmarktfinanzierungen gegenüber Bankenmarktfinanzierungen bei kleineren Kreditvolumina aufzehren können.

GdW 2011, S. 83

Die Prospektpflicht greift […] dann nicht, wenn ein „öffentliches Angebot" von Wertpapieren bzw. Inhaberschuldverschreibungen lediglich einem „begrenzten Personenkreis" unterbreitet wird. Diese Kriterien sind nach der Aufsichtspraxis der BaFin als erfüllt anzusehen, wenn die Inhaberschuldverschreibungen nur an Mitglieder der Wohnungsgenossenschaft ausgegeben werden. Ergänzend ist erforderlich, dass die Mitgliederversammlung über die Ausgabe und die Ausgestaltung der auszugebenden Inhaberschuldverschreibungen beschließen.

Bei Genossenschaften mit Vertreterversammlung reicht eine Beschlussfassung durch die Vertreterversammlung nicht aus, um auf einen Prospekt zu verzichten. Diese Unternehmen müssen abwägen, ob sie den Anforderungen der WpPG entsprechend einen Prospekt erstellen oder – um die Prospektpflicht zu vermeiden – die Beschlussfassung einer eigens hierfür einberufenen Mitgliederversammlung herbeiführen. Hierzu bedarf es allerdings einer Grundlage in der Satzung.

Möglich ist ein Verzicht auf die Prospekterstellung primär für Genossenschaften, die noch auf eine Vertreterversammlung verzichten, da ein Mitgliederbeschluss bzw. die Einberufung einer expliziten Mitgliederversammlung notwendig ist. Derartige Genossenschaften zeichnen sich aber wiederum durch eine kleine Mitgliederanzahl aus. Allerdings sind Kleinstemissionen mit einem Anleihevolumen in Höhe von höchstens 100 Tsd. Euro ohnehin nicht prospektpflichtig, „sofern der Verkaufspreis für alle angebotenen Wertpapiere im Europäischen Wirtschaftsraum weniger als 100.000 Euro beträgt, wobei diese Obergrenze über einen Zeitraum von zwölf Monaten zu berechnen ist", wie § 3, Abs. 2, Nr. 5 WpPG formuliert. Kleinstemissionen jedoch sind andererseits wegen der Transaktionskosten der Emission wiederum nicht rentabel, was aber im Einzelfall zu überprüfen wäre. Daher ist im Vorfeld einer Anleiheemission durch Genossenschaften unter Verzicht auf die Prospektpflicht das ausreichende Absatzpotenzial für ihre Anleiheplatzierung zu überprüfen.

Neben der möglichen Befreiung von der Prospektpflicht, zeichnet sich ein solcher Club Deal der Emission einer Anleihe allein in die Mitgliedergruppe einer Wohnungsgenossenschaft hinein auch durch effiziente Vertriebskosten aus. Als weitere Bestandteile der Emissionskosten gelten noch laufende Kosten der Berichterstattung, Zinsscheineinlösungen, Sicherheitenverwaltung etc. Für internationale Emissionen von börsennotierten Anleihen werden diesbezügliche *einmalige* Kosten mit 0,3–4 % und die laufenden Kosten mit 2,0 % jeweils des Emissionsvolumens geschätzt.[48] Aktuellen Praxisprojekten im Jahr 2013 folgend erscheinen die einmaligen Kosten am niedrigen Rand der Preisspanne angesiedelt zu sein.

---

[48] Vgl. Schüler 2011, S. 401; Wöhe et al. 2009, S. 279.

Öffentlich angebotene bzw. börsenhandelbare Wertpapiere müssen generell alle wesentlichen Risikoelemente aus Sicht der Investoren in einem Wertpapierprospekt dokumentieren.[49] Der Wertpapierprospekt unterliegt strengen gesetzlichen Formanforderungen nach dem Wertpapierprospektgesetz (WpPG). § 3, Abs. 1 WpPG verpflichtet grundsätzlich alle Emittenten zur Veröffentlichung des Wertpapierprospekts, der nach § 13, Abs. 1 WpPG durch die Bundesanstalt für Finanzdienstleistungsaufsicht (BaFin) genehmigt sein muss. § 3, Abs. 2, Satz 1 WpPG nennt sechs Ausnahmen zur Prospektpflicht, die im Einzelfall zu prüfen sind. Erst danach ist ein Unternehmen berechtigt, im Rahmen einer Eigen- oder Fremdemission die Anleihe zu emittieren. Dauerhafte Publizitätspflichten begleiten die Emission ebenso wie ökonomisch notwendige Investor Relations. Die Anleihefinanzierung unterscheidet sich damit nicht nur im gewünschten tendenziellen Zinskostenvorteil durch die Verschuldung bei einer Vielzahl von Gläubigern im Vergleich zu einem Kreditinstitut, sondern eben auch in höheren einmaligen und laufenden Transaktionskosten der Emission. Im Weiteren gilt es jedoch nicht, einen Praxisleitfaden zur Emission von Anleihen zu formulieren.[50] Die hier abschließend zu beantwortende Frage zielt auf die mögliche Effizienz einer intensivierten Substitution von Bankenkrediten durch Anleihen zur Fremdkapitalfinanzierung. Wird nämlich auf die Aussagen in Abschn. 4.1 rekurriert, so stellen sich aktuell in beiden Finanzierungsmärkten schuldnerbezogen sehr positive Marktentwicklungen dar, einerseits im Hinblick auf die Fremdkapitalzinsen und andererseits mit Blick auf die Attraktivität risikoarmer immobilienbezogener Finanzierungsgeschäfte.

Es könnte demnach von Nutzen für Unternehmen der Wohnungs- und Immobilienwirtschaft sein, genau in dieser jetzigen Phase der Finanzierungsmärkte erste Prozesse der Selbstemission von Anleihen oder börsennotierter Mittelstandsanleihen zu implementieren, weil derzeit ein Handeln ohne Finanzierungs*not* möglich wäre. In diesen Phasen die eigene Finanzierung auf bankenunabhängige Füße zu stellen, böte den Unternehmen eine Chance, sich von möglichen weiteren Strukturproblemen bei Banken und Sparkassen zu befreien (siehe Abschn. 2.3 und 3.1). Diese Option erscheint vor allem aktuell im Jahr 2015 sinnvoll, in welchem die Kapitalmärkte massiv durch die Geldpolitik der Zentralbanken kapitalangebotsorientiert beeinflusst ist (siehe Abschn. 4.1). So galt das Mittelstandsegment für Unternehmensanleihen in Deutschland Ende 2011 noch als Markt, der nur 50 % der angedachten Emissionsvolumina realisieren konnte. „Jede zweite Mittelstandsanleihe wurde noch nicht komplett platziert, was Firmen und Börsen gerne verstecken" – so die Überschrift im Handelsblatt vom 02./03. Dezember 2012 (Nr. 234, S. 50). Doch schon am 12. März 2012 (Nr. 51, S. 36) überschrieb dasselbe Handelsblatt einen Beitrag mit: „Zeit für neue Mittelstandsanleihen". Diese Überliquidität an den Kapitalmärkten (siehe Abschn. 4.1) sollten sich Unternehmen der Wohnungs- und Immobilienwirtschaft sehr wohl nutzbar machen können.

---

[49] Vgl. Heinemann/Weinberger 2014, S. 155 f.

[50] Siehe vor allem GdW 2010 und zusammenfassend GdW 2012, S. 83–86, sowie als subjektiven Bericht Höhne 2010.

Kapitalmarktbezogene Finanzierungsalternative zur Anleiheemission

Eine alternative zur Anleihefinanzierung ohne Prospektpflicht sind Schuldschein-darlehen. Sie sind anleiheähnliche mittel- bis großvolumige am Kapitalmarkt nicht börslich handelbare Kredite, die Finanzmittel seitens zumeist mehrerer Darlehens-geber über rechtlich selbstständige Teilforderungen (= Schuldscheine) bereitstellen und deren rechtliche Regelungen im Wesentlichen auf jenen des verzinslichen Dar-lehensvertrags nach §§ 488 ff. BGB basieren.[51] Die einzelnen Schuldscheine sind nur Beweisurkunden der Schuld mit durchaus unterschiedlichen Kredittranchen (Laufzeit, Zinssätze, Beträge); eine Übertragung von Teilforderungen des Schuld-scheindarlehens erfolgt durch die Abtretung der Forderung (= Zession), allerdings ist hierzu häufig die Zustimmung der Schuldner erforderlich. Das Schuldschein-darlehen wird zumeist von einem arrangierenden Kreditgeber bereitgestellt. Dazu ist ein Darlehensvertrag mit dem Arrangeur abzuschließen, sodass in der Praxis durchaus auf die explizite Ausstellung der Schuldscheine verzichtet wird.

Gläubiger von Schuldscheindarlehen sind im Wesentlichen institutionelle In-vestoren wie Versicherungen und Pensionskassen, dabei insbesondere Lebensver-sicherungen.[52] Auf Grund der rechtlichen Bestimmungen bzw. Restriktionen der Vermögensanlage von Lebensversicherungen werden Schuldscheindarlehen in der Praxis an Unternehmen bester Bonität vergeben. Bislang fokussierte der Markt dabei Großunternehmen mit einem Kapitalbedarf in Millionenhöhe. Die Unter-grenze eines ökonomisch sinnvollen Platzierungsvolumens liegt prinzipiell jedoch bei bereits etwa 50 Tsd. Euro. Bei einer derartigen Atomisierung von Teilforderungen kommen Lebensversicherungen als Gläubiger nicht in Betracht, sodass sich im Markt Schuldscheindarlehen mit Kreditvolumina in Höhe von 10 Mio. Euro bis 500 Mio. Euro und Teilforderungen in Höhe von mindestens 1 Mio. Euro durchgesetzt haben, die endfällig oder in Raten getilgt werden.[53]

Grundsätzlich ist die Verzinsung des Schuldscheindarlehens wie bei einer An-leihe abhängig von der Kreditnehmerbonität und dem Marktzinsniveau. Sie liegt auf Grund der eingeschränkten Handelbarkeit gegenüber einer Anleihe oberhalb der An-leiheverzinsung. Allerdings impliziert ein Schuldscheindarlehen geringere Trans-aktionskosten für Kreditnehmer als die (börsenbasierte) Anleihefinanzierung. So fallen gewöhnlich Transaktionskosten in Höhe von 0,75–1,25 % des Kreditvolumens an.[54] Im Jahr 2015 wurde mit der Emission eines Schuldscheindarlehens über 120 Mio. Euro durch die Gewobag Wohnungsbau-Aktiengesellschaft Berlin ein Schuld-

---

[51] Vgl. Bösl 2014, S. 43 f.

[52] Vgl. hier und im Weiteren Prätsch 2012, S. 160.

[53] Vgl. Bösl 2014, S. 45.

[54] Vgl. Bösl 2014, S. 48, 50 f.; Prätsch 2012, S. 160.

schein mit Tranchen verschiedener Zinsbindungszeitfenster und Zinssätze erstmalig durch ein deutsches kommunales Wohnungsunternehmen platziert.

Insgesamt diversifizieren Schuldscheindarlehen wie Anleihen die Fremdkapital-finanzierung von Unternehmen und stärken die Kapitalmarktorientierung des sich finanzierenden Unternehmens.[55] Im Abgleich zu Unternehmensanleihen ist ihre Platzierung weniger aufwendig und günstiger. Insofern kommen Schuldschein-darlehen prinzipiell auch für Wohnungsunternehmen als Außenfinanzierungs-instrument in Frage.

Beispielhaft arrangierte die SEB AG ein Schuldscheindarlehen über 26 Mio. Euro für die Rockspring Property Investment Managers LLP zur Finanzierung des Kaufs eines Einkaufszentrums zur Mitte des Jahres 2013.[56] Auch die Adler Real Estate AG und sie GSW Immobilien AG haben den Erwerb von Wohneinheiten mittels Schuld-scheindarlehen finanziert.[57] Im Jahr 2015 wurde mit der Emission eines Schuld-scheindarlehens über 120 Mio. Euro durch die Gewobag Wohnungsbau-Aktiengesellschaft Berlin ein Schuldschein mit Tranchen verschiedener Zins-bindungszeitfenster und Zinssätze erstmalig durch ein deutsches kommunales Wohnungsunternehmen platziert. Inzwischen folgten viele weitere kommunale Wohnungsunternehmen diesem Beispiel.[58]

Auch für Wohnungsunternehmen mit einem Kapitalbedarf im niedrigen zwei-stelligen Millionenbereich lassen sich Schuldscheindarlehen platzieren. Im Unter-schied zur Anleihefinanzierung wäre beim Darlehen dann allerdings wieder auf die Möglichkeit der grundbuchartigen Besicherung abzustellen. Der GdW als Spitzen-verband der Wohnungswirtschaft äußert sich diesbezüglich allerdings skeptisch: „Für Wohnungsunternehmen ist diese spezielle Ausgabe von Fremdkapital wohl nur in äußersten Ausnahmefällen möglich und somit nicht wirklich relevant. Als so-genanntes alternatives und auch tatsächlich handhabbares Finanzierungsinstrument haben die Schuldscheindarlehen für Wohnungsgenossenschaften daher keine Be-deutung."[59] Hinsichtlich der in diesem Beitrag aufgezeigten Entwicklungen an den Finanzierungsmärkten wäre es zusammenfassend allerdings sinnvoller, die Be-deutung der Schuldscheindarlehen zu steigern und ggf. über den Spitzenverband Kontakte zu Finanzinvestoren aufzubauen bzw. zum notwendigen Zeitpunkt an die Wohnungsunternehmen zu vermitteln.

---

[55] Vgl. Bösl 2014, S. 44.

[56] Vgl. O. V. 2013b.

[57] Vgl. Reichel 2013, S. 30.

[58] Vgl. die Transaktionsübersicht und den Praxisleitfaden zur Platzierung von Schuldscheinen in Knüfermann/Fuest (2019).

[59] GdW 2012, S. 87.

Abschließend lassen sich Schuldscheindarlehen für die Wohnungswirtschaft unter aktuellen Marktbedingungen als sinnvoll erachten, wenn ein Übergang von der Objekt- zur Unternehmensfinanzierung nötig wird. Gründe dafür können (1) das Fehlen von Besicherungsfreiräumen bei großen Bauvorhaben sowie (2) Restrukturierungsphasen von Wohnungsunternehmen sein.

Kapitalkostenvorteile gegenüber dem Bankenkredit sind wegen der Diversifikation der Finanzmittelgeber sowie einer grundsätzlich möglichen Handelbarkeit von Schuldscheinen möglich. Des Weiteren kann auf arrangierende Kreditgeber verzichtet werden, wenn das sich finanzierende Unternehmen über Zugänge zu Investoren verfügt. Im Unterschied zur Anleihefinanzierung ist c. p. zwar der Darlehenszins größer dem Anleihekupon, dafür ist beim Schuldscheindarlehen auf den aufwendigen Emissionsprozess zu verzichten. Bei beiden alternativen Kapitalmarktfinanzierungen bleiben jedoch stets Platzierungsrisiken bestehen, die eine konkrete Finanzierungsprozessplanung sowie eine professionelle Betreuung der Planungen und Umsetzungen implizieren.

Im Rahmen einer eigenen empirischen Untersuchung innerhalb der deutschen Wohnungswirtschaft konnten die genannten Überlegungen untermauert werden. Schließlich identifizierte diese Studie aus dem Jahr 2017 exakt jene Unternehmen mit relativ größerem Kapitalbedarf und höheren Kapitalkosten als solche, die ihr finanzwirtschaftliches Interesse an Finanzierungen über Schuldscheindarlehen bekundeten.

4.4   Internationale Einflüsse auf immobilienwirtschaftliche Finanzierungen

Die Wohnungs- und Immobilienwirtschaft in Deutschland ist in einem besonderen Maße national geprägt. Insbesondere unterliegt die dezentrale Wohnungswirtschaft kapital- sowie investitionsseitig nationalen Markt- und juristischen Rahmenbedingungen. Hinzu kommt bei der Wohnungswirtschaft, dass sich das Angebot zu etwa drei Vierteln aus privaten Vermietern rekrutiert. Die Zahl der bundesweiten Anbieter ist damit verschwindend gering. Umso mehr differenzieren sich die mit dem Eigenkapital an den Wertpapierbörsen gelisteten deutschen Wohnungsunternehmen von den restlichen tausenden Unternehmen und millionenfachen privaten Anbietern.

In den letzten Jahren investierten zunehmend auch ausländische Investoren in den deutschen Markt. Diese vorwiegend angelsächsischen Investoren weisen allerdings eine für die deutschen Immobilienmärkte untypische Investitionskultur auf, denn sie besitzen eine ausgeprägte Transaktionsorientierung. Während deutsche Immobilienunternehmen vor

allem kommunale und genossenschaftliche Wohnungsunternehmen – langfristig bestands-
haltende Geschäftsmodelle verfolgen, geht es angelsächsischen Investoren primär um kürzere Investitionszeiten. In ihnen zielen diese Investoren auf die Wertsteigerung der Investments, um möglichst zeitnah eine Exitstrategie umzusetzen und das Gesamtinvestment
renditeorientiert für sie abschließend abzuwickeln.

Angelsächsischen Investoren ist dabei eine gänzlich andere Kultur der Immobilienfinanzierung vertraut, als es für deutsche Unternehmen gilt. In Deutschland stellt das
grundpfandrechtlich besicherte Bankendarlehen (zuzüglich Förderdarlehen) die zentrale
Form der fremdkapitalbasierten Immobilienfinanzierung dar. In den USA und auch in
Großbritannien erfolgt die gewerbliche Fremdkapitalfinanzierung von Immobilien unter
Zuhilfenahme der börsenorganisierten Kapitalmärkte im Rahmen von sogenannten Verbriefungsstrukturen.

Diese große Diskrepanz zwischen den nationalen Finanzierungsmärkten überrascht insofern, als dass in Deutschland seit dem 18. Jahrhundert das Pfandbriefkonzept einen
erfolgreichen Weg darstellt, Immobilienfinanzierungen bzw. deren Refinanzierungen über
die börsenorganisierten Kapitalmärkte abzuwickeln. Allerdings vermögen Pfandbriefe
noch keine eigenkapitalschonenden Verlagerungen der Kreditrisiken aus den Bilanzen der
Kreditinstitute hinaus, wie es über Verbriefungsstrukturen möglich ist.

Der grundsätzlicheren Orientierung angelsächsischer Finanzierungen an den börsenorganisierten Finanzmärkten bzw. die damit verbunden notwendigerweise effektiveren
Zugänge zu Eigen- und Fremdkapital für die Realwirtschaft (und insbesondere dem
Mittelstand) über diese Märkte sind letztlich positive Einflüsse auf das Wachstum einer
Volkswirtschaft zuzusprechen. Börsenmärkte reduzieren nämlich auf Grund der Handelbarkeit der Finanzkontrakte die Liquiditätsrisiken der Investoren. Reduzierte Risiken implizieren wiederum niedrigere Renditeanforderungen der Investoren bzw. niedrigere
Kapitalkosten der Unternehmen/Schuldner. Zu erkennen sind diese regionalen Unterschiede an Hand der Börsengrößen je Land im Vergleich zur Größe der Volkswirtschaft:

Die Aktienmarktkapitalisierung an der London Stock Exchange liegt Anfang 2018
etwa um den Faktor 3,5 oberhalb jener der Frankfurter Wertpapierbörse, obwohl die Volkswirtschaft Großbritanniens zugleich ein kleineres Bruttoinlandsprodukt auswies als die
Bundesrepublik Deutschland. Der restriktivere Zugang für Unternehmen an deutsche Börsen verschenkt damit positive Impulse für eine prosperierende deutsche Volkswirtschaft.
Francke (2006) wies daher schon vor vielen Jahren daraufhin, „dass in denjenigen Staaten,
in denen die Entwicklung zum Kapitalmarktfinanzierungssystem weiter fortgeschritten
ist, im Durchschnitt auch höhere BIP-Wachstumsraten erreicht werden."[60]

Die größte deutsche Wertpapierbörse der Deutsche Börse AG in Frankfurt, aber auch
die mit großem Abstand kleineren Regionalbörsen in Hamburg/Hannover, Berlin, Düsseldorf, Stuttgart und München waren in den letzten Jahren bemüht, diesen strukturellen
Nachteil auszugleichen.

---

[60]Francke 2006, S. 43.

- *Eigenkapital:* Im Jahr 1997 führte die Deutsche Börse AG als Betreiberin der Frankfurter Wertpapierbörse das Börsensegment *Neuer Markt* ein. Am Neuen Markt konnten noch junge Unternehmen der High Tech-Branchen (sogenannte *New Economy*) börsenorganisiert Eigenkapital aufnehmen. Die am Neuen Markt notierten Kurse erreichen im März 2000 indexiert ihren Kurshöhepunkt. Über 300 Unternehmen waren in der Spitze am Neuen Markt gelistet. Doch Bilanzskandale und Vertrauensverluste der Investoren führten anschließend zu signifikanten Kurseinbrüchen, quasi zu einem Börsen-Crash. Unternehmen mussten Insolvenz anzeigen und Investoren erlitten nachhaltige Verluste. Das Börsensegment wurde im Jahr 2003 eingestellt.

  Besonders betroffen waren Privatinvestoren, die in Deutschland seit dem Börsengang der Deutsche Telekom AG im Jahr 1996 erstmals ein Wertpapierdepot eröffnet und ihr Sparguthaben in Aktien investiert hatten. Die noch junge Aktienkultur Deutschlands erlitt damit zeitnah nach ihrer Aktieneuphorie einen Dämpfer, der gemessen an der Anzahl der Depotbesitzenden privaten Haushalte bis zum aktuellen Zeitpunkt (Anfang 2018) nicht kompensiert wurde.

- *Fremdkapital:* Die deutsche Regionalbörse in Stuttgart errichtete zum Börsenstart im Jahr 2010 ein Mittelstandssegment für Anleiheemissionen und den Handel. Weitere Regionalbörsen folgten diesem Beispiel und im Jahr 2012 ebenfalls die Frankfurter Wertpapierbörse. Mittelstandsunternehmen wurde die Möglichkeit eröffnet, mit reduzierten Börsenanforderungen Fremdkapital über die Börse zu beziehen. Vor allem Publizitätspflichten waren für die Mittelstandsunternehmen, die teilweise in der Rechtsform einer GmbH & Co. KG keinesfalls mit dem Eigenkapital börsennotiert und damit häufig inhabergeführt und informationsverschwiegen waren, erleichtert worden. Während zuvor gewöhnlich effiziente Anleihevolumina bei 100 Mio. Euro und besser 500 Mio. Euro lagen, war es an den Mittelstandssegmenten möglich geworden, Anleihen mit Emissionsvolumina zwischen 10 Mio. und 30 Mio. Euro zu emittieren.

  Reduzierte Emissionsanforderungen an die Schuldnerunternehmen implizieren für Investoren ein höheres Ausfallrisiko ihrer Investitionen und damit größere Risikoaufschläge bzw. höhere Kapitalkosten für Mittelständler als für bonitätsvergleichbare Unternehmen, weil die Bonität eben für Externe schlechter erfassbar war. Auch wenn diese börsenorganisierten Finanzierungen für die Schuldnerunternehmen vorteilhaft waren (z. B. in den Kapitalkosten im Vergleich zum Bankenmarkt oder in der Situation, sich überhaupt finanzieren zu können, obwohl Banken keine Darlehen anboten), lagen die Konditionen in einer Marktphase grundsätzlich niedriger Kreditzinsen verhältnismäßig hoch – wenn auch risikoadjustiert.

  Weil die Euro-Staaten seit dem Jahr 2008 mit stetig fallenden Marktzinsen leben, fiel es Privatkunden zunehmend schwer, effektiv zu sparen. Stattdessen ließen sie sich von nominal höherem Zinssatz gegenüber einer Bankeinlage verführen und investierten zunehmend in Mittelstandsanleihen. Bis zum Jahr 2014 waren weit über 100 Mittelstandsanleihen an den entsprechenden Segmenten notiert. Die Spreads, also Risikoaufschläge für die Verzinsung der Mittelstandsanleihen gegenüber der risikoärmsten Geldanlage in laufzeitäquivalente Bundeswertpapiere, betrugen nicht selten 6 Prozentpunkte bis 8 Prozentpunkte. Diese Aufschläge repräsentieren das Mehrrisiko der Investition, das entsprechend durch die Risikoprämie abgegolten wird.

Ab dem Jahr 2014 wurden diese Risiken zunehmend schlagend und Unternehmen mit Anleihen an den Mittelstandssegmenten meldeten Insolvenz an. Wie schon zu Zeiten des Neuen Markts (s. o.) erlitten Privatkunden nachhaltige Verluste, wodurch wiederum die Investitionskultur beschädigt worden war. Grund war schlicht fehlendes Verständnis der Privatkunden von Zins/Risiko-Kausalitäten. In einem Staat, dessen Schulsystem bundesweit ein Fach Wirtschaft für die Sekundarstufe II boykottiert, ist es keine Überraschung. Für die Börsenkultur der Volkswirtschaft allerdings eine Katastrophe. Schließlich gelten Privatinvestoren neben Institutionellen in an angelsächsischen Ländern als wichtige, weil langfristig ausgerichtete Investorenklientel.

Alles in allem unterlagen die deutschen Finanzmärkte in den letzten Jahrzehnten durchaus erkennbaren Veränderungen hin zu angelsächsischen Strukturen. Nachhaltig waren sie jedoch nur in einem begrenzten Maß. Ein Internationales Finanzmanagement muss sich aber verstärkt (primär) angelsächsischen Strukturen öffnen und sie selbst in Deutschland abbilden, um ausländische Investoren zu inländischen Finanzierungen zu motivieren.

Finanzstrukturen angelsächsischer Investoren werden von deutschen Investoren im Ausland adaptiert und von angelsächsischen Investoren im Inland realisiert. Mit Blick auf die deutsche Wohnungs- und Immobilienwirtschaft bzw. Volkswirtschaft sind die Chancen internationaler Finanzierungsstrukturen zu nutzen, um prosperierende Wirtschaftsentwicklungen zu forcieren. In diesem Sinn ist auch Shiller (2012) zu verstehen, wenn er resümiert:

„Der Finanzsektor ist trotz seiner Makel und Exzesse eine Kraft, die uns helfen kann, eine bessere, wohlhabendere und gleichere Gesellschaft zu schaffen. Die Finanzwirtschaft war sogar ein zentraler Faktor für den Aufstieg reicher Marktwirtschaften in der Moderne. Ohne sie wäre diese Entwicklung gar nicht denkbar gewesen."[61]

4.5   Strukturierte Finanzierungen des Verbriefungsmarkts

Kreditfinanzierungen in angelsächsischen Ländern vollziehen internationale Unternehmen primär Mittels Anleihen (= Inhaberschuldverschreibungen, engl.: Bonds), die bei Laufzeiten bis zu einem Jahr am Geldmarkt und bei Laufzeiten über einem Jahr am Kapitalmarkt platziert werden. Die handelbaren Anleihen sind nicht zwingend börsengestützt zu emittieren. Allerdings steigert eine Börsennotierung der Wertpapiere deren Fungibilität, also deren Handelsintensität und senkt damit das Liquiditätsrisiko der Investoren, sodass

[61] Shiller 2012, S. 12.

diese ihre Renditeanforderungen senken. Die tendenziellen Kapitalkostenvorteile von An-leihefinanzierungen gegenüber den nicht handelbaren bilateralen Bankdarlehen sind dem-nach nochmals größer, wenn das Wertpapier börsennotiert ist.

Darüber hinaus lassen sich über eine Anleihe vor allem sehr große Kreditvolumina ef-fizienter stemmen. Kreditinstitute gelangen mit bilateralen Darlehen dagegen schnell an Volumengrenzen. Denn eine einzelne Bank unterliegt in ihrem Kreditengagement auf Grund der Basel-Akkorde strikten Eigenkapitalrestriktionen (siehe Abschn. 3.3). Für große Kreditvolumina, die ihre Eigenkapitalunterlegungsfähigkeit überschreiten, muss ein Kreditinstitut ein Konsortium mit weiteren Kreditinstituten bilden, sodass sich die Kredit-konditionen verschlechtern können. Allerdings rekrutieren sich Anleiheinvestoren eben-falls als Investorengruppe aus dem Kreis potenzieller institutioneller Geldgeber. Dieser In-vestorenkreis geht über die Gruppe der Kreditinstitute hinaus und bindet alle institutionel-len Investoren ein. Je größer der Kreis möglicher Investoren ist, desto tendenziell günstiger sind c. p. die Kapitalkosten für die Kreditnehmer.

Auf Grund der offenen Investorenstruktur eignen sich Anleihen bereits, um international tätige Investoren zu rekrutieren. Auch viele weitere Gestaltungsparameter einer Anleihe sind bei diesem Finanzierungsinstrument durch die Schuldner selbst und individuell zu ge-stalten (= Laufzeit, Tilgungsmodalitäten, Besicherung, Zinsbindungsfrist, Kupon etc.). Al-lerdings gilt der Grundsatz, dass jede Ausgestaltung zum Nachteil der Investoren, die ge-forderte Rendite an das Wertpapier erhöht. Ähnlich der Darlehensstruktur besteht in Deutschland eine Kultur des Primats langer Zinsbindungsfristen, wohin gehen im Ausland primär variabel verzinst finanziert wird. Insbesondere bei der Immobilienfinanzierung bzw. der Finanzierung von Immobilienunternehmen wird dieser Sachverhalt deutlich.

Im internationalen Finanzgeschäft ist nicht nur die Standardverbriefung von Forderun-gen zu handelbaren Anleihen etabliert. Vielmehr lassen sich ganze Forderungsstrukturen verbriefen. Derartige Verbriefungsstrukturen müssen nicht zwingend die Schuldner selbst realisieren. Auch Kreditinstitute können von Ihnen profitieren, in dem sie längerfristige Forderungen an eine (Ein-)Zweckgesellschaft verkaufen, während diese sich über den Geldmarkt kurzfristig bei institutionellen Investoren refinanziert. Auf diese Weise reduzie-ren Kreditinstitute ihre regulatorischen Eigenkapitalunterlegungsanforderungen, sodass sie ihr vorhandenes, nun freigesetztes Eigenkapital zur Kreditgeschäftsausweitung heran-ziehen können. Dennoch können auch Unternehmen selbst Asset Securitization betreiben, wenn sie über stetige Cash flows aus eigenen Forderungen verfügen. Dieser Sachverhalt gilt in besonderem Maße natürlich für Wohnungsunternehmen.

Verbriefungsstrukturen
„Bei einer Verbriefung werden die Kreditrisiken eines abgegrenzten Subportefeuilles (Asset Pool) aus dem Bestand des Forderungsinhabers (Originator) herausgelöst, in Form eines gebündelten Treuhandvermögens isoliert und in mit unterschiedlichem Risikogehalt ausgestatteten, handelbaren Strukturierungseinheiten an den Kapital- oder Geldmarkt transferiert. Ein eigens gegründeter Finanzintermediär, eine so-

genannte Zweckgesellschaft (Special Purpose Vehicle), finanziert die Übernahme der Finanzaktiven des Originators durch Emission von risikogestaffelten Wertpapiertranchen. [...] Die Rückflüsse aus den verbrieften Forderungen dienen der Kapitaldienstleistung der emittierten Wertpapiere, deren Erfüllungsrisiko damit direkt von der Qualität als auch vom Verlusthaftungsrang der jeweiligen Tranche abhängt. Ausgehend von der ranghöchsten Tranche (Senior Tranche) werden sie Zahlungsansprüche über ein oder mehrere mezzanine Tranchen kaskadenartig erfüllt, sodass der untersten Tranche (Equity Tranche, Junior Tranche oder First Loss Piece) die Rolle des Erstverlustträgers zukommt (Wasserfallprinzip)."[62]

Das Standardprodukt der Asset Securitization wird Asset Backed Securities (ABS) genannt. Das Wesen von ABS sind Vermögensgegenstände (Assets) zur Unterlegung (Backed) von Wertpapieren (Securities). Hiermit ist der Verkauf eines Forderungspools zum Zwecke der Liquiditätsbeschaffung für die Verkäuferin (= Originatorin) gemeint. Käufer der ABS sind eigens dafür gegründete, rechtlich selbstständige (Ein-)Zweckgesellschaften. Derartige Zweckgesellschaften kaufen ABS an und refinanzieren sich durch die Emission von (kurzfristigen) Wertpapieren (= Commercial Papers), die durch den Forderungsbestand gedeckt sind. Auf diese Weise entsteht eine Fristentransformation langfristiger Forderungen durch kurzfristige Verbindlichkeiten. Hierbei sind zwei Arten von ABS zu unterscheiden:

1. *True-Sale-Variante:* Tatsächlicher Verkauf der Forderungen.
2. *Synthetische Variante:* Nur Verkauf der Ausfallrisiken.

Abb. 4.6 skizziert die institutionelle Struktur der Beteiligten von Asset Securitization. Den Ausgangspunkt bilden die Originatoren als Inhaber von Forderungen verschiedener Branchen. Mietforderungen stellen für den ABS-Markt demnach nur eine Alternative neben vielen weiteren (Leasingforderungen, Forderungen aus Kreditkartengeschäften etc.) dar. Sie verkaufen diese zu Wertpapieren verbrieften Forderungen an die eigens dafür gegründete Einzweckgesellschaft, die wiederum durch eine Arrangeurin konzipiert, gegründet und teilweise gemangt wird.

In der Regel handelt es sich bei einer Arrangeurin um eine Investment-Bank, also um ein Finanzdienstleistungsunternehmen, das *Provisions*geschäfte, anstatt *Zins*geschäfte realisiert. Investment-Banking ist dabei das Banking (= Finanzierung) von Investments der Realwirtschaft. Investment-Banken finanzieren also nicht selbst über das bankeigene Kreditbuch, sondern unterstützen die Realwirtschaft in deren Investment-Banking, d. h. in deren Finanzierungsengagements (z. B. mittels der Emission von Wettpapieren über die Kapitalmärkte).

---

[62] Perridon et al. 2017, S. 514.

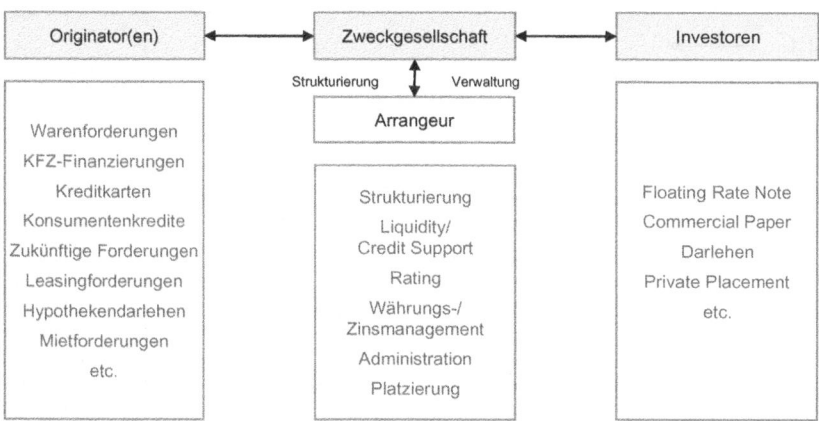

Abb. 4.6 Prozessbeteiligte der Asset Securitization. (Quelle: Nach Perridon et al. 2017, S. 517, Abb. D 22)

Die Arrangeurin ist demnach zuständig für die Finanzierungsstruktur der Einzweckgesellschaft, die sich das notwendige Finanzkapital zum Ankauf der langfristigen Forderungen selbst am Geldmarkt durch die eigentliche ABS-Finanzierung leiht. Der Ankauf langfristiger Forderungen wird demnach kurzfristig refinanziert, sodass die Einzweckgesellschaft eine ertragsgenerierende Fristentransformation betreibt. Die dazu notwendige Platzierung vor allem der Geldmarktpapiere (engl.: Commercial Papers) übernimmt die Arrangeurin.

Der Nutzen von Asset Securitization tritt vor allem durch die Strukturierung von Forderungen zu Tage. So lässt sich der Asset Pool der Einzweckgesellschaft bonitätsmäßig aufgliedern. Die einzelnen bonitätshomogenen Tranchen werden entsprechend separat durch die Emission trancheneigener Commercial Papers refinanziert. Mögliche Ausfälle innerhalb der Tranchen lassen sich durch eine Cash flow-Versicherung der bonitätsbesseren Tranche gegenüber der bonitätsschlechteren Branche realisieren. Abb. 4.7 visualisiert diese Tranchierungsmethodik, die der Kern des Begriffs *strukturierter Finanzierungen* (engl.: Structured Finance) ist.

Die den Tranchen zugeordneten und in sich haftenden Wertpapiere zur Refinanzierung der Forderungsankäufe durch die Einzweckgesellschaft werden Collateralized Debt Obligations (CDO) genannt. Sie umfassen tranchenweise unterschiedlich hohe Ausfallrisiken und stehen damit divergierenden Renditeanforderungen der Investoren gegenüber. Zwei Varianten lassen sich wieder unterscheiden:

1. *Forderungspool aus Anleihen:* Collateralized Bond Obligations (CBO);
2. *Forderungspool aus Bankkrediten:* Collateralized Loan Obligations (CLO).

Derartige Verbriefungsstrukturen können für finanzierende Unternehmen hilfreich sein, ihre Investorenbasis zu verbreiten, auf Basis der bestehenden ABS-Strukturen den zeitnahen Liquiditätsbedarf zu realisieren, letztlich also die Kapitalkosten zu senken. Im Fall

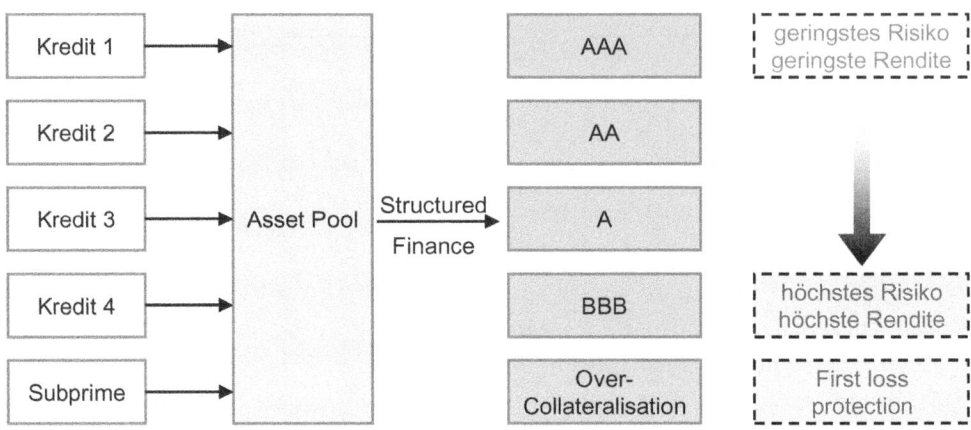

Abb. 4.7 Tranchierungsmethodik der Asset Securitization. (Quelle: Nach Bloss et al. 2008, S. 19)

von Kreditinstituten, die Asset Securitization betreiben, sind vor allem die Eigenkapital-freisetzung und der Risikotransfer ergänzend zu nennen, sodass wiederum die Kapital-kosten für Unternehmen sinken. Die aktuellen Regulierungen der Bankenmärkte fordern daher eine erweiterte Eigenkapitalunterlegung, die auch die Geschäfte von Einzweck-gesellschaften einbezieht.

Dass sich strukturierte Finanzierungen in großer Branchenbreite für die Wohnungs- und Immobilienwirtschaft eignen, darf zusammenfassend in Frage gestellt werden. Den-noch sind sie insbesondere bei volumengroßen Geschäftsaktivitäten von Bedeutung. Ein Verständnis Asset Securitization ist allerdings auch schon erforderlich, um den letzten weltwirtschaftlichen Kollaps ab dem Jahr 2008 zu verstehen. Schließlich basierte der da-malige internationale Immobilienboom auf diesen Finanzierungsstrukturen.

4.6   Grundformen des Mezzanine-Kapitals

Angelsächsische Verbriefungstendenzen sind nicht nur bei strukturierten Finanzierungen von Bedeutung. Vielmehr schaffen sie auch für klein- und mittelständische Unternehmen Möglichkeiten, sich mit Eigenkapitalersatz auszustatten und somit Investitionen zu 100 % durch Fremdkapital zu finanzieren. Zur Erläuterung dieses Sachverhalts werden im Weite-ren Mezzanine-Finanzierungen zunächst grundsätzlich erörtert; anschließend wird der Markt für Verbriefungsprogramme von Mezzanine-Finanzierungen beschrieben, der mit dem Jahr 2007 in Deutschland genauso einbrach wie der ABS-Markt. Ziel des Kapitels ist damit, ein Verständnis von Mezzanine-Finanzierungen aufzubauen, um das Management vollkommen fremdfinanzierter Investitionen zu lehren.

Mezzanine-Kapital gilt als Sammelbegriff für verschiedene Finanzierungsinstrumente. Diese Instrumente charakterisieren sich als sogenanntes *flexibles* Kapital. Denn es sind zu-meist Finanzierungsinstrumente, die in Bezug auf Rendite und Risiko eine Position zwischen Eigen- und Fremdkapital einnehmen. Folgende Merkmale können typisch für mezzanines Fremdkapital sein:

- **Nachrangigkeit** gegenüber typischen Fremdkapitalfinanzierungen,
- **Vorrangigkeit** gegenüber dem Eigenkapital,
- **langfristige** Kapitalüberlassung,
- **erfolgsabhängige** Vergütung,
- **Verlustteilnahme** bis zum vollen Kapitaleinsatz,
- Kapitalkosten als **handels- und steuerrechtlicher Betriebsaufwand** (mit Ausnahme der atypischen stillen Beteiligung).

Nachrangdarlehen sind die schwächste Form des Mezzanine-Kapitals. Es ist Fremdkapital, das bei Insolvenz oder Liquidation der Kreditnehmer unternehmerisch haftet. Grundsätzlich lassen sich die Instrumente der Mezzanine-Finanzierungen in folgende drei Gruppen gliedern:

- *Debt Mezzanine* (Quasi-Fremdkapital wie z. B. Nachrangdarlehen und Schuldscheindarlehen) und
- *Equity Mezzanine* (Quasi-Eigenkapital wie z. B. Genussrechtskapital, Wandel- und Optionsanleihen) sowie
- *hybride Formen* wie z. B. Wandel- und Optionsanleihen.

Debt Mezzanine kann für Unternehmen der Wohnungs- und Immobilienwirtschaft vor allem Finanzierungslücken außerhalb des reinen Fremdkapitalanteils schließen. Anbieter sind verschiedene Kreditinstitute und inzwischen in Deutschland auch Kapitalverwaltungsgesellschaften (bzw. Debt Funds). In diesen Fällen werden Fremdkapitalfinanzierungen mit Eigenkapitalcharakteren ausgestattet. Je stärker der Haftungscharakter ausgeprägt ist, umso mehr wird das Mezzanine-Kapital bei Ratings als Eigenkapital angerechnet. Im Extremfall kann es sogar als Eigenkapital bilanziert werden. Auf diese Weise können Unternehmen ihre Kapitalstrukturen optimieren und die Kapitalkosten der Unternehmensfinanzierung steuern.

Das größte deutsche börsennotierte VONOVIA SE (bzw. deren Finanzierungstochter Vonovia Finance B.V.) emittierte im Jahr 2014 beispielsweise eine hybride Anleihe mit einer Laufzeit von 60 Jahren, nämlich die Vonovia Finance B.V. EO-FLR Notes 2014(19/74) mit der WKN A1ZFW5. Es ist bezeichnend, dass diese nachrangige Anleihe nur zu (jeweils voraussichtlich) 4,625 % p. a. verzinst wird, obwohl sie derart viele Jahre ungetilgt bleibt. An dieser Stelle ist auf den geldpolitischen Einfluss des Euro-Systems zu rekurrieren, der in Abschn. 4.1.2 bereits erörtert wurde. Schließlich liegt dieser VONOVIA-Kupon noch unterhalb der Renditen zehnjähriger Bundesanleihe, die vor der Weltwirtschaftskrise ab 2008 emittiert wurden. Die Bundesanleihe ist dazu als risikoärmstes Wertpapier einzustufen.

Mezzanine-Finanzierungsinstrumente lassen sich in zwei Gruppen gliedern: (1) Privatplatzierte und (2) an öffentlich zugänglichen (zumeist börsenorganisierten) Kapitalmärkten emittierte Instrumente. Zur erstgenannten Gruppe zählen vor allem Nachrangdarlehen und (nachrangige) Schuldscheindarlehen als wenig komplexe Instrumente.

Bei den Zusammenhängen von Kapitalcharakteren der einzelnen Finanzierungsinstrumente und deren Rendite/Risiko-Profilen gilt der kapitalmarkttheoretische Zusammenhang: Die Kapitalkosten steigen c. p. mit der vermehrten Ausprägung von Eigenkapitalparameter an. Mezzanine-Finanzierungen sind deshalb keinesfalls Instrumente zur isolierten Kapitalkostenreduzierung, wie z. B. Anleihefinanzierungen ab einem vordefinierten Kreditvolumen gegenüber klassischen Bankdarlehen. Vielmehr sind Mezzanine-Finanzierungen im Kontext der gesamten Unternehmensfinanzierung auszugestalten.

Im Zeitfenster des weltweiten Verbriefungsbooms zu Beginn des neuen Jahrtausends wurden auch in Deutschland Mezzanine-Finanzierungen über sogenannte Standardprogramme fondsbasiert refinanziert. Auf diese Weise wurde es den Mezzanine-Anbietern möglich, das an sich relativ teure Mezzanine-Kapital in kleineren Tranchen und zu niedrigeren Konditionen zu vergeben. Damit erschlossen diese Mezzanine-Anbieter auch den Markt für klein- und mittelständische Unternehmen als Mezzanine-Schuldner.

Die Erfolge der Standardisierungsprogramme für Mezzanine-Kapital verdeutlichen die von mezzanine-bericht.de in o. V. (2013a) publizierten Daten:[63] Insgesamt wurde in Deutschland zwischen 2004 und 2007 Standard-Mezzanine-Kapital im Umfang von 4,34 Mrd. Euro für 733 Unternehmen emittiert. Durch die Refinanzierung von Mezzanine-Kapital über Fondsstrukturen konnte die durchschnittliche Finanzierungstranche demnach auf 5,9 Mio. Euro abgesenkt werden. Diese Tranchen hatten eine Laufzeit von zumeist sieben Jahren und wurden bonitätsabhängig mit Zinssätzen zwischen 7,5 % und 10,0 % verzinst. Individuell ausgestaltetes Mezzanine-Kapital wurde zwar mit rund 10,0–25,0 % verzinst, dürfte jedoch auch nachhaltiger geholfen haben, die Kapitalstruktur zu optimieren bzw. die Kapitalkosten der vollständigen Unternehmensfinanzierung zu steuern.[64] Schließlich gab es ab dem Jahr 2008 keine adäquaten Anschlussfinanzierungen für die ausgelaufenen Standardprogramme, sodass die entsprechenden Unternehmen in Finanzierungsschwierigkeiten gerieten.

Standardprogramme zur Refinanzierung von Mezzanine-Kapital ab 2008 in Deutschland völlig zum Erliegen kamen. Bis heute blieben Neuauflagen nachhaltiger Programme aus, sodass die klein- und mittelständischen Unternehmen nach Auslauf ihrer Programme umfinanzieren mussten. In der Wirtschafts- und Finanzzeitung *Handelsblatt* hieß es daher schon im Jahr 2010: „Ein Milliardenproblem: Der Markt für Mezzanine-Produkte von der Stange ist kollabiert. [...] Die Unternehmen suchen deshalb fieberhaft nach möglichen Anschlussfinanzierungen. Nach Recherchen des Handelsblatts müssen zwischen 2011 und 2014 bis zu 760 Mezzanine-Darlehen im Umfang von rund 4 Mrd. Euro umgeschuldet werden."[65] Auch wenn die Handelsblatt-Daten nicht jenen Rechercheergebnissen von mezzanine-bericht.de entsprechen, so wird dennoch die Gesamtentwicklung

---

[63] Vgl. zu den Daten der Standard-Mezzanine-Programmen: o. V. 2013a, S. 162.

[64] Vgl. zu den Mezzanine-Konditionen Wöhe et al. 2013, S. 210 f.

[65] Köhler/Nagl/Osman 2010, S. 36 f.

deutlich: Der Einbruch in der fondsgebundenen Refinanzierung von Standard-Mezzanine-Programmen führte nicht nur zu Problemen bei der Neufinanzierung, sondern auch zu Problemen für jene Unternehmen, die zuvor einen kapitalkostenseitigen Nutzen aus den Programmen hatten ziehen können.

Bei Standardprogrammen der Mezzanine-Finanzierungen handelte es sich allerdings allesamt nicht um Immobilienfinanzierungen. Der extreme Marktumschwung hat dennoch gezeigt, dass Finanzierungstrends keinesfalls nachhaltig sein müssen. Mit Blick auf die aktuell abgeschlossene Niedrigzinsphase im Kreditgeschäft allgemein und im Wohnungsbaukreditgeschäft speziell lässt sich direkt zur Vorsicht mahnen! Es muss gar nicht nur um das Vertrauen in spezifische Finanzierungsprodukte gehen – vielmehr sollte bereits ein unreflektiertes Schuldnervertrauen in ein weiteres politikdeterminiertes Marktzinsniveau kritisch hinterfragt werden.

4.7 Übungsaufgaben zu Kap. 4

Fremdkapitalfinanzierungen können über die Bankenmärkte und die Kapitalmärkte abgewickelt werden. Hier besteht sichtlich eine Konkurrenzbeziehung. Vorteile des einen Markts sind die Nachteile des anderen et vice versa. Demnach kann nicht festgehalten werden, welcher Finanzierungsmarkt der bessere für die Wohnungs- und Immobilienwirtschaft ist. Situativ, unternehmens- und investitions- bzw. finanzierungsbezogen sind beide Alternativen auf ihre praktische und betriebswirtschaftliche Relevanz hin zu prüfen. Abschließend sollen die Grundzüge der Anleihefinanzierungen nochmals reflektiert werden.

Aufgabe 4.1

Die Kapitalmärkte bieten Unternehmen die Option, sich durch Begebung von Anleihen zu finanzieren. Diese Fremdkapitalfinanzierungen stellen Schuldverhältnisse einzelner Unternehmen zu einer Vielzahl von Investoren dar. Entstanden sind die Anleihemärkte durch den ausgeprägten Kreditbedarf großer Unternehmen, den Banken z. B. auf Grund von Eigenkapitalrestriktionen nicht entsprechen können. Welche Märkte weisen in Deutschland ein größeres Kreditvolumen p. a. aus, jene für Anleihen oder Bankenkredite – und warum? ◄

Aufgabe 4.2

Inwieweit unterscheiden sich die Begrifflichkeiten des Zinssatzes und der Rendite? ◄

Aufgabe 4.3

Ein Wohnungsunternehmen plant die Emission einer festverzinslichen Anleihe mit einem Emissionsvolumen in Höhe von 10 Mio. Euro, einer Laufzeit von zehn Jahren, einem Kupon von 5,00 Euro p. a. und einem Nominalwert von 100,00 Euro je Teilschuldverschreibung. Der Marktzinssatz für bonitäts- und fristenäquivalente Anleihen beträgt 5,0 %. (1) Wie hoch wird der erste Marktpreis der Anleihe direkt nach ihrer Emission sein und (2) wie ändert sich der Preis, wenn die Anleihe eine Laufzeit anstatt der angegebenen zehn Jahre von nur fünf Jahre hätte? ◄

Aufgabe 4.4

Von den rund 2 Tsd. deutschen Wohnungsgenossenschaften haben etwa 50 Unternehmen eine Spareinrichtung im Rahmen der BaFin-Teilbanklizenz eingerichtet. Sie können damit Spareinlagen ihrer Mieter/Mitglieder sammeln und investiv verwenden. Handelt es sich aus Sicht der Wohnungsunternehmen hierbei um eine Bankenkreditfinanzierung oder eine Kapitalmarktfinanzierung? ◄

Aufgabe 4.5

Mittelstandsegmente börsenorganisierter Anleihemärkte sollen den Zugang des Mittelstands zum Kapitalmarkt forcieren. (1) Welchen volkswirtschaftlichen Hintergrund hat diese Börsenintention? (2) Innerhalb dieser Mittelstandsegmente kam es in den letzten Monaten zu Insolvenzen. Kundenberater von Banken und Finanzdienstleister wurde in den Medien mit Forderungen nach strengeren Börsenzulassungsregeln für die Mittelstandsegmente zitiert. Nehmen Sie hierzu kritisch Stellung! ◄

Aufgabe 4.6

Ein deutsches Wohnungsunternehmen plant die Emission einer unbesicherten endfälligen Anleihe mittlerer Bonität mit dreijähriger Laufzeit, einem Kupon in Höhe von 2,5 % sowie einem Emissions- und einem Rückzahlungskurs je zu 100 % mit Teilschuldverschreibungen zu je 100,00 Euro. Die deutschen Finanzmärkte weisen eine normale Pfandbrief-Zinsstrukturkurve mit Kassazinssätzen in Höhe von 0,5 % für die einjährige Laufzeit, 0,75 % für die zweijährige und 1,0 % für die dreijährige Laufzeit aus. Die Unternehmensanleihe ist bonitätsadäquat mit einer Risikoprämie in Höhe von 1,5 Prozentpunkten zu bepreisen. (1) Wie hoch ist der rechnerische Emissionspreis? (2) Interpretieren Sie aus Investorensicht den Vergleich von rechnerischem und tatsächlichem Emissionspreis! ◄

Aufgabe 4.7

Nennen Sie die vier wesentlichen Risikoaspekte einer Anleiheinvestition aus Investorensicht! ◄

Literaturhinweise zu Kap. 4

Über Renditen der Bundeswertpapiere berichtet die Deutsche Bundesbank in ihrem Internet-Auftritt ebenso wie über Umlaufrenditen von Unternehmensanleihen. Informationen zu Staats- und Unternehmensanleihen werden ebenfalls über Börsenportale wie unter „www.finanzen.net" oder „www.onvista.de" veröffentlicht. Den Einfluss der Geldpolitik auf die Finanz- und Realwirtschaft erörtern Gischer et al. (2020) ausführlich. Die Funktionsweisen der Finanzmärkte und die Bedeutung ihrer Beteiligten sowie die Mechanismen der Kapitalmärkte beschreiben Spremann/Gantenbein (2013) in einer sehr zugänglichen Weise. Möglichkeiten, Anforderungen und deren Ausgestaltungen für Wohnungsgenossenschaften zur Emission von Inhaberschuldverschreibungen finden sich in GdW (2010).

- **Deutsche Bundesbank**; siehe zu periodischen Publikationen und Einzelanalysen die URL: „http://www.bundesbank.de/Navigation/DE/Veroeffentlichungen/veroeffentlichungen.html".
- **GdW (2010):** GdW Information 125, Inhaberschuldverschreibungen – Ein alternatives Finanzierungsinstrument für Wohnungsgenossenschaften. Berlin, hektografiertes Manuskript, 20 Seiten + diverse Anhänge.
- **Gischer, H./Herz, B./Menkhoff, L. (2020):** Geld, Kredit und Banken, 4. Auflage. Berlin: Springer Gabler.
- **Spremann, K./Gantenbein (2013):** Finanzmärkte, 2. Auflage. UTB/UVK/Lucius.
- **Wöhe, G. et al. (2013):** Grundzüge der Unternehmensfinanzierung, 11. Auflage. München: Vahlen. ◀

Finanzielles Risikomanagement

5

Zusammenfassung

Bankmanagement ist Risikomanagement – wer das Verhalten von Kreditinstituten verstehen will, muss das Verhältnis von Ertrag zu Risiko „inhalieren". Denn die Geschäftspotenziale der Kreditinstitute basieren insbesondere auf deren Fristentransformation (siehe Abschn. 1.2). Daher impliziert das Kreditgeschäft (je nach Zinsstruktur) nachhaltige Zinsänderungsrisiken (siehe Kap. 3). Sodann erläutert Abschn. 5.1 Begrifflichkeiten des Risikomanagements, damit die weiteren Ausführungen auf homogenen verständlichen Begrifflichkeiten abstellen können. Schließlich geht das Risikomanagement von Unternehmen der Wohnungs- und Immobilienwirtschaft über das Management von finanziellen Marktpreisrisiken hinaus! Darlehens-, Bonitäts- und Beleihungsmanagement werden zwar in diesem Buch deskriptiv (vgl. Abb. 5.2), aber äußerst knapp angesprochen. Instrumente der Risikoabsicherung im Hinblick auf Derivate skizziert allein Abschn. 5.2. Vor allem findet dort die Diskussion um die Methoden der Zinsprognosen einen diskutablen Raum. In Abschn. 5.3 sind die Realzinssätze in ihrer Wirkung auf die Nominalzinssätze und Immobilienpreise analysiert. Übungsaufgaben finden sich in Abschn. 5.4.

5.1   Grundbegriffe und Bestandteile des Risikomanagements

Die Betrachtung des Risikomanagements für Unternehmen der Wohnungs- und Immobilienwirtschaft hat zunächst den Risikobegriff zu definieren. Gischer et al. (2020) formulieren dazu: „Im umgangssprachlichen Alltag wird Risiko zumeist als die Möglichkeit des Eintritts eines negativ empfundenen Ereignisses angesehen, z. B. einer Krankheit oder eines Unfalls. In der mathematischen Statistik entspricht dies dem Wahrscheinlichkeits-

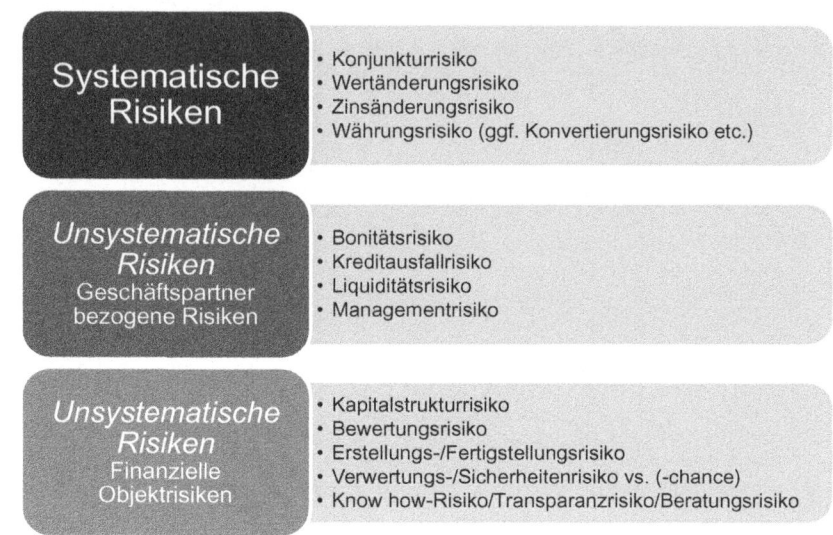

Abb. 5.1 Risikoarten in der Wohnungsbau- und Immobilienfinanzierung. (Quelle: Zusammenfassung nach Meier 2007, S. 124–126)

begriff, der freilich nur *ein* Bestandteil des Risikos darstellt."[1] Damit stellen die Autoren ausschließlich auf negative wirkende Ereignisabweichungen von entsprechend zuvor gehegten Erwartungen ab. Dagegen erweitern z. B. Spremann/Gantenbein (2013) und Meier (2007) den Risikobegriff um Abweichungen eines zufälligen Ergebnisses vom Erwartungswert in negative *und* positive Wirkungsrichtungen.[2] Diese Abweichungen können in den Rahmen systematischer und unsystematischer Risiken eingeordnet werden, wie es Abb. 5.1 darstellt.

Systematische Risiken der Wohnungsbau- und Immobilienfinanzierung sind demnach aus Sicht eines Einzelunternehmens *zufällige*, nicht prognostizierte Abweichungen z. B. der Entwicklungen von Konjunktur und Marktzinsniveau von ihren jeweiligen Erwartungswerten. Die tatsächlichen Entwicklungen sind hierbei nicht von den Marktpartnern der Finanzierungen zu beeinflussen, sondern Ergebnisse gesamtwirtschaftlicher Entwicklungen. Vor allem die Entwicklung des Marktzinsniveaus ist hier zu nennen.

Unsystematische Risiken fußen dagegen auf den Geschäftspartnern selbst (sogenannte Geschäftspartnerrisiken) oder auf dem Finanzierungsobjekt (sogenannte finanzielle Objektrisiken). So können sich im Zeitablauf z. B. Bonitäten der Geschäftspartner verändern und Kredit ausfallen. Ebenfalls bestehen Bewertungsrisiken bei Finanzierungsobjekten, wenn z. B. Beleihungswerte nicht marktorientiert angesetzt wären, sodass Sicherheitenrisiken entstünden. Zuletzt können sich auch Marktpreise der Immobilien im Zeitablauf massiv verändern, z. B. bei Umfeldveränderungen.

---

[1] Gischer et al. 2020, S. 117.

[2] Vgl. Spremann/Gantenbein 2013, S. 85, 260; Meier 2007, S. 343.

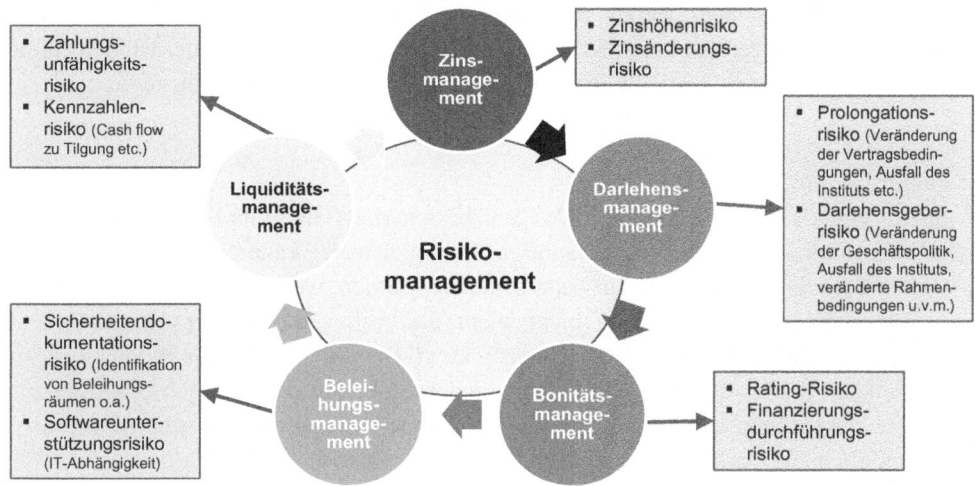

Abb. 5.2 Wesentliche Aspekte des Risikomanagements von Fremdkapitalfinanzierungen für die Wohnungs- und Immobilienwirtschaft

Aus der Vielzahl der für die Immobilienfinanzierung aus Kapitalnehmersicht relevanten systematischen und unsystematischen Risiken lässt ein finanzielles Risikomanagement gemäß Abb. 5.2 skizzieren. Darin werden die Einzelrisiken zu exemplarischen fünf Managementaufgaben zusammengefasst, diese sind das …

- *Zinsmanagement:* Mit der zentralen Aufgabe das Zinshöhenrisiko und Zinsänderungs- risiko zu steuern, steht das Zinsmanagement im Fokus der weiteren Ausführung dieses Buchs. Denn es ist für die Bankenkreditfinanzierung ebenso relevant wie für die Kapitalmarktfinanzierung.
- *Darlehensmanagement:* Ein Darlehensgeberrisiko besteht dagegen primär bei der Bankenmarkfinanzierung auf Seiten der Kreditinstitute. Veränderungen der Geschäfts- politik der Kreditinstitute können zum Ausfall dieser Institute als mögliche weitere Finanzierungspartner führen. Eintreten kann dieses Risiko auf Basis veränderter Be- dingungen an den Finanzmärkten, z. B. wenn zu niedrige Margen im Geschäft be- sicherter Finanzierungen den Kreditinstituten nicht mehr lukrativ erscheinen. Ins- besondere bei Prolongationen kann dieses Risiko schlagend werden, weil Kredit- nehmer in diesen Fällen auf eine zeitnahe Realisierung von Anschlussfinanzierungen angewiesen sind. Ein solches Prolongationsrisiko entsteht allerdings auch bei Anleihe- finanzierungen.
- *Bonitätsmanagement:* Grundlage von Darlehens- und Anleihekonditionierungen sind die Bonitäten der jeweiligen Darlehensnachfrager bzw. Anleiheemittenten. Diese kön- nen sich natürlich im Zeitablauf verschlechtern (s. o.), als dass es dann sicherlich zu Problemen bei Anschlussfinanzierungen käme. Kapitalnachfrager sollten daher ihre Bonitäten explizit im Blick behalten und nach Möglichkeit positiv beeinflussen (siehe Abschn. 3.4).

- *Beleihungsmanagement:* Bereits in Abschn. 3.4 wurde auf eine effiziente Besicherung von Immobilienkrediten hingewiesen. Insbesondere für Wohnungsunternehmen spielt dieser Aspekt eine wesentliche Rolle, um Beleihungspotenziale zu realisieren.

Zinnöcker 2007, S. 478

So „… engt die häufig vorkommende Kreuzbesicherung von Immobilien den unternehmensinternen Handlungsspielraum ein. Beispielsweise kann ein verkaufsreifes Objekt nur mit zusätzlichem Aufwand veräußert werden, wenn es als Sicherheit für die Finanzierung eines anderen Objekts dient, das im Bestand bleiben soll. Oder es wird die Modernisierung eines Bestandsobjekts erschwert, wenn dessen Beleihungsrahmen bereits für die Finanzierung ganz anderer Objekte oder für Betriebsmittelkredite ausgeschöpft worden ist. Daneben können Liquiditätsüberschüsse nicht bestmöglich zur Darlehenstilgung genutzt werden, wenn Festzinsdarlehen noch für längere Zeit laufen. Damit kann ein Unternehmen beispielsweise die Erlöse aus Verkäufen nur suboptimal nutzen."

- *Liquiditätsmanagement:* Auch das in Abschn. 2.4 bereits skizzierte Liquiditätsmanagement ist Teil des finanziellen Risikomanagements. Es muss in erster Linie das Zahlungsunfähigkeitsrisiko von Unternehmen steuern. Zumeist bieten sich hierzu Kennzahlensystem an.[3]

In der konzeptionellen Grundform des Finanzierungsmanagements ist es das Ziel unternehmerischen bzw. finanzwirtschaftlichen Handelns, einen optimalen Ausgleich von Anforderungen an die Rendite, die Liquidität, das Risiko und die Unabhängigkeit der Unternehmenseigner zu schaffen (siehe Abschn. 2.4). Allerdings korrelieren diese Aspekte zum Teil positiv (Liquidität und Unabhängigkeit) und zum anderen Teil negativ (Rendite sowie Liquidität, Risiko und Unabhängigkeit) miteinander. So zeigt sich z. B. folgender Zusammenhang: „Je weiter entfernt eine Zahlung vom heutigen Zeitpunkt anfällt, desto geringer ist ihr derzeitiger Wert (Barwert). [...] Das Zinsänderungsrisiko fällt dabei umso stärker aus, je länger die Restlaufzeit [einer Fremdkapitalfinanzierung] [...] und je höher die Kuponzahlungen [...] sind."[4]

Fremdkapitalfinanzierungen (über Banken- und Kapitalmärkte gleichsam) sind also stets mit Zinsänderungsrisiken verbunden, aus Sicht der Kreditinstitute ebenso wie – in abgeschwächter Form – aus Sicht der Kreditnehmer. Wie oben angegeben ist das Zinsänderungsrisiko nur *ein* einzelner Bestandteil des gesamten Risikomanagements von Fremdkapitalfinanzierungen in der Wohnungs- und Immobilienwirtschaft. Doch im Wei-

---

[3] Siehe hierzu den allgemeinen Überblick in Schierenbeck/Wöhle 2012, S. 97–104.
[4] Meier 2007, S. 28 f.

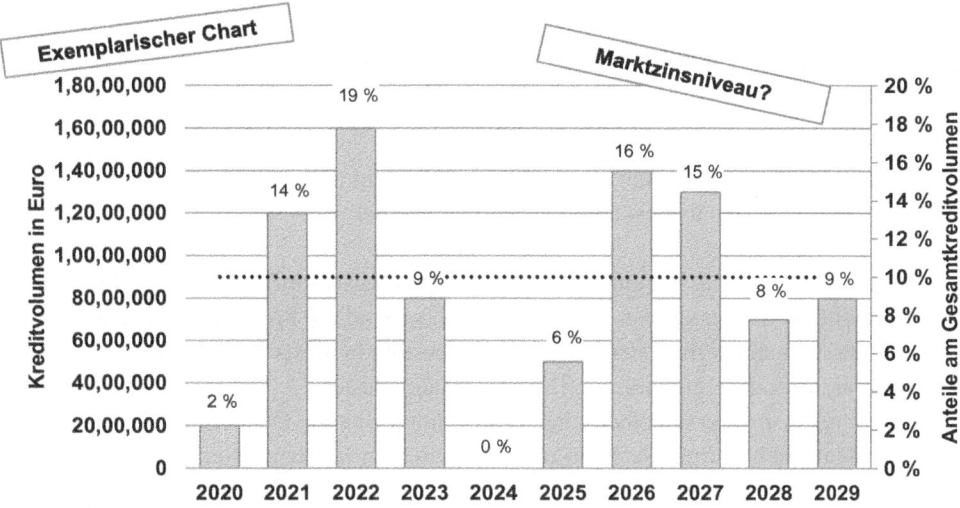

Abb. 5.3 Schematische Darstellung von Zinsbindungsausläufen aus Kreditnehmersicht

teren soll die Steuerung des Zinsänderungsrisikos fokussiert werden. Denn die aktuelle
Situation an den Finanzmärkten ist seit dem Jahr 2021 nicht mehr durch eine Niedrigzinsphase bestimmt. An den Märkten für Fremdkapitalfinanzierung haben sich gepaart mit
einer veränderten Zentralbankpolitik Zinssteigerungen vollzogen, als dass das Zinsänderungsrisiko wie bereits mehrfach beschrieben negativ wirksam wurde. Abb. 5.3 illustriert dazu an Hand fiktiv gewählter Zinsbindungsausläufe für ein Modellunternehmen die
Entstehung der Zinsänderungsrisiken.

Zu erkennen sind zunächst unterschiedliche Zahlungsstromintensitäten p. a. Auffällig
geben sich die Jahre 2021, 2022, 2026 und 2027 mit hohen Prolongationsanforderungen
gemessen am hypothetischen Gesamtkreditvolumen des Modellunternehmens der Woh-
nungs- und Immobilienwirtschaft. Dagegen zeichnen sich die Jahre 2020 und 2024 durch
exorbitant niedrige Kreditengagements mit auslaufenden Zinsbindungsfristen aus. Aus
Kreditnehmersicht implizieren sie Risiken dahingehend, als dass Prolongationen zu Zinssätzen abzuschließen wären, die zum heutigen Analysezeitpunkt noch nicht bekannt sind.
Aus Sicht des Zins- und Darlehensmanagements wäre demnach eine Glättung der Zins-
läufe angebracht, um die Risiken zu verteilen.

Eine Möglichkeit der Optimierung dieser Risiken könnte eine gleichmäßige Verteilung
der Zinsausläufe p. a. sein. Im Beispiel von Abb. 5.3 hieße es, p. a. 10 % des Kreditvolumens zu prolongieren. Doch damit wären auch Zinsänderungs*chancen* vertan, die sich
wie Risiken genauso ergeben könnten. Daher zeigt sich, dass Risikomanagement immer
auch erwartungsdeterminiert ist. Eine Absicherung gegen steigende Zinssätze impliziert

sodann die Option verpasster Erträge bei nicht gestiegenen Zinssätzen. Die Quantifizierung des Zinsänderungsrisikos berechnet sich als:

$$Kreditvolumen \times Zinssatzänderung = Veränderung\ der\ Zinskosten$$

Das Risikopotenzial erhöht sich aus Unternehmenssicht dabei in Abhängigkeit der Entwicklung des Marktzinsniveaus über die Zeit hinweg bei …

- *steigendem Zinsniveau* mit einer Absenkung der durchschnittlichen Zinsbindungsdauer der Kredite. Je kürzer sie nämlich ist, desto höher sind die Prolongationsintensität und damit der Mitnahmeeffekt steigender Kapitalkosten. In dieser Phase wäre also eine variable Verzinsungsvereinbarung effizienter als eine feste.
- *sinkendem Zinsniveau* mit einer langen Zinsbindungsphase. Denn Marktzinssenkungen wären dann nicht durch kurzfristige Prolongationen nutzbar zu machen. Stattdessen müssten über das Zeitfenster der Zinsbindung hinweg die ursprünglich vereinbarten Zinsen gezahlt werden, selbst wenn das Marktzinsniveau gesunken wäre.

Die Vereinbarung variabler Zinssätze bei Immobilienfinanzierungen ist in Deutschland allerdings wenig üblich. Dennoch werden sie insbesondere durch große Unternehmen verfolgt und in mittleren Unternehmen immer wieder in Marktphasen steigender Zinssätze diskutiert. Variabel verzinsliche Finanzierungen werden auch als *Roll-over-Kredite* bezeichnet, da sie kontinuierlich prolongiert werden müssen, um eine längere Laufzeit zu generieren. Entsprechende Verträge sind für Kreditnehmer mit einer Kündigungsfrist von nur drei Monaten relativ flexibel handhabbar, um in Hochzinsphasen auf Zinssenkungen zu reagieren oder zumindest Zinskostenvorteile auf der (normalen) Zinsstrukturkurve kapitalkostenmindernd zu nutzen (siehe Abschn. 3.3.1). So heißt es auch bei Meier (2007): „Auf den Punkt gebracht: Aufgrund der geringeren Kosten bergen zinsvariable Darlehen auf lange Sicht ein geringeres Risiko in sich als Festzinsdarlehen."[5]

Zinnöcker 2007, S. 478 f.
Eine kostengünstige, effiziente und an den Unternehmenszielen ausgerichtete Finanzierung ist [...] ein zentrales Anliegen der [damaligen] GSW Immobilien GmbH. [...]
Bei Darlehen werden in der Regel keine Festzinsen vereinbart wie bei klassischen Finanzierungsformen, sondern stattdessen variable Zinssätze auf Euribor-Basis, die durch Caps oder Derivate, wie zum Beispiel Swaps, abgesichert werden. So wurden in der Phase besonders niedriger Zinsen bevorzugt Cap-Darlehen

---

[5] Meier 2007, S. 351. Hier wird sprachlich unterschieden in (1) Festzinsvereinbarungen mit festen Zinssätzen über die gesamte Kreditlaufzeit und (2) der Vereinbarung einer Zinsbindungsfrist mit festen Zinssätzen über ein vordefiniertes Zeitfenster (z. B. zwei, fünf oder zehn Jahre) innerhalb der Gesamtkreditlaufzeit, sodass es zu Prolongation des Darlehens kommen muss, vgl. Meier 2007, S. 348 f.

aufgenommen, die den Anstieg des Marktzinses nur bis zu einem bestimmten Punkt nachvollziehen. In der jetzigen Phase des Zinsanstiegs werden Swap-Finanzierungen zur Sicherung des Preisniveaus präferiert. Die Konditionen von Darlehen, die in den nächsten Monaten abgerufen werden, werden mit Forward-Swaps gesichert. Im Rahmen des aktiven Finanzierungsmanagements der GSW wird die Entwicklung der Marktkonditionen permanent beobachtet, sodass auf vollzogene oder absehbare Änderungen im Zinsumfeld sehr rasch reagiert werden kann.

5.2   Derivate und Zinssatzprognosen

In der betrieblichen Finanzwirtschaft werden mögliche Zinskostenvorteile variabel verzinslicher Kreditgeschäfte gewöhnlich nicht vollständig genutzt. Vielmehr sichern Unternehmen das von den Kreditinstituten auf sie selbst übertragene Zinsänderungsrisiko durch den Einsatz von *Derivaten* ab. Dabei handelt es sich um Finanzprodukte, die von originären Finanzkontrakten abgeleitete Finanzkontrakte mit direktem Preisbezug zum Basisprodukt repräsentieren. Hierbei stellen sogenannte *Zinsswaps* wesentliche Instrumente der finanzwirtschaftlichen Praxis.[6] (Zins-)Swaps sind Tauschgeschäfte (mindestens) zweier Finanzmarktteilnehmer. Beim Zinsswap werden kurz- und langfristige Zinsbindungsverpflichtungen einander getauscht. Sie sind prüfungsverbandsseitig für die Wohnungs- und Immobilienwirtschaft erlaubt …

- zum Einsatz nur als Sicherungsinstrument,
- mit sachgerechten Arbeitsanweisungen,
- organisatorischen Vorkehrungen zur Vermeidung von Spekulationsgeschäften,
- unter laufenden Wirtschaftlichkeitsberechnungen.[7]

Allerdings agieren deutsche Prüfungsverbände der Wohnungswirtschaft beim Einsatz von Swaps durchaus sensibel, weil Swap-Geschäfte mit den abzusichernden Finanzierungen sogenannte Bewertungseinheiten bilden. Sollten diese Einheiten z. B. auf Grund vorzeitiger Darlehensrückzahlungen auseinanderfallen, wären für die Swap-Geschäfte Rückstellungen zu bilden. Insbesondere für kleinere und mittlere Unternehmen kann der Einsatz komplex wirkender Derivate entsprechend kritisch durch Wirtschaftsprüfer gesehen werden.

---

[6] Siehe dazu Bösch 2012, S. 205–221.
[7] Vgl. Viemann 2012, S. 21 f.

Synthetische Festzinsdarlehen

Banken und Sparkassen bieten Kunden mit dem Wunsch nach langen Zinsbindungen alternative *synthetische* Festzinsdarlehen an. Sie rekurrieren auf jeweils zwei Einzelgeschäften, zum einem auf dem variabel verzinsten *Grund*geschäft (z. B. „EURIBOR-Darlehen") und zum anderen auf einem Swap-Geschäft als *Sicherungs*geschäft („Festzins-Zahler-Swap"). Die Laufzeit des Grundgeschäfts ist dabei an die Laufzeit des Sicherungsgeschäfts auszurichten. Dann ist der synthetische Zinssatz gleich dem Swap-Satz und somit über die (kundenseitig gewünschte) Laufzeit garantiert.

Der Abschluss eines Geschäfts über derivative Finanzierungsinstrumente erfordert nach dem HGB (Handelsgesetzbuch) gewöhnlich die Bildung von Drohverlustrückstellungen aus dem Derivate-Geschäft (vgl. § 249, Abs. 1 HGB). Die Bildung einer Bewertungseinheit gemäß § 254 HGB von Grund- und Sicherungsgeschäft dient der bewussten Durchbrechung des Saldierungsverbots gemäß § 246, Abs. 2 HGB und damit der Vermeidung von Drohverlustrückstellungen. Bewertungseinheiten erlauben also die Zusammenfassung von Zahlungsströmen aus Grund- und Sicherungsgeschäft. Die Anerkennung von Bewertungseinheiten bedingt folgende Zulassungsvoraussetzungen:

1. Gegenläufige Wert- und Zahlungsstromänderungen gleichen sich mit demselben Risiko aus.
2. Es besteht die Absicht, die Bewertungseinheit bis zur Erreichung des Zwecks beizubehalten.
3. Der Nachweis der Effektivität ist durch die tatsächliche Gegenläufigkeit von Wert- oder Zahlungsstromentwicklung zu erbringen.

Sollten diese Zulassungsvoraussetzungen nicht gegeben sein, sind notwendige Rückstellungen für drohende Verluste aus schwebenden Geschäften zu prüfen. Aus diesem Sachverhalt ergeben sich folgende Konsequenzen:

* *Zinssätze:* Grundsätzlich ist ein Swap-Geschäft geeignet, das Zinsänderungsrisiko eines variabel verzinsten Darlehens zu sichern. Aus der Kombination von Grund- und Sicherungsgeschäft müssen sich dazu gegenläufige identische variable Zinssätze ergeben. Dieser Zinssatz ist durch das Kreditinstitut konkret zu spezifizieren (d. h., allein die Nennungen von z. B. „EURIBOR-Darlehen" und „Festzins-Zahler-Swap" reichen nicht aus
    – es fehlen dann die konkreten Konditionen). Sollten die Zahlungsströme in der Zinssatzhöhe nicht identisch sein, sind Drohverlustrückstellungen nötig. Das Kreditinstitut muss das Angebot zwingend konkretisieren bzw. alle Konditionen benennen.

- *Laufzeiten:* Die Sicherungsbeziehung zwischen beiden Geschäften muss bis zur Endtilgung erfolgen. Die Darlehenslaufzeit muss daher zwingend der Swap-Laufzeit gleichen, um seitens des Wohnungsunternehmens Drohverlustrückstellungen zu vermeiden. Das Kreditinstitut muss daher die interne Angebotsgenehmigung zeitnah sicherstellen. Ansonsten kann das Wohnungsunternehmen nicht konkret planen und prüfen.
- *Effektivität:* Der variable Zinssatz im Sicherungsgeschäft muss sich wie im Darlehen auf die Restvaluta des Kreditvolumens beziehen. Ansonsten ist der Nachweis der Effektivität nicht gewährleistet und das Wohnungsunternehmen muss Drohverlustrückstellungen bilden. Eine Rekonstruktion der Zahlungsströme durch Dritte (z. B. Wirtschaftsprüfer) ist deshalb zwingend erforderlich, sobald das finale Kreditangebot vorliegt. Das Kreditinstitut muss dazu in Ergänzung zum Tilgungsplan alle Zahlungsströme aus dem Grund- und Sicherungsgeschäft abbilden und bereitstellen.

Wenn im positiven Fall eine Bewertungseinheit zu bilden ist, sind die variablen Zinszahlungen gegeneinander zu saldieren und auf Drohverlustrückstellungen ist zu verzichten. In der Bilanz gilt dann der Ausweis der Verbindlichkeiten zum Rückzahlungsbetrag; in der Gewinn- und Verlustrechnung ist allein der getauschte Festzins auszuweisen. Der Abschluss eines Swap-Geschäfts erfordert gemäß § 285, Nr. 23 HGB eine umfangreiche Geschäftsdokumentation im Anhang. Auch diese Zusatzaufwendungen für das Wohnungsunternehmen sind bei der Angebotsprüfung zu berücksichtigen.

Ob kurze oder lange Zinsbindungen vereinbart werden sollten, hängt demnach von der zukünftigen Marktzinsentwicklung ab. Der *Prognose* dieser Entwicklungen kommt eine entsprechend großer Bedeutung für das Zinsmanagement zu. Wird nämlich eine bestimmte Entwicklungsrichtung mit Sicherheit erwartet, könnte darauf durch eine optimale Zinsbindungsdauervereinbarung kapitalkostenminimierend reagiert werden. Allerdings sind Zinssatzprognosen *nicht* mit Sicherheit umsetzbar. Spiwoks et al. (2010) haben diesbezüglich insgesamt 17.880 Zinsprognosen in Deutschland von 29 Kreditinstituten und Forschungsinstituten im Zeitfenster von 1989 bis 2006 auf ihre Prognosegüte hin untersucht. Ihre Fragestellung lautete, ob die Prognosemodelle der Institute die tatsächliche Entwicklung besser abbildeten als es eine einfache Fortschreibung der Zinsentwicklungen (sogenannte naive Prognose) vermag. Im Hinblick auf Zinssätze am langen Ende der Zinsstrukturkurve wie z. B. der Rendite noch zehnjähriger Bundeswertpapiere (siehe Abschn. 4.1.2, Abb. 4.4) verfehlten alle Prognosen die tatsächliche Entwicklung und dies unabhängig dessen, ob die Renditen 4 oder 13 Monate nach vorn prognostiziert worden waren. Lediglich bei der Prognose von Dreimonatsgeldern im Interbankenmarkt gelang einem Drittel der analysierten Institute eine genauere Dreizehnmonatsprognose als es die einfache Zinssatzfortschreibung vermochte. „In summary, it can be stated that the time series of the 3-month Euro (DEM) interest rate forecasts are considerably more successful than the time series of the 10-year German Government bond yield forecasts. This is particularly true for the forecasts with a forecast horizon of four months."[8]

Diese Markteinschätzung findet in der Praxis auch Niederschlag in der Nachfrage nach Terminzinsvereinbarungen bzw. Forward Rate Agreements (FRA).[9] Unternehmen (aber auch Privatkunden) vereinbaren heute einen zukünftig geltenden Zinssatz mit einem Kreditinstitut. Insbesondere zur Steuerung von Prolongationen werden FRA herangezogen, die in GdW (2012) auch als Forward-Darlehen bezeichnet werden: „Der Darlehensbetrag bei Prolongation eines bestehenden Darlehens entspricht der Restschuld dieses Darlehens zum Ende der bisherigen Zinsbindungsfrist. Für einen gewissen Zeitraum vor Zinsbindungsende können Forward-Darlehen gerade bei einer flachen Zinsstrukturkurve ein geeignetes Zinssicherungsinstrument sein."[10]

Auch zur Entscheidung über den Einsatz von FRA bedarf es der Erwartungen an die zukünftigen Marktzinsentwicklungen. Allerdings zählen komplexe mathematisch-statistische Methoden der Zinsprognose nicht zum alltäglichen Handwerkszeug der betrieblichen Finanzwirtschaft in wohnungs- und immobilienwirtschaftlichen Unternehmen. Daher empfiehlt sich in einem *ersten Schritt* die detaillierte Beobachtung der Geldpolitik der Zentralbanken (siehe Abschn. 4.1). So vermerken auch Spiwoks et al. (2010): „It can be assumed that this is due to the considerable influence of the central bank on the short maturities sector of the money market and to the high transparency of the short and medium term financial policy of the European Central Bank (or the German Bundesbank)."[11]

Um sich in einem *zweiten Schritt* jedoch methodisch der Zinssatzprognose zu nähern, empfiehlt sich der Weg über *implizite Terminzinssätze*, da sie auch einen weg skizzieren, wie sich FRA-Zinssätze berechnen lassen.[12] Ausgangspunkt ist die Erwartungstheorie der Zinsstruktur,[13] die auf der Annahme vollkommener Finanzmärkte beruht, wie z. B. vollkommene Transparenz, keine Zeitverzögerungen bei Transaktionen etc.[14] Sie erklärt, dass die langfristigen Zinssätze bzw. Renditen dem geometrischen Mittel der erwarteten kurzfristigen Zinssätze bzw. Renditen entsprechen. Hergeleitet wird diese Aussage über die Zinseszinsrechnung zunächst mit dem Anlageergebnis AE nach n Jahren als Summe von Geldanlagebetrag G zum Zeitpunkt t in der Periode 0 und eben diesem Betrag multipliziert

---

[8] Spiwoks et al. 2010, S. 30.

[9] Siehe dazu Bösch 2012, S. 181–186; Rolfes 2008, S. 324–360; Meier 2007, S. 354–357.

[10] GdW 2012, S. 102 f.

[11] Spiwoks et al. 2010, S. 34.

[12] Vgl. im Weiteren die Darstellung in Gischer et al. 2020, S. 106–108.

[13] Siehe dazu die klassische Literatur Kath 1972, S. 37–39 und Lutz 1967, S. 182–190 sowie zusammenfassend Gischer et al. 2020, S. 105 f.

[14] Siehe dazu z. B. Spremann/Gantenbein 2013, S. 38–44.

mit dem Zinssatz i p. a. Wird nach G_0 ausgeklammert lässt sich die Zinseszinsformel wie folgt schreiben:

$$AE_n = G_0 \left(1+i\right)^n$$

Der Zinssatz $i_{t,t*}$ ist danach zu differenzieren, (1) in welcher Periode t er vereinbart wird und (2) für wie viele Perioden $t*$ er gelten soll (Zinsbindungsdauer). Wird i in der Periode $t = 0$ vereinbart und gilt für ein Jahr ($t* = 1$), hieße es: $i_{0,1}$. Eine Geldanlage mit zwei-jähriger Laufzeit kann z. B. einmal mit einer zweijährigen Zinsbindungsdauer $\left(AE_2^a\right)$ als:

$$AE_2^a = G_0 \left(1+i_{0,2}\right)^2$$

… oder zweimal mit einer einjährigen Zinsbindungsdauer $\left(AE_2^a\right)$ als:

$$AE_2^b = G_0 \times \left(1+i_{0,1}\right) \times \left(1+i_{1,1}\right)$$

… angelegt werden. Unter den Bedingungen vollkommener Finanzmärkte ergäbe sich keine dauerhafte Differenz zwischen AE_2^a und AE_2^a. Stattdessen würden *Arbitrage*-Geschäfte der Marktteilnehmer entsprechende Zinsdifferenzen ausnutzen und die Markt-zinssätze sich einander anpassen. Daher gilt theoretisch: $AE_2^a = AE_2^a$ bzw.:

$$G_0 \times \left(1+i_{0,2}\right)^2 = G_0 \times \left(1+i_{0,1}\right) \times \left(1+i_{1,1}\right)$$

Diese Gleichung lässt sich nach $i_{0,2}$ umformen zu:

$$i_{0,2} = \sqrt{\left(1+i_{0,1}\right) \times \left(1+i_{1,1}\right)} - 1$$

Mit anderen Worten muss unter der Bedingung vollkommener Finanzmärkte gelten, dass der zweiperiodige Zinssatz sich als geometrisches Mittel der einperiodigen Zinssätze er-gibt. Diese Konstruktion mehrperiodiger Zinssätze aus den einperiodigen Zinssätzen lässt sich für die gesamte Zinsstrukturkurve fortsetzen. „In jedem Fall ergibt sich der lang-fristige Zinssatz wiederum als geometrisches Mittel der kurzfristigen Sätze."[15]

Zur Prognose von Zinssätzen in der Periode t_0 ist der Zinssatz $i_{1,1}$ nicht bekannt. Aller-dings kann er aus den in t_0 durchaus bekannten Zinssätzen (unter der Bedingung voll-kommener Finanzmärkte) hergeleitet werden als $i_{t+1,1}$ und wird dann *impliziter Termin-zinssatz* für einen Einperiodenzeitraum im Zeitpunkt $t + 1$ genannt. Damit entspricht er einem entsprechenden FRA-Zinssatz.

---

[15] Gischer et al. 2020, S. 102.

Für das oben angegebene Zweiperiodenbeispiel ergibt sich durch Auflösung der $i_{0,2}$-Gleichung nach $i_{t+1,1}$:

$$i_{t+1,1} = \frac{\left(1 + i_{0,2}\right)^2}{1 + i_{0,1}} - 1$$

Auf Basis einer in t_0 gegebenen Zinsstrukturkurve lassen sich nun alle weiteren (einperiodigen) FRA-Zinssätze für die Perioden $t + k$ herleiten als:

$$i_{t+k,1} = \frac{\left(1 + i_{0,t+k+1}\right)^{t+k+1}}{1 + i_{0,t+k}} - 1$$

„Bei Gültigkeit aller theoretischen Voraussetzungen für die Erwartungstheorie der Zinsstruktur könnten die impliziten Terminzinsen als Prognosen für die zukünftige (Nominal-) Zinsentwicklung interpretiert werden."[16]

Übung

Überprüfen Sie die empirische Relevanz der Erwartungstheorie der Zinsstruktur durch den Vergleich von zu berechnenden impliziten Terminzinssätzen und tatsächlichen Zinssätzen auf Basis der durch die Deutsche Bundesbank im Internet bereitgestellten Zinssatzdaten für die Jahre 2013 bis 2013. ◄

Alles in allem ist das finanzielle Risikomanagement auf Grund der Konstruktion der Sicherungsinstrumente sehr komplex. Ihr Heranziehen ist abhängig von den erwarteten Marktentwicklungen, die nicht immer auch tatsächlich eintreffen. Für die betriebliche Finanzwirtschaft der Wohnungs- und Immobilienwirtschaft ließ die vorliegende Arbeit zwei wesentliche Aussagen zu:

1. Das *Spiel mit der Zinsbindungsdauer* kann in Abhängigkeit der Finanzmarktentwicklungen zur Kapitalkostensenkung beitragen!
2. Aus Kreditnehmersicht implizieren *kurze* Zinsbindungsphasen der Kreditfinanzierung oder gar *variabel verzinsliche Kredite* die Übernahme *erhöhter Zinsänderungsrisiken*. Diese Risiken werden als mögliche Abweichungen der tatsächlichen Zinsentwicklungen von den erwarteten definiert. Je nach Marktentwicklungen können sie somit negative Wirkungen (bei steigendem Marktzinsniveau) *und* positive Wirkungen (bei sinkendem Marktzinsniveau) entfalten.
   Abb. 5.4 visualisiert die Risiken von Zinssatzänderungen am Beispiel der langfristigen Renditen börsennotierter Bundeswertpapiere für Mai 2013: Trotz der über das Zeitfenster von rund drei Jahren (siehe Abschn. 4.1.2, Abb. 4.4) ausgeprägten Niedrig-

---

[16] Gischer et al. 2020, S. 107.

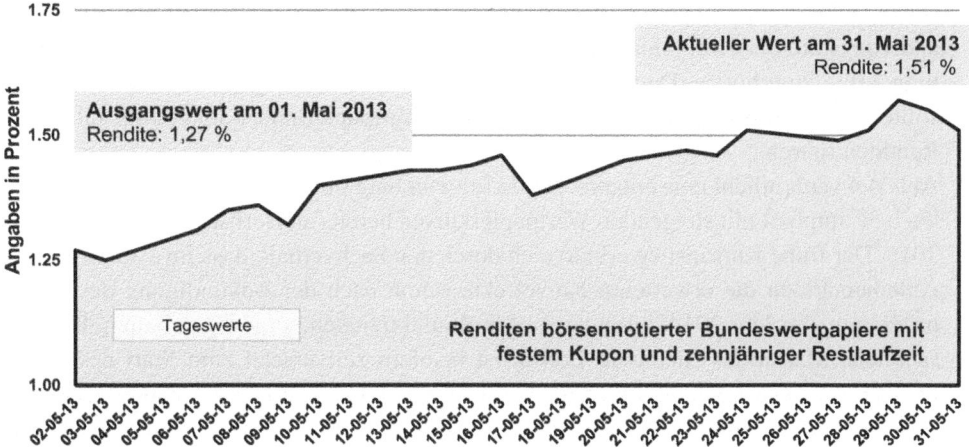

Abb. 5.4 Entwicklung täglicher Renditen von noch *zehn*jährigen Bundeswertpapieren im Mai 2013. (Datenquelle: Deutsche Bundesbank 2013b)

renditen am Anleihemarkt stiegen die Renditen noch zehn Jahre laufender Bundeswertpapiere von 1,27 % am 01. Mai 2013 auf 1,51 % am 31. Mai 2013 an. Dieser Renditeanstieg am eher trägeren langen Ende der Zinsstrukturkurve überrascht vor dem Hintergrund der kontinuierlich expansiven EZB-Geldpolitik und des erst im März 2016 auf 0,00 % gesenkten EZB-Leitzinssatzes (siehe Abschn. 4.1.2, Abb. 4.2). Insofern symbolisiert er, wie schnell sich Tendenzen und Niveaus an den Zinsmärkten ändern können. Auch das Handelsblatt überschrieb die entsprechende Berichterstattung am 04. Juni 2013 (Nr. 104, S. 28 f.) mit: „Die große Zinswende: Kursverluste am Anleihemarkt und die Nervosität der Börsen deuten auf einen historischen Umbruch hin." Ob es so kommen wird, sollten die Ausführungen bis hierher verdeutlicht haben, ist ökonomisch schwer vorherzusehen. Hilfreich an diese Stelle ist, wie oben mit dem Hinweis auch Spiwoks et al. (2010) angeführt, das Beobachten des Zentralbankhandelns. Als Reaktion auf Marktentwicklungen im Mai 2013 hat die EZB sodann am 04. Juli 2013 kommuniziert, für ein weiterhin niedriges Zinsniveau Sorge tragen zu wollen: „The Governing Council expects the key ECB interest rates to remain at present or lower levels for an extended period of time."[17] Vor diesem Hintergrund war kurzfristig *nicht* mit einer nachhaltigen Zinswende zu rechnen. Die in Abb. 4.4 bis zum Frühjahr 2015 dargestellte Renditeentwicklung gibt dieser Vermutung aus dem Jahr 2013 nachträglich recht.

3. Im April 2015 startete das Eurosystem noch ein Anleihekaufprogramm mit monatlichen Wertpapierkäufen im Umfang von etwa 60 Mrd. Euro.[18] Ziel dieser Geldpolitik war es, die Euro-Staatenzone aus bis dahin geltenden deflationären Tendenzen zu be-

---

[17] EZB 2013, URL: „www.ecb.int/…".

[18] Siehe dazu Münchrath 2015, S. 7.

freien (siehe Abb. 4.2) und die Inflationsrate, gemessen an der durchschnittlichen Veränderungsrate der Harmonisierten Verbraucherpreisindizes der Euro-Staaten in Richtung 2,0 % zu erhöhen. Denn ein durch das Programm hervorgerufener Nachfragesog sollte geldtheoretisch begründet zu steigenden Wertpapierkursen und damit fallenden Renditen führen.

4. Abb. 4.4 verdeutlicht eine entsprechende Entwicklung mit signifikant fallenden Renditen bzw. implizit mit steigenden Wertpapierkursen bereits ab Herbst 2014 und bis April 2015. Der frühe Kursanstieg erklärt sich durch den Sachverhalt, dass Investoren an den Anleihemärkten die erwarteten Kurseffekte schon nach der Ankündigung des Kaufprogramms im Jahr 2014 durch verstärkte Kaufaktivitäten vorgezogen hatten. Der tatsächliche Markteffekt der EZB-Politik ist insofern zeitversetzt zum Start des Kaufprogramms zu analysieren. Im April 2015 kam es letztlich zur Niedrigrendite deutscher Anleihen mit zehnjähriger Restlaufzeit in Höhe von 0,12 % als Tagesdurchschnittswert, wie Abb. 5.5 im Detailzeitfenster informiert. Darüber hinaus verdeutlicht die Abbildung auch eine (temporärere) Wende der Renditeentwicklung: In nur weiteren drei Wochen bis zum 07. Mai 2015 erhöhte sich die Rendite nahezu um den Faktor 8 auf 0,86 %.

5. Erneut stellte sich seit Mai 2015 die Frage, ob hierin eine marktweite Zinswende erkennbar gewesen wäre. Doch auch diese Zinsvolatilität war wie jene in Abb. 5.4 nur kurzfristiger Natur und der generellen Unsicherheit an den Finanzmärkten geschuldet, die sich einstellt, weil die Zinsmärkte seit 2008 und damit bereits sieben Jahre politisch determiniert und ökonomisch unsicher prognostizierbar waren. Dazu wurde inzwischen (1) in der alternativen U.S.-Währungsregion eine Leitzinserhebung und (2) innerhalb der Euro-Staaten eine Insolvenz sowie ein Euro-Austritt Griechenlands diskutiert. Beide Aspekte verunsicherten zunehmend die Renditeaussichten von Investments in

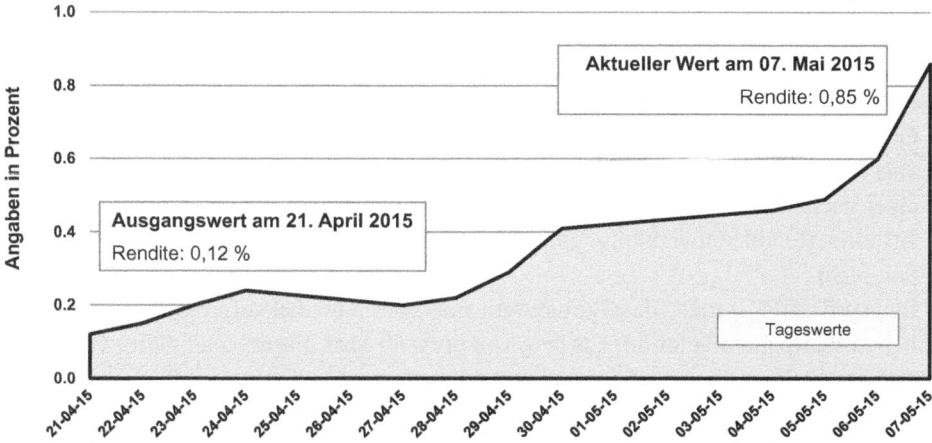

Abb. 5.5 Entwicklung täglicher Renditen von noch *zehn*jährigen Bundeswertpapieren im April und Mai 2015. (Datenquelle: Deutsche Bundesbank 2015b)

bundesdeutsche Staatsschuldtitel. Denn ein steigendes U.S.-Zinsniveau führten zur relativ sinkenden Attraktivität der Investitionen in Bundeswertpapiere und eine Griechenland-Insolvenz mit oder ohne Euro-Austritt implizierte einen Anstieg der zu erwartenden Rettungskosten für den bundesdeutschen Haushalt. Damit reagierten Investoren mit Verkäufen der Bundestitel, obwohl das Kaufprogramm im Eurosystem noch einige Monate laufen sollte und die im Euro-Staatenvergleich relativ guten Konjunkturaussichten Deutschlands zum Halten der Bundestitel motivieren sollten.

Alle guten Dinge sind drei, heißt ein Sprichwort. Doch die tatsächliche Zinswende trat erst im Jahr 2022 ein. Trotz aller öffentlichen Diskussionen um die expansive Geldpolitik und die bereits 2021 eingesetzte Inflation der Verbraucherpreise überraschte sie einige Wohnungs- und Immobilienunternehmen. In der Konsequenz wurden branchenweit nahezu alle Neuprojektierungen gestoppt. „Die Zeichen stehen auf Flaute" titelte das Handelsblatt daher am 27. Dezember 2022 (Nr. 250, S. 44).

Offen bleibt an dieser Stelle das weitere Vorgehen im finanziellen Risikomanagement, solange sich keine eigene Zinsmeinung ableiten lässt. Hierzu sollen abschließend zwei mögliche Hilfestellungen formuliert werden:

- *Zinstheorie:* Nach wie vor analysieren Kreditinstitute, Verbände und ähnliche Institutionen die Marktzinsentwicklungen und bemühen sich um kurz- bis mittelfristige Zinsprognosen. Zumindest aus Wirtschaftsprüfungssicht stellen sie relevante Grundlagen einer eigenen Zinsmeinung dar. Zum nachhaltigen Umgang mit diesen externen Prognosen empfiehlt es sich, die Prognosemethodiken der Anbieter zu erfragen und zu verstehen. Sollten Zinsinteressierte eigene Zinsprognosen erarbeiten, z. B. mit Hilfe von Terminzinssätzen etc., macht ein späterer Abgleich der eigenen Prognoseergebnisse mit dem Mainstream externer Prognosen Sinn, um die Plausibilität der eigenen Überlegungen zu prüfen.
- *Geldtheorie:* Um sich eine eigene, wenn auch nur tendenziell ausgerichtete Zinsmeinung zu bilden, lassen sich volkswirtschaftliche Kausalitäten heranziehen: Wenn die Geldmenge M3 überproportional zum realen Bruttoinlandsprodukt ansteigt, gelangt die Zentralbankliquidität über den Kreditprozess an Nicht-Banken und es ist mit einer Inflation bei Waren- und Dienstleistungspreisen des täglichen Bedarfs zu rechnen.[19] Damit wäre eine wesentliche Voraussetzung für eine restriktive Geldpolitik im Eurosystem geschaffen, die das Marktzinsniveau steigen ließe. Allerdings kann sich zuvor sehr wohl bereits eine Vermögenspreisinflation einstellt haben. Investitionen in Wertpapiere und Immobilien sind in diesen Situationen auf ihre Nachhaltigkeit hin konkret zu prüfen. Über die monatsdurchschnittliche Geldmengenentwicklung über alle Euro-Staaten hinweg, die im Januar 2020 zunächst 5,2 %, im Januar 2021 schon 12,5 %, im Januar 2022 noch 6,6 %, im Januar 2023 noch 4,4 % und im Mai 2023 lediglich 1,4 % betrug, sodass Mitte 2023 nach zweieinhalb Jahren Inflation mit einer

---

[19] Vgl. Gischer et al. 2020, S. 327.

Abschwächung der hohen Inflationsraten zu rechnen ist, gibt die Deutsche Bundesbank Auskunft unter:

▶ **URL** „https://www.bundesbank.de/dynamic/action/de/statistiken/zeit-reihen-datenbanken/zeitreihen-datenbank/723452/723452?tsId=BBK01. TS1303&listId=www_s311_b4_mi_komponenten&dateSelect=2023" *(Abruf der WWW-Seite am 30. Juni 2023)*

Wird von dem Geldmengenwachstum das für das laufende Jahr prognostizierte reale Wirtschaftswachstum der Euro-Staaten abgezogen, kann das Ergebnis grob als Indikation für eine zukünftige Inflationsrate des gesamtwirtschaftlichen Preisniveaus angesehen werden. Vor diesem Hintergrund war bereits im Jahr 2020 klar, dass die Geldpolitik die Immobilienpreise hat erhöhen lassen und sich auf die Inflation der Verbraucherpreise ausbreiten wird. Demnach lässt diese geldtheoretisch abgeleitete Überschlagsrechnung den Zins- und Renditeanstieg aus den Abb. 3.3 und 4.5 nachhaltiger erscheinen als jene in den Abb. 5.4 und 5.5. Schließlich lag das Geldmengenwachstum im Mai 2013 lediglich bei 2,8 % und im April/Mai 2015 nur bei 5,2 % und 4,7 %. Allerdings richtet sich die Euro-Geldpolitik nur an den Preisen der Lebenshaltung aus. Vom gesamtwirtschaftlichen Preisniveau werden dazu die Preise für Vermögenswerte (z. B. Immobilienpreise, Wertpapierkurse) abgezogen. Daher lag diese fokussiertere Inflationsrate bis Ende 2020 unterhalb der 2,0 %-Zielmarke. Relevant für die weitere Analyse der Finanzierungsmärkte für die Wohnungs- und Immobilienwirtschaft sind somit die Entwicklungen sowohl der Vermögenspreise als auch der Lebenshaltungspreise. Sie verdeutlichen schließlich, inwieweit die expansive Geldpolitik im Euro-System zu Preisblasen an den Immobilien- und Wertpapiermärkten führte.

Zusammenfassend empfiehlt sich der betrieblichen Finanzierungspraxis, in einem *ersten Schritt* ein detailliertes Verständnis für die Finanzierungsmärkte aufzubauen. In einem *zweiten Schritt* sollten die eigenen Erwartungen an die zukünftigen Marktzinsentwicklungen geprüft und durch das Studium wenigstens externer Zinssatzprognosen fundiert werden. Hierbei ist zu berücksichtigen, dass auch professionelle Zinsprognosen in ihrer Wahrheitsgüte kaum überprüfbar sind, vor allem wenn es sich um die prognostizierte Entwicklung von Zinssätzen mit langer Zinsbindungsdauer handelt. Insofern sollten Unternehmen der Wohnungs- und Immobilienwirtschaft zumindest die jeweils aktuelle Geldpolitik der Zentralbanken verfolgen. Sie besitzt schließlich elementaren Einfluss auf die Entwicklung der kurzfristig und in den letzten Jahren auch der langfristig geltenden Zinssätze.

5.3   Analyse der Realzinssatz- und Immobilienpreisentwicklungen

Zum Abschluss dieses fünften Buchkapitels sei nochmals zusammengefasst: Die deutschen Märkte für Wohnimmobilien befinden sich im Umbruch! Energiekosten steigen extrem, eine geopolitische wird zur ökonomischen Unsicherheit, Lieferketten zerbrechen,

Marktzinssätze steigen – es droht eine neue Rezession. Unter diesen Bedingungen scheint die Party auf den Immobilienmärkten vorbei zu sein. Wie werden sich vor diesem Hintergrund die Wohnimmobilienpreise entwickeln?

Alle genannten Umbruchdeterminanten sind Ergebnisse der Regierungsarbeit und stehen im Zusammenhang mit Lockdowns zu Corona-Pandemie-Zeiten, ökonomischen Russland-Sanktionen, geldpolitischer Anarchie im Eurosystem und spiegeln sich in den angestiegenen Inflationsraten wider. Dabei ist diese Entwicklung gar nicht auf Deutschland fixiert, sondern ein Problem aller großen Volkswirtschaften dieser Welt. Die Inflation wiederum beschleunigt den Umbruch nochmals, sodass die aktuelle Entwicklung eine sich selbst anfeuernde Negativspirale werden kann.

Die Inflation besitzt einen großen Einfluss auf das Marktzinsniveau. Letzteres ist gesamtwirtschaftliche Determinante der Investitionstätigkeit. Investieren ist die (nach Möglichkeit) wertschöpfende Nachfrage in einer Volkswirtschaft. Der Bau von Immobilien ist eine Investition, weil das nachgefragte Gut nicht durch einen Konsum verschwindet. Mieten ist dagegen Konsum. Die Mietleistung ist nach vordefinierter Frist abgewohnt, die Immobilie selbst, also das Investitionsgut, bleibt bestehen. Ein steigendes Marktzinsniveau führt also nach herrschender Lehre zu weniger Neubau und Modernisierungen. Steigende Energiekosten verteuern den Neubau ebenfalls und führen tendenziell zur Reduktion gemieteter Wohnflächen. Demnach geht nicht nur die Angebotsausweitung zurück, sondern auch der Nachfrageüberhang auf den Mietwohnimmobilienmärkten. Alles in allem konsolidieren sich die Märkte.

Was lehrbuchhaft schnell formuliert ist, lässt sich empirisch deutlich komplexer nachzeichnen. Mikroökonomisch ist die Wohnfläche nur unter der Bedingung der Effizienzmarkthypothese auf einzelne Quadratmeter zu skalieren. Wenn die Nebenkosten des Wohnens signifikant ansteigen, kann die Mietwohnfläche nicht um einzelne Quadratmeter verkleinert werden. Der reale Markteffekt muss also ein Aufstaueffekt werden, der sich erst nach der Konsumeinschränkung und dann schockmäßig entlädt. Allerdings stellt sich die Frage, wie hoch der Anteil an Haushalten mit einem solchen Aufstaueffekt sein wird. Denn durch die Corona-Pandemie ist eine neue Kultur des mobilen Arbeitens in Deutschland eingezogen und hat die Wohnraumpräferenzen durchaus verändert. Es wird sicherlich weiterhin einen wahrnehmbaren Anteil an Haushalten geben, der die gemietete Wohnfläche ausweiten will, um das mobile Arbeiten von zuhause effektiver zu gestalten. Dieser Trend könnte dann zu Lasten der Innenstadtwohnungen wirken, so dass regional-spezifisch wiederum der erwartete Effekt einer tendenziellen Mietwohnflächenrestriktion eintreffen kann.

Die Immobilienpreise entstehen durch das Zusammenspiel von Angebot und Nachfrage auf Märkten. Wenn beide Marktparteien zurückhaltender agieren, müssen sich Immobilienpreise nicht zwangsweise verändern. Der Anstieg des Marktzinsniveaus führt dagegen direkt zu sinkenden Immobilienpreisen. Denn den Wert einer Immobilie bestimmt in großem Maße der Diskontierungszinsfuß.[20] Dabei spielt es eine große Rolle, wenn von

---

[20] Siehe ausführlich Himmelberg et al. 2005.

einer Niedrigzinsphase ausgegangen wird. „Grund hierfür ist, dass niedrigere Hypothekenzinsen größere Diskontierungseffekte in Bezug auf die künftigen Mieten und Preise
haben."[21] Eine individualisierte Studienberechnung durch Volkswirte der Europäischen
Zentralbank kommt zum Ergebnis, dass „ein Anstieg der Hypothekenzinsen um 1 Prozentpunkt unter sonst gleichen Bedingungen nach etwa zwei Jahren einen Rückgang der
Wohnimmobilienpreise um rund 5 % zur Folge hat".[22] Eben diese Studie notiert aber auch:
„Pandemiebedingte Verschiebungen der Wohnpräferenzen könnten ein Gegengewicht zu
den höheren Hypothekenzinsen bilden und die Widerstandsfähigkeit, die am Wohnimmobilienmarkt des Euroraums zu beobachten war, in gewissem Umfang erklären."[23]

In ihrem *Financial Stability Review* von Mai 2022 berechnen weitere Volkswirte der
Europäischen Zentralbank für einen nachfrageinduzierten Immobilienpreisrückgang von
1 % eine Reduktion der Gesamtwirtschaftsleistung innerhalb von zwei Jahren in Höhe von
0,2 % bis sogar 0,9 %.[24] Daher verdient das Marktzinsniveau eine weitere vertiefte Betrachtung. Dazu visualisiert die Abbildung in diesem Beitrag die Entwicklungen von nominalen und realen Zinssätzen bzw. Renditen für die Zeit der Europäischen Währungsunion.

Bei den dunkel-farbigen Kurven ist *gepunktet* der nominale und *linear* der reale Zinssatz für gewichtet durchschnittliche Wohnungsbaukredite in Deutschland im Neugeschäft
mit privaten Haushalten zu erkennen. Während der nominale Zinssatz seit Anfang 2021
kontinuierlich anstieg, sank der reale Zinssatz bis Mai 2022 nahezu stetig weiter ab. Im
Mai 2022 betrug die Rekorddifferenz beider Zinssätze 8,3 %-Punkte. In den beiden Folge-
monaten stieg auch der Realzinssatz leicht an. Im letzten Berichtsmonat August 2022
lagen der Nominalzinssatz bei +2,9 %, der Realzinssatz bei −5,4 % und die Zinssatz-
differenz bei 8,3 %-Punkten (siehe Abb. 5.6).

Der Grund für die verzögerte Realzinssatzanpassung sind die steigenden und hohen
Inflationsraten seit Anfang 2021. Wichtig ist hierbei zu berücksichtigen, dass Realzinssätze nicht mehr allein als Differenz von Nominalzinssatz und Inflationsrate (= sog. Fisher-
Regel für kleine Inflationsraten) berechnet werden. Vielmehr ist diese Differenz noch um
den jeweiligen Kaufkraftverlust zu diskontieren.[25] Zum Vergleich hätte der Realzinssatz
im August 2022 nach der Fisher-Regel −5,9 %, anstatt der genannten −5,4 % betragen.
Bei negativen Differenzen führt die Diskontierung also zu einem höheren Realzinssatz et
vice versa.

Weiterhin sind zur Berechnung von Realzinssätzen die korrekten Inflationsraten zu berücksichtigen. Für die Geldpolitik im Eurosystem, also auch für die Deutsche Bundesbank
gelten die *Harmonisierten Verbraucherpreisinflationsraten* (HVPI). Nicht mehr relevant
sind *Nationale Verbraucherpreisinflationsraten* (NVPI). Im September 2022 betrugen für

---

[21] Battistini et al. 2022, S. 72.

[22] Battistini et al. 2022, S. 71.

[23] Battistini et al. 2022, S. 74.

[24] Vgl. Di Casola/Dieckelmann/Grothe et al. 2022, S. 38.

[25] Vgl. Knüfermann 2021, S. 149 f. und Knüfermann/Vornholz 2022, S. 402

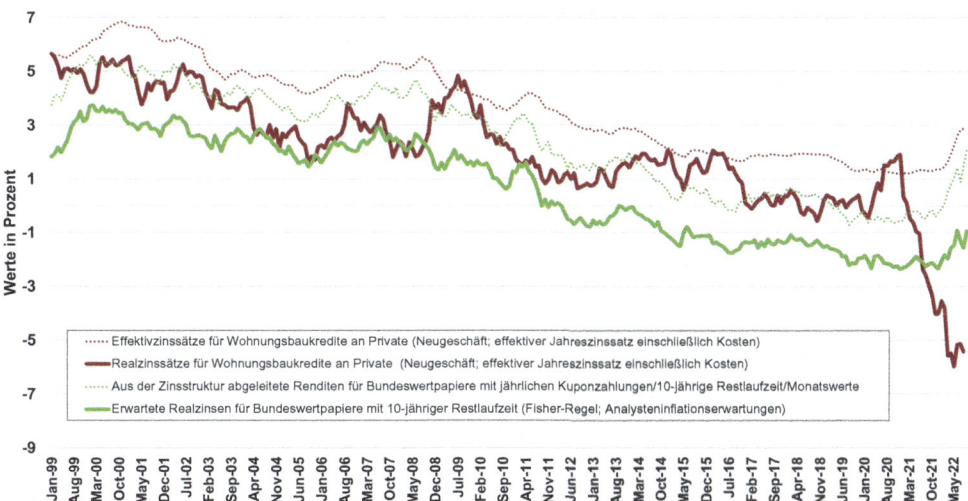

Abb. 5.6 Nominale und reale Zinssätze für Wohnungsbaukredit in Deutschland sowie nominale und erwartete reale Renditen von Bundeswertpapieren von Januar 1999 bis September 2022. (Datenquelle: Deutsche Bundesbank 2023; eigene Berechnungen)

Deutschland die NVPI 9,9 %, der HVPI aber 10,9 %. Berechnungsmethodik und Auswahl der Inflationsraten besitzen einen großen Einfluss auf die Realzinssätze.

In der Abbildung zu diesem Beitrag sind die realen Kreditzinssätze auf Basis der HVPI-Werte berechnet. Die Deutsche Bundesbank selbst ist in diesem Kontext nicht stringent und berechnet und kommuniziert Realzinssätze für Spareinlagen mit dreimonatiger Kündigungsfrist auf Basis der Fisher-Regel und der NVPI. Die Ergebnisse geben also eine verzerrte Wirklichkeit wieder. Für August 2022 weist die Zentralbank einen realen Sparzinssatz in Höhe von − 7,3 % aus, korrekt berechnet liegt er aber bei − 8,0 %; die deutschen Sparer/-innen stehen also schlechter da, als es kommuniziert wird.[26]

Die bisherigen Überlegungen basieren auf Realzinssatzberechnungen im Nachhinein. Doch Zinssätze und dazugehörige Investitionsentscheidungen wirken in die Zukunft. Daher sind Realzinssätze eigentlich auf Basis erwarteter Inflationsraten zu berechnen. Hierzu erhebt die Deutsche Bundesbank eine eigene Datenreihe. Auf Basis der Renditen für Bundeswertpapiere mit 10-jähriger Restlaufzeit berechnet sie auf der Grundlage der Fisher-Regel die erwarteten Realzinssätze für eben diese Bundeswertpapiere. „Im Ergebnis werden die zum Zeitpunkt des Erwerbs der Schuldverschreibungen erwarteten künftigen Realzinsen gezeigt."[27]

Beide Zeitreihen sind als grüne Kurven ebenfalls in der Abbildung zu diesem Beitrag enthalten. Wiederum visualisiert die *gepunktete* Kurve die nominalen Werte und die *Linienkurve* die erwarteten Realzinssätze. Hierbei fällt auf, dass die Differenzen zwischen

[26]Vgl. Deutsche Bundesbank 2023.

[27]Deutsche Bundesbank 2023.

nominalen und (erwarteten) realen Werten in den meisten Fällen zwischen 1,5 %-Punkten und 2,0 %-Punkten liegen. Seit Ende 2021 liegen sie jedoch oberhalb der 2,0 %-Grenze, seit August 2022 beträgt die Differenz sogar 3,1 %-Punkte.

Die Betrachtung der realen Zinssätze für Wohnungsbaukredite und Bundeswertpapiere hat gezeigt, dass im Betrachtungszeitraum seit Einführung des Euro die realen Verzinsungen langfristig gesunken sind. Bei den erwarteten Realzinssätzen für Bundeswertpapiere ist auch im Jahr 2022 noch keine Trendumkehr zu konstatieren. In der Zinstheorie gilt dagegen die Vermutung langfristig konstanter Realzinssätze, wenn sich die nominalen Zinssätze vollständig an der Inflationsentwicklung ausrichtet (= sog. Fisher-Effekt oder Preiserwartungseffekt). Für das betrachtete Zeitfenster ist diese theoretisch belegte Vermutung empirisch nicht zu bestätigen.

Issing (2011, S. 117) erklärt das grundsätzliche Problem bei einem unterstellten Preiserwartungseffekt durch folgende drei Gründe:

- Eine direkte Umsetzung höherer Zinsforderungen bereits bei lediglich erwarteten ansteigenden Inflationsraten erscheint nicht durchsetzbar zu sein.
- Wirtschaftssubjekte sind nicht in der Lage, mit Sicherheit Inflationsprognosen zu stellen.
- Es existieren keine kollektiv-homogene, sondern heterogene Inflationserwartungen. Es kann also sein, dass eine Marktseite unter Umständen nicht in der Lage ist, die eigenen Inflationserwartungen durchzusetzen.

Die Entwicklungen der Nominalzinssätze entspricht zusammenfassend nicht der Entwicklung der Inflationsraten, sodass zumindest noch die erwarteten Realzinssätze keiner Zinswende unterliegen. Der Einfluss steigender Nominalzinssätze hat nach eigenen Markterfahrungen zwar schon zu Anpassungen der Investitionsaktivitäten auf den deutschen Immobilienmärkten geführt. Gesamtwirtschaftlich steuert aber die Realverzinsung die Investitionstätigkeiten. Solange diese Realverzinsung noch nicht schockartig ansteigt, sind auch keine Crash-artigen Aktionen bei Immobilieninvestitionen, keine Exit-Strategien und Abverkäufe von Immobilien zu erwarten.

In diesem Abschnitt konnte aber aufgezeigt werden, dass die Realzinssätze in unterschiedlicher Weise berechnet werden. Die mathematisch korrekte Weise mittels Diskontierung identifizierte einen kurzfristigen Trend steigender Realzinssätze bei Wohnungsbaukrediten. Sollte dieser Trend anhalten, wäre auch eine reale Zinswende eingeleitet. In diesem Fall müsste mit deutlichen Korrekturen an der Immobilienpreisentwicklung gerechnet werden.

5.4   Übungsaufgaben zu Kap. 5

Um das Verständnis für Zinsbindungsdauer und Zinsänderungsrisiken zu vertiefen, empfiehlt es sich, nachfolgende Überaufgaben zu bearbeiten.

Aufgabe 5.1

Die süddeutsche WOBAUTEN AG hat im Jahr 2020 ein grundpfandrechtlich besichertes Darlehen über 5 Mio. Euro zum damalig gültigen Nominalzinssatz mit einer
zehnjähriger Zinsbindungsdauer in Höhe von 5 % bei einer Tilgungsrate in Höhe von
3 % abgeschlossen. (1) Wie viele Jahre beträgt die Gesamtkreditlaufzeit bis zur Endtilgung? (2) Der aktuelle Zinsbindungsauslauf liegt im Jahr 2030. Diskustieren Sie eine
Finanzierungsstrategie für das exemplarische Darlehen mit Blick auf die aktuellen
Rahmenbedingungen an den Banken-, Geld- und Kapitalmärkten! ◄

Aufgabe 5.2

Unter der Erwartung zukünftig sehr volatiler Marktzinsentwicklungen mit Zinssen-
kungs- und -steigerungspotenzialen macht eine variabel verzinsliche Finanzierung
zwar Sinn, aber sie impliziert wesentliche Risiken, (1) welche? (2) Wie können diese
Risiken gesteuert werden? (3) Worin liegt die Problematik der variabel verzinslichen,
aber gegen Zinsänderungen abgesicherten betrieblichen Finanzierung von Unternehmen der deutschen Wohnungs- und Immobilienwirtschaft? ◄

Literaturhinweise zu Kap. 5

Im Hinblick auf das Risikomanagement von Unternehmen der Wohnungs- und Immobilienwirtschaft ist die existente und deutschsprachige Literaturbasis schwach: Allein Meier (2007) ist an dieser Stelle vorsichtig zu empfehlen. Eine fundierte Einführung in die Derivatelandschaft findet sich in Bösch (2012). Dort werden unter anderem die Swap-Geschäfte praxisnah erläutert.

- **Bösch, M. (2012):** Derivate. München: Vahlen.
- **Meier, K. M. (2007):** Risikomanagement im Immobilien- und Finanzwesen, Auflage. Frankfurt a. M.: Knapp. ◄

Ausblick: Eine Bank für die Wohnungswirtschaft?

6

Zusammenfassung

Die bisherigen Ausführungen in diesem Buch sollten verdeutlicht haben, dass Unternehmen der Wohnungs- und Immobilienwirtschaft eine Vielzahl von Stellschrauben zur Optimierung Ihrer Wohnungsbaufinanzierungen zu beachten haben. Wichtig ist neben dem Verständnis betrieblicher Zins- und Tilgungsrechnungen vor allem jenes der Finanzierungmärkte, vor wiegend der Bankenmärkte. Vor dem Hintergrund der vielen strukturellen Veränderungen im Kreditwesen, ist das Interesse der Kreditwirtschaft an Wohnungsbaufinanzierungen nur zyklisch zu beobachten. Diese Abfolge von Interesse und Desinteressen an der Kundenbeziehung vor allem zu Wohnungsunternehmen konterkariert die Suche der Wohnungswirtschaft nach verlässlichen Finanzierungspartnern und widerspricht der Branchensehnsucht nach dem Hausbankprinzip. In diesem inhaltlichen Abschlusskapitel des Buchs wird deshalb die Idee einer brancheneigenen Wohnungswirtschaftsbank vorgestellt. Diese Bank sollte durch einen ausschließlichen Fokus auf das besicherte Wohnungsbaukreditgeschäft bestechen und kann in enger Kooperation mit der Wohnungswirtschaft ein nachhaltig wettbewerbsdifferenzierendes Geschäftsmodell fahren. Schließlich ließe sich das Firmenkundenkreditgeschäft mit Wohnungsunternehmen durch Privatkundeneinlagen der Mieter der Wohnungsunternehmen refinanzieren! Diese Integration von Firmen(Aktiv-) und Privatkundengeschäften (Passivgeschäften) ermöglicht den Aufbau einer solide geführten mittelständischen Bank. Eine intensive Zusammenarbeit zwischen dem Bankmanagement und den Wohnungsunternehmen ist der zentrale Erfolgsfaktor dieses Modells, wie die weiteren Ausführen zeigen.

In der deutschen Wohnungs- und Immobilienwirtschaft wird die operative Ausgestaltung des Finanzierungsmanagements in besonderem Maße durch die Unternehmensgröße bestimmt. Während Unternehmen mit hohen Wohnungsbeständen bzw. hohen Umsätzen eigene Unternehmenseinheiten zur Umsetzung unterhalten, obliegt das Finanzierungsmanagement kleinerer Unternehmen zumeist direkt der Geschäftsleitung. Neben eigenen bestätigenden Praxiserfahrungen konnte diese Tendenz auch im Rahmen der in Abschn. 2.5 skizzierten empirischen Studie zum Finanzierungsverhalten deutscher Wohnungsgenossenschaften erfasst werden.[1] Insofern erscheint es schlüssig, dass insbesondere kleinere Unternehmen im Rahmen dieser Studie einen Betreuungsbedarf in Finanzierungsfragen bekundeten. Eine Geschäftsleitung kann schließlich nicht in allen Themenfeldern brillieren. Die in Abschn. 2.5 angeführten Marktdaten ließen sodann auch den Schluss zu, dass kleinere Unternehmen auf Grund entsprechend geringerer Verhandlungsmacht gegenüber Fremdkapitalgebern höhere Fremdkapitalkosten kalkulieren mussten. In der Konsequenz untermauerten die Studienergebnisse auch eine weitere These: Kleinere Wohnungsunternehmen präferierten eine eigene *Bank der Wohnungswirtschaft*

- während größere Unternehmen auf externe Finanzierungsberatungen zurückgriffen. Darin wiegt sicherlich die Vermutung eines im Branchenkontext beratend agierenden Kreditinstituts mit – wie es eigene Gespräche und Diskussionen zu diesem Thema im Rahmen von Tagungen, Kongressen und Seminaren interpretieren lassen.

Zum Abschluss des vorliegenden Buchs gilt es daher, die bis hierher generierten Ergebnisse über die empirische Welt der Finanzierungsmärkte für Unternehmen der Wohnungs- und Immobilienwirtschaft zu verdichten. Dazu soll im Folgenden eine Lösung konzipiert werden, die es insbesondere der deutschen Wohnungswirtschaft mit ihren Bestandhaltungsgeschäftsmodellen ermöglicht, ihre Kernanforderungen an eine nachhaltige Finanzierungspartnerschaft zu realisieren. Im Hinblick auf die in den Kap. 3 und 4 hergeleiteten Erkenntnissen zur Bankenkredit- und Anleihefinanzierungen sind es, …

- *einerseits* ihrem **Hausbankprinzip** treu zu bleiben bzw. entsprechend effiziente Nutzenaspekte des Hausbankprinzips weiterhin realisieren zu können, sowie
- *andererseits* nicht auf Optionen **bankenunabhängiger Finanzierungen** zu verzichten bzw. vielmehr auch und, falls es relevant wäre, bankgeschäftsunabhängig beraten bzw. betreut zu werden.

Beide Aspekte integriert kann eine branchenunabhängige Geschäftsbank, insbesondere ein regionalausgerichtetes Kreditinstitut des Retail-Banking nicht leisten. Die Forcierung von Anleihefinanzierungen gliche nämlich einem Geschäftsverlust im Darlehensbereich und substituierte zumeist langfristige Zinserträge durch primär einmalige Provisions-

---

[1] Vgl. hier und im Weiteren auch Knüfermann 2013, S. 266 f.

erträge. Eine provisionsgenerierende Emissionsbegleitung wollen regionalfokussierte Banken und Sparkassen daher gewöhnlich nicht leisten und könnten es in der Konsequenz wohl auch kompetenzorientiert nicht. Die Emissionsberatung zählt daher schlicht *nicht* zum Kerngeschäft eines Kreditinstituts (siehe Abschn. 2.1).

Doch eine Branchenbank wäre dazu wohl in der Lage und diese Branchenbank sollte ganz eng an der Wohnungswirtschaft ausgerichtet konzipiert sein. Denn die Wohnungswirtschaft hat *zum einen* eine primäre langfristige Geschäftsbeziehung zu Privatkunden, aus deren Sparaufkommen sich eine Branchenbank refinanzieren könnte. *Zum anderen* verfügt sie bereits über Bankenerfahrungen mit ihren teilbanklizensierten Spareinrichtungen, aus denen sie sich zum Teil finanziert. Zwar beträgt der Anteil der Wohnungsgenossenschaften mit Spareinrichtungen (= 49)[2] bei rund 1850 Wohnungsgenossenschaften[3] nur rund 2,7 %. Doch das Geschäftsmodell dieses Teilbankengagements lässt sich durchaus auf die Gesamtbranche übertagen – und dies sehr zum Nutzen kleinerer Unternehmen der Wohnungs- und Immobilienunternehmen, die es wohl (s. o.) bereits antizipieren. Doch mittels einer solchen Branchenbank müssten Wohnungsunternehmen keine eigenen Spareinrichtungen mehr gründen und könnten das Eingehen der entsprechenden Bankgeschäftsrisiken sowie die Realisierung regulatorischer Anforderungen zum Betreiben von Bankgeschäften vermeiden.

Das Betreiben von Spareinrichtungen ist in Deutschland bislang nur durch Wohnungsgenossenschaften realisiert. Doch eine rechtliche Begrenzung auf diese Unternehmensrechtsform existiert nicht. Grundsätzlich kann jede Unternehmung eine Banklizenz beantragen. Deren Erteilung ist letztlich an der Erfüllung entsprechender Anforderungen zum Betreiben von Bankgeschäften geknüpft, sodass die Eröffnung einer Spareinrichtung durchaus aufwendig ist. Die BaFin stellt entsprechend ihre KWG-Anforderungen auch an die zu gründenden Spareinrichtungen, wie z. B. teilweise Geschäftsleiterqualifikationen und Berichtspflichten. Zusammenfassend lassen sich folgende Anforderungen im Hinblick auf ein Kundengeschäft mit Sparprodukten für Wohnungsunternehmen festhalten:

- Einstellung von Bankkaufleuten zur Kundenberatung im Sparbereich,
- Einrichtung von Kunden- und Beratungsräumen,
- Erstellung von Beratungs- und Produktunterlagen,
- ausreichende IT-Infrastrukturen,
- Erfüllung der Berichtspflichten,
- Umsetzung der KWG-Anforderungen an die Gesamtbanksteuerung (z. B. Liquiditätsanforderungen).

Das Ziel der Spareinrichtung ist die Finanzierungsoption für Wohnungsunternehmen nicht zu Darlehenskosten von Kreditinstituten, sondern zu Refinanzierungskosten der Kreditinstitute selbst, nämlich direkt über die Spareinlagen von Privatkunden (Mieter/Mit-

---

[2]Vgl. Deutsche Bundesbank 2013d, S. 5.
[3]Vgl. GdW 2011, S. 112.

glieder). Dabei ergäbe sich ein Finanzierungsvorteil für Wohnungsunternehmen mit Spareinrichtungen, wenn der potenzielle Zinsaufwand für die (zumeist zehnjährig zinsgebundene) Darlehensfinanzierung größer wäre als die tatsächlichen Aufwendungen der
Spareinrichtung selbst.[4] Hierzu müssen Wohnungsunternehmen mit Spareinrichtungen insofern aber genauso wie die Kreditinstitute ihr finanzielles Risikomanagement vor allem
im Hinblick auf das Liquiditätsabzugs- und Zinsänderungsrisiko beherrschen. Daher
interpretiere ich auch die Darstellung durch den GdW der Spareinrichtung als
Finanzierungsinstrument als zu positiv, wenn es allein heißt: „Die Aufnahme von
Finanzierungsmitteln in Form von Spareinlagen schafft Beleihungsspielräume im Grund-
vermögen und ermöglicht i. d. R. Zinsvorteile gegenüber der traditionellen Fremdfinanzierung gegenüber Banken. Die Verzinsung der Spareinlagen führte in wesentlichen
Teilen aufgrund der Kapitalisierung auf den Sparkonten zu keinen Liquiditätsabflüssen.
Außerdem kann die Spareinrichtung einen nicht unwesentlichen Deckungsbeitrag zu den
Verwaltungskosten der Genossenschaft liefern und trägt damit zur Verbesserung des betrieblichen Ergebnisses bei."[5]

Vor dem Hintergrund der massiven Strukturveränderungen im deutschen Markt für das
Retail-Banking (siehe Abschn. 3.1) bleibt es nämlich fraglich, warum ein Wohnungsunternehmen im Nebengeschäft solides Bankgeschäft betreiben können sollte als die Unternehmungen, die es im Kerngeschäft derzeit teilweise nicht schaffen und nach größeren
Einheiten streben. So visualisiert Abb. 6.1 die Entwicklung der Anzahl deutscher Kreditinstitute mit einem Schwerpunkt im Retail-Banking für die Zeit von Ende 1999 bis Ende

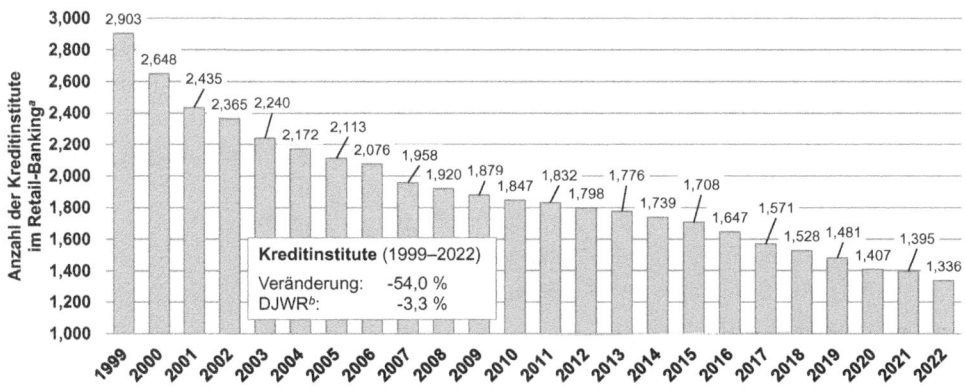

a) Daten für Kreditinstitute mit Retail-Banking (private Kreditbanken, Sparkassen, Kreditgenossenschaften und Deutsche Post AG); Jahresendwerte.
   Ab 2008 ohne Kapitalanlagegesellschaften.
b) DJWR = Durchschnittlich jährliche Wachstumsrate.

Abb. 6.1 Entwicklung der Kreditinstitutsanzahl im deutschen Retail-Banking von Ende 1999 bis
Ende 2022. (Datenquelle: Deutsche Bundesbank 2023; eigene Berechnungen)

---

[4] Es wird in der Praxis auch vom Ergebnis der Spareinrichtung gesprochen, das jedoch die tatsächlichen Aufwendungen von den Erträgen der Kreditsubstitution subtrahiert; siehe GdW 2012, S. 97.
[5] GdW 2012, S. 95.

2023. In diesem Zeitfenster sank die Anzahl der Institute von 2903 (Ende 1999) auf 1336 (Ende 2023), was einer Reduktion insgesamt um 54,0 % entspricht. Jährlich durchschnittlich verschwanden demnach 3,3 % aller Kreditinstitute vom Markt, wobei sie zumeist fusioniert und nicht abgewickelt worden waren.

Gründe dieser Entwicklung können sein …

1. das Auffangen von *Schieflagen* einzelner Häuser,
2. das Streben nach *größeren Einheiten* sowie
3. die Zusammenlegung von *Geschäftsgebieten*.

Mit diesen drei strategischen Veränderungen reagier(t)en Kreditinstitute auf die in Kap. 3 erläuterten Strukturveränderungen im Bankenmarkt. Ziel dieser Zusammenlegungen ist sodann der Aufbau von Erfolgsfaktoren des Bankgeschäfts. Sie lassen sich also im Hinblick auf die bis zu dieser Stelle des vorliegenden Buchs erörterten Bankenmarktentwicklungen – insbesondere im Hinblick auf die aktuelle Zinswende nach der lang anhaltenden Niedrigzinsphase (siehe Abschn. 4.1) – pointiert formulieren als:[6]

1. *Fokussierung des klassischen Bankgeschäfts* und
2. Generierung *betriebswirtschaftlich sinnvoller Unternehmensgrößen*.

Beiden Anforderungen widerspricht der Betrieb von Spareinrichtungen durch einzelne Wohnungsunternehmen: *Erstens* steht bei ihnen das Bankgeschäft nicht im Fokus. *Zweitens* generiert ein einzelnes Wohnungsunternehmen mit einer eigenen Spareinrichtung tendenziell keinen bankbetriebswirtschaftlich sinnvollen Geschäftsumfang. Daher komme ich zu dem Schluss, dass der Betrieb von Spareinrichtungen vor allem durch kleinere Wohnungsunternehmen in der Gesamtbetrachtung weder rentabel, noch risikoadäquat betrieben werden kann und stehe der Idee, neue Spareinrichtungen zu gründen, mit großer Skepsis gegenüber – insbesondere im Hinblick auf kleinere Wohnungsunternehmen.

Die Idee der Spareinrichtung kann meines Erachtens jedoch die Grundlage für eine Branchenbank der Wohnungswirtschaft sein, da Wohnungsunternehmen (wie oben angegeben) über den direkten Kontakt zu Privatkunden verfügen, deren Geschäftsbeziehungen gewöhnlich mehrere bis sehr viele Jahre andauern. Hinzu kommt, dass bereits von 2010 bis 2021 in der bis damals vorherrschenden Niedrigzinsphase mit Inflationserwartungen auf Grund der europäischen Zentralbankpolitik (siehe Abschn. 4.1) in Deutschland ein nachhaltiger Investmenttrend in Immobilienwerte zu erkennen war.[7] Die grundsätzliche Geldanlage im immobilienwirtschaftlichen Umfeld erscheint nachfrageseitig auch über das Niedrigzinszeitfenster hinaus attraktiv zu sein – vor allem in Wohnimmobilien. Eine Branchenbank, die Wohnungsunter-

---

[6] Siehe dazu auch Knüfermann/Wings 2013, S. 127. Siehe zur strategischen Positionierung von Kreditinstituten auch Börner 2000; Brunner 2009.

[7] Vgl. ausführlich Deutsche Bundesbank 2013e, S. 55–57.

nehmen finanziere und sich über Einlagen der Mieter/Mitglieder eben dieser Wohnungsunternehmen refinanziere, könnte

1. ein klares *Einlagen/Darlehen-fokussiertes Geschäftsmodell* kreieren und damit eine
   solide Gesamtbanksteuerung gewährleisten, indem sie Darlehen ausschließlich für besicherte Wohnungsbaufinanzierungen im Firmenkundengeschäft und Sparprodukte
   ausschließlich im Privatkundengeschäft anböte.
2. durch die Branche getragen werden und somit ein *Finanzkompetenzcenter* für die
   Wohnungswirtschaft bilden, indem das Eigenkapital der Bank durch Mitgliedsunter-
   nehmen bereitgestellt (z. B. im Rahmen einer genossenschaftlichen Rechtsform) und ein
   Beirat mit wesentlichen Multiplikatoren der Wohnungswirtschaft (z. B. Vertreter von
   kleineren wie auch größeren Wohnungsunternehmen, der Verbände der Wohnungswirtschaft, aber auch Kooperations- und Ausbildungspartner der Branche) gebildet würde.
   Über den Beirat ließen sich spezielle strategische Themen diskutieren und Leitlinien für
   die Bank entwickeln, z. B. die Risikostrategie und das Leistungsspektrum festlegen.
3. als *Beratungshaus bei Anleiheemissionen und Schuldscheinplatzierungen* tätig werden,
   indem es vom Start an mit Investment Banking-Expertisen bestückt wäre. Im Unterschied zu klassischen Geschäftsbanken würden hier keine Substitutionsverluste stören,
   wenn die Branchenbank als Genossenschaftsbank mit nachrangigem (kurzfristigen)
   Gewinnmaximierungsziel organisiert wäre.
4. die *Mieter/Mitglieder an das Wohnungsunternehmen* binden, indem es immobilien-
   nahe Investments anböte. Schließlich würden die Einlagen ausschließlich in den
   Wohnungsbau transformiert werden – von Liquiditätsanlagen am Geldmarkt und Start-
   anlagen am Kapitalmarkt abgesehen, die transparent gemacht werden sollten, um das
   Geschäftsmodell nicht zu konterkarieren. Ein Beispiel für eine solche Transparenz bietet die GLS Bank eG unter folgender URL bereit:

▶ **URL**   „https://www.gls.de/privatkunden/ueber-die-gls-bank/transparenz/
   eigenanlagen/"
   (Abruf der WWW-Seite am 18. Juni 2013)

5. eine *Hausbankfunktion* für die Wohnungsunternehmen bieten, indem die neue Branchenbank nicht in einen Wettbewerbsmarkt für *alle* Firmen- und Privatkunden einträte. Stattdessen sollte sie im Aktivgeschäft ausschließlich die Wohnungsunternehmen ergänzend
   zu deren Kreditgeberportfolio finanzieren und bei bankenunabhängigen Finanzierungen
   beraten. Auf diese Weise wäre die Bank in der Branche intensiv vernetzt und hätte die
   Chance, ihre Funktion als Finanzkompetenzcenter der Wohnungswirtschaft nachhaltig zu
   erfüllen. Gleichzeitig wäre für das Bankmanagement die Risikoeinschätzung der Darlehensnehmer exakter vorzunehmen, schließlich verfügte die Branchenbank dann über
   eine engere Kundenbindung, als es klassische Geschäftsbanken vermögen. Ob die
   Branchenbank auch Einlagen über die Mieter Wohnungsunternehmen hinaus annehmen
   sollte, wäre im Rahmen der Erstellung einer Marketing-Konzeption zu prüfen.

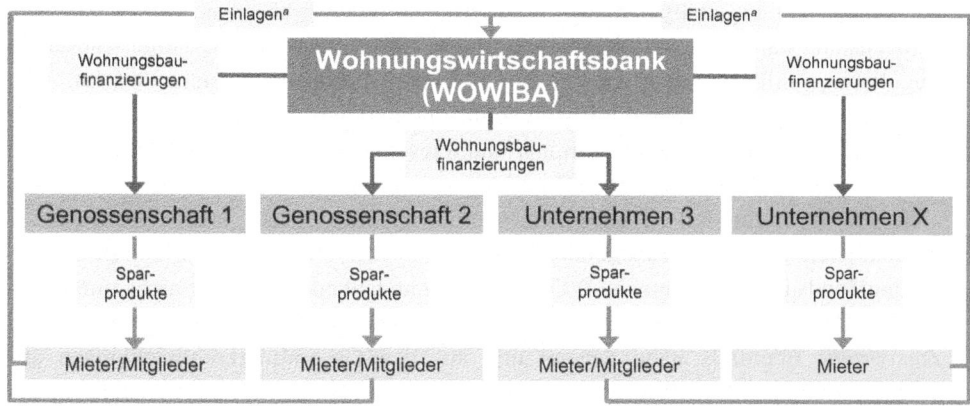

a) Keine Verwendung der Einlagen für Kapitalmarktanlagen („geschlossenes Kreislaufsystem" in Analogie zur Spareinrichtung).

Abb. 6.2 Aktiv/Passiv-Geschäftsmodell einer Wohnungswirtschaftsbank

Ein derartiges Geschäftsmodell visualisiert Abb. 6.2 zunächst im Hinblick auf das originäre Bankgeschäft für eine entsprechende Wohnungswirtschaftsbank (WOWIBA). Den Markteintritt sollte eine WOWIBA allein mit dem Privatkundengeschäft starten, um zunächst einen ausreichenden Einlagenbestand einzusammeln. Hierfür wäre ein Stufenprozess zum sinnvoll: Im *ersten Schritt* sei dazu nur mit Wohnungsgenossenschaften zusammenzuarbeiten. Sie verfügen nämlich auf Grund ihrer Mitgliederstruktur über die engste Geschäftsbeziehung zu ihren Mietern. Ein damit sicherlich wohl verbunden ausgeprägtes Mietervertrauen in die Wohnungsunternehmen könnte den Vertrieb von Sparprodukten vereinfachen. Die Einlagen der Branchenbank wären im Vorfeld des Kreditgeschäftsstarts risikoarm am Geld- und Kapitalmarktmarkt zu investieren. Die Zielrendite dazu sei durch die notwendig zu generierenden Deckungsbeiträge bestimmt.

Erst in einem *zweiten Schritt* also sollten kommunale und sonstig privatrechtliche Wohnungsunternehmen in das Aktiv/Passiv-Geschäftsmodell einbezogen werden. Die WOWIBA vergäbe in diesem hier skizzierten Geschäftsmodell ihre Darlehen für Wohnungsbaufinanzierungen ausschließlich an die Wohnungsunternehmen. Ein Kreditgeschäft mit den Mietern der Wohnungsunternehmen wäre schließlich kontraproduktiv im Hinblick auf die Kundenbindung – Wohnungsbaufinanzierungen durch die Mieter implizierten schließlich Kündigungen der angemieteten Wohnungen. Stattdessen zielte eine WOWIBA durch die angebotenen Sparprodukte auch auf eine Kunden*bindung* der Mieter an die kooperativen Wohnungsunternehmen (siehe oben, Punkt 4).

Aus Sicht der Wohnungsunternehmen dürften *drei Gründe* zur Zusammenarbeit mit der WOWIBA motivieren. Nachfolgend werden sie in ihrer Relevanz kurz diskutiert:

- *Zuteilungsvorteil:* Eigene Gespräche zum Thema WOWIBA am Rande von Kongressen und Tagungen ließen durch Vertreter von Wohnungsunternehmen häufig die Anforderung verlauten, die neue Bank müsse auch Darlehen an jene Häuser vergeben, die bei klassischen Geschäftsbanken Finanzierungsprobleme besäßen. Dieses Ziel aus Kundensicht darf eine WOWIBA aber nicht verfolgen. Für sie gelten dieselben Regulierungsanforderungen wie für alle anderen Kreditinstitute (siehe Abschn. 3.3). Jedes Kreditengagement ist mit Eigenkapital zu unterlegen. Damit ergeben sich immer von den Bonitäten der Kreditnachfrager und relevanten Sicherheiten abhängige Konditionierungen der Darlehen. Einen Zuteilungsvorteil kann eine WOWIBA *nicht* bieten, ohne das Gesamtmodell zu gefährden, nämlich eine dauerhafte, stabile, verlässliche, faire, kundenorientierte Branchenbank mit Hausbankfunktion zu sein. Einen Branchenrettungsfonds jedoch könnte die WOWIBA zwar andenken, sollte aber nicht zum Kerngeschäft der neuen Bank zählen. Dennoch könnte er bei der WOWIBA angesiedelt sein.

- *Zinsvorteil:* Ebenfalls nahe liegend und aus den Gesamtmarktentwicklungen abgeleitete Kundenanforderung zur Zusammenarbeit mit einer WOWIBA ist der Wunsch nach einem Zinsvorteil gegenüber den durchschnittlichen Marktangeboten. Einen Zinsvorteil kann eine WOWIBA jedoch nur bieten, wenn sie entsprechende Kostenvorteile generieren würde. Hierzu bietet das Aktiv/Passiv-Modell auch tatsächlich eine Basis, da es ausschließlich in standardisierbaren Produktwelten hantiert, nämlich mit Sparprodukten und besicherten Wohnungsbaufinanzierungen. Eine Zusammenarbeit der neuen Bank mit einem Rechenzentrum von reinen Privatkundenbanken (wie z. B. mit der Sopra Financial Technology GmbH der Sparda-Bankengruppe), das ausschließlich in diesen Feldern aktiv ist, könnte damit die Betriebskostenvorteile des Privatkundengeschäfts gegenüber dem gewöhnlich individuelleren Firmenkundengeschäft für die Geschäfte der WOWIBA mit Wohnungsunternehmen geltend machen.

- In Abb. 6.3 ist eine entsprechend mögliche Preisstrategie visualisiert. Unterstellt wird die Möglichkeit auf Basis dieser Betriebskostenvorteile, den Privatkunden einen höheren Einlagenzinssatz und den Wohnungsunternehmen einen tendenziell niedrigeren Darlehenszinssatz jeweils im Vergleich zum durchschnittlichen Marktzinssatz anbieten zu können. Sollten Wohnungsunternehmen allerdings nur Kredite nachfragen, fiele dieser Kostenvorteil auf Grund eines Kreditzins-Aufschlags fort. Diesem Gedanken liegt die Idee zu Grunde, dass jedes Einzelwohnungsunternehmen mit Blick auf Abb. 6.2 eine ausgeglichene Aktiv/Passiv-Transformation gewährleisten sollte, wenn es eine eigene Spareinrichtung gegründet hätte. Umgekehrt wären deshalb jene Wohnungsunternehmen mit Einlagenüberhang durch einen Sparzinsprovisionssatz zu vergüten. Eine derartige Preisstrategie könnte für alle Beteiligten eine Vorteilsgenerierung gegenüber durchschnittlichen Marktangeboten generieren und basiert ausschließlich auf der Fokussierung des klassischen Kreditgeschäfts im Segment der besicherten Wohnungsbaufinanzierungen.

- *Qualitätsvorteil:* Der entscheidende Mehrwert einer WOWIBA als Branchenbank gegenüber klassischen Geschäftsbanken soll jedoch im Qualitätsvorteil liegen. Nur eine Branchenbank, getragen und strategisch gesteuert durch die Branche selbst kann weitestgehend neutral beraten. Vor allem kann diese neuzugründende Genossenschaftsbank, deren Hauptunternehmenszweck nicht die kurzfristige Gewinnmaximierung darstellt, sondern die Förderung der Mitglieder (im Fall der WOWIBA der Wohnungs-

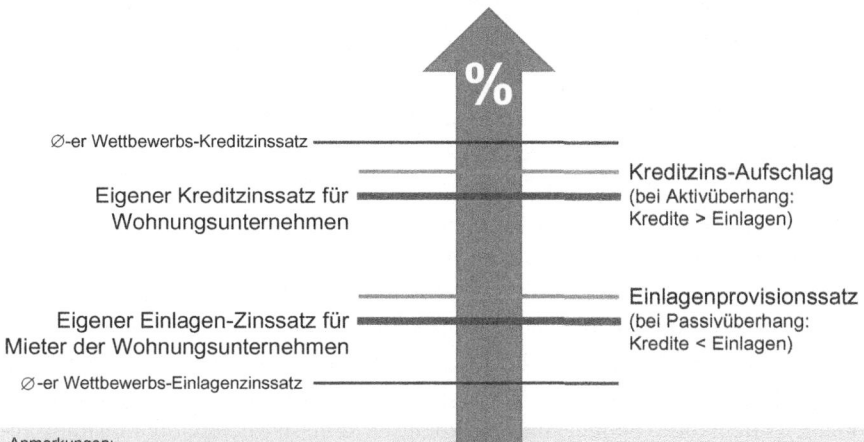

Abb. 6.3 Mögliche Preisstrategie einer Wohnungswirtschaftsbank

unternehmen) in finanzwirtschaftlicher Hinsicht, auch auf ein Kreditengagement zu Gunsten einer bankenunabhängigen Finanzierung hin beraten. Hierzu wäre Investment-Expertise zu gewährleisten für eine Emissionsberatung bei Anleihefinanzierungen (siehe Abschn. 4.3). Zuletzt wäre die WOWIBA damit sogar in der Lage, eigene Geldmarktfonds zu konzeptionieren, um der Wohnungswirtschaft ein Instrument zum renditeorientierten Liquiditätsmanagement anzubieten (siehe Abschn. 2.4).

Der tatsächliche Aufbau einer WOWIBA ist meines Erachtens durch vier zentrale Fragen bestimmt, die über die Möglichkeit einer Projektrealisierung entscheiden:

1. *Eigenkapital:* Ist die Wohnungswirtschaft in der Lage, das nötige Eigenkapital zur Gründung eines Kreditinstituts zu investieren? Notwendig sind mindestens 5 Mio. Euro und in der Höhe umso mehr, je größer die Kreditengagements werden sollen und können. Unter Umständen müssen an dieser Stelle externe Investoren eingebunden werden. Hierbei ist fraglich, ob externe Investoren das Geschäftsmodell mittragen würden.
2. *Branchenorientierung:* Ist eine strategische Kontrolle durch die Wohnungswirtschaft wirklich zu gewährleisten? Der Einfluss der Branchenorientierung darf nicht auf das Eingehen von Risikoengagements der WOWIBA ausgerichtet sein. Die Branchenbank könnte Prozesskostenvorteile nur in der Konditionierung an ihre Kunden weitergeben, wenn sie ein grundsolides Bankgeschäft betriebe. Ein Beirat als mögliches Beratungsgremium der WOWIBA kann daher kein entscheidungsbefugtes Organ der Bank sein.
3. *Kundenbindung:* Das Angebot an Sparprodukten durch die WOWIBA als Branchenbank soll es Mietern ermöglichen, immobilienbezogen Geld anzulegen. Aus Sicht der

Wohnungsunternehmen könnte ein Produktvertrieb also zur Bindung der Mieter an das Wohnungsunternehmen dienlich sein. Zu prüfen ist daher, ob die Wohnungsunternehmen auch als Produktvermittler im persönlichen Vertrieb tätig werden sollten. Dem Kundenbindungsnutzen wären Aufwendungen zur Sicherung der Beraterhaftungsanforderungen etc. gegenüberzustellen. Der Produktvertrieb über die Wohnungsunternehmen selbst könnte auch das Vertrauen der Wohnungsunternehmen an sich in die WOWIBA stärken. Sie wären schließlich dann an der Kundenschnittstelle tätig und müssten keine negativen Einflüsse des Produktvertriebs durch Dritte an ihre Mieter fürchten.

4. *Werbung:* Zu prüfen ist auch die Steuerung der konkreten Kundenkommunikation. Denn inwieweit die WOWIBA die Mieter der Wohnungsunternehmen aktiv bewerben dürfte, ergibt sich schon aus datenschutzrechtlichen Restriktionen heraus. Im *ersten Schritt* können allein die Wohnungsunternehmen selbst ihren Mietern die Leistungsangebote der WOWIBA bewerben. Ausschließlich nach der Geschäftsaufnahme zwischen WOWIBA und Mietern besteht eine Beziehung zwischen beiden, die es der WOWIBA in einem *zweiten Schritt* erlaube, ihre neu gewonnenen Kunden aktiv zu bewerben. Ob dies sinnvoll ist und an den Wohnungsunternehmen vorbei realisiert werden dürfte, sollte durch die Entwicklung einer schlüssigen Marketing-Konzeption der WOWIBA beantwortet werden.

Alles in allem empfiehlt es sich der deutschen Wohnungswirtschaft, die Idee einer eigenen Branchenbank intensiv zu prüfen. Gerade in der aktuell abgeschlossenen Niedrigzinsphase könnte mit einem Aufbau effizient begonnen werden, um in Zeiten wieder steigender Finanzierungsrestriktionen für die Wohnungsunternehmen funktionsfähig am Markt zu sein. Die Finanzierungsaktivitäten in der Wohnungs- und Immobilienwirtschaft sind zwar lediglich funktionale Notwendigkeiten in der Unternehmensführung. Doch gerade diese Branche ist wie kaum eine andere von der Bankenmarktfinanzierung geprägt und bislang abhängig. Ein Umdenken in verschiedene Richtungen scheint zeitgemäß und äußerst angebracht.

Zinnöcker 2007, S. 478

Zins und Tilgung von Darlehen sind für Wohnungsunternehmen in der Regel der bedeutendste Erfolgsfaktor. In den meisten Fällen sind dafür mehr als 50 % der Mieteinnahmen an die Banken weiterzuleiten. Ein qualifiziertes Finanzierungsmanagement ist daher eine Schlüsselgröße für den Erfolg. Es reduziert nicht nur diesen größten Block, sondern dient zugleich auch weiteren Zielen. Es erweitert den Finanzierungsspielraum, trägt zur Optimierung der Eigenkapitalrendite bei, zur Erhöhung des Unternehmenswerts sowie zur nötigen Flexibilität für künftige Investitionen und Desinvestitionen.

Literaturhinweise zu Kap. 6

Die bankbetrieblichen Details der Gesamtbanksteuerung liefert das Standardwerk von Rolfes (2008). Allerdings finden sich dort keine Informationen zur Bankenneu-gründung. In Deutschland gibt es auch wenige konzernunabhängige Bankenneu-gründungen, Internet-Banken wie die comdirect AG oder die DAB AG wurden schließ-lich durch Großbanken initiiert (Commerzbank AG und HypoVereinbank AG). Nach dem zweiten Weltkrieg entstand lediglich die zur Jahrtausendwende neu gegründete Falke Bank AG als vollbanklizensierte Bank ohne Konzerngebundenheit, wie das Ma-nager Magazin in der Ausgabe 12/2000 auf S. 228–239 berichtet. Inzwischen ist sie je-doch aufgelöst. Daher lassen sich fallbeispielartige Informationen zu Bankenneu-gründungen primär aus der Medienberichterstattung wie der F.A.Z., der Börsen-Zei-tung, dem Handelsblatt oder dem Manager Magazin recherchieren. Über aktuelle Fragestellungen des Bankmanagements berichtet auch die Schriften- bzw. „Managementreihe des zeb/" im Knapp Verlag. Grobe Hinweise zur strategischen Posi-tionierung eines Kreditinstituts liefert Brunner (2009).

- **Brunner, F. (2009):** Wertstiftende Strategien im Bankgeschäft. Heidelberg: Physica.
- **Rolfes, B. (2008):** Gesamtbanksteuerung, 2. Auflage. Stuttgart: Schäffer-Poeschel. ◄

Hinweise zu Lösungen der Übungsaufgaben 7

7.1 Kap. 2

Aufgabe 2.1

Beschreiben Sie das jeweilige Wesen der im Markt für Außenfinanzierung relevantesten Instrumente der eigenkapital- und fremdkapitalbezogenen Unternehmensfinanzierung! Beschreiben Sie stichpunktartig, kurz, präzise sowie nur die in der Aufgabenstellung fokussierten Instrumente!

Lösung 2.1

(1) *Eigenkapitalfinanzierung:* Beteiligungsfinanzierung (z. B. Generierung von Finanzierungseffekten durch den Verkauf von Anteilen über Nennwert); primär relevant für Aktiengesellschaften, Kapitalmarktfinanzierung mit hohen Informationsverpflichtungen, i. d. R. eine Vielzahl von Eigentümern, hohe Fixkosten der Emission insbesondere bei Börsennotierungen, hohe Finanzierungsvolumina möglich.

(2) *Fremdkapitalfinanzierung:* Bankenkredite und Anleihen; Bankenkredit ist standardisiert, geringe Transaktionskosten, im Volumen begrenzt, bilaterales Finanzierungsgeschäft; Anleihen sind Kapitalmarktfinanzierungen, hohe Fixkosten der Emission insbesondere bei Börsennotierungen, hohe Finanzierungsvolumina möglich, tendenziell niedrigere Renditeanforderungen der Gläubiger gegenüber dem Bankenkredit wegen Diversifizierung und Liquidität der Anlagen. ◄

© Springer Fachmedien Wiesbaden GmbH, ein Teil von Springer Nature 2023
M. Knüfermann, *Märkte der langfristigen Fremdfinanzierung*,
https://doi.org/10.1007/978-3-658-37715-1_7

Aufgabe 2.2

Erläutern Sie die Begriffe *Bruttokapitalbedarf* und *Nettokapitalbedarf* bzw. explizit deren Unterschiede!

Lösung 2.2

Der Kapitalbedarf bezieht sich auf ein Investitionsobjekt oder das Gesamtunternehmen. Der *Bruttokapitalbedarf* ergibt sich aus den kumulierten Auszahlungen des zu finanzierenden Objekts/Unternehmens. Er umfasst somit den gesamten Planungshorizont der entsprechenden Finanzierung. Werden je Periode die Auszahlungen um die Einzahlungen saldiert und die Nettowerte über alle Perioden des Planungshorizonts kumuliert, wird das Ergebnis *Nettokapitalbedarf* genannt. ◀

Aufgabe 2.3

Abstrahieren Sie einen Modellfall, in welchem Eigenkapital- und Fremdkapitalgeber c. p. tendenziell unterschiedliche Rendite für ihre Kapitalüberlassungen erwarten. Welche Investorengruppe fordert tendenziell höhere Renditen? (1) Erläutern Sie Ihre Antwort! (2) Unter welchen Bedingungen werden Kapitalgeber bereits sein, ihre Renditeanforderungen abzuschwächen?

Lösung 2.3

(1) Eigenkapitalgeber! Wichtige Begründungen liefert die Unterscheidung von Eigen- und Fremdkapital an Hand (a) der Haftung der Kapitalgeber für die Finanzmittelverwendung und (b) der Dauer der Kapitalüberlassung. Demnach haften Eigenkapitalgeber auf Grund ihrer Eigentümerstellung mit dem eingesetzten Kapital bei Insolvenz, wohingegen Fremdkapitalgeber einen Gläubigerschutz besitzen. Diese Haftung stellt ein Risiko dar, das sich Finanzmittelgeber durch eine Prämie vergüten lassen wollen. Eigenkapital ist c. p. an dieser Stelle teurer. Diese inhärente Prämie der Renditeanforderungen steigt noch, weil Eigenkapital gewöhnlich zeitlich unbegrenzt zur Verfügung steht. Das Ausfallrisiko bei Fremdkapitalgebern wird durch ein zumeist vertraglich fixiertes Zeitfenster der Kapitalüberlassung begrenzt.

(2) Unternehmen können die Renditeanforderungen der Investoren abschwächen, indem sie ihnen nachhaltig Transparenz über ihr Management liefern. Auch die Möglichkeit des indirekten Einflusses auf die Geschäftstätigkeit unter Berücksichtigung der Eigentümerstellung relativiert die höheren Renditeanforderungen gegenüber Fremdkapitalgebern zum Teil. ◀

Aufgabe 2.4

Warum gilt die Finanzierungsstabilität als wichtige Anforderung an eine „gute" Bankenkreditfinanzierung? Erläutern Sie Möglichkeiten, aus Sicht eines wohnungs- und immobilienwirtschaftlichen Unternehmens auf die Finanzierungsstabilität zu achten!

Lösung 2.4

Banken- und Kapitalmärkte unterliegen im 21. Jahrhundert weitreichenden Veränderungen. Zum einen sind es politische Einflüsse als Reaktionen auf die Weltwirtschaftskrisen (z. B. erst die expansive Geldpolitik mit dem Ergebnis der Niedrigzinsphase, dann die Zinswende ab 2022), zum anderen Konsequenzen innerhalb der Märkte (vor allem Kreditinstitute müssen mit verstärkter Regulierungen, sinkenden Margen und Erträgen umgehen, daher streben sie z. B. Zusammenschlüsse an oder steigen aus dem Kreditgeschäft mit der Wohnungs- und Immobilienwirtschaft aus). Vor dem Hintergrund der langen Kreditvertragslaufzeiten (zumeist 15 bis 30 Jahre) über Zinsbindungsperioden hinaus, kann es bei der Zinsneuverhandlung zur Vertragsweiterführung (= Prolongation) oder der Anschlussemission von Anleihen zum Ausfall bzw. Wegfall von Kapitalgebern kommen. Diese Instabilität ist unter anderem mit Transaktionskosten verbunden und kann die Kapitalkosten erhöhen, wenn z. B. zeitkritische Kreditneuverhandlungen nötig werden. Unternehmen mit Finanzierungsbedarfen sollten daher auf die Bonität von Kreditinstituten achten, auf deren geschäftsstrategische Ausrichtungen und Erfolge, auf Ausfallrisiken und sonstige Kennzahlen über ihre Stabilität. Bei Kapitalmarktfinanzierungen gilt es zwingend, eine nachhaltige Kapitalmarktkommunikation zu führen, Investoren umfassend über die eigene Unternehmenssituation zu informieren. Daher sollte im Vorfeld einer Kapitalmarktfinanzierung sichergestellt sein, dass den Form- und Imageanforderungen an das eigene Unternehmen auch stets ausreichend entsprochen werden kann. ◄

Aufgabe 2.5

Beschreiben Sie die Entwicklungen der Außenfinanzierungen in Deutschland für das 21. Jahrhundert! Erläutern Sie die Entwicklungen im Hinblick auf makroökonomische Zusammenhänge!

Lösung 2.5

Informationen über die Entwicklungen der Außenfinanzierungen in Deutschland liefert die gesamtwirtschaftliche Finanzierungsrechnung. Die Deutsche Bundesbank publiziert entsprechende Daten im Internet sowie in ihren Monatsberichten. Ergänzend werden auch Auswertungen und Studien veröffentlicht. Allerdings werden in den Statistiken nur Kapitalgesellschaften berücksichtig. Ihr Anteil der Außenfinanzierungen am Gesamtfinanzierungsvolumen (= Außen- und Innenfinanzierungen) betrug von 2000 bis 2011 durchschnittlich jährlich rund 33 %. Im Periodenvergleich kam es jedoch zu signifikanten Unterschieden, die auf makroökonomischen Einflüssen basieren (primär konjunkturellen). Entsprechend konnten die Außenfinanzierungen in den Jahren 2000 und 2007 die größten Volumina generieren. Beide Jahre waren *zum einen* durch einen globalen konjunkturellen Boom geprägt (in 2000 der New Economy-Höhepunkt und im Jahr 2007 der weltweite kreditfinanzierte Immobilienboom). *Zum anderen* fußten beide konjunkturelle Boomphasen auf expliziten Außenfinanzierungsbooms.

So entstand der New-Economy-Zyklus durch die global realisierten Eigenkapital-finanzierungen in Form von Aktienneuemissionen kleiner High-Tech-Unternehmen. Der weltweite Immobilienboom basierte auf einer Kreditblase, weil es zu internationalen Verbriefungstransaktionen kam, die es Kreditinstituten ermöglichte, ihre Kredit-engagements auszuweiten. Nachvollziehbarerweise kam es nach den konjunkturellen Peaks in Phasen der Rezessionen zu reduzierten Außenfinanzierungsvolumina. Auch innerhalb der Außenfinanzierungen kam es zu strukturellen Veränderungen. Insbesondere in den Phasen des jeweiligen Abschwungs substituierten Unternehmen zusehends die Banken-kredite als bislang immer noch zentrales Außenfinanzierungsinstrument der deutschen Wirtschaft. Somit ist über das Zeitfenster hinweg den Bankenkrediten eine zwar zentrale, aber deutlich abnehmende Bedeutung zuzusprechen. Kapitalmarktfinanzierungen und alternative Instrumente wie Schuldscheinfinanzierungen wurden stattdessen verstärkt ein-gesetzt. Seit 2001 stehen vor allem Mittelstandsanleihen im Fokus der Märkte. ◄

7.2   Kap. 3

Aufgabe 3.1

Im Handelsblatt wurde schon im Jahr 2012 getitelt: „Viel Krise, wenig Konkurrenz: Rettungen und Fusionen haben den Wettbewerb zwischen Banken verringert – das schwächt das Gesamtsystem." (Handelsblatt, 21. Juli 2012, Nr. 139, S. 20.) Inwieweit sollen die als Basel-III-Akkord zusammengefassten Regulierungen des Bankenmarkts den oben genannten Entwicklungen entgegenwirken?

Lösung 3.1

Mit dem Basel-I-Akkord wurden weltweit standardisiert erstmals Mindeststandards der Eigenkapitalanforderungen in Abhängigkeit der risikogewichteten Aktiva an das Kreditgeschäft von Kreditinstituten eingeführt. Durch den Basel-II-Akkord wurden die Anforderungen kreditindividualisiert bzw. an den Bonitäten der Kreditnehmer aus-gerichtet. Für bonitätsstarke Unternehmen verbilligte sich der Kreditzins gegenüber bonitätsschwachen Unternehmen. Ebenfalls wurden im Rahmen des Basel-II-Akkords Mindestanforderungen an das Risikomanagement und Offenlegungspflichten für Kreditinstitute eingeführt. Der Basel-III-Akkord soll als Konsequenz der Wirtschafts-krisen seit 2007 den Finanzsektor stabilisieren. Daher werden über die nächsten Jahre hinweg Bilanzstrukturanforderungen und eine Qualitätssteigerung an das geforderte Eigenkapital umgesetzt. In der Konsequenz dürfte sich c. p. die Bankenkredit-finanzierung tendenziell verteuern. Vor dem Hintergrund der geringen Risiko-gewichtung bei Realkrediten werden Kreditinstitute wahrscheinlich ihr Krediten-gagement in der Wohnungswirtschaft weiter ausweiten. ◄

Aufgabe 3.2

Eine Kreditgenossenschaft verfügt über bilanzielles Eigenkapital in Höhe von 100 Mio. Euro. Sie vergibt ein zehnjähriges Darlehen zur Wohnungsbaufinanzierung an ein kommunales Wohnungsunternehmen mit dem Volumen in Höhe von 2 Mio. Euro. Der Adressengewichtungsfaktor beträgt daher 35 %. (1) Mit wie viel Eigenkapital muss die Kreditgenossenschaft den Kredit unterlegen und (2) wie hoch ist das maximale Kreditvolumen der Genossenschaft ohne Eigenkapitalveränderungen und bei einem durchschnittlichen Adressengewichtungsfaktor in Höhe von 100 %? (3) Welche Bedeutung besitzt die Eigenkapitalunterlegungspflicht für Kreditinstitute aus Sicht eines kreditnehmenden Wohnungsunternehmens?

Lösung 3.2

1. 56 Tsd. Euro (= 2 Mio. Euro × 8 % × 35 %)
2. 1,25 Mrd. Euro (= 100 Mio. Euro × 12,5)
3. Die Eigenkapitalunterlegung stellt für Kreditinstitute Produktionskosten dar, die sie in die Konditionenkalkulation integrieren; Kredite verteuern sich bei einer Erhöhung der geforderten Eigenkapitalunterlegung. ◄

Aufgabe 3.3

Nennen Sie die wesentlichen Bestimmungsfaktoren der Konditionengestaltung für einen Bankenkredit!

Lösung 3.3

1. *Vertragliche Vereinbarungen:* Besicherungen, Bewertungen, Tilgungsmodalitäten, Darlehenslaufzeit, Zinsbindungsdauer, Zinserwartungen, Nominal-bzw. Effektivzinssatz, Disagio, Bearbeitungsgebühren, Anzahl der Zinsperioden pro Jahr.
2. *Kreditinstitut:* Refinanzierungskosten, Risikokosten, Sach- und Verwaltungskosten.
3. *Immobilienbezogen:* Immobilienart, Immobilienlage, Amortisationsdauer. ◄

Aufgabe 3.4

Eine Kreditgenossenschaft mit 1000 Firmenkunden und einem Gesamtkreditvolumen in Höhe von 2 Mrd. Euro weist für das laufende Geschäftsjahr eine erwartete Ausfallrate in Höhe von 0,1 % aus. Unterstellen Sie für die Bank die Vergabe ausschließlicher Darlehen mit einjähriger Laufzeit und Zinsbindung sowie nachschüssig jährlicher Zinszahlung und Tilgung. Unterstellen Sie eine Rendite für fristenkongruente, risikoarme Anlagen in Höhe von 0,5 %, Bearbeitungsgebührsatz in Höhe von 0,5 % sowie einen Eigenkapitalkostensatz in Höhe von 0,8 %; die Bankabteilung Controlling hat zudem einen Gewinnmargensatz in Höhe von 0,5 % festgelegt.

Wie hoch ist der konzeptionelle Angebotszinssatz für einen einjährigen Firmenkundenkredit?

Lösung 3.4

Der durchschnittliche Kredit je Firmenkunde beträgt 2 Mio. Euro, sodass dieses Volumen ausfallen wird. Hinzu kommt der Zinsausfall auf das Darlehen in Höhe des risikolosen Zinssatzes, zu dem das Kreditinstitut die Einlagen hätte alternativ anlegen können, in Höhe von 10 Tsd. Euro (= 2 Mio. Euro × 0,5 %). Es ergibt sich ein Gesamtausfall in Höhe von 2,01 Mio. Euro bzw. 2012,01 Euro je Bestandskunde; m. a. W. betragen die relativen Ausfallkosten 0,1 %.

Achtung: Zu den 0,1-%-Risikokosten für den historisch basierten Ausfall sind noch 0,5 Prozentpunkte für die Opportunitätskosten zu addieren, weil das ausgefallene Kapital risikoarm hätte angelegt werden können. Dieser Ertrag ist bei Ausfall schließlich auch verloren. Die Opportunitätskosten werden also nicht auf die erwartete Ausfallrate bezogen bzw. nicht auf alle Kreditteilnehmer verteilt, denn hier handelt es sich um unterschiedliche Perspektiven. Zunächst wird der absolute Verlust auf alle übrigen Kreditnehmer verteilt und als Prozentsatz ausgedrückt; Ergebnis ist die Verlusthöhe aus der Perspektive des Kreditinstituts. Auf diesen Verlust werden jetzt die Opportunitätskosten addiert, denn die 0,1-%-Verlust hätten zumindest zu 0,5 % risikoarm angelegt werden können. Beide Male wird also ein einziges Kreditengagement betrachtet.

Zusammen mit den Opportunitätskosten der entgangenen Zinsen für die risikoarme Alternativanlage der Bank berechnet sich ein Ausfallrisikoaufschlagssatz in Höhe von 0,6 % (= 0,1 % + 0,5 %). Die Konditionenkalkulation stellt sich wie folgt dar:

Alternativanlage:	0,5 %
Betriebskosten:	1,1 % (= 0,5 % Bearbeitungsgebühren + 0,6 % Ausfallrisikokosten)
Eigenkapitalkosten:	0,8 %
Gewinnmarge:	0,5 % (Controlling-Vorgabe) Kundenkreditzinssatz: 2,9 %

Aufgabe 3.5

Eine Wohnungsgenossenschaft beantragt bei der ortsansässigen Volksbank einen Wohnungsbaukredit in Höhe von 1,5 Mio. Euro zum Zinssatz in Höhe von 3,7 %. Der anfängliche Tilgungssatz soll 20 % betragen. Zinsen und Tilgung werden einmal jährlich nachschüssig geleistet. (1) Erstellen Sie einen Zins- und Tilgungsplan für ein Annuitätendarlehen! (2) Welche Kreditlaufzeit impliziert das Darlehen? (3) Wie hoch sind die Zinskosten des Darlehens? (4) Welche Kreditlaufzeit impliziert eine Herabsetzung des anfänglichen Tilgungssatzes auf 3 %? (5) Wie hoch wäre dann die Zins-zahlungen insgesamt? (6) Wann macht es Sinn, einen niedrigeren Tilgungssatz zu wählen?

Lösung 3.5

1. Zins- und Tilgungsplan:

Periode[a)]	0	1	2	3	4	5
Kreditvolumen	1.500.000					
Annuität		355.500	355.500	355.500	355.500	355.500
Zinsen		55.500	44.400	32.889	20.953	8574
Tilgung		300.000	311.100	322.611	334.547	346.926
Summe	1.500.000	355.500	355.500	355.500	355.500	355.500
Offene Kreditlinie	1.500.000	1.200.000	888.900	566.289	231.742	115.184
Summe der Annuitäten	1.660.896					
Zinszahlungen gesamt	160.896					

[a)] Alle Angaben in Euro

2. Die Kreditlaufzeit beträgt laut Zins- und Tilgungsplan zwischen 4 und 5 Jahren. Eine exakte Berechnung in „Excel" liefert die Laufzeit in Höhe von 4,7 Jahren.

3. Die Zinskosten betragen insgesamt 170,9 Tsd. Euro (= 355,5 Tsd. Euro × 4,7 - 1,5 Mio. Euro); mit „Excel" exakt: 160,9 Tsd. Euro.

4. Die Kreditlaufzeit beträgt laut Zins- und Tilgungsplan zwischen 22 und 23 Jahren. Eine exakte Berechnung in „Excel" liefert die Laufzeit in Höhe von 22,1 Jahren.

5. Die Zinskosten betragen insgesamt 721,1 Tsd. Euro (= 100,5 Tsd. Euro × 22,1 - 1,5 Mio. Euro); mit „Excel" exakt: 722,6 Tsd. Euro.

6. Niedrige Tilgungsraten bieten sich (a) marktseitig bei hohen Kreditzinsen und (b) investitionsseitig bei langlebigen Investitionsgütern (z. B. Immobilien) an.

Aufgabe 3.6

Ein Hamburger Bauträger plant in Harburg eine Reihenhaussiedlung und möchte diese über die ortsansässige Sparkasse mit einem endfälligen Darlehen in Höhe von 1,5 Mio. Euro finanzieren. Der Zinssatz beträgt 4,0 % und es werden jährliche Zinsen be-rechnet. Die Kreditlaufzeit wird sich auf fünf Jahre erstrecken. (1) Erstellen Sie einen Zins- und Tilgungsplan für das entsprechende Darlehen; differenzieren Sie dabei in jähr-lich zu zahlende und auflaufende Zinsen! (2) Wie hoch sind die Zinskosten des Darlehens?

Lösung 3.6:

1.   Zins- und Tilgungsplan:

Periode	0	1	2	3	4	5
Kreditvolumen	1.500.000					
Zinsen						
p. a.		*55.500,0*	*55.500,0*	*55.500,0*	*55.500,0*	*55.500,0*
auflaufend		*55.500,0*	*57.553,5*	*59.683,0*	*61.891,2*	*64.181,2*
Offene Kreditlinie	*Tilgung:*					
p. a.	1.500.000	1.500.000	1.500.000	1.500.000	1.500.000	1.500.000
auflaufend	1.500.000	*1.555.500*	*1.613.054*	*1.672.736*	*1.734.628*	*1.798.809*
Zinszahlungen gesamt						
p. a.	277.500					
auflaufend	298.809					

2.   Die Zinskosten betragen insgesamt 300,0 Tsd. Euro (p. a.-Variante) bzw. 325,0 Tsd. Euro (auflaufende Variante).

Aufgabe 3.7

Welchen Einfluss kann die Umsetzung der unter dem Begriff „Basel III" unter anderem geforderten Liquiditätsregel Net Stable Funding Ratio (NSFR) auf die Kreditvergabe an Wohnungsunternehmen haben? Antworten Sie aus Sicht des Wohnungsunternehmens!

   Lösung 3.7

   Bei Einführung einer NSFR kann die Fristentransformation von Kreditinstituten eingeschränkt werden. Vor diesem Hintergrund könnte es zu Kreditangeboten mit kürzeren Zinsbindungsphasen kommen, als sie heute im Markt mit zehnjähriger Zinsbindung gewöhnlich sind. Durch den Wegfall der Fristentransformation erhöhten sich die Produktionskosten des Kreditinstituts und damit die Kundenkonditionen. ◀

7.3   Kap. 4

Aufgabe 4.1

Die Kapitalmärkte bieten Unternehmen die Option, sich durch Begebung von Anleihen zu finanzieren. Diese Fremdkapitalfinanzierungen stellen Schuldverhältnisse einzelner Unternehmen zu einer Vielzahl von Investoren dar. Entstanden sind die Anleihemärkte durch den ausgeprägten Kreditbedarf großer Unternehmen, den Banken z. B. auf Grund von Eigenkapitalrestriktionen nicht entsprechen können. Welche Märkte weisen in Deutschland ein größeres Kreditvolumen p. a. aus, jene für Anleihen oder Bankenkredite – und warum?

Lösung 4.1

Der deutsche Bankkreditmarkt ist im Volumen wesentlich größer als der Markt für inländische Unternehmensanleihen. Selbst der Teilbankenmarkt für die Wohnungsbaufinanzierung ist nahezu um 50 % des Anleihemarkts größer als eben letzterer Markt. Zu begründen ist es mit historischen Entwicklungen. Zum einen ist die deutsche Wirtschaft sehr mittelstandsgeprägt, im internationalen Vergleich eher eigenkapitalschwach aufgestellt und seit dem Zweiten Weltkrieg traditionell dem Hausbankprinzip verbunden. Erst in den 1990er-Jahren wurden zudem Emissionsgenehmigungsvorschriften dereguliert und eine Börsenumsatzsteuer abgeschafft, sodass die Transaktionskosten von Emissionen sanken. Vor allem seit dem Jahr 2008 erlebt Deutschland einen Boom bei Unternehmensanleihen, deren Börsenmarktvolumen sich zu 2007 inzwischen verdoppelt hat und einen Wert von über 220 Mrd. Euro umfasst. Hierfür liegen die Gründe aber nicht nur im Finanzierungsverhalten der Unternehmen selbst bzw. sondern signifikant auch im geldpolitisch beeinflussten Anlageverhalten institutioneller Investoren. ◄

Aufgabe 4.2

Inwieweit unterscheiden sich die Begrifflichkeiten des Zinssatzes und der Rendite?

Lösung 4.2

Zinsen (in Geldeinheiten) stellen makroökonomisch eine Prämie für temporär entgangene Liquidität, konsumtheoretisch für temporär entgangene Kaufkraft und investitionstheoretisch den internen Zinsfuß eines Zahlungsstroms dar. *Zinssätze* meinen insofern die in Prozent zur Bemessungsgrundlage ausgedrückten Zinsen. *Renditen* berechnen sich aus dem Verhältnis von Gewinn und eingesetztem Kapital. Sie werden insofern wie Zinssätze in Prozent angegeben, ergeben sich jedoch immer durch einen Inputfaktor, eben das eingesetzt Kapital. Insofern wird bei Anleihen von Renditen gesprochen, wenn die laufende Verzinsung (Kupon) in Relation zum Wertpapier(emissions-)kurs gesetzt (jeweiliger Marktwert) wird. ◄

Aufgabe 4.3

Ein Wohnungsunternehmen plant die Emission einer festverzinslichen Anleihe mit einem Emissionsvolumen in Höhe von 10 Mio. Euro, einer Laufzeit von zehn Jahren, einem Kupon von 5,00 Euro p. a. und einem Nominalwert von 100,00 Euro je Teilschuldverschreibung. Der Marktzinssatz für bonitäts- und fristenäquivalente Anleihen beträgt 5,0 %. (1) Wie hoch wird der erste Marktpreis der Anleihe direkt nach ihrer Emission sein und (2) wie ändert sich der Preis, wenn die Anleihe eine Laufzeit anstatt der angegebenen zehn Jahre von nur fünf Jahre hätte?

Lösung 4.3

(1) Der Emissionspreis wird zu 100 % notieren, also 100,00 Euro betragen, weil die Barwertberechnung mit dem gleichen Prozentsatz diskontieren muss, als die Anleihe verzinst wird. (2) Der Emissionspreis bleibt unabhängig von der Laufzeit, solange Kuponsatz und Effektivzins übereinstimmen. ◄

Aufgabe 4.4

Von den rund 2 Tsd. deutschen Wohnungsgenossenschaften haben etwa 50 Unternehmen eine Spareinrichtung im Rahmen der BaFin-Teilbanklizenz eingerichtet. Sie können damit Spareinlagen ihrer Mieter/Mitglieder sammeln und investiv verwenden. Handelt es sich aus Sicht der Wohnungsunternehmen hierbei um eine Bankenkreditfinanzierung oder eine Kapitalmarktfinanzierung?

Lösung 4.4

Die Antwort lautet sowohl als auch. Einerseits verweist die Teilbanklizenz schon daraufhin, dass die Wohnungsgenossenschaften hier Bankgeschäfte betreiben. Andererseits nehmen sie als Teilbank Gelder bei den Kunden auf, sie wenden sich also mit ihrer Teilbank an den ihnen zugänglichsten Kapitalmarktteil, nämlich an ihre Mieter/Mitglieder. Vor diesem Hintergrund handelt es sich bei der Finanzierung mittels Spareinrichtung primär um eine Kapitalmarktfinanzierung im geschlossenen Nutzerkreis. Vor diesem Hintergrund kann auch die Anleihefinanzierung von Wohnungsgenossenschaften im Rahmen eine Club Deals allein mit ihren Mietern/Mitgliedern als eine Alternative zur umsetzungsaufwendigen Spareinrichtung (BaFin-Anforderungen, Zinsänderungsrisiken etc.) sein. ◄

Aufgabe 4.5

Mittelstandsegmente börsenorganisierter Anleihemärkte sollen den Zugang des Mittelstands zum Kapitalmarkt forcieren. (1) Welchen volkswirtschaftlichen Hintergrund hat diese Börsenintention? (2) Innerhalb dieser Mittelstandsegmente kam es in den letzten Monaten zu Insolvenzen. Kundenberater von Banken und Finanzdienstleister wurde in den Medien mit Forderungen nach strengeren Börsenzulassungsregeln für die Mittelstandsegmente zitiert. Nehmen Sie hierzu kritisch Stellung!

Lösung 4.5

(1) Der deutsche Mittelstand ist in der Summe der Wirtschaftsleistung die tragende Säule der deutschen Volkswirtschaft und generiert den Großteil des Bruttoinlandsprodukts. Um eine ausreichende Fremdkapitalversorgung des Mittelstands über die zunehmend restriktivere Bankenkreditvergabe hinaus zu gewährleisten, ermöglichen Mittelstandsegmente vereinfachte Kapitalmarktzugänge für Mittelständler durch vergleichsweise geringe Transparenz- und Publikationsanforderungen. (2)

Die vereinfachten Kapitalmarktzugänge der Börsen führen zu höherer Intransparenz der Wertpapiere gegenüber alternativen, stärker regulierten Segmenten. In dieser Intransparenz verbirgt sich ein Investorenrisiko, dass durch höhere Risikoprämienforderungen kompensiert wird. Investitionen in Mittelstandsanleihen können daher eine hohe Investitionsrendite generieren. Allerdings kann es auch verstärkt zu Zahlungsausfällen der Emittenten kommen: Höhere Renditen implizieren eben auch höhere Risiken der Investments. ◄

Aufgabe 4.6

Ein deutsches Wohnungsunternehmen plant die Emission einer unbesicherten endfälligen Anleihe mittlerer Bonität mit dreijähriger Laufzeit, einem Kupon in Höhe von 2,5 % sowie einem Emissions- und einem Rückzahlungskurs je zu 100 % mit Teilschuldverschreibungen zu je 100,00 Euro. Die deutschen Finanzmärkte weisen eine normale Pfandbrief-Zinsstrukturkurve mit Kassazinssätzen in Höhe von 0,5 % für die einjährige Laufzeit, 0,75 % für die zweijährige und 1,0 % für die dreijährige Laufzeit aus. Die Unternehmensanleihe ist bonitätsadäquat mit einer Risikoprämie in Höhe von 1,5 Prozentpunkten zu bepreisen. (1) Wie hoch ist der rechnerische Emissionspreis? (2) Interpretieren Sie aus Investorensicht den Vergleich von rechnerischem und tatsächlichem Emissionspreis!

Lösung 4.6

(1) Der rechnerische Emissionskurs (K_0) lautet: $K_0 = (2,5 \times (1 + 0,02)^{-1}) + (2,5 \times (1 + 0,0225)^{-2}) + (102,5 \times (1 + 0,025)^{-3}) = 100,02$. (2) Aus Investorensicht ist der tatsächliche Emissionskurs gerechtfertigt. Er liegt sogar 2 Cent unterhalb des rechnerischen Emissionskurses auf Basis des aktuellen Marktzinsgefüges. Das Zeichnen von Teilschuldverschreibungen der Anleihe kann damit Sinn machen. ◄

Aufgabe 4.7

Nennen Sie die vier wesentlichen Risikoaspekte einer Anleiheinvestition aus Investorensicht!

Lösung 4.7

Ausfallrisiko, Wechselkursrisiko, Inflationsrisiko und Zinsänderungsrisiko. Dem Zinsänderungsrisiko kommt insofern eine überproportionale Bedeutung zu, als dass es im Vorfeld der Investitionstätigkeit nur komplex zu identifizieren ist und damit nicht ohne Ertragseinbußen zu eliminieren. Dagegen wird das Ausfallrisiko durch höhere Kuponzahlungen kompensiert (wenn es nicht zum reellen Ausfall kommen sollte). Das Wechselkursrisiko ist aus Sicht deutscher Investoren zu umgehen durch Investitionen ausschließlich in die Euro-Währung. Auch das Inflationsrisiko kann durch die Auswahl inflationsgesicherter Anleihen umgangen werden. Allerdings kommt es hier sehr wohl in Zeiten von Inflationserwartungen zu einem Kuponzahlungsverlust, wenn Emittenten sich den Inflationsschutz entgelten lassen. ◄

7.4   Kap. 5

Aufgabe 5.1

Die süddeutsche WOBAUTEN AG hat im Jahr 2020 ein grundpfandrechtlich besichertes Darlehen über 5 Mio. Euro zum damalig gültigen Nominalzinssatz mit einer zehnjährigen Zinsbindungsdauer in Höhe von 5 % bei einer Tilgungsrate in Höhe von 3 % abgeschlossen. (1) Wie viele Jahre beträgt die Gesamtkreditlaufzeit bis zur Endtilgung? (2) Der aktuelle Zinsbindungsauslauf liegt im Jahr 2030. Diskutieren Sie eine Finanzierungsstrategie für das exemplarische Darlehen mit Blick auf die aktuellen Rahmenbedingungen an den Banken-, Geld- und Kapitalmärkten!

Lösung 5.1

(1) Die Gesamtkreditlaufzeit beträgt 20,1 Jahre. (2) Die Gesamtkreditlaufzeit ist größer als die aktuelle Zinsbindungsdauer. Für das Jahr 2030 steht damit die Darlehensprolongation an. Die aktuelle Situation an den Finanzmärkten ist nach wie vor politisch determiniert, auch wenn die expansive Geldpolitik im Eurosystem auszulaufen scheint. Im Ergebnis charakterisieren sich die Märkte für Fremdkapitalfinanzierungen immer noch durch ein im historischen Vergleich niedriges Marktzinsniveau. Sollte das Eurosystem die Geldpolitik in naher Zukunft deutlich restriktiver gestalten, wäre mit weiteren Zinserhöhungen zu rechnen.

Für die WOBAUTEN AG bedeutet dieser Sachverhalt unter den *Erwartungen steigender Marktzinsen*, sich möglichst noch zu den aktuellen Zinssätzen weiter zu finanzieren. Hierzu böte sich ein langfristiges Darlehen mit einer Zinsbindungsdauer über 10,1 Jahre an. Je nach Angebot der verfügbaren Kreditinstitute sollte dieser Zinssatz schon frühzeitig für das Jahr 2030 als Forward vereinbart werden.

Häge die WOBAUTEN AG jedoch die Erwartungen zukünftig verharrender Marktzinssätze, wäre die Nachfrage nach einem Forward ertragsminimierend. Denn Kreditinstitute lassen sich Forward Rates vergüten. Wären sie also ohne Grund abgeschlossen, hieße es, die betrieblichen Finanzierungskosten erhöht zu haben. Doch auch für diesen Fall böte es sich an, langfristig über 10,1 Jahre die Zinsbindung festzuschreiben. In die Prolongationsverhandlung bräuchte dann aber erst im Jahr 2030 vor dem Auslauf der aktuellen Zinsbindungsdauer eingestiegen werden.

In beiden Fällen ist die gesetzliche Kündigungsfrist für Darlehen nach zehn Jahren zu beachten (siehe Abschn. 3.3.1). Alternativ böte sich die Möglichkeit, mit aller Vorsichtig ein synthetisches Festzinsdarlehen abzuschließen (siehe Abschn. 5.2). Allerdings ist darauf hinzuweisen, dass die oben gerechnete Kreditlaufzeit unter der Prämisse der Fortschreibung aller Darlehenskonditionen in der Anschlussfinanzierung kalkuliert wurde. Je nach Marktzinsniveau kann sich die Kreditlaufzeit schließlich auch verkürzen oder verlängern. ◄

Aufgabe 5.2

Unter der Erwartung zukünftig sehr volatiler Marktzinsentwicklungen mit Zinssenkungs- und -steigerungspotenzialen macht eine variabel verzinsliche Finanzierung zwar Sinn, aber sie impliziert wesentliche Risiken, (1) welche? (2) Wie können diese Risiken gesteuert werden? (3) Worin liegt die Problematik der variabel verzinslichen, aber gegen Zinsänderungen abgesicherten betrieblichen Finanzierung von Unternehmen der deutschen Wohnungs- und Immobilienwirtschaft?

Lösung 5.2

(1) Variabel verzinsliche Finanzierungen übertragen Zinsänderungsrisiken von den Darlehensgebern auf die Darlehensnehmer. (2) Zinsänderungsrisiken können unter Einbezug von Derivaten gesteuert und minimiert werden. Hierzu sind im Markt zum einen der Abschluss von Forwards und zum anderen die Vereinbarung von Swap-Geschäften gebräuchlich. (3) Grundsätzlich impliziert Absicherungsproblematik von Zinsänderungsrisiken, dass mögliche negative *und* positive Wirkungen auf die Fremdkapitalkosten abgesichert werden, die entstehen können, wenn die tatsächlichen Marktzinsentwicklungen von den ursprünglich erwarteten abweichen sollten. Mögliche Chancen der variabel verzinslichen Finanzierungen (z. B. weitere Marktzinssenkungen) wären dann nicht nutzbar. Des Weiteren könnten Absicherungsgeschäfte im Nachhinein auch als gar nicht notwendig erscheinen. Dieser Fall trifft z. B. beim Abschluss von Forward Rates ein, wenn es bis zum Prolongationsstart gar nicht zum angestiegenen Marktzinsniveau gekommen wäre. ◄

Literatur

Andrae, S. (2011): Auswirkungen von Basel III und Handlungsoptionen für Sparkassen. In: *Betriebswirtschaftliche Blätter*, 60. Jg. (Heft 4), S. 211–214.

BaFin/Bundesanstalt für Finanzdienstleistungsaufsicht (2010): Mindestanforderungen an das Risikomanagement – MaRisk. URL: „http://www.bundesbank.de/Redaktion/DE/Downloads/Kerngeschaeftsfelder/Bankenaufsicht/Marisk/2010_12_15_rundschreiben_mindestanforderungen_risikomanagement.pdf?blob=publicationFile" (Download der PDF-Datei am 11. April 2013).

Battistini, N./Gareis, J./Roma, M. (2022): Auswirkungen der steigenden Hypothekenzinsen auf den Wohnimmobilienmarkt im Euro-Währungsgebiet. In: Europäische Zentralbank (Hrsg.): *Wirtschaftsbericht, Ausgabe 6/2022*; URL: „https://www.bundesbank.de/resource/blob/897358/372305ba911aa3abc9e80367075b1995/mL/2022-06-ezb-wb-data.pdf" (Download der PDF-Datei am 27. September 2022); S. 70–74.

Bauer, T. (2012): Billiges Geld sucht Kreditnehmer. In: *Handelsblatt*, 19. März 2012, Nr. 56, S. 36.

Beigel, M. (2013): Prüfung der Pfandbrieffähigkeit: Eine Frage der Prozesseffizienz. In: *Immobilien & Finanzierung*, 64. Jg. (Heft 8), S. 268 f.

BGB/Bundesministerium der Justiz (2013): Bürgerliches Gesetzbuch in der Fassung der Bekanntmachung vom 2. Januar 2002 (BGBl. I S. 42, 2909; 2003 I S. 738), das durch Artikel 6 des Gesetzes vom 21. März 2013 (BGBl. I S. 556) geändert worden ist. URL: „http://www.gesetze-im-internet.de/bundesrecht/bgb/gesamt.pdf" (Download der PDF-Datei am 09. April 2013).

BIZ/Bank für Internationalen Zahlungsausgleich (2006): Basler Ausschuss für Bankenaufsicht: Internationale Konvergenz der Eigenkapitalmessung und Eigenkapitalanforderungen. URL: „http://www.bis.org/publ/bcbs128ger.pdf" (Download der PDF-Datei am 10. April 2013).

BIZ/Bank für Internationalen Zahlungsausgleich (2013a): Basel Committee on Banking Supervision. URL: „http://www.bis.org/bcbs/index.htm" (Aufruf diverser WWW-Seiten am 10. April 2013).

BIZ/Bank für Internationalen Zahlungsausgleich (2013b): Die BIZ im Profil. URL: „http://www.bis.org/about/profile_de.pdf" (Download der PDF-Datei am 10. April 2013).

Börner, C. J. (2000): Strategisches Bankmanagement. München: Oldenbourg.

Bösch, M. (2013): Finanzwirtschaft, 2. Auflage. München: Vahlen.

Bösch, M. (2012): Derivate. München: Vahlen.

Bösl, K. (2014): Schuldscheindarlehen. In: Bösl, K./Schimpfky, P./von Beauvais, E.-A. (Hrsg.): *Fremdfinanzierung für den Mittelstand*. München: Beck; S. 43–57.

bpb/Bundeszentrale für politische Bildung (2015): Einkommen und Vermögen. URL: „http://www.bpb.de/nachschlagen/zahlen-und-fakten/soziale-situation-in-deutschland/61749/einkommen-und-vermoegen" (Aufruf diverser WWW-Seiten am 16. Juni 2015)

Brächer, M. (2015): Pleiten, Pech und Peinliches. In: *Handelsblatt*, 02.–04. Januar 2015, Nr. 1, S. 60 f.

Brakensiek, T. (2013): Fallstudie Kreditgeschäft. Hektographiertes Manuskript, Hamburger Volksbank eG.

Brauer, K.-U. (2013): Immobilienfinanzierung. In: Brauer, K.-U. (Hrsg.): *Grundlagen der Immobilienwirtschaft*, 8. Auflage. Wiesbaden: Gabler; S. 465–537.

Brauneis, A./Dornauer, D. E./Mestel, R. (2014): Finanzwissen – allgemein verständlich: Zinsinstrumente (1). In: *BankArchiv*, 62. Jg. (Heft 1), S. 8–14.

Brede, H. (2011): Gewerbliche Immobilienkredite als weiterer Baustein in der Kapitalanlage von Assekuranzen. In: *Immobilien & Finanzierung*, 61. Jg. (Heft 24), S. 872 f.

Brezski, E./Böge, H./Lübbehüsen, T. et al. (2006): Mezzanine-Kapital für den Mittelstand. Stuttgart: Schäffer-Poeschel.

Brunner, F. (2009): Wertstiftende Strategien im Bankgeschäft. Heidelberg: Physica.

Brunner, M. (2009) (Hrsg.): Kapitalanlage mit Immobilien. Wiesbaden: Gabler.

Cünnen, A. (2009): Wie Sie eine gute Anleihe erkennen. In: *Handelsblatt*, 02.–04. Oktober 2009, N. 190, S. 29.

Däumler, K.-P./Grabe, J./Meinzer, C. R. (2019): Investitionsrechnung verstehen, 14. Auflage. Herne: NWB.

DAI/Deutsches Aktieninstitut (2013): Börsenkapitalisierung in Prozent des Bruttoinlands- bzw. sozialproduktes in ausgewählten Industrieländern. URL: „https://www.dai.de/files/dai_usercontent/dokumente/Statistiken/MAR%202013_Factbook_05_Boersenkapitalisierung.pdf" (Download der PDF-Datei am 21. März 2014).

Deutsche Bundesbank (2011): Basel III – Leitfaden zu den neuen Eigenkapital- und Liquiditätsregeln für Banken. URL: „http://www.bundesbank.de/Redaktion/DE/Downloads/Veroeffentlichungen/Buch_Broschuere_Flyer/bankenaufsicht_basel3_leitfaden.pdf?__blob=publicationFile" (Download der PDF-Datei am 20. März 2013).

Deutsche Bundesbank (2012a): Monatsbericht Januar 2012. URL: „http://www.bundesbank.de/Redaktion/DE/Downloads/Veroeffentlichungen/Monatsberichte/2012/2012_01_monatbericht.pdf?__blob=publicationFile" (Download der PDF-Datei am 23. März 2013).

Deutsche Bundesbank (2012b): Ergebnisse der gesamtwirtschaftlichen Finanzierungsrechnung für Deutschland – 2006 bis 2011. URL: „http://www.bundesbank.de/Redaktion/DE/Downloads/Veroeffentlichungen/Statistische_Sonderveroeffentlichungen/Statso_4/statso_4_ergebnisse_der_gesamtwirtschaftlichen_finanzierungsrechnung_fuer_deutschland.pdf?__blob=publicationFile" (Download der PDF-Datei am 27. März 2013).

Deutsche Bundesbank (2012c): Zahlungsverkehrs- und Wertpapierabwicklungsstatistiken in Deutschland 2007–2011. URL: „http://www.bundesbank.de/Redaktion/DE/Downloads/Statistiken/Geld_Und_Kapitalmaerkte/Zahlungsverkehr/zvs_daten.pdf?__blob=publicationFile" (Download der PDF-Datei am 01. April 2013).

Deutsche Bundesbank (2013a): Vereinfachte Struktur des deutschen Finanzsystems. URL: „http://www.bundesbank.de/Redaktion/DE/Bilder/Grafiken/Statistiken/vereinfachte_struktur_des_deutschen_finanzsystems.png?__blob=poster" (Download der PNG-Datei am 23. März 2013).

Deutsche Bundesbank (2013b): Statistiken. URL: „http://www.bundesbank.de/Navigation/DE/Statistiken/statistiken.html" (Aufruf diverser WWW-Seiten zwischen März und Juni 2013).

Deutsche Bundesbank (2013c): Bankenstatistik März 2013. URL: „http://www.bundesbank.de/Redaktion/DE/Downloads/Veroeffentlichungen/Statistische_Beihefte_1/2013/2013_03_bankenstatistik.pdf?__blob=publicationFile" (Download der PDF-Datei am 31. März 2013).

Deutsche Bundesbank (2013d): Verzeichnis der Kreditinstitute. URL: „http://www.bundesbank.de/Redaktion/DE/Downloads/Bundesbank/Aufgaben_und_Organisation/verzeichnis_der_kreditinstitute_und_ihrer_verbaende.pdf?__blob=publicationFile" (Download der PDF-Datei am 08. April 2013).

Deutsche Bundesbank (2013e): Monatsbericht Februar 2013. URL: „http://www.bundesbank.de/Redaktion/DE/Downloads/Veroeffentlichungen/Monatsberichte/2013/2013_02_monatsbericht.pdf?__blob=publicationFile" (Download der PDF-Datei am 15. Juni 2013).

Deutsche Bundesbank (2013f): Monatsbericht Juni 2013. URL: „http://www.bundesbank.de/Redaktion/DE/Downloads/Veroeffentlichungen/Monatsberichte/2013/2013_06_monatsbericht.pdf?__blob=publicationFile " (Download der PDF-Datei am 20. Juni 2013).

Deutsche Bundesbank (2015a): Bankenstatistik Mai 2015. URL: „http://www.bundesbank.de/Redaktion/DE/Downloads/Veroeffentlichungen/Statistische_Beihefte_1/2013/2013_03_bankenstatistik.pdf?__blob=publicationFile" (Download der PDF-Datei am 21. Mai 2015).

Deutsche Bundesbank (2015b): Statistiken. URL: „http://www.bundesbank.de/Navigation/DE/Statistiken/statistiken.html" (Aufruf diverser WWW-Seiten zwischen März und Mai 2015).

Deutsche Bundesbank (2015c): Monatsbericht Mai 2015. URL: „http://www.bundesbank.de/Redaktion/DE/Downloads/Veroeffentlichungen/Monatsberichte/2015/2015_05_monatsbericht.pdf?__blob=publicationFile" (Download der PDF-Datei am 08. Juni 2015).

Deutsche Bundesbank (2018): Statistiken. URL: „http://www.bundesbank.de/Navigation/DE/Statistiken/statistiken.html" (Aufruf diverser WWW-Seiten zwischen April 2018).

Deutsche Bundesbank (2023): Statistiken. URL: „https://www.bundesbank.de/de/statistiken" (Aufruf diverser WWW-Seiten im Juni 2023). (Aufruf diverser WWW-Seiten im Juni 2023).

Di Casola, P./Dieckelmann, D./Grothe, M. et al. (2022): Drivers of rising house prices and the risk of reversal. In: Europäische Zentralbank (Hrsg.): *Financial Stability Review, May 2022*; URL: „https://www.ecb.europa.eu/pub/pdf/fsr/ecb.fsr202205~f207f46ea0.en.pdf" (Download der PDF-Datei am 27. September 2022); S. 35–38.

Drost, F. M. (2013): Die halbherzige Reform der KfW. In: *Handelsblatt*, 13. März 2013, Nr. 51, S. 29.

DSGV/Deutscher Sparkassen- und Giroverband e.V. (2009): Mindestanforderungen an das Risikomanagement Interpretationsleitfaden. URL: „http://www.swissenschaft.de/dokumente/MaRiskInte_091113161508.PDF" (Download der PDF-Datei am 11. April 2013).

DSGV/Deutscher Sparkassen- und Giroverband e.V. (2023): Ranking 2022. URL: „https://www.bing.com/ck/a?!&&p=7cdfc5132c6008b4JmltdHM9MTY4NzkxMDQwMCZpZ3VpZD0zMTgxODY4Ni0wOWM0LTYzMjItMThmNS05NWI4MDgxOTYyZmYmaW5zaWQ9NTE4OA&ptn=3&hsh=3&fclid=31818686-09c4-6322-18f5-95b8081962ff&psq=sparkassen+ranking+2022&u=a1aHR0cHM6Ly93d3cuZHNndi5kZS9jb250ZW50ZW50ZW50ZW50Lmh0bWw&ntb=1"WRlL3NwYXJrYXNzZW4tZmluYW56Z3J1cHBlL2Rvd25sb2Fkcy9TcGFya2Fzc2VucmFua2luZzIwMjAyMiUyMGBhDvHIlMjBEU0dWLmRlJTIwKDA2LjA6LjIwMjMpMpLnBkZg&ntb=1" (Download der PDF-Datei am 28. Juni 2023).

DZ BANK AG (2015): Geschäftsbericht 2022. URL: „https://www.dzbank.de/content/dam/dzbank/dokumente/de/dzbank/investor_relations/berichte/archiv/2022/DZ_BANK_GB_konzern_2022.pdf" (Download der PDF-Datei am 28. Juni 2023).

EZB/Europäische Zentralbank (2013): Introductory statement to the press conference (with Q&A)/Mario Draghi, President of the ECB, Vítor Constâncio, Vice-President of the ECB, Frankfurt am Main, 4 July 2013. URL: „http://www.ecb.int/press/pressconf/2013/html/is130704.en.html" (Abruf der WWW-Datei am 28. Juli 2013).

Finanzagentur/Bundesrepublik Deutschland – Finanzagentur GmbH (2012): Auktionsergebnisse 2012. URL: „http://www.deutschefinanzagentur.de/fileadmin/Material_Deutsche_Finanzagentur/PDF/Institutionelle_Investoren/Auktionen/Auktionen_Archiv/Auktionsergebnisse_2012.pdf" (Download der PDF-Datei am 05. Mai 2013).

Francke, H.-H. (2006): Kapitalmarktfinanzierung versus Bankenfinanzierung – Finanzintermediäre im Strukturwandel europäischer Finanzierungssysteme. In: Rolfes, B. (Hrsg.): *Herausforderung Bankmanagement – Entwicklungslinien und Steuerungsansätze.* Frankfurt a. M.: Knapp; S. 33–47.

Franke, G./Hax, H. (2009): Finanzwirtschaft des Unternehmens und Kapitalmarkt, 6. Auflage. Heidelberg: Springer.

Friedman, M. (1962/2002): Kapitalismus und Freiheit. Frankfurt a. M.: Eichborn.

GDV/Gesamtverband der Deutschen Versicherungswirtschaft (2018): Statistisches Taschenbuch der Versicherungswirtschaft 2018. URL: „https://www.gdv.de/resource/blob/34962/935b53a 18990cf9a613b6df765971d9f/download-statistisches-taschenbuch-2018-data.pdf" (Download der PDF-Datei am 23. Dezember 2018).

GdW/Bundesverband deutscher Wohnungs- und Immobilienunternehmen e.V. (2010): GdW Information 125, Inhaberschuldverschreibungen – Ein alternatives Finanzierungsinstrument für Wohnungsgenossenschaften. Berlin, hektographiertes Manuskript, 20 Seiten + diverse Anhänge.

GdW/Bundesverband deutscher Wohnungs- und Immobilienunternehmen e.V. (2011): Wohnungswirtschaftliche Daten und Trends 2011/2012. Berlin, hektographiertes Manuskript, 163 Seiten.

GdW/Bundesverband deutscher Wohnungs- und Immobilienunternehmen e.V. (2012): GdW Arbeitshilfe 65, Finanzierung in der Wohnungs- und Immobilienwirtschaft. Berlin, hektographiertes Manuskript, 114 Seiten.

GdW/Bundesverband deutscher Wohnungs- und Immobilienunternehmen e.V. (2019): GdW Arbeitshilfe 158, Alternative Finanzierungsinstrumente in der Wohnungswirtschaft. Berlin, hektographiertes Manuskript, 52 Seiten.

Gerke, W./Bank M. (2003): Finanzierung, 2. Auflage. Stuttgart: Kohlhammer.

Gischer, H./Herz, B./Menkhoff, L. (2020): Geld, Kredit und Banken, 4. Auflage. Berlin: Springer Gabler.

Gondring, H. (2013): Immobilienwirtschaft, 3. Auflage. München: Vahlen.

Günther, P./Schittenhelm, F. A. (2003): Investition und Finanzierung. Stuttgart: SchäfferPoeschel.

Hasler, P. T. (2014): Unternehmensanleihen. München: FinanzBuch.

Haunerdinger, M./Probst, H. J. (2006): Finanz- und Liquiditätsplanung. Freiburg: Haufe.

Hedrich, C.-C. (1993): Die Privatisierung der Sparkassen. Baden-Baden: Nomos.

Heinemann, S. M./Weinberger, F. (2014): Mittelstandsanleihen. In: Bösl, K./Schimpfky, P./von Beauvais, E.-A. (Hrsg.): Fremdfinanzierung für den Mittelstand. München: Beck; S. 139–160.

Hellerforth, M. (2008): Immobilieninvestition und -finanzierung kompakt. München: Oldenbourg.

HGB/Bundesministerium der Justiz (2018): Handelsgesetzbuch in der im Bundesgesetzblatt Teil III, Gliederungsnummer 4100-1, veröffentlichten bereinigten Fassung, das zuletzt durch Artikel 11 Absatz 28 des Gesetzes vom 18. Juli 2017 (BGBl. I S. 2745) geändert worden ist. URL: „http:// www.gesetze-im-internet.de/hgb/HGB.pdf" (Download der PDF-Datei am 12. April 2018).

Himmelberg, Ch./Mayer, Ch./Sinai, T. (2005): Assessing High House Prices: Bubbles, Fundamentals and Misperceptions. In: *Journal of Economic Perspectives,* 19. Jg. (Heft 4), S. 67–92.

Hische, J. (2013): Mittelstandsanleihen für die Wohnungswirtschaft? In: *Immobilien & Finanzierung,* 64. Jg. (Heft 2), S. 62–64.

Höhne, S. (2010): BaFin billigt erstmals Wertpapierprospekt einer Wohnungsgenossenschaft. In: *Die Wohnungswirtschaft,* 63. Jg. (Heft 9), S. 58 f.

Issing, O. (2011): Einführung in die Geldtheorie, 15. Auflage. München: Vahlen.

Jahrmann, F.-U. (2009): Finanzierung, 6. Auflage. Herne: Neue Wirtschafts-Briefe.

Kammlott, C./Schiereck, D. (2004): Die Kapitalbeteiligungsgesellschaften der Sparkassenfinanzgruppe – Unternehmensziele im Zwiespalt zwischen öffentlichem Auftrag und Unternehmertum. In: Geberl, S. (Hrsg.): *Aktuelle Entwicklungen im Finanzdienstleistungsbereich.* Heidelberg: Physica; S. 285–305.

Kath, D. (1972): Die verschiedenen Ansätze der Zinsstrukturtheorie. In: *Kredit & Kapital*, 5. Jg. (Heft 1), S. 28–71.

KfW/Kreditanstalt für Wiederaufbau (2013a): Geschäftsbericht 2012. URL: „https://www.kfw. de/Download-Center/Finanzpublikationen/PDF-Dokumente-Berichte-etc./1_Geschäftsberichte/ Geschäftsbericht_2012_D.pdf" (Download der PDF-Datei am 30. April 2013).

KfW/Kreditanstalt für Wiederaufbau (2013b): Merkblatt Bauen, Wohnen, Energie sparen/Energieeffizient Bauen/Programmnummer 153 (KfW-Effizienzhaus). URL: „https://www.kfw.de/ media/download_center/foerderprogrammeinlandsfoerderung_/pdf_dokumente_2/59 593.pdf" (Download der PDF-Datei am 30. April 2013).

KfW/Kreditanstalt für Wiederaufbau (2013c): Anlage zum Merkblatt Programm Energieeffizient Bauen (153)/Technische Mindestanforderungen. URL: „https://www.kfw.de/media/download_center/foerderprogrammeinlandsfoerderung_/pdf_dokumente_2/59592.pdf" (Download der PDF-Datei am 30. April 2013).

Knüfermann, M. (1996): Die regionalpolitische Instrumentalfunktion der Sparkassen. In: *Sparkasse*, 113. Jg. (Heft 6), S. 279–283.

Knüfermann, M. (2003): Angebotsgestaltung im Internet-Banking für Privatkunden deutscher Sparkassen. Wien: Springer.

Knüfermann, M. (2005): Ethikbasiertes Strategisches Management. Heidelberg: Physica.

Knüfermann, M. (2012a): Differenzierung im Wettbewerb über Nachhaltigkeitsthemen. In: *Betriebswirtschaftliche Blätter*, 61. Jg. (Heft 1), S. 26–28.

Knüfermann, M. (2012b): Warum die öffentliche Rechtsform der Sparkassen strittig ist. In: *Die Wohnungswirtschaft*, 65. Jg. (Heft 12), S. 62.

Knüfermann, M. (2012c): Gefährdet die Bundesbank das Wachstum privater Baufinanzierungen? In: *Immobilien & Finanzierung*, 63. Jg. (24), S. 902 f.

Knüfermann, M. (2013): Finanzierungsverhalten von Wohnungsgenossenschaften – eine empirische Studie. In: *Immobilien & Finanzierung*, 64. Jg. (Heft 8), S. 266 f.

Knüfermann, M./Wings, H. (2013): Negativrenditen bei deutschen Staatsanleihen. In: *BankPraktiker*, 9. Jg. (Heft 4), S. 122–127.

Knüfermann, M. (2014): Begründung und Möglichkeiten bankenunabhängiger Fremdfinanzierung von Wohnungsunternehmen. In: *Zeitschrift für Immobilienwissenschaft und Immobilienpraxis*, 2. Jg. (Heft 1), 36–49.

Knüfermann, M./Fuest, C. (2019): Schuldscheindarlehen für die Wohnungswirtschaft – Marktentwicklungen und fallstudienartiger Praxisleitfaden. In: *Immobilien & Finanzierungen*, 70 Jg. (Heft 10), S. 40–42.

Knüfermann, M. (2020): Corona-Krise und wirtschaftlicher Abschwung: „Jetzt zeigen sich Preisillusionen bei Immobilien!" In: *Haus & Grund-Magazin*, o. Jg. (Heft 5), S. 32 f.

Knüfermann, M. (2021): Wirtschaftspolitisches Wissen für die Wohnungs- und Immobilienwirtschaft, 2. Auflage. Wiesbaden: Springer Gabler.

Knüfermann, M./Keich, R./Piana, A. (2022): Investitionsüberlegungen und Finanzierungsmärkte für die Wohnungs- und Immobilienwirtschaft. In: Kamis, A. (Hrsg.): *Grundlagen der Wohnungs- und Immobilienwirtschaft*. München: Vahlen; S. 377–412.

Knüfermann, M./Walter, F. (2021): Monetaristische Analyse möglicher Preisblaseneffekte auf deutschen Wohnimmobilienmärkten. In: *Immobilien & Finanzierung*, 72. Jg. (Heft 9), S. 22–25.

Knüfermann, M./Vornholz, G. (2022): Inflation, Zinswende und Immobilienmärkte – Folgen für die Immobilienpreise. In: Immobilien & Finanzierung, 73. Jg. (Heft 9), S. 16–19; siehe auch die URL: „https://www.kreditwesen.de/immobilien-finanzierung/themenschwerpunkte/digitaler-sonderdruck/inflation-zinswende-immobilienmaerkte-folgen-fuer-id82383.html".

Köhler, P./Nagl, H. G/Osman, Y. (2010): Ein Milliardenproblem droht. In: *Handelsblatt*, 29. März 2010, Nr. 61, S. 36 f.

König, M. (2010): Ein Ansatz zur Lösung des Problems der Vorfälligkeitsentschädigung. In: *Immobilien & Finanzierung*, 60. Jg. (Heft 8), S. 266–268.

KredAnstWiAG/Bundesministerium der Justiz (2013): Gesetz über die Kreditanstalt für Wiederaufbau in der Fassung der Bekanntmachung vom 23. Juni 1969 (BGBl. I S. 573), das zuletzt durch Artikel 173 der Verordnung vom 31. Oktober 2006 (BGBl. I S. 2407) geändert worden ist. URL: http://www.gesetze-iminternet.de/bundesrecht/kredanstwiag/gesamt.pdf (Download der PDF-Datei am 08. April 2013).

Kuthe, T./Zipperle, M. (2014): Die Emission von Anleihen und anderen Debt Produkten. Wiesbaden: Springer Gabler.

KWG/Bundesministerium der Justiz (2013): Gesetz über das Kreditwesen (Kreditwesengesetz – KWG), Kreditwesengesetz in der Fassung der Bekanntmachung vom 9. September 1998 (BGBl. I S. 2776), das zuletzt durch Artikel 1 des Gesetzes vom 13. Februar 2013 (BGBl. I S. 174) geändert worden ist. URL: „http://www.gesetze-im-internet.de/bundesrecht/kredwg/gesamt.pdf" (Download der PDF-Datei am 20. März 2013).

Lauer, J. (2021) (Hrsg.): Praktikerhandbuch Gewerbliche Immobilienfinanzierung, 4. Auflage. Heidelberg: Finanz Colloquium.

Lauer, J. (2012): Zinsermittlung und Konditionenfindung im aktuellen Umfeld. In: *Bankpraktiker*, 8. Jg. (Heft 6), S. 212–217.

Lutz, F. A. (1967): Zinstheorie, 2. Auflage. Zürich/Tübingen: Polygraphischer Verlage/Mohr (Siebeck).

Markowitz, H. M. (2008): Portfolio Selection. München: Finanzbuch.

Metzger, B. (2010): Wertermittlung von Immobilien und Grundstücken, 4. Auflage. Freiburg: Haufe.

Müller, M. (2011): Wachstumsfinanzierung per Anleihe – Erfahrungen eines Mittelständlers. In: *Immobilien & Finanzierung*, 62. Jg. (Heft 24), S. 874 f.

Müller-Merbach, J. (2013): Großkredite unter Basel III – bleibt alles anders? In: *ForderungsPraktiker*, 5. Jg. (Heft 05/06), S. 104–108.

Münchrath, J. (2015): EZB startet am Montag mit Anleihekäufen In: *Handelsblatt*, 06–08. März 2015, Nr. 46, S. 7.

Osman, Y. (2013): Wenn die Geldquellen versiegen. In: *Handelsblatt*, 10. April 2013, Nr. 69, S. 30.

o.V. (2013a): Mezzanine – bereit zum Neustart? In: *Institutional Money*, o. Jg. (Heft 2), S. 162–168.

o.V. (2013b): SEB arrangiert ihr erstes immobilienbesichertes Schuldscheindarlehen. In: *Bondbook*. URL: „http://www.fixedincome.org/index.php?id=37&tx_ttnews%5Btt_news%5D=3083" (Abruf der WWW-Seite am 23. März 2014).

o.V. (2015): Übersicht Mittelstandsanleihen. In: *Bond Magazine Flash*, 4. Jg., Nr. 83, S. 22 f.; URL: „http://www.fixedincome.org/fileadmin/pdf/BOND_MAGAZINE_83.pdf" (Download der PDF-Datei am 22. Mai 2015).

PAngV/Bundesministerium der Justiz (2013): Preisangabenverordnung in der Fassung der Bekanntmachung vom 18. Oktober 2002 (BGBl. I S. 4197), die zuletzt durch Artikel 1 der Verordnung vom 1. August 2012 (BGBl. I S. 1706) geändert worden ist. URL: „http://www.gesetzeiminternet.de/bundesrecht/pangv/gesamt.pdf" (Download der PDF-Datei am 26. April 2013).

Peer, M. (2014): Der Preis der Unabhängigkeit. In: *Handelsblatt*, 12. Juni 2014, Nr. 111, S. 49.

Perridon, L./Steiner, M./Rathgeber, A. (2017): Finanzwirtschaft der Unternehmung, 17. Auflage. München: Vahlen.

PfandBG/Bundesministerium der Justiz (2013): Pfandbriefgesetz vom 22. Mai 2005 (BGBl. I S. 1373), das zuletzt durch Artikel 10 Absatz 3 des Gesetzes vom 13. Februar 2013 (BGBl. I S. 174) geändert worden ist. URL: „http://www.gesetze-im-internet.de/bundesrecht/pfandbg/gesamt.pdf" (Download der PDF-Datei am 15. April 2013).

Prätsch, J. (2012): Finanzmanagement, 4. Auflage. Heidelberg: Gabler Springer.

Rehkugler, H. (2007): Grundzüge der Finanzwirtschaft. München: Oldenbourg.

Rehkugler, H. (2009) (Hrsg.): Die Immobilie als Kapitalmarktprodukt. München: Oldenbourg.

Reichel, R. (2013): Schuldscheine sind unkompliziert. In: *Handelsblatt*, 16. Oktober 2013, Nr. 199, S. 30.

Reichel, R. (2014a): Zeit des Wachsens. In: *Handelsblatt*, 03. bis 05. Januar 2014, Nr. 2, S. 32 f.

Reichel, R. (2014b): Gefährlich hohe Verzinsung. In: *Handelsblatt*, 28. Februar bis 02. März 2014, Nr. 42, S. 28.

Reichel, R. (2014c): Vom Gläubiger zum Aktionär. In: *Handelsblatt*, 09. Mai bis 11. Mai 2014, Nr. 89, S. 42 f.

Reuter, A. (2010): Projektfinanzierung, 2. Auflage. Stuttgart: Schäffer-Poeschel.

Rolfes, B. (2008): Gesamtbanksteuerung, 2. Auflage. Stuttgart: Schäffer-Poeschel.

Rolfes, B./Dartsch, A. (1997): Marge und Barwert im Konzept der Marktzinsmethode. In: *Das Wirtschaftsstudium*, 27. Jg. (Heft 10), S. 926–940.

Sander, C.-D. (2012): Mit Kreditgebern auf Augenhöhe verhandeln. Herne: Neue WirtschaftsBriefe.

Sator, F. J./Keller, H. (2017): Wohnungswirtschaftliche Immobilienfinanzierung. Berlin: de Gruyter Oldenbourg.

Schäfers, K.-W. (2008): Märkte für Immobilienfinanzierungen. In: Schulte, K.-W. (Hrsg.): *Immobilienökonomie,* Band IV. München: Oldenbourg; S. 89–109.

Schierenbeck, H./Wöhle, C. B. (2012): Grundzüge der Betriebswirtschaftslehre, 18. Auflage. München: Oldenbourg.

Schüler, A. (2011): Finanzmanagement mit Excel. München: Vahlen.

Shiller, R. J. (2012): Märkte für Menschen. Frankfurt a. M.: Campus.

Shiller, R. J. (2015): Irrationaler Überschwang, 3. Auflage. Kulmbach: Plassen.

Spiwoks, M./Bedke, N./Hein, O. (2010): Topically Orientated Trend Adjustment and Autocorrelation of the Residuals – An Empirical Investigation of the Forecasting Behavior of Bond Market Analysts in Germany. In: *Journal of Money, Investment and Banking*, 3. Jg. (Heft 14), URL: http://www.eurojournals.com/jmib_14_02.pdf (Download der PDF-Datei am 12. März 2010).

SpkG/Ministerium für Inneres und Kommunales Nordrhein-Westfalen (2013): Sparkassengesetz Nordrhein-Westfalen (Sparkassengesetz – SpkG). Vom 18. November 2008. URL: „https://recht.nrw.de/lmi/owa/br_bes_text?anw_nr=2&gld_nr=7&ugl_nr=764&bes_id=12265&aufgehoben=N&menu=1&sg=#det212144" (Abruf der WWW-Seite am 01. April 2013).

Spremann, K./Gantenbein (2007): Zinsen, Anleihen, Kredit, 4. Auflage. München: Oldenbourg.

Spremann, K./Gantenbein (2013): Finanzmärkte, 2. Auflage. UTB/UVK/Lucius.

Steiner, M./Bruns, C./Stöckl, S. (2012): Wertpapiermanagement, 10. Auflage. Stuttgart: Schäffer-Poeschel.

Steingart, G./Afhüppe, S./Jakobs, H.-J. (2015): Handelsblatt-Interview mit Mario Draghi. In: *Handelsblatt*, 02.–04. Januar 2015, Nr. 1, S. 14–22.

Stiglitz, J. E. (2005): Die Roaring Nineties. München: Goldmann.

Thelen-Pischke, H./Martin Eibl (2011): Solvency II und Basel III – ihre Wirkung auf die Refinanzierung von Banken. In: *Zeitschrift für das gesamte Kreditwesen*, 64. Jg. (Heft 14), S. 698–702.

Trübestein, M./Pruegel, M. (2012): Immobilienfinanzierung. Wiesbaden: Gabler.

vdp/Verband deutscher Pfandbriefbanken e.V. (2013): Der Pfandbrief 2012/13. URL: „http://www.pfandbrief.de/cms/bcenter.nsf/0/EB20662B5F21AB26C1257A7800308402/$File/DE_PBFB_2012.pdf" (Download der PDF-Datei am 08. April 2013).

Viemann, G. (2012): Risikomanagement. Vortrag zur VNW-Tagung in Lübeck am 23. März 2012.

Wimmer, K. (1993): Marktzinsmethode und Investitionsrechnung. In: *BankArchiv*, 41. Jg. (Heft 8), S. 631–643.

VÖB/Bundesverband Öffentlicher Banken Deutschlands (2008): Interpretationshilfen zur Solvabilitätsverordnung. URL: „www.voeb.de/download/publikation_interpretationshilfen_solva" (Download der PDF-Datei am 10. April 2013).

Werner, H. S./Kobabe, R. (2007): Finanzierung. Stuttgart: Schäffer-Poeschel.

Wernz, J. (2013): Risikoappetit und Strategie. In: *BankPraktiker*, 9. Jg. (Heft 3), S. 73–77.

Wöhe, G./Döring, U./Brösel, G. (2020): Einführung in die Allgemeine Betriebswirtschaftslehre. 27. Auflage. München: Vahlen.

Wöhe, G./Bilstein, J./Ernst, D./Häcker, J. (2009/2013): Grundzüge der Unternehmensfinanzierung, 10./11. Auflage. München: Vahlen.

WpHG/Bundesministerium der Justiz (2013): Wertpapierhandelsgesetz in der Fassung der Bekanntmachung vom 9. September 1998 (BGBl. I S. 2708), das zuletzt durch Artikel 10 Absatz 1 des Gesetzes vom 13. Februar 2013 (BGBl. I S. 174) geändert worden ist. URL: „http://www.gesetze-iminternet.de/bundesrecht/wphg/gesamt.pdf" (Download der PDF-Datei am 05. Mai 2013).

WpPG/Bundesministerium der Justiz (2013): Wertpapierprospektgesetz vom 22. Juni 2005 (BGBl. I S. 1698), das zuletzt durch Artikel 1 des Gesetzes vom 26. Juni 2012 (BGBl. I S. 1375) geändert worden ist. URL: „http://www.gesetze-iminternet.de/bundesrecht/wppg/gesamt.pdf" (Download der PDF-Datei am 05. Mai 2013).

Zantow, R. (2007): Finanzwirtschaft des Unternehmens, 2. Auflage. München: Pearson.

Zeitler, F.-C. (2011): Aktuelle aufsichtsrechtliche Entwicklungen. URL: „http://www.bundesbank.de/Redaktion/DE/Downloads/Presse/Reden/2011/2011_04_14_zeitler_aufsichtsrechtliche_entwicklungen.pdf?blob=publicationFile" (Download der PDF-Datei am 20. März 2013).

ZEW/Zentrum für Europäische Wirtschaftsforschung GmbH (2013): Wachstums- und Konjunkturanalysen, 16. Jg. (Nr. 2), URL: „http://ftp.zew.de/pub/zewdocs/kr/kr1302.pdf" (Download der PDF-Datei am 17. Juni 2013).

Zinnöcker, T. (2007): Finanzierungsmanagement für Wohnungsunternehmen. In: *Immobilien & Finanzierung*, 58. Jg. (Heft 14), S. 478 f.

Zweifel, P./Eisen, R. (2003): Versicherungsökonomie, 2. Auflage. Heidelberg: Springer.

Stichwortverzeichnis

© Springer Fachmedien Wiesbaden GmbH, ein Teil von Springer Nature 2023
M. Knüfermann, *Märkte der langfristigen Fremdfinanzierung*,
https://doi.org/10.1007/978-3-658-37715-1

GPSR Compliance

The European Union's (EU) General Product Safety Regulation (GPSR) is a set of rules that requires consumer products to be safe and our obligations to ensure this.

If you have any concerns about our products, you can contact us on ProductSafety@springernature.com

In case Publisher is established outside the EU, the EU authorized representative is:

Springer Nature Customer Service Center GmbH
Europaplatz 3
69115 Heidelberg, Germany

The manufacturer's authorised representative in the EU is Springer
Nature Customer Service Centre GmbH, Europaplatz 3, 69115 Heidelberg,
Germany. If you have any concerns regarding our products, please
contact ProductSafety@springernature.com

Printed and bound by CPI Group (UK) Ltd, Croydon, CR0 4YY
28/04/2026
02098506-0006